AS PRIMEIRAS COMUNIDADES CRISTÃS

Dados Internacionais de Catalogação na Publicação (CIP)
(Câmara Brasileira do Livro, SP, Brasil)

Penna, Romano
   As primeiras comunidades cristãs : pessoas, tempos, lugares, formas e crenças / Romano Penna ; tradução de Leonardo A.R.T. dos Santos. – Petrópolis, RJ : Vozes, 2020.

   Título original: Le prime comunità cristiane : persone, tempi, luoghi, forme, credenze
   Bibliografia.
   1ª reimpressão, 2025.
   ISBN 978-85-326-6377-1

   1. Comunidades cristãs – História 2. Cristianismo – Origem 3. Igreja – História I. Título.

19-31494   CDD-270.1

Índices para catálogo sistemático:
1. Comunidades cristãs : Igreja : História   270.1

Maria Paula C. Riyuzo – Bibliotecária – CRB-8/7639

Romano Penna

AS PRIMEIRAS COMUNIDADES CRISTÃS

Pessoas, tempos, lugares, formas e crenças

Tradução de Leonardo A.R.T. dos Santos

EDITORA VOZES

Petrópolis

© 2017 by Carocci editore, Roma.

Tradução do original em italiano intitulado: *Le prime comunità cristiane –
Persone, tempi, luoghi, forme, credenze*

Direitos de publicação em língua portuguesa – Brasil:
2020, Editora Vozes Ltda.
Rua Frei Luís, 100
25689-900 Petrópolis, RJ
www.vozes.com.br
Brasil

Todos os direitos reservados. Nenhuma parte desta obra poderá ser reproduzida ou transmitida
por qualquer forma e/ou quaisquer meios (eletrônico ou mecânico, incluindo fotocópia e
gravação) ou arquivada em qualquer sistema ou banco de dados sem permissão escrita da editora.

CONSELHO EDITORIAL	**PRODUÇÃO EDITORIAL**
Diretor	Anna Catharina Miranda
Volney J. Berkenbrock	Bianca Gribel
	Eric Parrot
Editores	Jailson Scota
Aline dos Santos Carneiro	Marcelo Telles
Edrian Josué Pasini	Mirela de Oliveira
Marilac Loraine Oleniki	Natália França
Welder Lancieri Marchini	Priscilla A.F. Alves
	Rafael de Oliveira
Conselheiros	Samuel Rezende
Elói Dionísio Piva	Verônica M. Guedes
Francisco Morás	Vitória Firmino
Teobaldo Heidemann	
Thiago Alexandre Hayakawa	

Secretário executivo
Leonardo A.R.T. dos Santos

Editoração: Elaine Mayworm
Diagramação: Mania de criar
Revisão gráfica: Nilton Braz da Rocha / Nivaldo S. Menezes
Capa: Ygor Moretti
Ilustração de capa: Roma. Afrescos do século II, Última Ceia. Catacombe di San Domitilla
(Catacumbas de São Domitila).

ISBN 978-85-326-6377-1 (Brasil)
ISBN 978-88-430-8811-9 (Itália)

Este livro foi composto e impresso pela Editora Vozes Ltda.

Sumário

Prefácio, 9

1 Igreja e Igrejas no início do cristianismo, 11
    1.1 O dado de fato, 11
    1.2 Os testemunhos extracristãos, 15
    1.3 O sentido do termo *ek-klēsía*, 18
    1.4 Características da(s) comunidade(s), 26

2 Jesus de Nazaré e os seus primeiros grupos na terra de Israel, 29
    2.1 Precedentes e paralelos, 29
    2.2 O movimento de Jesus, 33
    2.3 Simpatizantes e discípulos, 35
    2.4 Jesus queria fundar a/uma *ekklēsía*?, 40

3 Das aldeias às cidades, 45
    3.1 Definições e diferenças, 46
    3.2 Os lugares da atividade de Jesus, 49
    3.3 A passagem de Jesus para a fase pós-Pascal, 53
    3.4 A missão e suas diferentes tipologias, 55

4 As Igrejas judeu-cristãs, 58
    4.1 Judeu-cristianismo, 58
    4.2 A Igreja de Jerusalém, 61
    4.3 As comunidades palestinas e a de Damasco, 75
    4.4. A Igreja de Roma, 79

5 Antioquia da Síria: A Igreja da guinada, 101

   5.1 Os "helenistas" provenientes de Jerusalém, 101

   5.2 A Igreja de Antioquia, 103

   5.3 A primeira teologia antioquena, 105

   5.4 Contrastes e mudanças, 107

6 As Igrejas paulinas, 110

   6.1 Paulo e o paulinismo, 111

   6.2 As Igrejas da Galácia, 122

   6.3 As Igrejas da Grécia, 126

   6.4 As Igrejas da Ásia Menor, 152

   6.5 Unitariedade das Igrejas paulinas, 163

7 As Igrejas pós-paulinas das áreas macedônica, efésia e cretense, 165

   7.1 A tradição paulina, 165

   7.2 A pseudepigrafia, 167

   7.3 A Igreja da Segunda Carta aos Tessalonicenses, 177

   7.4 A Igreja da Carta aos Colossenses, 178

   7.5 A Igreja/as Igrejas da Carta aos Efésios, 181

   7.6 As Igrejas das Cartas Pastorais, 183

8 As Igrejas da tradição sinótica, 189

   8.1 Anotações gerais, 189

   8.2 A comunidade de Marcos, 191

   8.3 A comunidade da Fonte Q, 194

   8.4 A comunidade de Mateus, 196

   8.5 A comunidade de Lucas, 198

9 As Igrejas joaninas da Ásia Menor, 202

   9.1 O joanismo, 202

   9.2 A comunidade do Quarto Evangelho, 206

   9.3 As sete Igrejas do Apocalipse, 210

10 Alexandria do Egito, 219

   10.1 A documentação do segundo tempo, 219

   10.2 As hipóteses sobre o primeiro tempo, 221

11 Primeiras Igrejas e liminaridade, 224

   11.1 Anotações gerais, 224

   11.2 Comunidades cristãs e judaísmo, 226

   11.3 Comunidades cristãs e cultura greco-romana, 230

   11.4 O ritual de iniciação, 237

   11.5 O culto doméstico da assembleia cristã, 240

12 A transição entre os séculos I e II, 251

Conclusão, 259

Referências, 267

Índice onomástico, 299

Prefácio

O tema deste livro é crucial para a formação de um quadro, o mais concreto possível, das origens cristãs. O fato é que essas origens, como demonstra uma pesquisa desinteressada, oferecem dados complexos e variados, que resistem a qualquer simplificação generalizante. Naturalmente, o quadro já foi amplamente estudado sob vários pontos de vista, e Blanchetière, Dunn, Fusco, Gnilka, Theissen (cf. as referências ao final desta obra) são apenas alguns dos que se interessaram especificamente por esse assunto.

A presente investigação aborda o tema não diretamente por temáticas teológicas mas percorrendo passo a passo e por âmbitos geoculturais diferenciados o itinerário do movimento iniciado na terra de Israel por Jesus de Nazaré e depois continuado por meio de várias etapas desde a sua primeira expansão em âmbito judaico e, principalmente, greco-romano, encaminhando-se à descoberta das várias comunidades que se constituíram pouco a pouco e tendo como limite extremo os primeiros decênios do século II.

O certo é que aquele movimento, em seu início, não teve uma denominação precisa, nem mesmo Jesus o nomeou. Ademais, seus seguidores podiam ser chamados "galileus" (At 2,7; ainda Epiteto, *Diatribes* 4,7,6; e Juliano o Apóstata) ou então "nazarenos" (At 24,5; tb. Tertuliano, *Contra Marcião*, 4,8). Nos anos 80 do século I, com uma rotulagem ampla/"católica", esse movimento foi designado globalmente como "Igreja" (assim principalmente o texto paulino de Ef 1,22; 3,10; 5,23-32; e "Igreja Católica" em INÁCIO DE ANTIOQUIA. *Aos Esmirniotas* 8,2) assomando num único conceito todas aquelas que anteriormente formavam uma pluralidade de comunidades diferentes. No século II, então, com um termo com um quê helenístico, falou-se de "cristianismo" (INÁCIO DE ANTIOQUIA. *Aos Magnésios* 10,1.3; e, mais tarde, CLEMENTE ALEXANDRINO. *Stromatae* 7,1,1,3; ORÍGENES. *Contra Celso* 3,12 e 13) em referência àqueles que poucas décadas antes foram definidos como "cristãos" (At 11,26) por causa daquele que estes criam ser o "Cristo/Ungido/Messias".

Somente mais tarde virão as definições, certamente discutíveis, de "povo (novo)" (*Carta de Barnabé*, 13), "verdadeiro Israel" (JUSTINO. *Diálogo com Trifão* 11,5), e "terceiro gênero [no sentido de raça]" em relação aos judeus e gentios (ARISTIDES. *Apologia* 2); CLEMENTE ALEXANDRINO. *Stromatae* 6,5,41,6; TERTULIANO. *Às nações* 1,8). No âmbito romano-pagão, por sua vez, falava-se polemicamente, embora de maneira não depreciativa, de uma *superstitio nova ac maléfica* (SUETÔNIO. *Vida de Nero* 16), sempre evitando, contudo, a qualificação mais nobre de *religio*, aliás: acusando os cristãos de *crimen religionis*, isto é, de sacrilégio! (Cf. MARTIN, 2004: 125-186; SINISCALCO, 1983: 66-70.)

Persiste o conflito fundamental, tanto no nível histórico quanto no da pesquisa, com a matriz que é o judaísmo, diante do qual continua a ser discutida a cronologia da bifurcação conhecida sob o construto *"the parting of ways"* (DUNN, 2006), que, contudo, não poderá ser calculada sem considerar as várias etapas sucessivas e, portanto, as *"several parting of the ways* (DUNN, 2009: 1.171), enquanto outros defendem inclusive que *"the ways never parted"* (BECKER & REED, 2003). Certamente houve algum distanciamento, e isso ocorreu também por conta da aculturação [ou inculturação como preferencialmente se usa em âmbitos teológicos] das comunidades cristãs no mundo helenístico; mas isso não deveria ser um grande problema, visto que o próprio judaísmo experimentava há algum tempo uma fecunda e indubitável helenização (embora posteriormente os seus representantes tenham caído no ostracismo pelo sucessivo rabinismo).

O que nos interessa aqui é, portanto, a abordagem diacrônica e detalhada no que se refere a lugares, tempos e pessoas, incluídas as inevitáveis nuanças no patrimônio da nova fé, diversificada ao menos em nível linguístico (cf. o esboço em PENNA, 2006b). Os cinco substantivos do subtítulo poderiam ser formulados menos abstratamente e substituídos pelos devidos interrogativos: Quem? Quando? Onde? De que maneira? Com quais conteúdos? A pergunta de fundo sobre o "por quê?" é subentendida e permeia todas as outras. A exposição a seguir oferecerá obviamente apenas uma síntese dos dados e das problemáticas em questão; elas carecem de aprofundamentos posteriores e ao mesmo tempo os estimulam, como demonstram os incontáveis estudos sobre o tema referidos bibliograficamente assinalados a cada vez no decorrer no texto.

Em todo caso, o resultado inevitável será uma tapeçaria multicor e com múltiplas tramas, cuja tessitura ainda hoje continua inconclusa.

1

Igreja e Igrejas no início do cristianismo

No princípio era a Igreja! Esse axioma tem uma intenção provocatória e carece de explicações que, como se verá, distanciem o conceito de Igreja tanto de uma certa linguagem jornalística quanto de certas impostações dogmáticas; mas, de qualquer modo, exprime uma verdade. Claramente parafraseia o *incipit* do Evangelho de João ("No princípio era o Logos/Verbo/Palavra"), com uma diferença fundamental pelo menos: Que a afirmação exprime uma perspectiva histórica, não pré-temporal. A Igreja, de fato, diferentemente do Logos, não existe desde a eternidade, senão como todas as coisas simplesmente pensadas e queridas por Deus já "antes da fundação do mundo", entre as quais os próprios cristãos (Ef 1,4). Não só isso, mas, propriamente falando, a Igreja não é sequer identificável com a série infinita dos justos que também viveram nesta terra e que poderiam ser considerados iniciados com Abel. Esta foi precisamente a concepção original de Santo Agostinho, segundo a qual "a Igreja nunca deixou de existir na terra, começando com os primórdios da raça humana; ela tem seus primeiros frutos em Santo Abel, também sacrificado para dar testemunho com seu sangue do Mediador vindouro" (*Exposição sobre os Salmos*, 118: 29,9). Uma perspectiva desse tipo é certamente interessante e frutífera por seu significado ecumênico, mas expressa uma visão teológica que não coincide exatamente com as categorias espaçotemporais da história e suas inevitáveis delimitações, bem como com a consciência de que as primeiras comunidades tinham de si mesmas.

1.1 O dado de fato

A diferença ainda mais claramente distintiva é que o princípio ou início, do qual estamos falando aqui, refere-se ao nível concreto da documentação escrita concernente às origens cristãs, incluindo Jesus. De fato, se é verdade que a história é feita com documentos escritos (e não com hipóteses abstratas), então é mister reconhecer que os primeiros e mais antigos escritos cristãos (i. é, as cartas de Paulo de Tarso) dizem respeito diretamente a existência de toda uma série de comunidades ou Igrejas, às quais são endereçadas e que se refletem nesses escritos. Além da observação formal, segundo a qual a primeira literatura cristã é de gênero epistolar e não biográfica ou de outro tipo, devemos reconhecer que essas cartas não contam quase nada sobre a vida terrena de Jesus de Nazaré, que, no nível da escrita, tornou-se objeto de interesse narrativo apenas mais tarde e em qualquer caso, em um segundo ou terceiro tempo com a composição dos evangelhos (cf. BROCCARDO, 2009; BURRIDGE, 2008; LÉON-DUFOUR, 1986; PRINZIVALLI, 2008; SEGALLA, 1992). As cartas dizem muito mais sobre o próprio remetente do que sobre Jesus, porque nelas Paulo se reflete diretamente, tanto por sua escrita pessoal quanto pela informação autorreferencial objetiva. Mas, de qualquer forma, essas cartas não são nem um diário nem uma autobiografia.

Meramente no nível de material documental, portanto, em sentido estrito, não se pode dizer que "no princípio era Jesus de Nazaré", porque não há nenhum documento anterior às cartas de Paulo, muito menos dedicado exclusivamente àquele Galileu. É bem verdade que podemos formular hipóteses, e na verdade é uma sentença generalizada, de que os evangelhos escritos tinham pelo menos pré-história oral e que a partir da Páscoa do ano 30 uma tradição tomava forma precisamente para salvaguardar e transmitir a memória (interpretada) do Jesus terreno (cf. FUSCO, 1995b: 123-176). Não só isso, mas, além de qualquer hipótese, também é verdade que as próprias cartas paulinas documentam claramente a centralidade da figura de Jesus Cristo no pensamento do Apóstolo. Paulo realmente sabe muito bem, e o diz explicitamente, que quando chega em uma cidade não tem mais nada a anunciar "senão Jesus Cristo" (1Cor 2,2). Sua própria biografia humana e apostólica não tem outra base ou motivação que um tipo muito particular de encontro com o Cristo ressurreto. E é pela relação singular com o Senhor que Paulo tem consciência de ser aquilo que é (1Cor 15,10), tendo se tornado, como escreve, "o meu Senhor" (Fl 3,8). Em todo caso, Paulo não apenas não escreve a Jesus Cristo, mas, de fato, não está diretamente interessado nele, mas na vida de várias comunidades às quais se dirige. A figura de Jesus está certamente a montante da vida apostólica de Paulo e inerva a própria vida dessas comunidades, que são convidadas por Paulo a ver em Cristo a sua fundação e a sua constituição; mas, de qualquer modo, são justamente essas comunidades que emergem em primeiro plano.

No entanto, também não se pode sequer dizer que "no início foi Paulo", embora ele seja o primeiro escritor cristão, e seu nome seja inclusive a primeira palavra de suas cartas como um remetente (de acordo com epistolografia antiga). Na verdade, ele não escreve para falar de si mesmo, exceto como um apoio para o argumento de que trata a cada vez. Ele prefere escrever às comunidades e o faz com cartas substancialmente ocasionais (cf. PENNA, 2006a: 53-63; RICHARDS, 2004) para discutir as questões doutrinárias e relacionais dos próprios destinatários. E sua relação epistolar com essas comunidades é algo absolutamente original na Antiguidade. De fato, embora numerosas correspondências greco-romanas tenham chegado até nós (além de milhares de papiros no original e de âmbito principalmente popular, cf. sobretudo Platão, Cícero, Horácio, Sêneca, Plínio o Moço), nenhuma dessas se endereçava a comunidades, mas a familiares – *grosso modo*, a indivíduos ou autoridades. Se também descartamos as cartas administrativas dirigidas por vários governantes aos seus súditos, restará somente Epicuro dentre aqueles que temos notícia de ter escrito cartas a grupos de destinatários que lhe eram conhecidos ("Aos filósofos de Mitilene", "Aos amigos de Lampsacus", "Aos amigos da Ásia", "Aos amigos do Egito"), mas infelizmente essas correspondências foram perdidas e temos apenas notícias e fragmentos delas em outros autores antigos (DIÓGENES LAÉRCIO. *Vida dos filósofos* 10,7; *Papiros Herculanenses* 163). Assim, as cartas de Paulo de Tarso são as únicas que chegaram até nós do gênero amigável, aliás "fraternas", enviadas às comunidades e somente às comunidades (9, com exceção da Carta a Filêmon, além das deuteropaulinas a Tito e Timóteo), com quem mantinha relação de confiança.

Em suma, o cristianismo aparece no palco da história por meio de uma documentação que prova principalmente a existência na região do Mediterrâneo de vários grupos de homens e mulheres, crentes em Jesus de Nazaré como Cristo e Senhor. Esses grupos já existiam no início dos anos 50 do século I, quando o Paulo histórico escreveu suas cartas (cerca de vinte anos depois da morte de Jesus) e, além disso, eles já estão espalhados em cidades de várias regiões do Mediterrâneo Centro-oriental: na Anatólia (Galácia e Ásia), na Grécia (Macedônia e Ática) e na Itália (Roma). E se eles existem nesses anos, é um sinal claro de que sua gestação ocorreu lentamente nos anos anteriores, entre outras coisas, não apenas pelo trabalho de grandes nomes como os de Paulo, Barnabé, Timóteo ou Pedro, mas também pelo compromisso de muitos cristãos anônimos, como veremos mais adiante. Não apenas isso, mas as próprias cartas de Paulo documentam a existência plural de "Igrejas da Judeia" (Gl 1,22; 1Ts 2,14), incluindo a de Jerusalém (Gl 1,8; 2,1-10), bem antes das comunidades de âmbito greco-romano e, portanto, já existentes na terra de Israel. Outras menções no plural em diferentes formas, ou de "todas as Igrejas" não determinadas (1Cor 7,17; 2Cor 8,18s.; 11,28), ou mais especificamente de "todas as Igrejas dos santos" (1Cor 14,34), "as Igrejas da Ásia" (1Cor 16,19), "as Igrejas da Macedônia" (2Cor 8,1), "todas as Igrejas dos gentios" (Rm 16,4), "todas as Igrejas de Cristo" (Rm 16,16), sugerem a existência de uma densa rede de comunidades, concretamente deslocadas não só genericamente nas cidades (aquelas mencionadas nos cabeçalhos), mas em diferentes distritos das mesmas cidades (só em Roma havia pelo menos três, e provavelmente cinco, cf. abaixo), bem como em várias casas particulares que funcionavam como locais de reunião (cf. Rm 16,4.23; 1Cor 16,19; Fm 2); no entanto, é um fenômeno surpreendente que em tão pouco tempo após a vida do Jesus histórico o anúncio cristão tem conhecido raio de ação tão amplo a ponto de atingir a capital do império com certos efeitos de proselitismo.

O fato é que, na sociedade da época, eram exatamente esses grupos que criavam alguma movimentação e não propriamente Jesus. Ou melhor: é elementar reconhecer que Jesus criava esse movimento na fundação de cada Igreja, motivando a própria existência delas, porque constituídas e reunidas em seu nome (cf. 1Cor 5,4), tanto que celebram comunitariamente "a ceia do Senhor" (1Cor 11,20) e o próprio Paulo cunha a definição originalíssima da comunidade como "o corpo de Cristo" (1Cor 12,27). Mas depois do ano 30 foram os grupos de referência para ele que despertaram um interesse específico!

Em resumo, podemos dizer que as cartas paulinas têm como objeto três centros de interesse: as Igrejas, Jesus Cristo e o próprio Paulo. Além disso, o fator-Igreja deve ser dividido em três grupos, de acordo com a situação das comunidades cristãs antes que Paulo entre em cena (cf. "as Igrejas da Judeia" [Gl 1,22; 1Ts 2,14] e "a Igreja de Antioquia" [At 13,1]), das muitas pessoalmente fundadas pelo próprio Paulo, e de pelo menos uma que não foi fundada por ele (a de Roma).

1.2 Os testemunhos extracristãos

Os testemunhos de fora da esfera cristã sobre o cristianismo que chegaram até nós, que nos dão uma ideia da opinião generalizada sobre o novo fenômeno sociorreligioso, não se concentram na figura de Jesus, mas na existência e nas características das comunidades cristãs, julgadas, contudo, em termos depreciativos. As páginas conhecidas de Suetônio, Tácito e Plínio o Moço, muitas vezes evocadas como atestados da existência do Jesus histórico (cf. a útil coletânea de VAN VOORST, 2004), na realidade interessam-se por Ele apenas indiretamente. De fato, seu primeiro interesse diz respeito à presença dos cristãos na sociedade, cuja importância é implicitamente reconhecida. Trata-se, portanto, de testemunhos diretos sobre as comunidades cristãs. O único autor antigo que nos fornece informações diretas sobre Jesus é o historiador judeu Flávio Josefo (aprox., 37-100 d.C.) em sua obra *Antiguidades judaicas* 18,63-64 com um texto rotulado pelos estudiosos como *Testimonium Flavianum*, cujo teor é mais do que nunca discutido devido a certas interpolações cristãs (cf. PENNA, 2006d: 257-259; VAN VOORST, 2004: 100-124; BÖTTRICH & HERZER, 2007: 73-136; WHEALEY, 2003); em todo caso, contém uma referência aos seus discípulos ("Aqueles que o amavam desde o início" não se perderam), embora na versão árabe abreviada seja simplesmente redigido da seguinte forma: "Aqueles que se tornaram seus discípulos não deixaram de o seguir".

Passemos agora em revista os três autores latinos, os mais confiáveis sobre o assunto, bem como os mais antigos (na virada dos séculos I e II), aos quais adicionamos uma referência a Epiteto; omitimos os mais discutíveis, embora pareçam ser do século I (Thallos e Mara bar Sarapion: VAN VOORST, 2004: 33-37 e 69-75), e aqueles que já pertencem ao tardio século II (Frontão: PENNA, 2006d: 283-285; Luciano de Samósata e Celso: VAN VOORST, 2004: 75-85).

O texto de Suetônio é encontrado na *Vida de Cláudio*, que faz parte de sua *Vida dos doze Césares*, e soa assim: "Os judeus que se revoltaram continuamente sob a instigação de [um certo] Crestus/*impulsor Chresto*, ele [= Cláudio] os expulsou de Roma" (§ 25). Não tocamos aqui a questão colocada pela identificação de *Cresto*, que com toda probabilidade deve ser entendida como uma variação fonética e gráfica do nome Cristo (cf. BOTERMANN, 1996: 77-114; ALVAREZ CINEIRA, 1999: 201-204). O fato importante a ser observado é que o testemunho de Suetônio não é tanto sobre o personagem Cresto/Cristo, mas sobre os judeus tumultuosos. Então, além de supor a existência de dois éditos de Cláudio (em 41 e 49), também podemos discutir a quantidade de judeus em Roma nos anos 40, a possível participação nos tumultos pelos judeu-cristãos e a importância que Cresto/Cristo tinha para eles (cf. ENGBERG, 2007: 92-104). Resta-nos, no entanto, que Suetônio não nos diz mais nada sobre esse personagem, mas concentra toda a sua atenção nos judeus e indiretamente naqueles que foram atraídos por essa figura. São eles, portanto, que provocam a curiosidade do biógrafo romano, além, é claro, de causar problemas à autoridade imperial encarregada da ordem pública. Além disso, é só deles que o próprio Suetônio fala a propósito do incêndio de Roma, que eclodiu em 19 de julho de 64 sob Nero: "foram condenados à tortura os cristãos, um tipo de gente que seguia uma nova e maléfica superstição" (*Vida de Nero*, 16).

Tácito, por sua vez, se detém muito mais tempo a descrever, nos *Anais*, o mesmo evento do incêndio (15,38-44) e também nos oferece um texto mais amplo sobre os cristãos:

> Para silenciar todos os rumores, Nero declarou-se culpado e condenou aos tormentos mais refinados aqueles que as pessoas comuns chamavam de *Crestiani*, odiosos por sua maldade. Eles tomaram seu nome de Cristo, que havia sido torturado pelo procurador Pôncio Pilatos sob o Imperador Tibério; reprimida por um curto período, essa funesta superstição agora recuperou forças não apenas na Judeia, o lugar de origem desse mal, mas também em Roma, onde todas as atrocidades e vergonhas se juntam por todos os lados e encontram seguidores. Assim, aqueles que confessaram [ser cristãos] foram primeiramente presos, então, pelas revelações destes, outros em grande número foram condenados não tanto como incendiários, mas como inimigos da gênero humana [...] afixados nas cruzes e queimados (44,2-4, cf. PENNA, 2006d: 275-247).

Como podemos ver, Tácito nos dá um relato sobre Cristo muito mais extenso do que o de Suetônio, mencionando tanto Pôncio Pilatos, Tibério e Judeia quanto o fato de seu *supplicium* (um termo genérico que, em todo caso, alude a uma sentença de morte). No entanto, o contexto da narrativa de Tácito não trata diretamente dele, mas de como seus seguidores são considerados (por Nero) responsáveis pelo incêndio de Roma. São estes que despertam o interesse do historiador, certamente porque eles e não Cristo foram responsabilizados pelo fogo; em todo caso, Cristo entra na história, somente a fim de explicar a origem do nome de "crestãos/cristãos" (sobre a dupla vocalização, cf. MONTEVEC-CHI, 1999; Tertuliano, por sua vez, *Apologeticus* 3,5, repreenderá os pagãos para estropiar o nome "por ignorância"). Isso significa que, em primeira instância, é por eles que Tácito se interessa, não por Cristo, simplesmente porque eles (uma *ingens multitudo*!) constituem uma presença viva e problemática na sociedade da época. O historiador latino se refere a Cristo apenas a partir do dado sociorreligioso daqueles que nele creem.

Análogo, aliás, ainda mais evidente, é o caso de Plínio o Moço. Governador da Bitínia (atual Noroeste da Turquia) ao longo dos anos 111-113, ele escreveu uma carta ao Imperador Trajano a fim de descobrir como se deveria comportar judicialmente em relação aos cristãos, denunciados ou não, obtendo uma resposta correspondente (*Epístolas* 10, 96, 97, cf. PENNA, 2006d: 271-275; VAN VOORST, 2004: 37-44). O texto epistolar de Plínio contém sete vezes o termo "cristãos-cristão" e três vezes o nome "Cristo". Já essa desproporção diz sozinha qual era o verdadeiro centro de interesse de Plínio. Falando dos primeiros, ele explicitamente atesta a sua difusão, uma vez que "há muitos, de todas as idades, de todas as classes, de ambos os sexos [...] não só nas cidades, mas também nas aldeias e no campo o contágio dessa superstição se espalhou [...]; os templos, agora quase desertos, voltam a ser frequentados [...]" (10,96,9-10); alguns deles infelizmente negaram sua identidade como cristãos, mas especificando que "o foram por três anos, outros por vários, alguns até por vinte anos" (10: 66,6). Em relação a Cristo, porém, Plínio nos informa duas vezes que alguns cristãos, para não incorrerem nas penas das quais eram ameaçados, "amaldiçoaram a Cristo" (10,96,5,6), e ele ainda nos diz que, segundo eles, "toda sua culpa e seu erro consistia no hábito de se reunir em um dia estabelecido antes do amanhecer e cantar entre eles um hino a Cristo como a um deus [...]" (10,96,7). Aqui temos a primeira atestação não cristã do culto cristão. De qualquer forma, não lemos nada sobre a figura histórica do próprio Cristo; quanto à resposta dada por Trajano, omite-se qualquer referência a ela, mencionando apenas uma vez "os cristãos" (10,97). Evidentemente, não é essa figura que interessa aos administradores políticos romanos, mas apenas o problema da ordem pública (e religiosa) representado pela extensa presença de muitos cristãos no território. É sobre essa presença que repousa a importância do testemunho dos dois documentos.

Finalmente mencionamos Epiteto (c. 55-135), que em uma de suas diatribes menciona um grupo de galileus: "Mesmo pela loucura ou obstinação, como os galileus, alguém pode resistir a essas coisas [o contexto alude a intervenções de tiranos], mas talvez que ninguém possa vir a conhecer raciocinando e demonstrando que Deus fez as coisas deste mundo [...]?" (4,7,6; cf. tb. 2,9, 19-21) Como vemos a referência aos cristãos (vale lembrar que a existência de uma comunidade cristã em Nicópolis, onde Epiteto ensinou por muito tempo, é atestada pela carta paulina a Tt 3,12), sem qualquer menção de Cristo, é enigmática e polêmica, em que eles são considerados apenas teimosos, detentores de uma fé que o filósofo se opõe ao "raciocínio e demonstração". Isso certamente indica um conhecimento extremamente superficial do cristianismo. Mas daí apreendemos que ainda são os cristãos-galileus a serem notícia e não Jesus e ou qualquer eventual responsável pelas comunidades locais.

O que geralmente pode ser deduzido de todos esses testemunhos pode ser resumido em três pontos. Em primeiro lugar, embora somente isso seja sublinhado, certamente temos uma afirmação tripla da existência da figura de Cristo a partir de três diferentes escritores pagãos. Mas, em segundo lugar, deve-se salientar que a menção de "Cristo" é marcada pela constante ausência do nome civil "Jesus", provavelmente porque foi considerado demasiado estranho ao léxico greco-romano ou talvez porque os próprios cristãos se referiam de preferência ao seu Senhor precisamente com o termo "Cristo", que há muito se tornou um verdadeiro nome pessoal (1Cor 15,3) e não apenas mais um título. Em terceiro lugar, de fato, deve-se notar absolutamente que, dito negativamente, no centro do interesse de todos os três escritores latinos, não está, contudo, sua pessoa, mas, dito positivamente, que há (grupos de) cristãos espalhados até mesmo em áreas geográficas muito diferentes e distantes, como a cidade de Roma e a província da Bitínia. Nenhum desses escritores designa cumulativamente cristãos com qualquer definição de tipo de comunidade. Nenhum deles fala de "cristianismo" e ninguém fala de "Igreja" ou "Igrejas", que são evidentemente denominações internas. Só Plínio, ao menos indiretamente, designa cristãos com o rótulo genérico de "associação" por meio do grecismo *hetaería* (10,96,7: "Desistiram dessa prática após meu decreto, com o qual eu havia proibido as *hetaerías*"), o que indica um grupo de companheiros, pessoas familiarmente associadas (do grego *hetaireîa*, que, por sua vez, provavelmente deriva do adjetivo *étēs*, "cidadão comum, parente e companheiro").

1.3 O sentido do termo *ek-klēsía*

Estabelecido preliminarmente que a etimologia da palavra grega lembra a ideia de um grupo reunido a partir de um *chamado de fora de*, que é a partir de um ponto de origem (cf. ROLOFF, 2004), é necessário especificar duas coisas: Por que os primeiros cristãos escolheram essa definição? E: A que realidades concretas essa palavra se referia?

É um problema que os primeiros cristãos tenham escolhido a palavra *ekklēsía* como designação de seu próprio grupo como associação "religiosa", uma vez que essa semântica nunca é atestada em âmbito greco-pagão. Deve-se dizer que trata-se de uma designação precisamente comunitária, pois no sentido distributivo, aliás, os Atos dos Apóstolos usam múltiplas denominações, que refletem tanto o ponto de vista interno dos seguidores do próprio movimento como o dos observadores externos: irmãos (At 1,15), crentes (At 2,44), discípulos (At 6,1), seguidores do Caminho (At 9,2), santos (At 9,13), cristãos (At 11,26), nazarenos (At 24,5).

Quem testemunha o uso da palavra é naturalmente Paulo como primeiro escritor, e ele o faz habitualmente, dado que só nas cartas autênticas o termo ocorre 44 vezes e até mesmo nos próprios endereçamentos como designação direta de seus destinatários (1Cor 1,2; 2Cor 1,1; Gl 1,2; 1Ts 1,1, Fm 2). Pelo contrário, tanto Paulo como outros escritores cristãos evitam os termos mais disponíveis em termos de vocabulário "societário", e são muitos:

• *Éranos* é usado com significados de vários níveis, mas semelhantes (festa, banquete feito com contribuições comuns, empréstimo; cf. o verbo *eranizein*, "coletar contribuições, fazer uma coleta"), e também pode qualificar uma associação religiosa estável (assim várias inscrições, em *Athenaeus* 8,362E encontra-se combinado com os sinônimos *thíasos* e *synagoghé*, e é um grecismo em Plínio o Moço, *Epístolas* 92).

• *Hetaireía*, também usado por Plínio o Moço, para os cristãos (cf. acima), geralmente significa um grupo social, principalmente como uma associação amigável (SÓFOCLES. *Ajax* 683; EURÍPIDES. *Orestes* 1.072, 1.079; HERÓDOTO, 5,71,1: "companhia de pares"), mas também como um grupo político (PLATÃO. *República*, 365d; TUCÍDIDES); rara e tardiamente designa um grupo religioso (DIÃO CÁSSIO, 44.6).

• *Panéghyris* indica uma assembleia festiva, porém de âmbito religioso (PÍNDARO. *Olímpicas* 9-96: "... de Zeus"; ÉSQUILO. *Sete contra Tebas* 219-220: "... dos deuses"), o termo também pode ser usado em conexão com os Jogos Olímpicos (PLATÃO. *Hípias menor*, 363d; TUCÍDIDES, 5,50,4). Na LXX, ele é encontrado em Os 2,11; 9,5; Am 5,21; Ez 46,11 (o verbo em Is 66,10: "Alegra-te, Jerusalém, e nela fazei festa quantos a amais"). No Novo Testamento é encontrado apenas em Hb 12,22-23 como interessante hendíade com *ekklēsía* ("Mas tendes chegado ao Monte Sião, e à cidade do Deus vivo, à Jerusalém celestial, a miríades de anjos; à reunião festiva e à *Igreja* dos primogênitos inscritos nos céus, e a Deus, o juiz de todos, e aos espíritos dos justos aperfeiçoados"), mas com um alcance retórico, dado que o texto está em justaposição com "Jerusalém celestial" e com "miríades de anjos".

• *Synagoghé*, que se tornou típico para se referir a reuniões judaicas (assim já em FÍLON DE ALEXANDRIA. *Quod omnis probus liber sit* 81), no ambiente grego pagão poderia indicar uma acumulação de bens (DEMÓCRITO, B 222), a união de um homem e uma mulher (PLATÃO. *Teeteto*, 150a), uma coleta de contingentes militares (POLÍBIO, 4,7,6); uma reunião simposíaca (*Ateneu*, 5.192b). Na LXX (onde ocorre cerca de 220 vezes), esse termo traduz principalmente o hebraico ^{c}*ēdāh*, um termo privilegiado para designar a assembleia cultual de Israel (Ex 12,3; Lv 8,8; Nm 10,2 etc.). No Novo Testamento encontra-se apenas em Tg 2,2 (sobre as razões pelas quais o cristianismo evitou esse termo, cf. SCHRAGE, 1981).

• *Sýnodos*, que etimologicamente recorda a ideia de "caminho comum" tem o valor de reunião, encontro, assembleia, conferência, e é diversamente atestado em poetas (ARISTÓFANES. *Tesmoforiantes* 301: em hendíade com *ekklēsía*), filósofos (PLATÃO. *O banquete*[1], 197D: "[...] a se reunirem"; ARISTÓTELES. *Ética Nicom.* 1.160a 24.26) e historiadores (HERÓDOTO, 9,43,2; TUCÍDIDES 1,96,2; 1,97,1; 1,119; 3,104,1), tanto em sentido religioso quanto político.

• *Thíasos*, além do sentido geral de grupo (XENOFONTES. *Memor.* 2,1.31; FLÁVIO JOSEFO. *Antiguidades judaicas* 14,215), pode muito bem indicar uma irmandade religiosa (também em grande parte dedicada a Dioniso: EURÍPIDES. *Bacantes* 115.680; HERÓDOTO, 4,79,5 = decreto de proibição emanado por Júlio César). O termo também será usado por pagãos em relação aos cristãos, tanto por Luciano (*A morte de Peregrino* 11, onde o neocristão Peregrino é chamado *thiasárches*) como por Celso (que define os próprios cristãos como *thiasótai*, em ORÍGENES. *Contra Celso* 3,23).

---

1. O original italiano utiliza sempre a variante Simpósio, mas próxima do grego Συμπόσιον (*Sympósion*). Nesta tradução preferiu-se utilizar Banquete em alguns contextos por ser essa a variante mais difundida no Brasil. Contudo, vale ressaltar que se trata sempre do mesmo conceito no original [N.T.].

• O termo *koinón* seria menos pertinente, o que, como o sentido literal indica, designa um grupo constituído em "comum", portanto uma comunidade, mas predominantemente num sentido político como Estado (HERÓDOTO, 1,67,5) e também como liga ou federação (HERÓDOTO, 5,109,3; TUCÍDIDES, 4,68,3) ou ainda uma corporação específica e privada (p. ex., magistrados ou artesãos: Papiros de Oxirinco 53.2; 54.12).

• No contexto latino, falar-se-ia de *collegium-collegia* (cf. EGELHAAF-GAISER & SCHÄFER, 2002; RÜPKE, 2007).

Quanto à designação realmente utilizada, ou seja, a *ekklēsía*, algumas coisas devem ser especificadas imediatamente.

Na civilização grega clássica e helenística, o termo originalmente pertence ao léxico da ordem política grega para designar a assembleia de cidadãos livres reunidos para fins legislativos, e não de culto, como pode ser visto, evidentemente, tanto em um dramaturgo como Aristófanes (*Ecclesiazúse* 20.84.89.135. 188.191.249.270.290.352.376.387-501.740) e em um filósofo como Aristóteles (*Constituição dos Atenienses* 4,3; 7,3; 15,4; 41,3; 42,4; 43,4; 44,4; 2, aqui em 54,5, 365,4 é seu sinônimo de *dêmos*, "povo"). Seu uso é bastante atestado também nas inscrições (cf. CANALI DE ROSSI, 2002, § 166,17 e 190,18, do século I a.C.). Em todo caso, nos textos extrabíblicos o uso do termo como designação de um grupo de culto é substancialmente ausente, podendo no máximo e muito raramente designar apenas a "reunião de negócios" de uma associação de culto (POLAND, 1909: 332).

O mesmo termo, no entanto, já havia sido usado pela LXX (96 vezes), não em um sentido propriamente político, mas para traduzir o hebraico *qāhāl*, que indicava a assembleia cultual do povo de Israel, e que, ao contrário de *cēdāh*, era geralmente entendido como uma designação do povo, em vez de uma reunião em particular (Lv 16,17; Nm 16,3; Dt 23,2-4; Ne 7,66 etc.; cf. tb. FLÁVIO JOSEFO. *Antiguidades judaicas* 3,84,188,292,300) (cf. ALETTI, 2009: 11-23).

Não obstante, Paulo não usa propriamente o termo *ekklēsía* com essas valências semânticas, embora em outras partes do Novo Testamento ele ainda mantenha seu significado profano político-administrativo original (dito a propósito da assembleia da cidadania de Éfeso no teatro daquela cidade em At 20,32.39.40) ou explicitamente nomeie a antiga assembleia de Israel no deserto (At 7,38). Uma hipótese é que o Apóstolo tenha usado a palavra para dizer que a assembleia cristã tem um caráter público, porém não comparável ao privatismo de uma associação de mistério (cf. SCHLIER, 1976: 20). Em todo caso, embora o sentido religioso de *ekklēsía* não tenha outro paralelo além de seu uso na LXX, a especificação paulina "Igreja de Deus" (1Cor 10,32; 11,16.22; 15,19; 2Cor 1,1; Gl 1,13; 1Ts 2,14 [no plural]; 2Ts 1,1; 1Tm; fora de Paulo somente em At 20,28) é original e dificilmente pode derivar da Bíblia grega, onde esse sintagma é encontrado apenas uma vez (em Ne 13,1, além disso, em um sentido exclusivo, alheio à prática cristã), ao passo que existem construções ausentes do Novo Testamento como "Igreja *do Senhor*" (Dt 23,1.2.9; Mq 2,5), "... do Altíssimo" (Eclo 24,2), "... do povo" (Jz 20,2; Jd 14,6), "... dos santos" (Sl 88/89,5; 149,1), "... dos filhos de Israel" (Eclo 50,13.20), "... dos fiéis" (1Mc 3,13) (cf. THEISSEN, 2010: 380-383).

Quando Paulo entra em cena como cristão e apóstolo, o dado "Igreja" já existia, tendo surgido bem antes dele (embora a ideia atual, segundo a qual a Igreja nasceu no dia de Pentecostes, seja um verdadeiro *theologúmenon* não fundamentado pela narrativa de Lucas de At 2,1-41); na realidade, o movimento galilaico de Jesus já havia constituído grupos de discípulos (cf. cap. 2). No entanto, foram os grupos pós-pascais dos discípulos de Jesus os alvos da perseguição do zeloso fariseu Saulo. De fato, três vezes em suas cartas ele explícita e profundamente reconhece ter "perseguido a Igreja de Deus" (1Cor 15,9; Gl 1,13; Fl 3,6). Ademais, devemos reconhecer que, em nível histórico-documental, a palavra exata *ekklēsía*, em seu uso e valor cristão, aparece *incipit* de 1Ts, onde Paulo se dirige literalmente "à Igreja dos tessalonicenses". Esse modo "personalista" de se expressar (não "topográfico") é praticamente único em suas cartas, onde ele normalmente fala de uma Igreja localizada em um lugar particular (também em Cl 4,16 fala-se da "Igreja dos laodicenses", que, embora a escrita seja provavelmente pseudepigráfica, ainda atesta um uso arcaico da frase). A menção "dos tessalonicenses", em vez do simples topônimo de "Tessalônica", embora preserve uma nuança localística inevitável, tem um timbre mais grecista, pois distingue aquela assembleia de outras possíveis, fazendo referência explícita às pessoas que a compõem. É verdade que Paulo prossegue especificando que a assembleia dos tessalonicenses [o] é "em Deus Pai e no Senhor Jesus Cristo", mas em todo caso ele não usa a locução "Igreja de Deus" que mais tarde se tornou corrente, que tem um sabor mais teológico.

Precisamente essa observação nos leva a um esclarecimento adicional e importante: falar *simplesmente* da "Igreja" no singular como uma realidade global não corresponde à efetiva realidade das origens. É verdade que nos textos citados acima, Paulo diz que perseguiu "a Igreja de Deus", aparentemente assumindo uma compreensão disso em um sentido unitário universal; mas é igualmente verdade que este modo de se expressar pretende antes enfatizar a qualidade teológica da comunidade cristã na medida em que é "de Deus", como pode ser visto tanto na admoestação de Gamaliel em At 5,39 ("...para que não sejais, porventura, achados lutando contra Deus"; cf. 2Mc 7,19) quanto em sua recorrência Qumraniana (em IQM 4,6 está inserida em uma longa passagem em que, com relação à guerra escatológica contra os filhos das trevas, diz-se que os filhos da luz escreverão em suas bandeiras umas cinquenta aclamações, todas construídas com um substantivo que rege um genitivo, incluindo precisamente "assembleia/*qāhāl* de Deus" [além de "chamados... povo... canto... verdade... justiça... glória... maravilha... congregação/*ʿēdāh*... vitória... paz", sempre especificados de tempos em tempos como "de Deus/*ʾēl*"]).

Com isso, não podemos negar que, na prática, a *ekklēsía* se realize em comunidades individuais, diversamente localizadas. De fato, em 1Ts 2,14 Paulo fala no plural das "Igrejas de Deus que estão na Judeia", e historicamente eram justamente aquelas realidades eclesiais, pluralisticamente diversificadas (cf. At 2,46: "repartindo o pão nas casas"), o objeto de sua perseguição. É verdade que em Gl 1,22 ele afirma que "as Igrejas da Judeia" não o conheciam pessoalmente, mas provavelmente porque ele havia perseguido as comunidades cristãs locais de origem judeu-helenística.

Portanto, é altamente provável que na linguagem do Apóstolo o termo *ekklēsía*, traduzido como "assembleia/reunião/encontro" (subentendendo-se a semântica de "convocação"), ainda não tenha um valor generalizante para indicar a Igreja universal (cf. DUNN 1998: 537-543; 2008: 3-22). Isso será feito com segurança a partir das cartas pseudepigráficas aos colossenses (Cl 1,18.24; mas na mesma Cl 4,15.16 a palavra ainda tem um valor particularístico, referindo-se respectivamente à única Igreja doméstica da casa de Ninfa e à Igreja da cidade de Laodiceia) e sobretudo na Carta aos Efésios (cf. Ef 1,22; 3,10.21; 5,23-25.27.29.32: "Cristo amou *a* Igreja e se entregou por ela [...]"). E é sintomático que nos Atos dos Apóstolos, redigidos na época dessa mesma carta, a tradição manuscrita atesta a dupla leitura em 9,31: "Todas as Igrejas/toda a Igreja para toda a Judeia e Galileia e Samaria [...]".

De fato, Paulo sempre compreende a *ekklēsía* como uma única comunidade local, seja o lugar de referência correspondente a uma única cidade (Cencreia: Rm

16,1; Corinto: 1Cor 1,2; 14,35; 2Cor 1,1; Tessalônica: 1Ts 1,1) ou às comunidades de toda uma região (Galácia: Gl 1,2; 1Cor 16,1; Ásia: 1Cor 16,19; Macedônia: 2Cor 8,1; Judeia: Gl 1,22; 1Ts 2,14) ou a uma reunião realizada em uma única casa (por Prisca e Áquila em Roma: Rm 16,5; de Áquila e Prisca em Éfeso: 1Cor 16,19; de Gaio provavelmente em Corinto: Rm 16,23; de Filêmon em Colossos: Fm 2; cf. tb. Ninfa em Laodiceia: Cl 4,15). A mesma semântica localista emerge no uso frequente do termo no plural "as Igrejas", *hai ekklēsíai* (Rm 16,4.16; 1Cor 7,17; 11,16.22; 14,33; 2Cor 8,18-19.23-24; 11,8.28 ["o interesse por todas as Igrejas"]; 12,13), mas também no singular distributivo "toda Igreja", *pâsa ekklēsía* (1Cor 4,17; cf. tb. "não Igreja" em Fl 4,15) (GEHRING, 2000: 238-282).

Naturalmente, a expressão que se lê em 1Cor 11,18 ("Quando vos reunis na *ekklēsía*") deve ser entendida não em um sentido espacial (= reunir "em uma Igreja"), dado que os cristãos não tinham lugar publicamente dedicado à sua adoração, mas em um sentido modal (= encontrar-se para uma reunião, de modo a formar uma grupo, uma assembleia). Esse significado é bem confirmado por passagens sucessivas da mesma carta (cf. 11,20: "Quando, pois, vos reunis juntos/no mesmo lugar"; 14,19: "prefiro falar na assembleia cinco palavras com o meu entendimento [...]"; 14,26, onde Paulo lamenta uma certa fragmentação da assembleia reunida: "Quando vos reunis, um tem salmo, outro, doutrina, este traz revelação, aquele, outra língua, e ainda outro, interpretação. Seja tudo feito para edificação"; 14,28: "Mas, não havendo intérprete, fique calado na Igreja"; 14,34-35) *Didaqué* (4,14: "confessarás teus pecados na assembleia"). É certo que, em todo caso, a palavra não tem qualquer acepção arquitetônica (cf. TURNER, 1977; WHITE, 1996-1997).

Uma pluralidade de casas de reunião/assembleia para os cristãos também pode ser comprovada para uma mesma cidade. Isso aparece mais claramente em Roma, onde se pode deduzir a existência de pelo menos três dessas casas: a dos cônjuges Prisca e Áquila (cf. Rm 16,3-5), a de "Asíncrito, Flegonte, Hermes, Pátrobas, Hermas e os irmãos que se reúnem com eles" (16,14), e "Filólogo, Júlia, Nereu e sua irmã, Olimpas e todos os santos que se reúnem com eles" (16,15). A essas se somam talvez outras duas, dado que também se fala dos "da casa de Aristóbulo" e daqueles "da casa de Narciso" (16,10-11), provavelmente escravos dos respectivos mestres mencionados, o que, como acontecia com outros cultos, permitiu que eles se reunissem (cf. LAMPE, 1989: 301-302). Para calcular o seu número total, é necessário levar em conta o fato de que uma casa antiga, de acordo com as informações fornecidas pela arqueologia (quer dizer a casa de uma pessoa rica, independentemente dos proletários insulares) (cf. BALCH, 2003: 258-266; MURPHY-O'CONNOR, 1983: 153-172; AGUIRRE, 1998: 79-110; CRAFFERT, 1998), dispunha concretamente como ambiente de reunião apenas do triclínio, que poderia conter mais ou menos uma dúzia de pessoas (esse número poderia dobrar se duas pessoas se deitassem em um leito/*klíne*): no *Banquete* de Platão os convidados são apenas 9; há 11 no *Simpósio* de Xenofonte; no *Satiricon* de Petrônio os participantes do jantar na casa de Trimalcião, além dos muitos escravos, são 13 (com o acréscimo de duas mulheres: a esposa de Trimalcião e a esposa de um certo Habinas que chegou ao banquete). Se, então, o espaço do átrio (onde, além do mais, era preciso ficar de pé) era acrescentado por extensão, podia-se chegar a um tamanho de cerca de trinta ou quarenta pessoas. Podemos, portanto, quantificar o número de cristãos em Roma no tempo do Apóstolo Paulo em uma soma entre cem e duzentos (de uma população de cerca de um milhão, dos quais vinte a trinta mil eram judeus).

Mesmo em Corinto deve ter havido mais de um local de reunião, embora em Rm 16,23 lemos que lá Gaio deu hospitalidade a "toda a Igreja". De fato, a exegese de alguns comentaristas deve ser rejeitada, segundo a qual se aludiria ao fato de que Gaio teria acolhido todos os cristãos que passavam (de modo que "toda a Igreja" seria uma fórmula universalista). Em vez disso, com muitos outros, deve--se entender o conjunto dos cristãos locais de Corinto: na verdade, o adjetivo "*todos*", "*hóle*", seria inútil se fosse uma única comunidade, enquanto faz sentido se alude ao fato de que em Corinto havia mais de um grupo de cristãos que em certas ocasiões se reuniam "no mesmo lugar" (*epì tò autó*) para formar uma comunidade unitária (note que este construto grego na LXX também traduz o hebraico *yāhad*, "unidade/juntos/ao mesmo tempo" [QS 2,2; 4,9; 33,4; 36,38; 48,3] e que o grupo de Qumran é precisamente chamado *ha-yāhad*, "a comunidade "[QS 1,1.12; 8,2; 9,2], além disso, em 1Cor 1,16 e 16,15-16 também lemos sobre a casa de uma certa Estéfanas, que segundo o texto devia exercer funções de liderança dentro da comunidade de Corinto.

É interessante notar que, ainda nos anos 80, os Atos dos Apóstolos repetidamente atestaram o uso do termo no singular em relação às realidades locais específicas, e exatamente em Jerusalém (At 2,47; 5,11; 8,1.3; 11,22; 12,1.5; 15,4; 18,22), em Antioquia da Síria (At 11,26; 13,1; 14,27; 15,3.22) e em Éfeso (20,17); um plural explícito pode ser lido em At 15,41 e 16,5, que corresponde a um singular distributivo em At 14,23; uma semântica cumulativa é encontrada apenas na variante textual de At 9,31 (talvez até em 20,28?); mas nos mesmos At 19,32.39.40 temos as únicas presenças no Novo Testamento do significado original grego de *ekklēsía* como uma assembleia "laica" dos cidadãos de uma mesma cidade (= Éfeso).

Até mesmo o autor do Apocalipse no final do século I conhece apenas uma semântica distributiva. Isso pode ser visto tanto no plural referente às sete Igrejas da região da Ásia Menor (Ap 1,4.11.20; 22,16) como no singular de cada uma das Igrejas às quais as respectivas cartas são endereçadas: Éfeso (Ap 2,1), Esmirna (Ap 2,8), Pérgamo (Ap 2,12), Tiatira (Ap 2,18), Sardes (Ap 3,1), Filadélfia (Ap 3,7), Laodiceia (Ap 3,14).

1.4 Características da(s) comunidade(s)

Os primeiros cristãos, ainda que diferenciados em variados grupos, tinham de perceber a existência de um vínculo que os unisse para formar uma espécie de coletividade, superior ao único momento de reunião das ocasiões de culto. Quando Paulo afirma ensinar da mesma maneira "por toda parte, [...] em cada Igreja" (1Cor 4,17; 7,17; 16,1) ou quando ele envia saudações de "todas as Igrejas de Cristo" (Rm 16,16), evidentemente reconhece a existência de um vínculo que une todos os crentes em Cristo. Assim, a natureza e a experiência de estabelecer uma comunidade certamente não estavam limitadas a um prazo fixo. O termo *ekklēsía* também devia implicar uma semântica, como ir além do particularismo de uma única reunião de grupo. Portanto, é lógico perguntar: O que foi que, mesmo em nível local, unia os cristãos das primeiras gerações? O que foi que os tornou uma *ekklēsía* "*superpartes*", isto é, uma agregação que se sentia tão além dos vários grupos presentes em uma única cidade? É verdade que uma carta como Romanos nunca fala de seus destinatários como uma Igreja (única), ao passo que ela reserva essa designação apenas no final do texto epistolar e apenas a grupos diferentes, locais ou residentes em outros lugares (Rm 16,1.4.5.16.21). Por outro lado, outras cartas definem cumulativamente desde o início os destinatários como se fossem uma única *ekklēsía*, mesmo que com toda probabilidade fossem subdivididos em grupos distintos (1Cor 1,2; 2Cor 1,1; cf. acima), especialmente na saudação inicial da própria 1Cor 1,2 a Igreja daquela cidade está vinculada a "todos os que em todo lugar invocam o nome de nosso Senhor Jesus Cristo, Senhor [dela] e nosso".

Uma certa resposta poderia vir da Primeira Carta de Pedro, que escreve assim: "sofrimentos iguais aos vossos estão-se cumprindo na vossa irmandade espalhada pelo mundo" (5,9; cf. 2,17). Aqui temos o termo raro *adelfótes*, que não tem o valor abstrato do irmanar-se como o ideal a seguir, mas o valor concreto da fraternidade como um grupo coeso e efetivo baseado no que é a "concórdia de irmãos" (essa é precisamente a definição dada pelo filósofo contemporâneo Dião Crisóstomo, *Orações* 38,15). Tal significado de uma verdadeira agregação unificada de pessoas é encontrado nos livros dos Macabeus, que a entendem como uma aliança política (1Mc 12,10.17) ou como uma irmandade biológica (4Mc 9,23; 10,3.15; 13,19.27). No campo cristão ainda encontraremos a mesma definição eclesial na *Carta de Clemente aos Coríntios* 2,4. A originalidade dessa designação consiste no fato de que não temos notícias de nenhuma associação antiga assim nomeada (cf. as denominações listadas acima) (cf. ELLIOTT, 2000: 499-500). O autor da carta (provavelmente pseudepigráfica) não pretende falar de um amor exercido individualmente em relação a outros cristãos, mas de um amor coletivamente dirigido a toda a comunidade de irmãos e irmãs, que é assim rotulada e que, no mesmo texto, é similarmente designada como "casa" (2,5: "espiritual"; 4,17: "de Deus"), "raça escolhida, sacerdócio régio, nação santa, povo adquirido" (2,9) "rebanho de Deus" (5,2). O que se destaca aí é o campo semântico de uma realidade familiar, originário inclusive de um renascimento (1,3.23).

Além disso, a própria qualificação de "irmãos" é a mais usada pelos escritores do Novo Testamento para designar seus destinatários (64 vezes apenas nas cartas de autoria paulina). Tal denominação na Antiguidade, em seu valor metafórico, também é testemunhada por membros dos cultos místicos ou associações voluntárias/*collegia*; no entanto, o fato não é apenas raro, mas não está documentado em textos anteriores ao final do século II d.C. (cf. ARZT-GRABNER, 2002: 199-201), e, além disso, aplica-se apenas no sentido estrito aos homens que são os únicos membros de associações de culto, enquanto as comunidades paulinas também incluíam mulheres (cf. MEEKS, 1992: 78-85; OSIEK & MACDONALD, 2007: 143-163). Além disso, nos textos referentes a essas associações, o termo nunca é usado como apelativo em um discurso direto, mas só é encontrado em notícias em terceira pessoa (cf. AASGAARD, 2004: 109-112; PILHOFER, 2002).

As primeiras comunidades cristãs, portanto, tinham de aparecer aos olhos dos contemporâneos inteiramente equivalentes aos encontros de associações voluntárias (cf. STEGEMANN & STEGEMANN, 1995: 237-271; McCREADY, 1996). Analogamente àquelas, de fato, os membros eram cooptados por sua livre-decisão, não por nascimento ou por riqueza ou profissão; além disso, eles praticavam refeições comuns, para as quais os próprios participantes podiam contribuir. Naturalmente, há também algumas diferenças de não pouca monta, das quais a mais evidente é a ressocialização dos cristãos com base em uma fé comum de um tipo substancialmente original, sendo característica uma certa ideia típica de salvação; além disso, nas *ekklēsíai* cristãs, não é imposta qualquer limitação de sexo ou situação social para a participação no culto; além disso, nenhuma lista das pessoas mais ilustres é documentada e não vigora qualquer título de honra (mas, de acordo com o apócrifo *Ascensão de Isaías* 3,21-31, isso já acontecia no final do século I na região siríaca com uma polêmica relação entre bispos e profetas); por outro lado, em nenhuma outra das associações contemporâneas os membros eram definidos como "santos/chamados/amados por Deus". Segundo a análise de Eva Ebel (2004) sobre a capacidade de atração das primeiras comunidades cristãs (em comparação com as duas associações mais famosas, ambas do século XI, a dos *Ióbakchoi* em Atenas e a das *cultores Dianae et Antinoi* em Lanúvio perto de Roma), deve-se acrescentar que a comunidade cristã não exige o pagamento de qualquer "taxa" para a participação e que também está praticamente aberta a pessoas de fora (1Cor 14,23: "[...] no caso de entrarem indoutos ou incrédulos"); além disso, pertencer a uma associação de culto pagã também não favorecia a entrada em outra associação. Em todo caso, diante das associações religiosas da época, há uma forte diferença quanto ao uso da casa como ponto de encontro das comunidades paulinas: enquanto na sociedade greco-romana o culto doméstico ainda era subordinado ou mesmo coordenado aos cultos públicos da cidade, aos quais não se podia deixar de fazer referência, para as *ekklēsíai* paulinas, a casa era o único e possível local de reunião, portanto, existindo por si mesmo, sem qualquer coordenação com outros locais culturais oficiais.

Sobre o conjunto deste tópico, veja também o capítulo 11 deste volume.

2

Jesus de Nazaré e os seus primeiros grupos na terra de Israel

Se é verdade que no nível documental "no princípio era a Igreja", no nível dos acontecimentos históricos não podemos deixar de reconhecer que "no princípio era Jesus de Nazaré". Naturalmente, será necessário especificar que também todo o material narrativo sobre Ele chegou até nós mediado e, portanto, de algum modo filtrado pela interpretação das primeiras comunidades cristãs, que entre outras coisas eram os únicos sujeitos transmissores. De modo que a figura (e nosso conhecimento) sobre Jesus está inextricavelmente entrelaçada com a maneira pela qual essas comunidades preservaram, interpretaram e transmitiram sua memória. E é interessante notar que precisamente essa transmissão, incluindo o resultado de sua abundante documentação escrita, não tem comparação com nenhuma das outras figuras judaicas conhecidas do século I (cf. PENNA, 2010b).

2.1 Precedentes e paralelos

Mesmo antes de Jesus, uma autêntica novidade em Israel foi o aparecimento de João, filho do sacerdote Zacarias (e, portanto, também ele um sacerdote), renomeado pela tradição cristã como João Batista. Ele avançou a proposta inédita e antitradicionalista de uma remissão de pecados ligada a um rito simples de água, embora associado ao arrependimento (Mc 1,4). Aqui está a verdadeira inovação, em que estava "o aspecto verdadeiramente revolucionário de sua pregação. Essa ideia, de fato, superou de uma só vez a necessidade de um templo para realizar o sacrifício expiatório" (LUPIERI, 1988: 179-180). E, de fato, era algo inédito que um sacerdote negligenciasse suas funções típicas a serem desempenhadas na área sagrada do Templo de Jerusalém para administrar no deserto uma simples imersão nas águas do Jordão, que, ademais, tinha grande apelo popular (Mc 1,5).

Algo assim já havia acontecido e durou cerca de um século e meio, quando um grupo de sacerdotes jerosolimitas se retirou para o deserto na costa noroeste do Mar Morto, em um lugar hoje chamado Qumran, em polêmica com o sacerdócio sediado no Templo, que não só se tornou dominado pelo helenismo, mas também quebrou a antiga linha de descendência de Sadoc (cf. SACCHI, 1994: 198-209). Em Qumran se formou uma comunidade sectária, autodenominada como "resto de Israel", "comunidade da nova aliança" e "filhos da luz", separada e até mesmo oposta aos outros judeus tidos como "homens de iniquidade" e "filhos das trevas". Lá se seguia um rígido esquema de vida comum, com a partilha de bens, praticando frequentes banhos de purificação, com o provável costume do celibato e sob a presidência de um conselho de sacerdotes. Seu propósito era estudar e praticar a Torá, também por meio de uma intensa atividade de escrita, preparando-se para a "visita" escatológica de Deus (cf. GARCIA MARTINEZ & TREBOLLE BARRERA, 2003; STEGEMANN, 1995).

João, filho de Zacarias, de acordo com uma hipótese plausível, pode ter sido parte dessa comunidade, se levarmos em conta não apenas seu rigor ascético, mas sobretudo o fato de que se espelhava em um texto de Isaías (40,3: "Voz de um que clama no deserto"; cf. Mc 1,3) que constituiu uma caracterização típica também da comunidade de Qumran (*Regra da comunidade*: IQS 8,12-16); além disso, as palavras de João sobre Jesus, que batizaria "com Espírito Santo e fogo" (Lc 3,16), ecoam o que é lido na mesma *Regra* a respeito de Deus que "purificará todas as obras do homem [...] e derramará sobre ele o espírito da verdade como águas lustrais" (IQS 4,20-21). Mas João deve ter abandonado a comunidade de Qumran para seguir seu próprio caminho; na verdade, ele não estabeleceu justaposições entre os judeus; e seu batismo, enquanto irrepetível, diferia dos frequentes banhos praticados pelos homens daquele grupo. O fato de que Jesus de Nazaré veio até ele para receber seu batismo diz quão sensível era o Nazareno, não apenas genericamente ao novo, mas à proposta específica daquele João que muito simplificou as modalidades do relacionamento com Deus.

O interessante a notar é que em torno de João já durante a sua vida se formaram grupos de discípulos, dos quais, ademais, os de Jesus teriam se diferenciado (Mc 2,18 e paralelos) (cf. BACKHAUS, 1991); esse fato – que inclusive, de acordo com o historiador judeu Flávio Josefo, se tratou de uma "multidão [...] que cresceu em grande número ouvindo suas palavras" (*Antiguidades judaicas* 18,118) –

despertou as suspeitas e aversão do tetrarca Herodes Antipas. Até mesmo alguns dos discípulos de Jesus teriam saído do círculo de João (Jo 1,35-37). Mas mesmo depois dele se formaram grupos, senão justamente das comunidades, que continuaram seu trabalho. Sem levar em conta o movimento ainda vivo dos mandeus no Iraque (cf. LUPIERI, 1993), sabemos pelos Atos dos Apóstolos que, mesmo mais de vinte anos depois de sua morte, e mesmo em uma cidade distante da Ásia Menor como Éfeso, havia discípulos de João (At 19,1-7; 18,25); mas também um escrito judeu-cristão dos séculos II-III, as *Pseudoclementinas*, atesta a existência dos chamados discípulos de João que afirmavam "ele era o Cristo, e não Jesus" (*Recognitiones* 1,54; 1,60).

No entanto, os joaninos não são os únicos grupos a constelar e tornar complexa a sociedade judaica da época (cf. em geral BAUMGARTEN, 1997; CHAL-CRAFT, 2007; JOSSA, 2001). O historiador Flávio Josefo nos transmitiu em várias ocasiões um inventário e uma caracterização de pelo menos três grupos diferentes, chamados por ele de "filosofias" (*Antiguidades judaicas* 13,172; 18,11-21; os textos podem ser lidos em PENNA, 2006d: 20-23), isto é, os grupos dos fariseus, dos essênios e dos saduceus, dos quais os primeiros são comparados aos estoicos (*Vita* 12) e os últimos aos pitagóricos (*Antiguidades judaicas* 15,371), enquanto os saduceus segundo a Mishná podiam ser comparados aos epicuristas (*Berakôt* 9, 5).

Quanto ao número, Flávio Josefo nos informa que mais de 6 mil fariseus recusaram um juramento de fidelidade a César e Herodes o Grande (*Antiguidades judaicas* 17.42) e que os essênios totalizavam cerca de 4 mil indivíduos (*Antiguidades judaicas* 18.20), enquanto os sacerdotes chegavam a 20 mil (*Contra Apião* 2,108), aos quais deveríamos acrescentar os vários defensores da aristocracia (tudo isso em uma população total de pelo menos 500 mil na terra de Israel; cf. VERMES, 2008: 48-50). O historiador judeu lista uma quarta "filosofia" (*Antiguidades judaicas* 18,3-9.23), na verdade coincidindo com o movimento dos sicários (*Guerra* 2,118.254; 7,253-254), uma espécie de guerrilha, sobre os quais ele descarrega a responsabilidade da guerra dos anos 66-70. Esse grupo começou com Judas Galileu no ano 6 d.C. por ocasião do recenseamento anunciado pelo primeiro prefeito romano enviado à Judeia (quando Jesus poderia ter 12 anos); no mais, fazia parte de uma série de outros movimentos profético-messiânicos violentos (cf. HORSLEY & HANSON, 1995). Os zelotes devem ser colocados separadamente, mas eles aparecem em cena apenas mais tarde, no início da Guerra Judaica (*Guerra* 2,444; 4,160-161) (cf. JOSSA, 1980: 21-94).

Entre todos esses agrupamentos, não temos notícias de que os saduceus estivessem unidos em comunidades reais. Sabemos, aliás, que, além do caso de Qumran, os essênios viviam em grupos dispersos em várias cidades (*Guerra* 2,124), praticando a comunhão dos bens e considerando-se estranhos ao Templo. Também dos fariseus sabemos que eles estavam reunidos em *haburôt*, "associações, comunidades", já existentes antes de 70 (TOSEFTA. *Meg.* IV, 15), entre as quais a "santa comunidade de Jerusalém" (Talmude bab., *Bezá* 14b) com estrita observância de normas de pureza, horas fixas para a oração, líderes internos, assembleias, refeição em comum (cf. JEREMIAS, 1989: 379-409).

Um grupo a parte foi então formado pelos escribas enquanto Mestres da Lei, a maioria pertencente à facção dos fariseus. Particularmente bem versados no estudo e ensino das Escrituras e especialmente da Torá (com o poder de ligar ou desligar por uma interpretação autorizada), eles gozavam de grande prestígio entre as pessoas e constituíam verdadeiras escolas para as quais afluíam muitos jovens também do estrangeiro, tanto que "todos os dias estavam cercados de fileiras de discípulos" (Talmude bab., *Yomá* 71b); para se ter uma ideia, consta que somente R. Hilel tinha ao seu redor oitenta discípulos (Talmude bab., *Sukká* 28a) (JEREMIAS, 1989: 361-378; SCHAMS, 1998).

Uma verdadeira comunidade isolada do contexto social da época, mas colocada fora da terra de Israel, no Egito, foi constituída pelos chamados "terapeutas", dos quais Fílon de Alexandria nos diz (no *De vita contemplativa*, onde é atestada pela primeira vez a palavra grega *monastérion*): homens e mulheres estabelecidos não muito longe de Alexandria, viviam uma pobreza completa, vestiam-se apenas de linho e algodão, abstinham-se de comer carne, rezavam pela manhã voltados para o Oriente, celebravam um banquete comum aos sábados e em outras festas, e praticavam uma exegese alegórica das Escrituras, dedicando-se totalmente "ao culto/*therapeía* do Ser, que é melhor do que o Bem, mais puro do que o Uno, e mais primordial do que a Mônada" (§ 2) (cf. TAYLOR & DAVIES, 1998).

Por último, deve ser mencionado separadamente o grupo dos samaritanos, que de fato é completamente independente, tanto por conta da área geográfica em que está confinado (Samaria, localizada entre a Judeia, no sul, e a Galileia, no norte) quanto por conta de suas posições religiosas, dado que, embora se refira ao mosaísmo, esse grupo reconhecia como um lugar de culto não o Monte Sião em Jerusalém mas o Monte Garizim perto de Siquém, além de aceitar somente o Pentateuco como um livro sagrado. Isso explica a relação de afinidade, mas também de hostilidade por parte dos judeus (cf. FLÁVIO JOSEFO. *Antiguidades judaicas* 9,291).

2.2 O movimento de Jesus

No contexto variegado que acabamos de esboçar, insere-se a figura de Jesus de Nazaré, dialeticamente, como um dos muitos inovadores e também com traços inconfundíveis de originalidade (sobre a problemática moderna sobre sua figura, cf. GAETA, 2009; KEENER, 2009: 1-46). O próprio fato de ter ido receber o batismo de João o coloca entre a multidão que o buscava no deserto, sem assumir nenhuma importância particular; de fato, a importância atribuída pelos textos do Novo Testamento àquele momento e àquele encontro depende de leituras posteriores (cf. LÉGASSE, 1994: 24-27). Consequentemente, o fato de Jesus a princípio ter se colocado entre os discípulos do Batista está inteiramente de acordo com a dimensão histórica das coisas, embora persista a questão de saber se Ele continuou a administrar o batismo por conta própria ou não (MEIER, 2002-2003: 155-178).

O certo é que Jesus então se distanciou de João (talvez depois de seu encarceramento?), seja adotando um estilo de vida muito diferente, seja abandonando o deserto e inserindo-se profundamente entre as pessoas, ou concentrando sua pregação não mais controversamente em um iminente julgamento de Deus, mas no anúncio do reinado de um Deus misericordioso. Theissen delineia o complexo quadro social existente na terra de Israel, propondo e usando o conceito de "desenraizamento social", consistindo no abandono da própria casa e implicando uma ruptura mais ou menos forte em relação às normas compartilhadas (THEISSEN, 2007: 125-130). Nesse sentido, ele distingue, documentalmente, entre fenômenos de desintegração social (incluindo vários extraviados, como emigrantes, bandidos, mendigos) e movimentos que propunham um projeto de renovação (com referência à comunidade de Qumran, aos vários combatentes rebeldes e aos carismáticos de tipo profético). Principalmente os representantes dessa segunda tipologia, apesar de inseridos em uma estrutura judaica compartilhada, eram, no entanto, portadores de novas instâncias que poderiam afetar a solidez da estrutura estabelecida, atraindo reações de crítica ou rejeição, que os relegavam inexoravelmente a expressões marginais da identidade judaica (cf. PENNA, 2001b: 63-88: *O que significa ser judeu na época e na terra de Jesus* – Problemas e propostas).

Jesus de Nazaré fazia parte do terceiro grupo dessa segunda tipologia, à qual pertenciam, embora posteriores a Ele, também Teuda e um egípcio anônimo, cada um dos quais "dizia ser um profeta" (cf. os textos em PENNA, 2006d: 26-27). Apresentando-se como um carismático itinerante, Jesus não tirou seu prestígio de um legado familiar, nem de quaisquer símbolos de *status*, muito menos de um reconhecimento oficial. Tudo dependia apenas da autoridade de sua palavra e de seu comportamento. Num contexto sociopolítico irregular e tenso, Ele deu origem a "um novo movimento irênico que resolveu conflitos não pela força, mas pela política simbólica, e alcançou uma revolução de valores em vez de uma revolução de poder" (THEISSEN, 2007: 258; cf. AGUIRRE, 2004: 161-169). Proclamando-se enviado "às ovelhas perdidas da casa de Israel" (Mt 15, 24), escolhendo doze colaboradores próximos (Mc 3,13-19) destinados a "julgar as doze tribos de Israel" (Mt 19,28), restringindo então sua atividade dentro das fronteiras geográficas de seu país sem exercer uma missão para o exterior, Ele propôs indiretamente um programa de renovação, do qual o antigo povo israelita era um receptor direto, mas que implicou como consequência inevitável um alcance também a outros povos (cf. BIRD, 1988).

Em particular, o anúncio central da irrupção do reino/realeza de Deus, um tema sem comparações com a tradição cultural grega (tanto a ponto de ser absolutamente secundário até mesmo para um intelectual judeu como Fílon de Alexandria), insistia em uma ideia que pertencia plenamente ao universo conceitual daquele povo (amplamente atestada nos Salmos, em alguns escritos apócrifos, em Qumran e em alguma oração sinagogal) (cf. SCHNACKENBURG, 1971; SCHLOSSER, 1980; GIESEN, 1995). Essa ideia pressupunha não apenas o monoteísmo e a concepção do senhorio universal de Deus, mas também e sobretudo envolvia um típico duplo componente dialético. Um dizia respeito ao futuro advento deste reino, como pode ser visto tanto na oração ensinada por Jesus aos seus discípulos ("Pai nosso [...] venha o teu reino": Mt 6,10/Lc 11,2) e na enunciação das bem-aventuranças dirigidas aos pobres/mansos/aflitos/famintos/misericordiosos/puros de coração/pacificadores/perseguidos, e formuladas com uma série de verbos no futuro ("deles é o Reino dos Céus [...] serão consolados/

saciados/encontrarão misericórdia/verão a Deus [...]": Mt 5,3-12/Lc 6,20-23). O outro componente é do tipo presidencial e já liga o advento do Reino de Deus com a atual presença operativa do próprio Jesus, como se vê em alguns ditos (Mc 1,15: "o Reino de Deus está próximo"; Lc 11,20: "se eu expulsar demônios com o dedo de Deus, então o Reino de Deus chegou a vós"; 17,21: "o Reino de Deus está entre vós") e nas assim chamadas parábolas do crescimento que afirmam um nexo de continuidade homogênea entre semeadura e colheita (Mc 4,3-9.26-29.30.32) ou entre o fermento e a massa fermentada (Lc 13,20-21). Se o futuro é marcado pelo julgamento de Deus, o presente é caracterizado pelo exercício de uma indistinta misericórdia, tanto para com os pecadores quanto para com os marginalizados da sociedade. De fato, Jesus, que fala muito pouco de Deus enquanto "rei" (somente em Mt 5,35), o designa como "pai", quase como nome próprio, para indicar seu cuidado paternal de todos os indigentes (cf. PUIG I TARRECH, 2007: 380-424).

2.3 Simpatizantes e discípulos

Em torno da figura de Jesus e por causa do alvoroço causado por suas palavras e ações, três círculos concêntricos de pessoas foram formados, que podem ser identificados do mais externo ao mais próximo: a multidão, os discípulos, os Doze (cf. MEIER, 2002-2003: 27-285, por sua vez Theissen [2007: 35-84] distingue Jesus como os primeiros carismáticos, discípulos/pregadores itinerantes como carismáticos secundários e simpatizantes como carismáticos terciários).

É um dos dados certos sobre a vida de Jesus a ampla ressonância que Ele teve sobre as pessoas, pelo menos na Galileia. O fato é atestado até mesmo pelo historiador Flávio Josefo, segundo o qual Jesus "atraiu muitos judeus e também muitos entre os gregos" (*Antiguidades judaicas* 18,63), embora a menção dos gregos seja um anacronismo. É certo que a tradição protocristã insistiu muito nesse componente, a tal ponto que o Evangelho segundo Lucas faz da multidão o deuteragonista de sua narrativa (*ochlos*: 41 vezes; *pléthos*: 6 vezes; *laós*: 17 vezes), sendo intermediária entre o protagonista Jesus e o grupo de seus discípulos (*mathetés/mathetai*: 34 vezes). Isso pode ser visto claramente em algumas situações particulares, como quando "a multidão afluiu de novo, de tal modo que nem podiam comer" (Mc 3,20) ou no episódio da cura da mulher hemorroíssa que, no meio da multidão, foi capaz de tocar o manto de Jesus (Mc 5,27-31) ou ainda na multiplicação dos pães (para o qual Mc 6,44 conta nada menos que cinco mil homens).

Além disso, é precisamente da multidão/*ochlos* que se fala a propósito dos chamados profetas de Teuda e do Anônimo egípcio, citados acima (FLÁVIO JOSEFO. *Antiguidades judaicas* 20.97.167); mas deve-se notar que, enquanto nesses dois casos os romanos intervieram para capturar ou matar seus seguidores, no caso de Jesus isso não ocorreu: evidentemente Ele não teve tal programa político tão evidente, de modo que a multidão que o seguiu não tinha nada organizado. De fato, Jesus era tido principalmente como "amigo dos publicanos e pecadores", com quem compartilhava a mesa (Lc 7,34; 15,1), atraindo apenas as críticas dos fariseus e escribas (Mc 2,16; Lc 15,2).

Além da multidão indistinta, no entanto, nas narrativas evangélicas emergem do povo algumas figuras específicas que entram em contato com Jesus com pedidos particulares e que representam camadas sociais muito diferentes. Assim há leprosos (Mc 1,40-45), mendigos cegos (Mt 20,29-34), uma prostituta na casa de um fariseu (Lc 7,36-50), uma samaritana anônima (Jo 4,1-41), doentes e pobres de vários tipos (Mc 1,32-34a), mas também um centurião (Mt 8,5 a 13), um líder de sinagoga (Mc 5,21-24.35-43), cobradores de impostos em Cafarnaum e Jericó (Mc 2,13-15; Lc 19,1-10), e o dono de uma casa que hospedou Jesus e seus discípulos para sua última ceia (Mc 14, 12-26). Somente os membros das classes aristocráticas (políticos, sacerdotes, proprietários de terras) parecem isolados e desvinculados do movimento de Jesus, pois nenhuma relação com eles é testemunhada; no máximo, sabemos do decepcionante encontro com um jovem rico (Mt 19,16-22) e dos contatos com dois membros da autoridade do Sinédrio (um deles, o tímido Nicodemos, teve uma conversa noturna com Ele [Jo 3,1-10; 7,50], enquanto o outro, José de Arimateia, concedeu-lhe o que lhe fora preparado como túmulo escavado na rocha [Mt 27.60; Mc 15,34; Lc 23,50; Jo 19,38], sem no entanto especificar se estes se tornaram ou não seus discípulos. Evidentemente, o movimento de Jesus era popular a ponto de despertar o medo das autoridades por ocasião da sua prisão: "Preocupavam-se os principais sacerdotes e os escribas em como tirar a vida a Jesus; porque temiam o povo" (Lc 22,2).

Certamente, Jesus teve discípulos que não eram apenas seus simpatizantes, mas que aceitavam seu ensinamento e de várias maneiras se colocavam em seu caminho. A associação destes com Jesus não aconteceu imediatamente (embora os evangelhos comecem a contar sua vida pública com algumas chamadas); além disso, é provável que a menção da "multidão de discípulos" exaltando sua solene entrada em Jerusalém (Lc 19,37) seja uma hipérbole lucana (na verdade, para essa ocasião, Mc 11,8 fala apenas genericamente de "muitos"). De qualquer forma, o fato é que os quatro evangelhos atestam a presença maciça do termo "discípulo", *mathetés/ai* (um total de 225 vezes). O fato de se tratar de uma referência à vida do Jesus histórico resulta da observação surpreendente de que essa denominação é totalmente ausente como designação de cristãos de todas as cartas do Novo Testamento e do Apocalipse. Isso é ainda mais singular na medida em que na língua grega da época a palavra era bem usada para indicar os adeptos de uma determinada escola filosófica (pitagóricos, epicuristas, estoicos etc.; cf. RENGSTORF, 1970: 1.133-1.149). Somente nos Atos é usado nesse sentido (28 vezes, nunca com referência aos discípulos do Jesus terreno), mas apenas sob a pena do narrador e não na boca dos personagens da história; resulta, portanto, verossímil que nesse caso tenha sido o escritor que quis criar uma conexão entre a Igreja de seu tempo e o grupo dos seguidores históricos de Jesus. Uma observação intrigante revelada por Meier é que a palavra nunca é encontrada na Bíblia grega da LXX pela simples razão de que não encontra nenhuma correspondência no texto bíblico hebraico--aramaico original onde falta precisamente a palavra correspondente *talmîd* (com a única exceção secundária de 1Cr 25,8, traduzida para o grego com outro termo), como é também ausente dos manuscritos de Qumran. Portanto, devemos notar uma simetria muito interessante: o Antigo Testamento grego não tem a palavra típica *mathetés* que é usada no século I d.C. para designar os discípulos de Jesus, enquanto que especularmente as Escrituras judaicas, em hebraico e aramaico, na verdade não conhecem a palavra típica *talmîd* usada pelo menos a partir do século XI d.C. como um termo técnico para designar os discípulos dos rabinos (cf. MEIER, 2002-2003: 51). Isso argumenta em favor da "jesuanidade"/antiguidade do vocábulo, usado para indicar o fato do discipulado de várias pessoas, despertado precisamente pelo Jesus terreno. Aqui não nos deteremos nas características desse discipulado, que podem ser enumeradas brevemente desta maneira: não é o discípulo que vai ao mestre/rabino mas é o mestre (Jesus) que chama; Ele propõe renúncias inclusive à família se esta é contrária; a motivação consiste não no estudo da Torá mas no estar com Ele (e é interessante notar que nas formas contemporâneas de discipulado nunca ocorre uma referência personalista tão exclusiva!), o discípulo de Jesus está destinado a permanecer apenas um discípulo, portanto, segui-lo não tem limites de tempo (cf. PENNA, 2010a: 49-56).

No entanto, o grupo de discípulos conhecia diferentes tipologias, sendo ele próprio composto por alguns círculos de adeptos. A mais próxima consistia naqueles que, entrando em conflito com a própria família (cf. GUIJARRO OPORTO, 1998), abandonaram suas casas e juntaram-se a Jesus na sua itinerância. Em Mc 4,10, depois de ter notado a separação da multidão (por sua vez provavelmente distinguida "daqueles de fora" do vers. 11), uma diferença é registrada entre "aqueles que estavam ao redor dele" e "os Doze" (cf. tb. a distinção entre "os Onze" e "os outros que estavam com eles" em Lc 24,33). Evidentemente, há um grupo de discípulos que não apenas se distinguem da multidão de pessoas atraídas por Jesus, mas que também não se identificam simplesmente com o grupo restrito dos Doze. Não dispomos dos nomes desse tipo de discípulos, mas temos certeza de sua existência. Basta recordar, negativamente, a recusa de Jesus contra endemoninhado de Gerasa que queria segui-lo (Mc 5,18-19) e, positivamente, o convite incondicional que fez a quem desejasse enterrar primeiro o próprio pai (Lc 9,59-60). Outro grupo consiste naqueles discípulos/amigos/*supporters* que apoiavam Jesus simplesmente oferecendo-lhe comida ou a própria casa. Exemplos especiais desse tipo são os irmãos Lázaro, Marta e Maria em Betânia (Jo 11,1-45; 12,1-8), que o acolheram quando Ele estava de passagem pela Judeia. Além disso, é necessário considerar os muitos que se beneficiaram das intervenções taumatúrgicas de Jesus e que, provavelmente com suas famílias, tornaram-se adeptos não itinerantes do Nazareno em povoados espalhados pela Galileia e Judeia (cf., p. ex., o centurião de Cafarnaum em Mt 8,5-13, a viúva de Naim em Lc 7,11-17, Zaqueu em Jericó em Lc 19,1-10).

O lugar ocupado pelas mulheres entre os seguidores de Jesus merece uma discussão à parte, embora a qualificação explícita de discípulo/*mathetés* nunca seja aplicada a elas (o feminino *mathétria*/discípula é usado somente em At 9,36 a propósito da Tabita de Jafa, mas em um contexto pós-pascal). Aqui também devemos distinguir duas tipologias. Uma diz respeito àquelas mulheres que seguiram Jesus em sua itinerância e que serviram a Ele e aos Doze com seus próprios bens; podemos conhecer os nomes de algumas delas em dois contextos diferentes (um é Lc 8,1-3 com os nomes de Maria de Magdala, Joana esposa de um administrador de Herodes Antipas e uma certa Susana; o outro é Mc 15,40-45 com os nomes de Maria de Magdala, outra Maria mãe de Tiago Menor e de José, e uma certa Salomé). O problema histórico colocado pela menção dessas mulheres consiste duplamente no fato, aparentemente irrealista no contexto semítico-judaico, segundo o qual, aparentemente, seguiram Jesus sem os seus maridos e ainda acompanhavam um homem celibatário (enquanto a injunção rabínica que lemos na Mishná P. *Abot* 1,5 diz: "Sua casa esteja aberta a todos, mas não fale muito com a mulher [...]"). Todavia, é precisamente essa improvável inverossimilhança que pode ser um critério válido para sustentar que a tradição evangélica dificilmente poderia ter criado situações desse tipo no tempo de Jesus; certo é que, com seu comportamento, Jesus, além de parecer um pobretão, devia ser insuportável para a elite religiosa de seu ambiente. Outras mulheres, ao contrário, como as já mencionadas Marta e Maria (mas também a mulher samaritana de Jo 4), estavam do lado de Jesus sem contudo o seguirem publicamente, constituindo assim uma tipologia diferente (sobre todo este parágrafo, cf. de maneira mais geral WITHERINGTON, 1987; PERRONI, 1995).

Um grupo de discípulos bem configurado e delineado é o dos Doze, pessoalmente escolhido pelo Jesus terreno. O fato de que não foi renovado depois da Páscoa evidentemente favorece uma dupla característica: a de permanecer um *"numerus clausus"* irrepetível que se refere diretamente a uma típica escolha intencional de Jesus de Nazaré, e sobretudo para representar uma dimensão simbólica que é bem perceptível dentro de Israel, mas não fora. Com efeito, o significado dessa combinação numérica depende inteiramente do antigo simbolismo hebraico das doze tribos derivadas dos filhos de Jacó, que compunham a realidade do povo de Israel (cf. Gn 49,1-28a). Esse número ainda é encontrado tal e qual, em parte idealizado, tanto no judaísmo da época de Jesus quanto nos apócrifos (cf. *Os testamentos dos doze patriarcas*) como em Qumran, onde se relaciona tanto ao grupo de líderes comunitários do momento (1QS 8,1) quanto aos acontecimentos escatológicos dos últimos tempos (1QM 2,1-3, 3,13-14; 5,1-2). Em particular, o significado que as doze tribos têm precisamente no reflexo escatológico de Israel, segundo o qual, no final dos dias, o próprio Deus/YHWH terá de intervir para reunir os componentes dispersos de seu povo. Esse tema, enraizado na pregação profética de Miqueias (2,12), de Isaías (11,12), de Jeremias (31,1) e de Ezequiel (20,27-44), é bastante atestado no limiar da era cristã em textos literários com os mais diversos interesses, como os de tipo sapiencial (Eclo 36,11/33,13) e farisaico (*Salmos de Salomão* 17,26-32) e essênio-sectário (1QM: as passagens citadas acima). Jesus, portanto, com sua escolha só poderia aludir a uma reunião renovada do povo de Israel, que, no entanto, não só foi adiada para o futuro (mas cf. Mt 19,28/Lc 22,30: "Sentar-vos-eis sobre doze tronos para julgar as doze tribos de Israel"), mas já se iniciou com seu próprio ministério e com o anúncio da irrupção do reino/da realeza de Deus.

Do ponto de vista de sua efetiva função, o propósito da instituição dos Doze está bem indicado na passagem de Mc 3,14-15 e é duplo. Primeiro, Jesus os escolheu para "estar com Ele" e, portanto, para compartilhar sua vida, aprendendo de perto suas motivações e estilo. Segundo, para "enviá-los a pregar e expulsar os demônios" e, em seguida, continuar seu anúncio a Israel e dedicar-se também à promoção humana dos ouvintes. Seu grupo, na prática, não tendo liderança ou responsabilidades pastorais, tinha de representar o protótipo fixo do que significava ser discípulo de Jesus, além do lamentável fato de que no final covarde "todos o abandonaram e fugiram" (Mc 14,50; cf. Jo 16,32). Mas podemos dizer com certeza suficiente que Jesus não os denominou "apóstolos", pelo menos porque Paulo distinguirá claramente "os Doze" de "todos os apóstolos" (1Cor 15,3-7). Ademais, tanto João quanto Marcos falam apenas dos "Doze", não os "doze discípulos" (como Mt 10,1; 11,1) e muito menos dos "doze apóstolos", sendo esta última uma nomenclatura preponderantemente lucana (6 vezes em Lc; 28 vezes em At) (cf. MEIER, 2002-2003: 128-135). No entanto, tal qualificação não pode deixar de ter uma raiz jesuânica muito forte para além do simples título, pois, de fato, Jesus os enviou como seus plenipotenciários (cf. Lc 10,16/Mt 10,40: "Quem vos der ouvidos ouve-me a mim [...]"; cf. Jo 13,20).

2.4 Jesus queria fundar a/uma *ekklēsía*?

A questão é intrigante por causa de um contraste que está inevitavelmente diante de nossos olhos: por um lado, na tradição secular (catequética e dogmática) da Igreja sempre se refere a Jesus como seu fundador; por outro lado, no entanto, o termo nunca é encontrado em três evangelhos de quatro (Marcos, Lucas, João); de modo que até mesmo Lucas o ignora em seu Evangelho, apesar de usá-lo vinte vezes no Livro dos Atos: é como se ele quisesse separar a linguagem de Jesus da sua própria. De fato, nenhum outro escrito do Novo Testamento atribui a Jesus a instituição daquela realidade multifacetada chamada *ekklēsía* (que discutimos no cap. 1). Somente Mateus conhece a palavra e a utiliza em dois contextos diferentes do seu Evangelho (16,18; 18,17), aos quais retornaremos.

A lacuna entre os primórdios e os séculos seguintes é particularmente evidente no título reservado àqueles que realizam tarefas administrativas na comunidade. E pretendo referir-me não aos muitos títulos de honra (que não são apenas ausentes, mas também rejeitados em Mt 23,8-12), mas simplesmente àqueles de função ou ofício: por exemplo, não apenas os evangelhos, mas também todos os outros escritos do Novo Testamento ignoram completamente a qualificação de "sacerdote" atribuída aos ministros da Igreja; além disso, nem Jesus nem Paulo conhecem a figura institucional do "presbítero/sacerdote" e, da mesma forma, nem Jesus nem a Igreja da primeira geração conhecem a figura do "epíscopo/bispo". Assim, o mínimo que podemos dizer é que a ideia e a articulação da comunidade cristã sofreram uma evolução, não apenas na passagem de Jesus de Nazaré para os grupos pós-pascais de discípulos, mas também dentro desses mesmos grupos.

Poder-se-ia acrescentar que o próprio coração do anúncio sofreu uma mudança, uma vez que o tema do Reino de Deus, central para a pregação de Jesus, foi substituído mais do que simplesmente ladeado por um anúncio cristológico. A esse respeito, o axioma de Loisy é bem conhecido: "O Reino de Deus foi anunciado e veio a Igreja"! (cf. LOISY, 1954: 412). No entanto, esse tipo de lema é muitas vezes exibido de forma inadequada para indicar toda a decepção que pode ser percebida na passagem de Jesus para a Igreja. Na verdade, uma, e levado a fazer dois esclarecimentos. O primeiro é que o próprio Loisy não entendeu a afirmação nesse sentido, dado que ele teve o cuidado de especificar: "A ideia da Igreja como o Reino do Espírito, que de certa forma toma o lugar do Reino de Deus, na espera pelo advento desse reino é relativamente tardia, posterior à fundação das primeiras comunidades helenístico-cristãs" (LOISY, 1954: 137); portanto, não se refere à Igreja como tal, mas a uma sua realização histórico-cultural sucessiva (cf. tb. FRANKEMÖLLE, 2006: 239). O segundo esclarecimento é que tal contraste é completamente moderno e artificial, já que não corresponde de modo algum à autoconsciência que a Igreja tinha de si mesma, tanto em seus primórdios quanto posteriormente e em toda a variedade de seus ramos confessionais.

Certamente é indiscutível o fato de que Jesus se cercou de discípulos. De fato, Ele "não era um individualista religioso" (BERGER, 2009: 177). As palavras que lemos em Mt 18,20 ainda são significativas: "onde estiverem dois ou três reunidos em meu nome, ali estou no meio deles"! É como dizer que Ele ama a dimensão comunitária; é no estar juntos que se faz a comunhão. Exatamente ali é garantida sua particular presença, seu "estar com", como também lemos em outras passagens de Mateus que estão no início e no final de sua narrativa (1,23: "Ele será chamado pelo nome de Emanuel (que quer dizer: Deus conosco)"; 28,20: "eis que estou convosco todos os dias até à consumação do século"; o mesmo se aplica à experiência dos dois discípulos de Emaús (Lc 24,13-32). E, portanto, Jesus é inseparável de uma experiência de comunidade. Isso, no entanto, como já acenado, conheceu diferentes níveis de definição, dependendo se a tomamos da vida histórica de Jesus ou passamos para as formas sucessivas de comunidade, posteriores à Páscoa do ano 30.

Em todo caso, o verbo usado por Jesus no relato da entrega do assim chamado poder das chaves a Pedro, conforme a narrativa de Mt 16,18, é sintomático. Jesus diz: "Sobre esta pedra edificarei a minha Igreja" (cf. GNILKA, 1991: 86-90). Duas razões militam a favor da probabilidade de considerar o conceito de Igreja expresso aqui como referindo-se ao Jesus terreno como um anacronismo: uma é a impossibilidade de aplicar o critério de atestação múltipla, uma vez que tais palavras não ocorrem em nenhuma das outras fontes (também estão ausentes em Jo 21,15-17, onde Jesus confia a Simão Pedro a tarefa de apascentar suas ovelhas); a outra razão é o uso do verbo no futuro, que evidentemente se refere a um período posterior. Esse momento sucessivo, portanto, não pode ser entendido no arco da biografia do Jesus histórico – já que não há outras notícias disso –, mas pertence à consciência que a própria comunidade pós-pascal tinha de si; isso pode ser notado em uma carta paulina, onde o Apóstolo, falando de sua fundação da Igreja de Corinto, escreve: "Ninguém pode lançar outro fundamento, além do que foi posto, o qual é Jesus Cristo" (1Cor 3,11). Assim, as duas metáforas arquitetônicas (a edificação em Mateus e a fundação em Paulo) se tocam e se explicam, embora convenha notar que Mateus fala no futuro (pós-pascal) e Paulo no passado (o da sua presença apostólica na cidade).

Em Mateus há outra recorrência de nosso específico vocábulo, presente no contexto da advertência a se fazer ao irmão que tivesse algo contra outro. Aqui Jesus exorta a admoestá-lo em particular e, se ele não escutar, pede para ajeitar as coisas com uma ou duas pessoas, e então continua: "E, se ele não os atender, dize-o à *ekklēsía*; e, se recusar ouvir também a *ekklēsía*, considera-o como gentio e publicano" (Mt 18,17). Essa referência à "Igreja" parece pressupor, nas palavras de Jesus, a existência de uma comunidade bem identificada. No entanto, o texto só aparece em Mateus, sendo ausente em Marcos e João, e ainda o próprio paralelo de Lc 17,3 o contradiz uma vez que não propõe nenhuma restrição, mas apenas repete outras palavras relatadas pouco depois pelo próprio Mateus, onde convida simplesmente perdoar sempre (Mt 18,21-22/Lc 17,3-4: "até setenta vezes sete") sem se referir a qualquer *ekklēsía*. Evidentemente, em Mateus, trata-se de uma disciplina parcial, que no judaísmo pode ter paralelos apenas com Qumran (cf. 1QS 6,1.24-7.25, CD 9,3s.) e que diz respeito apenas àquela Igreja siríaca que ambienta a redação do evangelista. No entanto, a menção do pagão e do publicano não deve ser considerada como uma fórmula de "excomunhão", porque é um ato que não é apropriadamente emitido pela comunidade, mas pertence às únicas relações (inter)pessoais (o texto mateano usa a primeira pessoa).

Por outro lado, Jesus, não falando grego (cf. PUIG I TÀRRECH, 2007: 211-212), não podia usar um termo tão exigente como *ekklēsía*, considerando também o fato de que suas pré-compreensões judaicas o levariam, de alguma forma, a usar o constructo "*ekklēsía* de Deus/do Senhor", que não ocorre no texto. De fato, a LXX designa o povo de Israel como convocado à presença de seu Deus (cf. acima, p. 21-22). Mas é claro que Jesus não quis refundar Israel compreendido como *qᵉhal Yhwh*, do qual o constructo grego é a tradução, e que como tal é único e irrepetível.

Então, falar de Jesus como "o fundador do cristianismo" ou "da Igreja" é completamente impróprio. Uma comparação com o chamado Mestre de Justiça, iniciador da comunidade de Qumran, por um lado, poderia ser instrutiva. De fato, contra aqueles que acreditam que Jesus, em antecipação ao estabelecimento do Reino de Deus em um futuro próximo, não poderia ter fundado uma comunidade, pode-se afirmar o fato de que aquele Mestre, que aguardava o fim dos tempos no futuro próximo, fez exatamente isso (cf. KEENER, 2009: 199-200). Por outro lado, aliás, a comparação seria incorreta, já que não conhecemos nenhum fundador individual, seja do grupo dos fariseus ou dos essênios (cf. CHARLES-WORTH, 1997). Em todo caso, os dois casos são realmente diferentes, já que no grupo do Jesus terreno, diferentemente do grupo de Qumran, não há nem um período de provação (já que os discípulos se tornam imediatamente com o único chamado) nem exclusões de supostos indignos (já que Judas Iscariotes ainda era chamado de "amigo" no momento da traição) nem articulações hierárquicas internas (já que os Doze têm funções missionárias, não pastorais). O certo é que Jesus, mesmo não estando interessado em criar uma seita separatista do tipo do "resto santo" de Qumran, adotou algumas práticas destinadas a conferir uma identidade distintiva específica ao grupo de seus discípulos. Isso pode ser visto, por exemplo: nas exigências de renúncia (p. ex., da violência) para aqueles que queriam segui-lo em sua itinerância; no pedido de ser sal e luz do mundo; no ensino de uma oração adequada (o "Pai-nosso"); na recusa do jejum; no costume de comer com os marginalizados e os pecadores: no chamar "irmão, irmã e mãe" e, portanto, no reconhecer aqueles que fazem a vontade de Deus como nova família; no servir em vez de ser servidos; e no compromisso com uma certa missão realizada em Israel (e não para os gentios). É claro, portanto, que os textos descrevem uma caracterização suficientemente marcada da formação de um endogrupo de discípulos, o que é muito diferente do que pode ser chamado de exogrupo, isto é, o complexo daqueles que são, de qualquer modo, externos ao conjunto dos seguidores de Jesus (cf. GUIJARRO OPORTO, 2007). Por isso, Ele certamente pensou em seu próprio grupo distinto e claramente visível, entendido quase como um embrião de uma sociedade alternativa. Isso, então, não deve ser entendido no sentido de uma oposição a Israel, mas como o esboço concreto de uma renovação de Israel. De fato, no tempo de Jesus "o povo de Deus não pode ser fundado nem estabelecido; só pode ser reunificado e restaurado" (LOHFINK, 1987: 100).

Mas o que foi mais decisivo na construção de uma/da *ekklēsía* como comunidade ainda mais marcadamente distinta do ambiente circundante (tanto como consciência interna quanto como percepção externa) foi o evento pascal. Isso realmente marcou um segundo começo do cristianismo, então pode-se dizer que "sem a Páscoa não há Igreja" (SÖDING, 2008: 187). Mas com isso vamos além do contexto apropriado da vida histórica de Jesus e nos colocamos no nível das Igrejas pós-pascais, que serão objeto de outros capítulos.

3

Das aldeias às cidades

Seria suficiente ir à Galileia de hoje para perceber com os próprios olhos, não apenas como poderia ser definido à maneira de Ernest Renan "o quinto evangelho", mas sobretudo quanto Jesus realmente pertencia a "um pequeno mundo antigo". Suas fronteiras territoriais separam-na do Mediterrâneo e a circunscrevem como uma região completamente de interior, tendo como espelho d'água somente o Lago de Tiberíades. Mas a área que envolve esse lago, em torno da qual o Nazareno passou grande parte da sua vida pública, com os seus estreitos horizontes, sugere a ideia de um país e uma população com perspectivas culturais bastante limitadas.

De fato, as tradições evangélicas, tanto canônicas quanto apócrifas, não nos fornecem qualquer notícia da presença de Jesus nas duas ou três cidades mais helenizadas da região: Séforis e Tiberíades, na Galileia, Scytopolis, nas proximidades de Decápole. Como Sanders escreve, Jesus

> não era cosmopolita, mas acima de tudo limitava sua atividade às cidades e aldeias da Galileia [...]. Jesus se decepcionou com a forma como foi recebido pelas aldeias da Galileia, tanto que pronunciou um "Ai!" contra algumas delas; mas Séforis, Tiberíades e Scytopolis não receberam nem isso [...]. O desejo de apelar a todo o Israel deveria tê-lo levado aos principais centros populacionais. Mas, ao contrário, Jesus trabalhou entre os seus: os habitantes das aldeias, o povo composto de pequenos artesãos, comerciantes, camponeses e pescadores (SANDERS, 1995: 109-110).

A cidade de Séforis foi reconstruída por Herodes Antipas como a capital de sua tetrarquia e, com um teatro com capacidade de cerca de 4 mil pessoas, podia contar cerca de 10 mil habitantes (cf. BATEY, 2000). Tiberíades, por outro lado, dedicada ao sucessor de Augusto, foi fundada *ex novo* em 15-20 como a segunda capital, e, provida de um estádio, tinha uma população igual à da outra cidade (cf. STRANGE, 1992). Também Magdala, localizada a meio-caminho entre Cafarnaum e Tiberíades, era uma cidade helenizada e discreta, embora a arqueologia forneça mais documentação para o período posterior a Jesus; Flávio Josefo a conhece pelo nome grego de Tariqueia, literalmente "salga (do peixe)" (*Antiguidades judaicas* 14,120; *Guerra* 1,180). No entanto, apesar de ser uma das poucas cidades principais da Galileia, não foi visitada por Jesus; os evangelhos conhecem apenas o adjetivo feminino "madalena" para designar a origem de certa Maria (Lc 8,2; Mc 15,40.47; 16,1; Jo 20,1.18). Quanto a Scytopolis (a antiga Bet-Shean bíblica), capital da Decápole, da qual também era a única cidade a Oeste do Jordão, à época de Jesus era contada fora da Galileia e tinha uma fisionomia pagã, com um grande templo romano (tipo de arquitetura completamente ausente na Galileia).

Nessas cidades, portanto, Jesus não iniciou nenhum grupo de discípulos. No entanto, é evidente que, afastando-se das grandes cidades, Ele favoreceu principalmente os trabalhadores da terra e da pesca (75% da população), para não falar dos impuros e marginalizados (10%), e em parte da elite não urbana (composta de mercadores, artesãos, diaristas 3-7%), evitando as aristocracias locais, compostas principalmente pelos herodianos, a classe sacerdotal e os grandes latifundiários (1-2% da população) (cf. ROHRBAUGH, 2006).

3.1 Definições e diferenças

Seria um bom indício partir de uma observação linguística. A palavra grega para "aldeia" (*kômê*) no Novo Testamento é encontrada apenas nos evangelhos, isto é, nas narrativas sobre a atividade de Jesus (26 vezes, mais At 8,25). Mas o termo para indicar a "cidade" (*pólis*), além de estar presente nos evangelhos (83 vezes), é amplamente atestado nos outros escritos (43 vezes nos Atos, 12 vezes nas cartas e 27 vezes no Apocalipse) e a isso devemos acrescentar os nomes derivados como "chefe da cidade" (*politárches*: At 17,6.8), "cidadania" (*politeia*: At 22,28; Ef 2,12; *politeuma*: Fl 3,20), e verbo "viver como cidadão livre; comportar-se" (*politeúomai*: At 23,1; Fl 1,27).

É sintomático que não sejam mencionadas as aldeias no campo da missão cristã fora da terra de Israel. Pelo contrário, se excluímos sua presença em Jerusalém, Jesus era substancialmente um pregador de aldeias (cf. ARNAL, 2001). A alta frequência do termo "cidade" nos relatos evangélicos é explicada com base em uma sinonímia entre os dois termos. Por exemplo, o historiador Flávio Josefo afirma que na Galileia "existem 204 cidades e aldeias" (*Vita* 235) e que "a menor delas contém cerca de 15 mil habitantes" (*Guerra* 3,43): no entanto, enquanto o primeiro número é aceito pelos estudiosos, o segundo (com exceção de Séforis e Tiberíades) é considerado um exagero não confirmado pela arqueologia, que para cada assentamento documenta um grupo de pessoas de algumas dezenas a pouco mais de mil, com uma média de 400-500, numa população total de cerca de 150 mil habitantes (cf. HORSLEY, 1996).

Por outro lado, os evangelhos nas passagens sinóticas atestam uma evidente troca lexical. Por exemplo, Betsaida é chamada "cidade" em Mt 1,20 e "aldeia" em Mc 8,23.26; o mesmo se aplica a Belém (em Lc 2,4,11 e em Jo 7,42 respectivamente); assim também Betânia (respectivamente em Mt 21,17 e em Jo 11,1). Além disso, enquanto Lc 4,43 fala no plural de *póleis*/"cidades", o paralelo de Mc 1,38 usa o termo composto *kômopóleis*/"grandes aldeias". Ademais, Lucas é o Evangelho que mais utiliza o termo *pólis* (com 40 recorrências, contra 27 de Mateus e Marcos e de apenas 8 de João). Além disso, enquanto em Mt 9,35 lemos que "Jesus viajou por todas as cidades e aldeias", Mc 6,6 assinala somente que "Jesus viajou pelas aldeias vizinhas".

A distinção entre os dois assentamentos humanos não é fácil de definir. Normalmente se diz que as cidades eram fortificadas, as aldeias não (cf. SCHÜRER, 1987/II: 238; STRATHMANN, 1975, col. 1.291, 1.293, 1.313), como sugere o Sl 126/127,1b: "Se o SENHOR não guardar a cidade, em vão vigia a sentinela". Mas é necessário especificar ainda mais esse tema.

Quanto ao conceito de cidade, concorda-se que nasceu no antigo Oriente Próximo (cf. os assentamentos pré-históricos de Jericó no vale meridional do Jordão e Çatal Hüyük na região centro-sul da Anatólia): fenômeno que pode ser interpretado como a libertação do homem da sujeição à natureza (HEICHELHEIM, 1979: 258-266), devendo salientar que a diferença entre o grego *pólis* e o latim *civitas* é equivalente à que existe entre pequeno grupo étnico e espaço cultural aberto (cf. CACCIARI, 2008). A dimensão humana é, no entanto, essencial, tendo em conta que nem a LXX nem o Novo Testamento empregam o termo *ásty*, que designa a simples agregação de várias casas. De acordo com o mito platônico da formação da humanidade, a princípio os homens viviam em assentamentos dispersos e recebiam apenas conhecimento técnico; quando eles se reuniram, enganavam-se mutuamente porque ainda não possuíam "arte política", então Zeus enviou Hermes para "para levar-lhes o respeito e a justiça, para que houvessem regras para ordenar a cidade e laços que unissem na amizade" (*Protágoras*, 321d-322c). Do ponto de vista arquitetônico, então, Pausânias define a cidade pelo fato de ser provida de edifícios públicos como ginásio, teatro, praças, canais de água (cf. *Guia da Grécia* 10,4,1). Em todo caso, o que define a cidade não é tanto a sua forma nem a sua amplitude quanto a proeminência política, religiosa e social que desempenha com o território circundante (cf. ROHRBAUGH, 1991).

Entre as cidades da área grega e as da área semítica, há um elemento absolutamente distintivo, dado pelo fator "praça"/*agorá*, que inexiste no âmbito semítico. Já em Homero "convocar-manter-dissolver uma ágora" equivale a "convocar-manter-dissolver uma assembleia" (*Ilíada* 1,54; 8,2; 1,305). A propósito, Heródoto nos conta a irônica piada de Ciro a alguns gregos que foram até ele: "Eu nunca temi até agora homens que tenham um lugar específico no centro da cidade onde se reúnem e enganam uns aos outros. Tais palavras foram pronunciadas por Ciro contra todos os gregos que constroem praças [...]" (*Histórias* 1,153). Evidentemente, trata-se de um espaço atribuído tanto ao mercado quanto ao exercício da democracia, desconhecido na área do Oriente Médio antigo.

Isso explica a ausência do ministério de Jesus nas praças. Quando os textos falam de multidões ou multidões que o seguem, eles sempre pretendem se referir a espaços abertos fora das cidades/aldeias (cf. o Sermão da Montanha em Mateus, paralelo ao discurso da planície de Lucas!), pois não há espaços suficientes na cidade, como de fato emerge da arqueologia. Não que nos centros habitados faltassem espaços mais amplos, às vezes chamadas de *ágoras* nos próprios evangelhos (Mt 20,3; Mc 6,56; Lc 7,32), mas são, de fato, equivalentes a um simples espaço mais amplo, também chamado *plateîa*, entendido como espaço/caminho/estrada ampla (Mt 6,11; Lc 10,10; 14,21). Nas regiões semíticas, o espaço mais amplo como local de reunião e mercado fica nos portões da cidade/aldeia (2Rs 7,1; 2Cr 32,6; Ne 8,16; Jó 29,7). Em Esd 10,9, fala-se da "*plateîa* do Templo de Deus" em Jerusalém, que não é realmente uma praça, mas a área sagrada cercada do templo. É nesses espaços mais amplos que: brincam as crianças (Mt 11,16/Lc 7,32); encontram-se os desempregados (Mt 20,3); escribas e fariseus gostam de ser saudados (Mt 23,7/Mc 12,38/Lc 11,43; 20,46); doentes são colocados para a passagem de Jesus (Mc 6,66).

Quanto aos estratos sociais na cidade antiga, são interessantes as sete tipologias compiladas por Friesen (2004): 0,04%, elite imperial (dinastia imperial, famílias senatoriais, alguns servos, nobreza local, alguns libertos); 1%, elites regionais ou provinciais (famílias equestres, oficiais provinciais, alguns servidores, algumas famílias decuriais, alguns libertos, alguns líderes militares em retiro); 1,76%, elites municipais (a maior parte das famílias decuriais, homens e mulheres ricos sem cargos oficiais, alguns libertos e funcionários, alguns veteranos, alguns comerciantes); 7% com grandes rendimentos (alguns comerciantes e libertos, alguns artesãos com outras pessoas empregadas, veteranos militares); 22% perto do nível de subsistência, com esperança razoável de permanecerem acima do mínimo necessário (muitos mercadores e comerciantes, empregados regulares, artesãos, muitos lojistas, libertos e algumas famílias agrícolas); 40% no nível de subsistência e com frequência abaixo disso (pequenas famílias de camponeses, trabalhadores qualificados ou não qualificados, artesãos empregados por outros, assalariados, a maioria dos comerciantes, proprietários de pequenas lojas ou tabernas); 28% abaixo do nível de subsistência (algumas famílias camponesas, viúvas-órfãos--mendigos-pessoas com deficiência não relacionadas com ninguém, diaristas não qualificados, prisioneiros).

3.2 Os lugares da atividade de Jesus

As redações evangélicas referem-se a vários lugares visitados por Jesus, tanto urbanos como extraurbanos: "Onde quer que Ele entrasse nas aldeias, cidades ou campos" (Mc 6,56).

1) Entre os lugares fora dos centros habitados devem ser contados alguns pequenos montes (Mt 5,1; 17,1), espaços planos (tanto para os discursos em Lc 6,17 quanto para a multiplicação dos pães em Mc 7,31-32 [mas em Jo 6,3 tratava-se de um monte]), às margens do Lago de Tiberíades (Mc 2,13; 4,1), e geralmente estradas ou áreas ao redor dos centros das cidades (Mt 20,19; Lc 18,35), onde é mais fácil reunir numerosas multidões.

Quanto aos centros das cidades, há tipologias variadas que convém distinguir conforme se lê a seguir:

2) Deixemos de lado *as cidades, embora importantes, que Jesus não frequentou.* Na Galileia é surpreendente que Ele nunca tenha ido aos grandes centros de Séfo-

ris, Tiberíades e Magdala (cf. acima). Fora da Galileia, podemos recordar uma série de cidades em que Jesus nunca esteve, embora tenham sido mencionadas por outras razões: em primeiro lugar, coloquemos Belém, que nunca viu a sua presença como um adulto, mas depois vale lembrar Emaús que viu apenas a sua presença de Ressuscitado (Lc 24), Arimateia, pátria do sinedrita José que concedeu a Jesus o uso de seu próprio sepulcro (Lc 23,51; Jo 19,18), talvez Ain Karem terra de João Batista (Lc 1,39), e em particular as cidades mencionadas mais adiante nos Atos dos Apóstolos no Sul do país (Azoto: At 8,40; Gaza: At 8,6; Lida: At 9,32-35; Jope: At 9,36-43), e sobretudo Cesárea Marítima, sede do governador romano da Judeia (cf. At 10 etc.).

3) Entre as *cidades de fora da terra de Israel*, são pouquíssimas (e imediatamente limítrofes) aquelas em que Jesus esteve: apenas Tiro e Sidônia, parte da antiga Fenícia e agora pertencente à província romana da Síria. Essas cidades (ao contrário da invectiva de Is 23) são elogiadas como possível palco de uma missão eficaz (não ocorrida) em comparação com a ineficaz operada em algumas cidades da Galileia (Lc 10,13-14/Mt 11,21-22); aparentemente muitas pessoas do litoral dessas cidades foram ouvir Jesus na Galileia (Mc 3,8; Lc 6,17). Em particular, Ele esteve genericamente "à região deles", onde teve um encontro significativo com uma mulher que, confiando nele, implorou por sua filha doente (Mt 15,21-28/Mc 7,24-30). Outras cidades israelitas não são mencionadas, mas há sinais de alguma presença esporádica e imprecisa de Jesus no território predominantemente pagão da Decápole (leste-sudeste do Lago de Tiberíades, constituído de forma autônoma por Pompeu em 63 a.C.): é aí que Jesus cura um homem endemoninhado (que Mc 5,1-20 e Lc 8,26 localizam na "terra dos gerasenos", enquanto Mt 8,28 na "terra dos gadarenos") e um surdo-mudo (Mc 7,31-37).

4) Depois, há a referência a toda uma série de *cidades não nomeadas*, porém localizáveis na Galileia, que viam a presença ativa de Jesus, algumas ligadas a uma intervenção específica, como a do encontro com um leproso (Lc 5,12) e aquela em que uma pecadora pública lavou seus pés com suas lágrimas (Lc 7,37); em outros casos, fala-se genericamente no plural de "cidades" em que Ele vai anunciar o Reino de Deus (Lc 4,43; 8,1.4; 13,22).

5) Na Galileia existem vários *centros mencionados pelo nome*. Em primeiro lugar está *Nazaré*, lembrada sobretudo em Lc (1,26; 2,4-39-51; 4,16); alhures é qualificada como "sua terra natal" (Mc 6,1), um lugar do qual, segundo a crença

popular, nada de bom poderia sair (Jo 1,46; 7,52). Abandonada por Jesus em sua idade adulta para se mudar para Cafarnaum (Mt 4,13-16), Ele retornou a esse lugar pelo menos uma vez para anunciar seu Evangelho na sinagoga local, mas sem nenhum sucesso (Mc 6,1-6 e paralelos).

• *Cafarnaum*, mencionada principalmente em João (2,12; 4,46; 6,17.24.59), é o *pied à terre* de Jesus. Estabelecendo-se provavelmente na casa de Simão Pedro (cf. Mc 1,29 s.; 2,1.15; 3.20), é para lá que Ele retorna depois de seus movimentos itinerantes, a ponto de esta ser chamada de "sua cidade" (Mt 9,1); foi na sinagoga dessa cidade que Jesus iniciou seu ministério (de acordo com Mc 1,21-28) e foi lá também que Ele proferiu o famoso discurso sobre o pão da vida (segundo Jo 6,24-59).

• *Caná* foi o cenário de uma manifestação peculiar de Jesus por ocasião de um casamento (Jo 2,1-11), mesmo que a narrativa joanina seja fortemente carregada de uma hermenêutica cristológica.

• *Naim* é o palco de uma presença aparentemente marginal de Jesus, embora tenha sido localizada uma intervenção de ressurreição (Lc 7,11s.).

• *Corazim* foi a destinatária de um "Ai!" pronunciado por Jesus por conta de seu obstinado fechamento ao anúncio do Evangelho (Mt 11,21/Lc 10,13): um sinal de que, embora não tenhamos relatos específicos, também lá Jesus desempenhou seu ministério.

• *Betsaida*, a terra de Pedro, André e Filipe (Jo 1,4; 12,21), a leste do Jordão, à margem do Lago de Tiberíades, na tetrarquia de Herodes Filipe, certamente também conheceu a presença de Jesus (Lc 9,10); foi lá que curou um homem cego (Mc 8,22-26); mas, como em relação a Corazim, reclama do seu fechamento ao Evangelho (Mt 11,21/Lc 10,13).

• *Cesareia de Filipe*, capital da tetrarquia de Herodes Filipe, a nordeste do lago Tiberíades, é mencionada apenas para dizer que Jesus foi às "aldeias circunvizinhas" (Mc 8,27; ou "em seu entorno": Mt 16,13).

6) Para a região central de Samaria, além de "uma cidade dos samaritanos" sem outra especificação (Lc 9,52), *Sicar* é apenas mencionada, a essa cidade está ligado um famoso diálogo com uma mulher local (Jo 4,5), e *Efraim*, onde Jesus passou algum tempo com seus discípulos (Jo 11,54).

7) Enfim, no território da Judeia, ao sul do país, há três cidades diferentes afetadas pela atividade de Jesus: uma é *Jericó*, no Vale do Jordão, na estrada para

Jerusalém. Situa-se nessa cidade a intervenção de Jesus em favor de um homem cego (Mc 10,46); mais especificamente, foi lá que ocorreu um proveitoso encontro com o rico chefe dos publicanos Zaqueu (Lc 19,1), e perto dali houve a cura de um homem cego (Lc 18,35s.) ou de dois (Mt 20,29s.).

Depois vem *Betânia*, localizada a 3km a Leste de Jerusalém, mencionada nas páginas que descrevem os últimos dias de Jesus, ali ocorreram: a ressurreição de seu amigo Lázaro; a referência às irmãs Marta e Maria (Jo 11,1-12,11) e a refeição na casa de Simão o Leproso (Mt 26,6). Esses eventos denotam um conhecimento seguro do lugar por parte Jesus, que talvez fosse uma parada obrigatória quando se dirigia a Jerusalém.

Finalmente, destaca-se sobre todas as demais a *Cidade Santa*, ou seja, Jerusalém (Mt 4,5; 27,53), em que Jesus esteve pelo menos três vezes em três anos (segundo Jo 2,13; 7,10; 12,12). Nela, Jesus entra solenemente (Mc 11,1-11 e paralelos) e realiza uma extensa atividade de ensino, principalmente na área do Templo. Em Jerusalém ocorrem o gesto profético contra os vendilhões (Mc 11,15-18), o confronto com fariseus, saduceus e escribas com abundantes argumentos (Mc 11,27–12,40), o famoso discurso sobre o fim dos tempos (Mc 13) e, principalmente, passa as últimas horas de sua vida (Mc 14-15). Foi por ela, Jerusalém, que Jesus chorou lamentando-se de sua incredulidade (Lc 19,41).

A análise dos lugares frequentados por Jesus confirma o que já foi dito acima, a saber, que Ele é essencialmente um homem-pregador de aldeia. Fontes escritas nunca falam de algum discurso seu localizado em uma praça (elemento urbano ausente na área semítica). Além disso, com toda a probabilidade, Ele não conhecia o grego, pelo menos não como uma ferramenta de conversa, muito menos como uma linguagem de desenvolvimentos discursivos mais amplos, uma vez que essa língua é essencialmente marginal na Galileia (CHANCEY, 2005: 122-165).

Importante é notar que nenhum dos textos referentes às estadas Jesus em determinadas cidades se refere a qualquer *ekklēsía* estabelecida por Ele. A experiência de uma comunidade explicitamente atestada é apenas aquela com publicanos e pecadores, principalmente na forma de comensalidade, a ponto de acusá-lo de ser "um comilão e um beberrão, amigo de publicanos e pecadores" (Lc 7,34; 15,1-2). Não se pode, contudo, duvidar que em alguns dos centros já mencionados também tenham se formado alguns grupos permanentes de discípulos, que também puderam continuar o estilo da itinerância própria de Jesus, mas que, em todo caso, se reconheciam em suas palavras e em sua pessoa e se reuniam no seu nome. Mesmo sem contar os vários centros tocados por Ele (cf. acima), é necessário calcular o peso que deviam ter algumas moradas explicitamente mencionadas. Isso vale para: a "casa" de Cafarnaum, na qual Ele estava com seus discípulos (Mc 2,1; 3,20; 9,28.33; 10,10); em Betânia, há as casas de Lázaro com suas irmãs (Jo 12,1-2) e a casa de Simão o Leproso (Mc 14,3); há também a casa de Emaús (Lc 24,29-30) e, principalmente, a última ceia de Jerusalém (Mc 14,14-15; At 1,4.13).

3.3 A passagem de Jesus para a fase pós-Pascal

Não é tarefa destas páginas discutir as questões relativas aos eventos da Páscoa, que consistem na descoberta da tumba vazia e na série das cristofanias, provavelmente datáveis ao ano 30 (cf. em geral o grande volume de WRIGHT, 2006). O certo é que depois disso as coisas não eram mais exatamente como antes. O desaparecimento físico de Jesus, embora compensado pela fé em sua ressurreição/ressuscitação, não poderia deixar de influenciar a composição de seu grupo de discípulos. Agora era uma questão de continuar, mesmo sem sua presença física, o que Ele havia começado. Mas quem substituiria visivelmente sua figura e função? Seria simplesmente uma questão de repetir a sua pregação ou a fé pascal necessariamente reinterpretou a figura do Jesus terreno? E como os crentes seriam constituídos comunitariamente? Remetemos ao capítulo seguinte para respostas mais detalhadas.

Mas uma coisa deve ser claramente dita imediatamente é que a situação inicial do que será então chamado de "cristianismo" é muito mais complexa e multifacetada do que certas simplificações catequéticas propõem e parecem fazer crer (cf. DUNN, 2009: 133). De fato, trata-se de uma complexidade que foi parcialmente obscurecida pela narrativa dos próprios Atos dos Apóstolos, onde Lucas persegue sua própria ideia de desenvolver a Igreja primitiva centrada em Jerusalém, em detrimento da informação sobre a existência de outras comunidades. Assim, por exemplo, seu livro não oferece detalhes sobre a existência de comunidades na Galileia e Samaria (às quais se refere de maneira genérica e efêmera em At 9,31) e sobre a origem de uma comunidade em Damasco (dada como conhecida em At 9,10.19b.25) (no geral, cf. BAGATTI, 1981: 19-32; SCHENKE, 1990: 198-216; SCHNABEL, 2002: 728-745). E, no entanto, quanto às aparições do Ressuscitado aos discípulos, os evangelhos de Mateus (28,16-20) e de Marcos (16,7) conhecem apenas as que ocorreram na Galileia (e não em Jerusalém, ao contrário do que narra Lucas).

Depois, há a questão colocada pela narrativa lucana de Pentecostes (At 2,1-41; cf. PENNA, 2001b: 705-728). Falando mais propriamente, se considerarmos bem, não pretende sugerir a ideia, que se tornou infelizmente atual, segundo a qual "a" Igreja teria nascido naquela ocasião. De fato, não só o termo *ekklēsía* nunca ocorre (sua primeira atestação é encontrada apenas em At 5,11: "E havia grande temor em toda a Igreja"), mas sua intenção, em conformidade com a perspectiva historiográfica da Igreja de todo o livro dos Atos é evidenciar o início do testemunho ativo e essencialmente universal do cristianismo, conforme implementado pelo poder do Espírito Santo como o Espírito do Ressuscitado. Lucas diz isso duplamente, com a menção dos que acorreram à festa oriundos de muitas partes do mundo então conhecido (2,5: "de toda nação que está debaixo do céu!") e com o fato das muitas línguas faladas pelos apóstolos para se comunicar com tal público internacional. Além disso, se o fundamento da Igreja está relacionado a um derramamento pontual do Espírito, então o evento pode já ter ocorrido na Páscoa (e não 50 dias depois), já que o quarto evangelista coloca justamente naquele mesmo primeiro dia o dom do Espírito àqueles a quem chama simplesmente "discípulos" (Jo 20,19-23). Uma concepção completamente diferente será expressa, por exemplo, por Santo Agostinho, cerca de 400 anos depois, dizendo que "a Igreja foi criada com a morte de Cristo [...] quando seu lado foi perfurado pela lança e, da ferida, surgiram os sacramentos" (*Enarr. em PS.* 127,11).

De fato, não há um único ato fundador da "Igreja", até porque nenhum texto do Novo Testamento remonta ou faz referência a algum evento fundante ligado ao Pentecostes ou a qualquer outro tempo. Por outro lado, Paulo, como já dissemos acima, fala no plural das "Igrejas da Judeia" (Gl 1,22; 1Ts 2,14) sem mencionar alguma fundação delas, e ele escreve muito antes de Lucas.

No entanto, o cenário lucano certamente implica uma importante verdade histórica: a de sublinhar que uma comunidade cristã efetivamente acontece lá onde um grupo de pessoas confessa o Cristo crucificado e ressuscitado; e sem dúvida isso aconteceu em Jerusalém, onde Jesus de Nazaré morreu e onde o anúncio de sua ressurreição/ressuscitação ressoou pela primeira vez. Certamente também podemos pensar que nem todo o cristianismo primitivo foi baseado apenas na fé pascal, pois alguns elementos parecem levar-nos a pensar que alguns grupos de discípulos só estavam preocupados em transmitir as palavras de Jesus como mestre e profeta (cf. PENNA, 2001b: 680-704: *Cristologia senza morte redentrice: un filone di pensiero del giudeo-cristianesimo più antico* [Cristologia sem morte redentora: uma linha de pensamento do judeu-cristianismo mais antigo]). Mas, na visão de Lucas, a Cidade Santa representa, em todo caso, um ponto de chegada (da vida de Jesus) e ao mesmo tempo um ponto de partida (da vida da Igreja).

Desse ponto de vista, o acento da narrativa de Lucas não se baseia tanto no fato de Pentecostes isolado, mas na cidade de Jerusalém, onde Jesus terminou sua existência terrena e o testemunho pascal dos primeiros discípulos começou. Nesse sentido, aquela de Jerusalém pode e deve ser considerada, com razão, a Igreja mãe (cf. BAGATTI, 1981: 7-18); na verdade, Irineu a designa como "uma Igreja da qual toda Igreja deriva sua origem, [...] a cidade mãe dos cidadãos da nova aliança" (*Contra as heresias* 3,12,5). De fato, as coletas que Paulo organizará para "os pobres dentre os santos que estão em Jerusalém" têm o valor de um sinal concreto do fato de que os cristãos de origem pagã "são devedores de ter participado de seus bens espirituais" (Rm 15,26-27); por outro lado, o próprio Paulo, em seu retorno de suas viagens missionárias, se hospedou justamente lá antes de ir a Antioquia da Síria, que também tinha sido o seu ponto de partida. A verdade é que, segundo a própria palavra de Jesus, Ele se faz presente simplesmente "onde dois ou três se reúnem em seu nome" (Mt 18,20); e um texto rabínico que pode ser considerado como um correspondente esclarece: "Todo encontro que é feito em nome do céu está destinado a permanecer, mas se não for feito em nome do céu, não está destinado a permanecer!" (*P. Ab.* 4,11: R. Yochanan, o fazedor de sandálias, do século II).

É, portanto, a partilha da fé cristológica que faz a Igreja, e de acordo com Lucas é inseparável do dom do Espírito Santo (cf. tb. Paulo em 1Cor 12,2: "Ninguém pode dizer 'Senhor Jesus', senão no Espírito Santo"). Essa foi a carteira de identidade da primeira Igreja de Jerusalém.

3.4 A missão e suas diferentes tipologias

O conceito de missão é compreendido aqui em um sentido amplo e não apenas como resultado de um mandato oficial. Certamente a tal forma de mandato referem-se formalmente as palavras que lemos na boca de Jesus em Mt 28,19: "Ide e fazei discípulos de todos os povos". Mas essas palavras, além de não serem encontradas sob a pena de Paulo como motivação para o seu forte compromisso apostólico (embora ele se chame um "apóstolo dos gentios": Rm 11,13), também não ocorrem em nenhum outro Evangelho, nem na Bíblia, tampouco na literatura cristã primitiva subsequente. De fato, Justino escreverá apenas que "alguns mandamentos dele anunciariam essas coisas a toda raça de homens e acima de tudo os homens dos gentios teriam acreditado nele" (*1Apol.* 31,7); mas são palavras genéricas porque podem se referir tanto a Paulo como a Tiago, que são muito diferentes entre si (cf. abaixo, itens 4.1 e 6.1). Posteriormente, os *Atos de Tomé*, no século III, referem-se à lenda segundo a qual os Onze se reuniram em Jerusalém (sem mencionar Matias!) dividiram as regiões da terra "para que cada um de nós fosse para a terra que a sorte nos destinasse" (§ 1); mas, além do mais, em todo o livro não há referência a Mt 28,19. Para entender a difusão do cristianismo primitivo, dois tipos básicos diferentes de propagação devem ser levados em conta: um na forma de uma missão especificamente desejada por uma comunidade e centrada em personagens expressamente documentados (como Paulo e seus companheiros enviados pela Igreja de Antioquia; cf. abaixo, cap. 5); e outra que pode ser qualificada principalmente como um testemunho espontâneo baseado no compromisso de cristãos anônimos e seus movimentos (como é o caso com a fundação da Igreja de Roma) (cf. NISSEN, 2007: 109-110). A esses, acrescenta-se um terceiro gênero intracristão, caracterizado por posições bastante críticas.

Assim, com base em várias documentações, podemos distinguir pelo menos três tipos de missão.

O primeiro e mais antigo é o dos pregadores itinerantes, tanto aqueles que se moviam individualmente quanto os que se moviam em pares (ou em grupos). Esse já era o estilo do próprio Jesus e de seus primeiros discípulos, embora sua atividade fosse restrita apenas à terra de Israel. Mas esse também foi o estilo de vários pregadores depois dos eventos pascais. Eles agiram ainda dentro dos limites geográficos de Israel, especialmente na Galileia (como denota particularmente a Fonte Q), mas também em áreas limítrofes (como os casos de Pedro em Cesareia Marítima, de Filipe na Samaria, e dos chamados helenistas na Fenícia e no Chipre). Mas também houve uma ação missionária fora daquela terra, como denotado pela existência de Igrejas de fundação incerta, como aquelas certamente presentes em Damasco e, ainda mais macroscopicamente, em Roma. Em todos esses casos, os destinatários do anúncio foram, em primeiro lugar, os judeus, mas também os gentios que poderiam ser qualificados como tementes a Deus e, em grande medida, a origem desse tipo de missão em si é provavelmente nada mais do que a casualidade.

O segundo tipo toma forma na Antioquia da Síria e consiste no anúncio do Evangelho aos próprios gentios, possivelmente incluídos sob o simples título de "gregos" (At 11,20). Isso marca um passo decisivo, que obviamente ultrapassa as fronteiras de Israel, não tanto as geográficas como as religiosas-culturais. A Igreja em Jerusalém ainda não havia se envolvido em tal ação. Mas convém destacar que os protagonistas desse ponto de virada não eram cristãos de origem pagã, mas de origem judaica. É como dizer que a abertura para os gentios começou de dentro de Israel, embora deva ser especificado que tal começo foi causado pelo movimento que foi dirigido por Jesus de Nazaré (que, no entanto, paradoxalmente, não desempenhou qualquer ação desse gênero!).

O terceiro tipo, embora um pouco menos configurável, é fornecido pelos missionários judeu-cristãos que se introduziram nas comunidades eclesiais existentes para "corrigir" o que consideravam ser uma falsa interpretação do Evangelho. Isso vale sobretudo para as Igrejas paulinas, dado que é Paulo quem nos informa sobre a intrusão de "falsos irmãos" semelhantes em suas comunidades, como pode ser deduzido da polêmica explícita e repetida que Paulo menciona sobre as Igrejas da Galácia (Gl 1,7-9; 2,4; 3,1), de Corinto (2Cor 11,3-5.13.22-23; 12,11), de Filipos (Fl 3,2.18s.) e talvez também de Roma (Rm 16,17-18).

4

As Igrejas judeu-cristãs

4.1 Judeu-cristianismo

Como aconteceu durante a vida do judeu Jesus de Nazaré, assim também por alguns anos após sua morte os discípulos que nele se reconheceram eram apenas de etnia judaica, sem que dentre eles se houvesse qualquer um de origem pagã/gentia. O termo "judeu-cristianismo", que é de cunhagem moderna, serve precisamente para rotular aquele setor do cristianismo antigo que foi formado por cristãos de origem e cultura judaica (cf. MIMOUNI, 1998; MIMOUNI & JONES, 2001). Mas devemos reconhecer que se trata de um conceito ambíguo: a palavra de fato pode certamente qualificar crentes em Cristo que são etnicamente judeus e defensores de teses judaicas típicas (esp. a observância da Torá combinada com a fé cristã), e nesse sentido poderíamos também falar de "nazareísmo" ou de "protonozareísmo" (como faz BLANCHETIÈRE, 2001, esp. p. 133-151 e 243-294), mas em teoria o termo também poderia ter uma semântica puramente confessional e indicar tanto cristãos etnicamente judeus como defensores de teses conflitantes com a Torá quanto, também e vice-versa, cristãos de origem gentia, mas proponentes de teses judaizantes. Na verdade, um judeu como Paulo de Tarso pode ser chamado judeu-cristão apenas por sua etnia, mas ele não o é de um ponto de vista confessional. De fato, além do breve parêntese do caso de Estêvão (At 6-7), foi de fato a inesperada aparição dele e de sua hermenêutica pessoal do Evangelho no cenário das primeiras Igrejas (cf. sua acusação contra os "falsos irmãos" em Gl 2,4) que tornou possível distinguir, um outro modo de se relacionar com Jesus e impostar a vida cristã. Portanto, pode-se supor que, sem Paulo e o paulinismo, o cristianismo teria uma história muito diferente, muito mais ancorada no judaísmo e em suas necessidades. Por outro lado, Lucas, que segundo a tradição era de origem pagã (Prólogo antimarcionita. In:

EUSÉBIO. *História eclesiástica* 3,4,6; 6,25,6), nos Atos mostra uma concepção da fé cristã de um tipo puramente judaizante.

Aplico, portanto, a categoria de judeu-cristianismo a nada mais do que o cristianismo da primeira hora e àquelas vertentes que dele dependem para uma continuação homogênea. O fenômeno terá sua sobrevivência até o quarto século (cf. a controvérsia de Jerônimo (*Epístolas* 112,13): "Se eles querem ser judeus e cristãos, não são judeus nem cristãos"; cf. GIANOTTO, 2003). Mas aqui, concretamente, refiro-me apenas ao século I, em particular à Igreja primitiva de Jerusalém e a todas as "Igrejas de Deus que estão na Judeia" (1Ts 2,14; Gl 1,22), incluindo também outras comunidades da mais vasta área palestina (Galileia) e da área síria (Damasco), para não mencionar Roma (onde o Evangelho chegou e se enraizou em âmbito judaico). O fenômeno, que precede as posições assumidas por São Paulo, continua autonomamente ao lado do paulinismo, inclusive em conflito com ele. O antipaulinismo, na verdade, será uma característica constante do judeu-cristianismo (cf. LÜDEMANN, 1983; KAESTLI, 1996). Com isso, não podemos dizer que tudo fora de Paulo e sua escola deve ser considerado judeu-cristão. O joanismo, por exemplo, pode bem ser considerado uma outra forma de distanciamento da matriz judeu--cristã original. Mesmo a Carta aos Hebreus, que usa mais do que qualquer outro escrito cristão as categorias da tradição ritual judaica para refletir sobre a morte de Cristo como sacrifício, expressa paradoxalmente uma hermenêutica que excede em muito qualquer categoria judaizante. Por outro lado, a própria escola paulina, aparentemente, não passou sem influências dessa mesma matriz, como pode ser visto pelo menos em algumas seções das Cartas Pastorais, especialmente ao nível da eclesiologia (paradoxalmente combinada com o silêncio total sobre os judeus e sobre Israel). Os dados em questão são, portanto, complexos.

Certamente, é preciso reconhecer que a dialética entre Paulo e o cristianismo primitivo é muito mais evidente quando se trata da questão da importância da Lei em relação à fé; e talvez precisamente esse problema tenha constituído a verdadeira pedra de toque sobre a qual medir o judeu-cristianismo posterior em relação à chamada Grande Igreja. Assim, novamente, por volta do ano 180, Irineu escreveu sobre a seita judeu-cristã dos ebionitas que "usam somente o Evangelho de Mateus e rejeitam o Apóstolo Paulo como um apóstata da Lei, [...] se circuncidam e preservam os costumes da Lei e o *modus vivendi* dos judeus" (*Contra as heresias* 1,26,2). Além disso, no escrito judeu-cristão das *Pseudoclementinas*, afirma-se quase como uma tese que "aqueles que vêm dos gentios e obtêm de Deus o dom de amar Jesus, devem estar pessoalmente empenhados em crer também em Moisés; e, vice-versa, o judeu que graças a Deus acredita em Moisés deve também decidir-se pessoalmente a crer em Jesus" (*Recognitiones* 4,5).

Considerando as coisas sob este ponto de vista, é necessário reconhecer que o judeu-cristianismo é a verdadeira matriz de todas as formas de cristianismo, tanto em termos do que é compartilhado quanto do que é combatido. É como o ventre materno, de onde vêm as várias maneiras de repensar o significado da pessoa de Jesus Cristo e do que foi realizado nele. Isso se aplica sobretudo no sentido cronológico, em que o judeu-cristianismo precede o paulinismo. Mas também se poderia discutir seu significado teológico-cristológico. De fato, é certamente verdade que o judaísmo não considerou divina a figura do Ungido do Senhor, e a declaração de Pedro relatada por Lucas sobre a identidade de Jesus como "varão aprovado por Deus diante de vós com milagres, prodígios e sinais" (At 2,22) pode muito bem ser entendida como marcada por uma suposição desse tipo. Mas poder-se-ia também perguntar se, por exemplo, a categoria cristológica da Sabedoria-preexistente não pertenceria a uma pré-compreensão própria do judaísmo (talvez helenístico, o que não significa necessariamente não palestino).

As fontes que nos permitem identificar a presença e a configuração do fenômeno são de vários tipos: as fontes do Novo Testamento (em particular a chamada Fonte Q presente em Mt-Lc, algumas páginas dos Atos e alguns acenos nas cartas paulinas), as de certa literatura pós-apostólica (como a *Primeira Carta de Clemente*, a *Didaqué*, algum evangelho apócrifo e o apócrifo *Ascensão de Isaías*), as da posterior literatura heresiológica (esp. Irineu), mas também especificamente aquelas reconhecidas como tipicamente judeu-cristãs (as assim chamadas *Pseudoclementinas*).

Aqui, no entanto, não consideramos a fase posterior ao século I. Por exemplo, rejeitamos a chamada cristologia angélica, que aplicava a Jesus a categoria de "anjo-arcanjo", mas que, aliás, é testemunhada mais tardiamente (cf. DANIÉLOU, 1974: 215-253). É verdade que este módulo cristológico tem prováveis raízes em fases anteriores, sendo já pressuposto pelas polêmicas presentes tanto em Cl 1–2 como em Hb 1–2 e talvez também em Apocalipse. Mas, além do fato de que é conhecido por nós apenas por reflexo e nunca em uma forma tética, quando se fala disso é precisamente por conta de declarações polêmicas pelos respectivos autores das duas cartas, enquanto desenvolvimentos maiores e mais explícitos são documentados mais tarde.

Contudo, podemos acreditar que já dentro das primeiras comunidades cristãs ocorreu um repensamentto bastante tumultuado e extremamente multifacetado sobre a figura de Jesus; o que, aliás, demandou bem pouco tempo (cf. PENNA, 2003). Mas o que nos interessa aqui são as próprias comunidades, tanto sua existência quanto sua configuração estrutural e doutrinária, que nos permitem fazer um discurso concreto e até localizado sobre o fenômeno. Bem, com base na documentação que temos, podemos identificar pelo menos três dessas comunidades: as de Jerusalém, de Damasco e de Roma. Certamente não há outras Igrejas judeu-cristãs, senão por sua fugaz e genérica menção (como as que Paulo genericamente chama de "as Igrejas da Judeia": 1Ts 2,14; Gl 1,22).

4.2 A Igreja de Jerusalém

A identidade desta Igreja é substancialmente delineada nos primeiros sete capítulos dos Atos dos Apóstolos. Mas, como já dissemos, a reconstrução dos fatos que encontramos narrados não é muito confiável (no geral, cf. GIANOTTO, 2004: 105-127; DUNN, 2009: 172-240). O período que nos interessa abrange os primeiros quinze anos, desde a morte de Jesus em 30 até a morte de Herodes Agripa em 44 (At 12,20-23). Lucas não conhece a atividade dos discípulos de Jesus nem na Galileia nem em outras cidades da Judeia (exceto pela menção de Emaús em Lc 24,13-35), mas se concentra apenas em Jerusalém. De fato, o próprio Paulo, lembrando de seus eventos pessoais (Gl 1,12-2,14), atesta que uma autoridade proeminente foi reconhecida à comunidade de Jerusalém e, em particular, a algumas das personalidades que a regiam.

A composição dessa Igreja (cf. FIENSY, 1995), cujo núcleo original era formado por galileus, devia ser muito variada, embora seja difícil quantificar o número de seus membros (a lista prosopográfica de BAUCKHAM, 2007: 81-92, enumera 45). Os números fornecidos por Lucas provavelmente são de probabilidade inverossímil (cf. REINHARDT, 1995). Em At 1,15; 2,41; 4,4 vai de 120 a 3.000 e 5.000 pessoas, respectivamente (com novas adições para 5,14; 6,7). Então em 8,1, a propósito da perseguição desencadeada depois da morte de Estêvão, lemos que "todos, exceto os apóstolos, foram dispersos pelas regiões da Judeia e Samaria";

mas então que sentido teriam as notícias de 8,3 sobre Saulo que "assolava a Igreja" se apenas os doze apóstolos teriam ficado em Jerusalém? Além disso, nos Atos, Lucas também alude à presença de outros "irmãos" (9,30; 11,1). Certamente generaliza, porque considera a Igreja como uma unidade ("um só coração e uma só alma": 4,32); mas ele próprio sabe e nos informa de uma distinção (não pacífica) entre cristãos de origem judaico-palestina e outros de origem judaico-helênica (6,1). Por outro lado, embora o mandato do Ressuscitado tenha sido apenas aos apóstolos (1,8), serão, na verdade, os cristãos judaico-helenistas que o fizeram, da Samaria (8,5-8) à Fenícia, até o Chipre e Antioquia da Síria (11,19).

Também do ponto de vista social, devia haver algumas estratificações muito diferentes. Além dos pobres pescadores galileus (1,11; 2,7), também havia ricos proprietários de terra (4,34b) que proviam os pobres necessitados da comunidade (4,34a; cf. Rm 15,26) por meio de uma partilha de bens, provavelmente idealizada juntamente com o comportamento contrário do casal Ananias e Safira (At 5,1-11; em geral, cf. MARGUERAT, 2007: 162-163). Também afluiu [ao nascente cristianismo] "uma grande multidão de sacerdotes" (6,7), embora talvez pertencentes às classes mais baixas e não às famílias dos sumos sacerdotes (sobre eles, cf. 4,5-6); um deles era Barnabé, um levita de origem cipriota (4,36). Também é necessário calcular dois homens que possuíam alguma propriedade perto de Jerusalém: Simão de Cirene (Mc 15,21) e um certo Mnasom de Chipre (21,15.16). Algumas mulheres, além da designação genérica delas (5,14; 8,3; 9,2) e algumas viúvas dos helenistas (6,1), são citadas pelo nome: Maria mãe de Jesus (1,14), Safira (5,1-10), Maria, a mãe de João Marcos (12,12), uma empregada chamada Rode (12.13), e depois Tabita de Jafa (9,36-41).

Os locais de reunião eram de dois tipos. O primeiro consistia na área do Templo, duplamente frequentada, tanto para a oração comum como para o ensino dos apóstolos. Por um lado, de fato, faz-se alusão provavelmente ao pátio interno reservado aos israelitas, onde Pedro e João subiam todos os dias para a oração (3,1; depois também Paulo em 21,26-30; 22,17). Por outro, havia o pórtico de Salomão (3,11; 5,12), fora do santuário real, a sul do pátio dos gentios, onde Jesus já ensinara (Jo 10,23). O segundo lugar eram as casas particulares onde os cristãos de Jerusalém "repartiam o pão" (2,46), encontrando-se em um ato de comunhão fraterna que provavelmente também incluía a Eucaristia; de fato, a expressão lucana significa não tanto o mero início de uma refeição (como na Mishná, *Berakot* 6,1;

DUNN, 2009: 199), mas sim, por sinédoque, toda a refeição que estaria a indicar uma verdadeira celebração eucarística (como na *Didaqué* 14,1; cf. a discussão em FITZMYER, 1998: 270-271).

Embora exteriormente os seguidores de Jesus não se distinguissem dos outros judeus, eles introduziram, desde o início, algumas práticas peculiares que contribuíram para a construção e estabelecimento de uma distinção de sua identidade religiosa. A prática fundamental é a do batismo. O rito de imersão em água para fins purificadores foi difundido no judaísmo. Já o conhecemos entre os sectários de Qumran (cf. 1QS 3,5-9; 5,13); praticavam-no João Batista e Bano (FLÁVIO JOSEFO. *Antiguidades judaicas* 18,117; *Vita* 11); e foi provavelmente parte dos ritos de admissão de prosélitos (Mishná, *Pesahim* 8,7; *Eduyot* 5,2; *Talmude Bab. Yebamot* 47ab). O próprio Jesus se submeteu ao batismo de João (Mc 1,9-11; Mt 3,13-17; Lc 3,21-22) e, segundo o Quarto Evangelho, Ele próprio se batizou (Jo 3,22). Os seguidores de Jesus assumem este rito, que mantém um caráter purificador, como no caso do batismo de João (Mc 1,4; promessa de perdão dos pecados), mas também adquire um novo significado de rito de iniciação ao novo grupo. Batiza-se "em nome de Jesus" (At 2,38; 8,16; 10,48), portanto, na força e poder do Glorificado, mas também como pertença a Ele, como confirmado pelo gesto da imposição de mãos em sinal de outorga do Espírito. Essa referência ao nome de Jesus também se torna uma forte marca identitária, não só porque sanciona a entrada e pertença do novo adepto ao grupo do líder carismático, mas também assegura a remissão de pecados (At 2,38; 5,31).

A comunidade de Jerusalém, considerada do ponto de vista judaico, apareceu como uma seita messiânica na medida em que proclamou o cumprimento das esperanças messiânicas em Jesus de Nazaré (em At 24,5 fala-se de uma *haíreses nazoraíôn*, "seita dos nazarenos"). Certamente é dentro dela que se formaram as primeiras reflexões sobre a figura de Jesus, sobre sua morte e ressurreição (cf. THEISSEN, 2004: 190-198), e também sobre algumas confissões arcaicas de fé. A esse respeito, devem ser considerados os seguintes textos: a narrativa pré-marciana de paixão, classificável segundo o gênero judaico da *passio justi*; alguns títulos cristológicos atestados nos primeiros capítulos de Atos como "servo de Deus" (At 3,13.26; 4,27.30), "o santos e justo" (3,14), "autor da vida" (3,15); a invocação aramaica "*Maranathá* = Senhor nosso, vem" (1Cor 16,22), contendo no entanto o novo título pós-Páscoa de "Senhor" implicando uma orientação escatológica; e também a confissão judaizante de fé que pode ser identificada em separado em Rm 1,3b-4a, que reconhece Jesus como um Davi entronizado enquanto "filho de Deus" com a sua ressurreição (em geral, cf. PENNA, 2010a: 14-26, 44-52, 52-62, 201-208; DUNN, 2009: 212-240).

Os "helenistas" de Jerusalém – Lucas em At 6 nos dá notícias de uma divisão dentro da Igreja de Jerusalém entre os *"hellēnistaí"*/"helenistas" e os *"hebraíoi"*/"hebreus". A distinção deve, com toda a probabilidade, ser entendida como uma simples designação linguístico-cultural dos cristãos que ali residem. Ou seja, todos eles pertenciam etnicamente ao judaísmo; mas, embora a maioria fosse de origem local-palestina, outros vinham da diáspora ocidental. Assim, enquanto a designação de "judeus" alude aos cristãos locais de língua semítico-aramaica, a denominação de "helenistas" refere-se a judeus de confissão cristã, mas provenientes da diáspora mediterrânea de língua grega (cf. HILL, 1992; BODINGER, 1997).

Justamente a agregação à comunidade cristã de membros vindos do judaísmo da diáspora teve importantes consequências para o movimento de Jesus. Nesse contexto, deve-se recordar que a cidade de Jerusalém, especialmente por ocasião das grandes festas religiosas, era o destino de muitos peregrinos, oriundos não apenas da terra de Israel, mas também de toda a diáspora e, em particular, das grandes cidades helenísticas do Mediterrâneo, como prescrito pela Lei (Ex 23,14-19; Dt 16,9-17). É difícil estabelecer em que medida os judeus da diáspora, especialmente aqueles que residiam em países distantes, poderiam atender a esse requisito; o certo é que essa prescrição mobilizava, por ocasião das grandes festas de Páscoa-Pentecostes-Tendas, enormes massas que afluíam de toda parte para a cidade de Jerusalém e multiplicavam, embora temporariamente, a população do lugar. Além dessas visitas ocasionais, é provável que alguns dos judeus da diáspora retornassem periodicamente por motivos comerciais ou algo parecido; outros ainda talvez estabelecessem sua residência habitual na cidade santa.

Atesta-o abertamente uma inscrição grega encontrada em Jerusalém no início do século XX e que remonta ao século I, onde se lê: "Teodoto, filho de Vetenos, sacerdote e arquisinagogo, filho de um arquisinagogo, sobrinho de um arquisinagogo, construiu (*ō,kodómēse*) esta sinagoga para a leitura da Lei e o estudo dos mandamentos, e um hospício com salas e canalizações para acomodar (*eis katalyma*) os necessitados provenientes do estrangeiro (*apò tês xenês*), que (= a sinagoga) fundaram (*ethemelíiōsan*) seus antepassados, os anciãos e Simônides" (cf. LE-

VINE, 2000: 54-56). Nessa inscrição, além da incomum função de arquisinagogo realizada por um sacerdote, os dois primeiros nomes pessoais, respectivamente grego e latim, e o complemento de proveniência "do estrangeiro" (literalmente: "de [terra] estrangeira"), indicando precisamente a presença em Jerusalém de judeus de origem estrangeira, especificamente de origem helenística. Além disso, os Atos registram a existência em Jerusalém de várias sinagogas para os judeus da diáspora grega, conhecidos como "os libertos, os cireneus, os alexandrinos, os da Cilícia e da Ásia" (At 6,9). Foi com eles que discutiam tanto Estêvão (At 6,9-10) quanto, depois, Paulo (At 9,29).

De acordo com Lucas, a expansão do grupo original de discípulos de Jesus teria ocorrido muito cedo, como pode ser deduzido a partir da narrativa da efusão do Espírito sobre os muitos peregrinos da Diáspora que vieram para Jerusalém por ocasião da Festa de Pentecostes (At 2,5-11). De qualquer forma, eram pessoas que não seguiam Jesus durante o seu ministério público na Galileia, nem lhe deram apoio logístico ou assistência, como simpatizantes permanentes. Era inevitável que a integração desses novos membros, com sua bagagem de ideias, habilidades e diferentes sensibilidades, modificasse o equilíbrio interno do movimento e aumentasse ainda mais sua articulação e complexidade. Nessa nova situação, não tardaram a aparecer algumas tensões e atritos entre os vários grupos que se referiam a Jesus.

Dentro da comunidade cristã, portanto, logo nasceu um conflito, que a princípio levou a uma separação (instituição dos "Sete" [Estêvão, Filipe, Prócoro, Nicanor, Timão, Pármenas, Nicolau], responsáveis pelo grupo dos helenistas, em contraste com os "Doze", responsáveis pelo grupo de judeus: At 6,1-7) e, mais tarde, a uma expulsão dos próprios helenistas de Jerusalém (At 8,1-4). As razões dadas por Lucas para essa instituição (queixas sobre a ineficiência do serviço de assistência às viúvas) são provavelmente fictícias ou ao menos parciais; quanto à divisão de tarefas a que se chega a um acordo (os Sete devem tratar do serviço de assistência às viúvas, negligenciado pelos Doze, a fim de deixá-los em maior disponibilidade para o serviço da palavra: At 6,2), há uma clara contradição ao que é dito abaixo, dado que em At 8 a atividade evangelizadora de um helenista, Filipe, é relatada tanto em Samaria quanto com o eunuco etíope (de fato, em At 21,8 ele é explicitamente definido como "evangelista"). Não é verossímil que os Sete fossem meros assistentes sociais, que cuidavam das viúvas; antes, eles tinham de representar um grupo particular dentro do movimento de Jesus, com sua própria língua, cultura e tradições. Com base na apresentação feita por Lucas nos Atos, não é possível reconstruir com precisão a gênese e a evolução de suas ideias; no entanto, cruzando os dados com outras fontes, é possível remontar o quadro, pelo menos em termos mais gerais.

Os helenistas, representados por Estêvão, formulavam uma interpretação crítica da função salvadora do Templo e da Lei, de acordo com uma tendência alegorizante documentada no judaísmo helênico da época (cf. FÍLON DE ALEXANDRIA. *Migr. Br.* 87-93; cf. tb. a acusação contra Estêvão em At 6,11.13s.: "Temo-lo ouvido proferir palavras blasfemas contra Moisés e contra Deus. [...] Este homem não cessa de proferir palavras contra este santo lugar e contra a Lei"). Na verdade, a crítica ao Templo conecta Estêvão mais a Jesus (cf. Jo 2,13-22) do que a Paulo; na verdade, ele não está interessado no Templo (exceto como uma definição original da comunidade cristã em 1Cor 3,16s.), mas na crítica da Lei, e é nesse sentido que, caso seja possível relacionar Paulo a Estêvão e à sua crítica da Lei, que também está implícita a crítica do Templo (cf. RÄISÄNEN, 1986: 242-301; cf. tb. o valor alegórico da Lei em Rm 2,25-29; 1Cor 5,6-8; 12,1; Fl 3,3).

Lucas realmente coloca na boca de Estêvão, que é o expoente do grupo dos helenistas, um longo discurso muito crítico contra o Templo, pronunciado pouco antes de ser lapidado (At 7,1-53). Segundo seus acusadores, Estêvão anunciou a dissolução (*katalýsei*) do Templo e a modificação (*halláxei*) dos mandamentos de Moisés por Jesus no tempo escatológico (At 6,13-14). O discurso foi percebido pelo público judeu como blasfemo e foi sancionado com o apedrejamento. O tema do Templo construído não por mãos humanas, ao qual Estêvão se refere em seu discurso (At 7,48-50), era bastante comum no judaísmo da época. A ideia de que, nos últimos tempos, o Templo de Jerusalém seria substituído por uma nova morada está presente em numerosos textos (*1Enoc* 90,28-29 [Livro dos Sonhos]; *Jub.* 1.15-18; *Test. Ben.* 9,2; *11QTemp* 29,8-10; *Orac. Sib* 5,414-433). Em alguns escritos, no entanto, fala-se de um templo e de um culto celestial (*1Enoc* 14,10-20 [Livro dos Vigilantes]; *Test. Levi* 3,1-10; 4QShirShab), que se referem à ideia de que o Templo de Jerusalém fora construído seguindo o modelo do que fora mostrado a Moisés ou Salomão (Ex 25,4; 1Cr 28,19). De acordo com essa concepção, o templo verdadeiro seria o templo celestial, não sua reprodução terrena. Com base nessa suposição, Fílon chegou a interpretar alegoricamente o Templo de Jerusalém como a contraparte terrena de realidades espirituais, éticas ou escatológicas (*Mos.* 2,74-76.97-99; *Somn.* I,215; II,231; *Quod det.* 160-161; *Cher.* 27-28).

Paralelamente, desenvolvia-se a especulação sobre algumas figuras mediadoras, como a do Filho do Homem (*1Enoc* 45-57 [Livro de Parábolas]) ou da Sabedoria (Pr 3,19; 8,22-31; Eclo 24,3-21; Sb 9,9), a quem se reconhecia um caráter sobre-humano (cf. SACCHI, 1990: 206-219; SCHENKE, 1990: 55-65, 147-156). É difícil reconstruir com precisão e detalhe a gênese da nova cristologia que se desenvolvia nos círculos dos helenistas. No entanto, é sobre o pano de fundo dessas especulações e por meio do uso de diferentes ferramentas linguísticas e conceituais, como a redenção de escravos (1Cor 6,20; 7,23; Gl 3,13; 4,15; Mc 10,45), o rito de expiação (Lv 16; cf. Rm 3,25), o novo Pacto (Jr 31,31; cf. 1Cor 11,25), a figura do servo sofredor (Is 53) e do mártir (2Mac 7,37-38; 4Mac 1,11; 6,28-29; 17,21-22), que essa reflexão levará também a uma nova concepção da figura de Jesus, especialmente da sua morte e ressurreição, mesmo que mais tarde encontre plena expressão em Paulo. Os helenistas, em outras palavras, passaram a interpretar a morte de Jesus como um acontecimento escatológico único e irrepetível, que produz a remissão de pecados (1Cor 15: "Cristo morreu pelos nossos pecados"; Rm 5,8; 1Ts 5,10: "Cristo morreu por nós", Rm 4,25: "[Jesus, nosso Senhor] foi entregue por causa das nossas transgressões, e ressuscitado para a nossa justificação"; Gl 1,4: "O Senhor Jesus Cristo [...] se deu a si mesmo pelos nossos pecados") (cf. FUSCO, 1995b: 47-122, 198-214; PENNA, 2003: 140-148). Essa é uma verdadeira novidade na reflexão teológica protocristã sobre o significado da história de Jesus, porque pela primeira vez foi atribuído um valor salvífico à sua morte, que, tornando-se um evento escatológico único e irrepetível, implica uma mudança radical na história da salvação. Após tal acontecimento escatológico, o velho Templo, construído por mãos humanas, perde sua função e se dissolve em favor de sua contraparte celestial, que, neste caso, na linha da interpretação alegórica, abundantemente atestada por Fílon, torna-se o redentor glorioso Jesus (Mc 14,58; Jo 2,19-21). Nessa perspectiva, o discurso soteriológico termina por se esgotar no cristológico e a figura redentora de Jesus progressivamente tende a privar as outras instâncias mediadoras da salvação próprias do judaísmo, ou seja, o Templo e a Lei. O discurso de Estêvão, retomando o tema do templo não feito por mãos humanas (At 7,48-50), potencialmente já coloca em dúvida a função mediadora do Santuário de Jerusalém e do sacerdócio que ali oficiava; parece, contudo, reconhecer uma função positiva da Lei na medida em que acusa os judeus de não colocá-la em prática, pois estão prestes a condená-la à morte injustamente como haviam feito anteriormente contra Jesus o "justo" (At 7,51-53). Na perspectiva dos helenistas, a Lei mosaica não perde seu valor; Pelo contrário, tende a ser radicalizada em suas exigências éticas, na esteira do ensino e da autoridade de Jesus (Mc 2,15-28; 7,1-23) (cf. THEISSEN & MERZ, 1999: 428-495). Para uma formulação mais completa, nessa mesma perspectiva, do discurso crítico sobre a Lei como instância de salvação, teremos de esperar por Paulo. No entanto, é fácil entender por que essa nova interpretação da morte redentora de Jesus, com críticas às duas principais instituições judaicas que ela comportava, o Templo e a Lei, poderia ser considerada blasfema e suscitar até mesmo reações violentas nos círculos judaicos. Tensões e contrastes não menos violentos, contudo, também surgiram dentro do movimento de Jesus, sobretudo no grupo de Tiago, que, aliás, permaneceu firmemente ligado à fidelidade à Lei e ao culto do Templo, considerados como instâncias salvíficas plenamente eficazes. Do ponto de vista de Tiago e seus seguidores, se uma função salvífica fosse reconhecida ao caráter de Jesus, isso só poderia ser complementar ao Templo e à Lei, sem jamais substituí-los.

Segundo Lucas, o episódio do apedrejamento de Estêvão, ao qual Saulo assiste em atitude de aprovação (At 8,1), é o sintoma de uma tensão maior que se estabelece no contexto da cidade de Jerusalém entre alguns membros do movimento de Jesus, os helenistas e as autoridades judaicas. Segundo a representação lucana, essa tensão leva a uma verdadeira perseguição (*diōgmós*), com consequente afastamento da cidade e dispersão do grupo dos helenistas. Essa perseguição, por outro lado, não atinge os "apóstolos" (At 8,1), que aludem, com toda a probabilidade, ao outro grupo da Igreja em Jerusalém, a saber, dos judeus (At 6,1), que a seu tempo podem ser identificados com o grupo de Tiago, irmão do Senhor. Assim, não parece exagerado rotular o grupo de cristãos helenísticos em Jerusalém como "o primeiro cisma confessional na história da Igreja" (DUNN, 1990: 268-275).

Um elemento certamente novo em Jerusalém, de fato, é a entrada na cena dos parentes de Jesus e especialmente de Tiago, "irmão do Senhor". Já em At 1,14, Lucas observa a presença desses "irmãos". De acordo com as informações que podemos extrair dos evangelhos, não parece de fato que fizessem parte do círculo de seus seguidores, já que, segundo Jo 7,5 "eles não creram nele". Então é difícil explicar por que o grupo de parentes de Jesus aparece ao lado dos apóstolos, levando também em conta o fato de que nada é dito sobre uma evolução de sua atitude em relação a Jesus, não sendo mencionados nem no momento de sua morte e seu sepultamento nem por ocasião das aparições pós-pascais. Lucas não diz mais nada sobre eles no restante dos Atos, mas Paulo os menciona em 1Cor 9,5, quando se pergunta se também teria o direito de levar consigo uma irmã-cristã como esposa como os "outros apóstolos e os irmãos do Senhor e Cefas". A partir disso, pode-se deduzir que os irmãos do Senhor tenham sido bastante ativos na atividade da pregação.

Entre esses irmãos, Tiago aparece improvisamente em At 12,17 e distingue-se pela autoridade e importância no papel de líder da mesma comunidade de Jerusalém (cf. CHILTON & EVANS, 1999). Além de sua menção em alguma passagem do Evangelho (Mc 6,3-4; Mt 13,53-58; Lc 8,19-21), o primeiro a aludir à sua autoridade em Jerusalém foi Paulo, quando ele disse que após a sua estada na Arábia e Damasco subiu a Jerusalém para se encontrar com Cefas e permaneceu com ele por quinze dias, sem contudo ver nenhum outro dos apóstolos, "exceto Tiago, irmão do Senhor" (Gl 1,15-19). Esse Tiago deve, portanto, distinguir-se dos dois homônimos do grupo dos Doze (Mc 3,16-19) e deve ser atribuída a ele a carta canônica que leva seu nome, não integrada pelo título de "apóstolo". A distinção é confirmada pelo fato de que em 1Cor 15,7 ele é mencionado como o beneficiário de uma aparição do Ressuscitado depois daquela destinada a Cefas e os Doze e antes disso "a todos os apóstolos". Evidentemente, de acordo com a tradição relatada por Paulo, Tiago foi reconhecido como tendo uma primazia semelhante à de Pedro. A aparição para ele, diferentemente daquela a Pedro (Lc 24,34), não é narrada nos evangelhos canônicos, mas é informada pelo *Evangelho dos hebreus* (In: JERÔNIMO. *Dos homens ilustres* 2,11-13), de acordo com o qual ele recebe a alcunha de "justo", ele teria inclusive participado da Última Ceia. Então, de acordo com o testemunho de Eusébio, esse Tiago "foi o primeiro, dizem, a ocupar o trono episcopal da Igreja de Jerusalém" (*História eclesiástica* 2,1,2-3; cf. tb. 2,23,2; 7,19,1). O certo é que, a partir dos Atos, parece que a missão fora da comunidade de Jerusalém é comissionada a Pedro, enquanto no interior dela Tiago exerce a função de guia pastoral (cf. CHILTON & EVANS, 2005: 143-209).

Na época da segunda visita de Paulo a Jerusalém, que ocorreu catorze anos depois da primeira (Gl 2,1 = em torno de 48-49) para discutir o problema da circuncisão dos gentios convertidos à fé em Jesus (At 15), a situação parece ter mudado. Na ocasião da primeira visita, o texto paulino de Gl 1,19 pareceu reconhecer Cefas como uma autoridade eminente na comunidade de Jerusalém, e agora a personalidade com mais autoridade se torna Tiago. A razão para essa mudança, se de fato houve, é geralmente identificada no abandono de Jerusalém por Pedro, provavelmente logo após as medidas repressivas introduzidas por Agripa I e que levaram à morte de Tiago, filho de Zebedeu (At 12,1-2). Paulo em Gl 2,9 menciona uma tríade de nomes: Tiago, Cefas e João, a quem ele considera "as colunas" (*styloi*) da comunidade de Jerusalém, aludindo a alguma função de orientação e responsabilidade. Embora não se saiba em que exatamente consistia tal função e quais teriam sido as relações recíprocas entre as três "colunas", a ordem em que os três nomes ocorrem sugere que Tiago era a autoridade proeminente, ou pelo menos um *primus inter pares*. A exatidão dessa hipótese é confirmada pelo chamado incidente de Antioquia, onde Pedro de repente evita a comunhão com a mesa de conversos de origem gentia "por medo dos circuncisos" depois que chegaram "alguns da parte Tiago" (Gl 2,11ss.). Também é possível supor que a passagem tenha ocorrido em dois momentos: a partir de uma fase em que a comunidade foi liderada pelos Doze dirigidos por Pedro, passou-se a um momento em que o guia pertencia a um grupo de anciãos liderados por Tiago (At 11,30; 12,17) (cf. BAUCKHAM, 1995: 427-441).

A tradição da primazia de Tiago como o "sucessor" de Jesus na liderança de seu grupo de seguidores é retomada em algumas fontes posteriores: no *Evangelho de Tomé*, em alguns escritos gnósticos, nas *Pseudoclementinas* e em Eusébio de Cesareia (cf. GIANOTTO, 2004: 109-112). Todos exaltam sua função única, tanto que, de acordo com as *Pseudoclementinas*, sua autoridade se estende aos Doze, que lhe dão um relato de sua obra (*Recognitiones* 1,44,1), e também a Pedro, que é comissionado por Tiago para partir para Cesareia a refutar as doutrinas de Simão Mago (*Recognitiones* 1,72,1-8) (cf. HENGEL, 1985). Ademais, Tiago não era o único membro da família de Jesus a desempenhar um papel de liderança na comunidade primitiva de Jesus, Jerusalém. De acordo com o testemunho de Eusébio, que reporta uma notícia de Hegésipo, após sua morte em 62, teria sido eleito bispo de Jerusalém um primo de Jesus chamado Simeão (*História eclesiástica*, 4,22,4); Judas, outro irmão de Jesus, foi o autor da epístola que, em seu nome, tornou-se parte do Novo Testamento, de acordo com Hegésipo, citado por Eusébio, ainda sob Domiciano (81-96), alguns sobrinhos de Judas lideravam Igrejas palestinas por serem parentes de Jesus (*História eclesiástica* 3,19-20,6) Assim, constituiu-se uma espécie de "califado", como tem sido chamado por alguns (cf. MEIER, 2002-2003: 224), característico da Igreja de Jerusalém pelo menos até o início do século II.

Na notícia de Hegésipo, relatada por Eusébio, Tiago é apresentado como o modelo do sacerdote ideal, que sozinho pode entrar no Santo dos Santos e interceder pelo povo (*História eclesiástica* 2,23,6); Além disso, os relatos cristãos sobre a morte de Tiago (HEGÉSIPO. Códices de Nag Hamadi 5,4; *Pseudoclementinas, Recognitiones* 1,66-70) colocam o evento no Templo e o documento judeu-cristão de *Recognitiones* 1,27-71 apresenta o Templo como o lugar privilegiado da atividade missionária de Tiago e dos apóstolos. Até mesmo o encontro de Tiago com Paulo em At 21,20 tem a ver com o Templo. Frequentar o Templo implicava a observância de normas particulares de pureza ritual, e que a observância dessas normas também incluía as alimentares é algo que pode ser inferido indiretamente do episódio da visão de Pedro em Jope (At 11,1-18).

Em relação ao funcionamento da comunidade, Tiago era acompanhado por um grupo de anciãos (*presbýteroi*) de acordo com um modelo bastante difundido dentro do judaísmo da época (cf. tb. At 6,12). Tiago devia ser o primeiro no grupo dos Anciãos, assim como Pedro, no grupo dos Doze, Estêvão, no grupo dos Sete (At 6,1-7) e Barnabé, no grupo dos Cinco (At 13,1). Esses Anciãos aparecem pela primeira vez em At 11,30, quando recebem de uma delegação de Antioquia o dinheiro arrecadado para ajudar a comunidade de Jerusalém. Eles reaparecem no assim chamado Concílio [ou assembleia] de Jerusalém (At 15,4.6.22) e são cossignatários, juntamente com Tiago, da carta dirigida às comunidades da Síria e da Cilícia (At 15,23). Esse fato testemunha como Tiago e o grupo de Anciãos não se limitaram a conduzir a comunidade de Jerusalém, mas também exerceram autoridade e influência decisiva sobre comunidades e grupos formados fora da Cidade Santa. Isso sugere que a comunidade de Jerusalém também desempenhou e continuou desempenhando uma função missionária.

Um evento significativo ocorrido em Jerusalém foi o assim chamado *Concílio Apostólico*, do qual temos notícias tanto em At 15,1-29 como em Gl 2,1-10. As fontes, no entanto, são complexas e sua reconstrução, no que diz respeito ao relato lucano, requer verossimilmente que se refira a dois fatos distintos: por um lado, o exame da questão relativa à circuncisão de convertidos de origem gentia, apresentada pelos enviados de Antioquia e, por outro, a formulação do chamado decreto apostólico com suas quatro cláusulas.

Como já acenamos, em Antioquia surgiu uma controvérsia na segunda metade dos anos 40. A inspiração veio da exigência, feita por alguns vindos da Judeia, de submeter os convertidos de origem gentia à circuncisão (At 15,1). Até então, porém, a prática missionária da comunidade antioquena tinha sido receber os convertidos de origem gentia sem impor-lhes a circuncisão, e portanto Paulo e Barnabé, que eram responsáveis pela missão, recusaram-se a dar efeito à exigência. Como não foi possível resolver a disputa localmente, decidiu-se enviar uma delegação com representantes das duas partes a Jerusalém a fim de apresentar o caso aos chefes da Igreja-mãe. Aqui chegou-se a um acordo de compromisso, que previa a legitimidade da missão paulina aos povos sem a imposição da circuncisão e, por parte de Paulo e Barnabé, o reconhecimento da legitimidade petrina aos judeus com a manutenção das observâncias [da Lei] (Gl 2,9). Não se tratava, portanto, de uma divisão rígida dos setores de intervenção, no sentido de que Paulo e Barnabé tivessem o direito exclusivo da missão aos gentios e que Tiago-Pedro-João o tivessem em relação aos judeus, mas sim de reconhecer a existência de dois tipos de missão, com diferentes características e modos. Para selar o acordo com os líderes de Jerusalém, dando-se "a destra de comunhão" (Gl 2,9), Paulo e Barnabé prometeram prover aos pobres da Igreja-mãe uma coleta de dinheiro em suas comunidades (Gl 2,10).

O compromisso não demorou a revelar sua fragilidade, porque os dois lados entenderam as implicações de maneira diferente. Paulo interpretou o acordo como uma aprovação irrestrita ao seu "evangelho", que ele acreditava ter explicado claramente aos seus interlocutores (Gl 2,2), e que não apenas previa a isenção da circuncisão para os convertidos de origem gentia, mas a liberdade das restrições da Lei mosaica para todos os crentes em Jesus, tanto os de origem gentia quanto os de origem judaica. Tiago e os seus, por outro lado, entendiam as coisas de maneira muito diferente. O problema que fora discutido e deliberado em Jerusalém era preciso e limitado: tratava-se de uma questão de determinar se era necessário ou não impor a circuncisão aos convertidos de origem gentia. O problema das relações entre os seguidores de Jesus das duas origens não estava na agenda. E o consentimento dado por Tiago à posição de Paulo e Barnabé estava estritamente limitado ao tópico em questão. A facilidade com que Tiago e seus seguidores aderiram aos pedidos de Paulo é facilmente compreensível se for colocada no pano de fundo dos debates internos do judaísmo sobre o problema análogo dos prosélitos, sobre o qual, por exemplo, entre os rabinos se discutiu se eles deveriam necessariamente também ser submetidos à circuncisão ou se seria suficiente, no caso deles, o banho de purificação. Mas, para Tiago e a comunidade de Jerusalém, diferentemente de Paulo, a obrigação, para todo judeu que aderisse à fé em Jesus Cristo, de continuar a observar os preceitos da Lei mosaica não estava em discussão. O que estavam dispostos a discutir e ceder se referia às condições de entrada dos gentios convertidos, mas não à fidelidade à observância para os judeus, que continuavam assim mesmo depois da conversão. O chamado incidente de Antioquia (Gl 2,11-21) ilustra bem o mal-entendido que teve de existir na interpretação do acordo de Jerusalém. Pedro, a princípio, aderiu à interpretação de Paulo e, consequentemente, não teve dificuldade em dividir a mesa com os convertidos não circuncidados; mas quando os representantes de Tiago chegaram de Jerusalém, ele recuou e se alinhou com as posições deste último, arrastando Barnabé consigo. Paulo protestou em vão e prosseguiu sozinho em seu caminho (At 15,36-41). O problema básico veio à tona e as diferenças entre a posição de Paulo e a de Tiago se revelaram muito mais profundas do que se percebia no acordo de Jerusalém. Não se tratava mais de uma disputa sobre como as pessoas entendiam a missão, mas duas concepções diferentes de como aderir ao movimento de Jesus.

Enquanto isso, até mesmo a Igreja de Jerusalém estava ampliando cada vez mais sua área de influência e também começara, provavelmente com Pedro, uma missão entre não judeus. Nessa época, o problema mais candente não era mais aquele enfrentado com Paulo em Jerusalém sobre quais condições impor ao ingresso dos convertidos de origem gentia, mas sim sobre as relações entre cristãos de origem judaica e cristãos de origem gentia nas comunidades mistas. Quanto ao primeiro problema, o acordo estipulado com Paulo foi mantido: a circuncisão não era necessária para os convertidos gentios; no que diz respeito ao segundo, decidiu-se por pedir aos convertidos gentios que observassem alguns padrões mínimos de pureza, baseados naqueles impostos no antigo Israel aos residentes estrangeiros (*gerym*), que permitiriam a coexistência de cristãos de ambas as origens nas comunidades mistas. Esse é o chamado decreto apostólico (At 15,20.29), enviado aos cristãos de origem gentia das Igrejas de Antioquia, Síria e Cilícia, por Tiago e pela Igreja de Jerusalém, que incluiu quatro exigências de abstenção: dos idolotitas (*eidōlothýtōn*, cf. Lv 17,3-7), do sangue (*haîmatos*; cf. Lv 17,10-12), do sufocado (*pniktôn*; cf. Lv 17,13-16), da *porneia* (cf. Lv 18,6-23), que têm todas um paralelo em normas análogas, vinculantes para os *gerym*, elencadas em Lv 17–18.

Os testemunhos da aplicação do decreto apostólico dentro da missão do grupo de Tiago e Pedro aos gentios chegam-nos principalmente das *Pseudoclementinas* (*Om.* 7,8,1-2; 8,19,1; *Recognitiones* 4,36,4). Os conceitos e ideias de Tiago e da comunidade de Jerusalém que emergem dessa reconstrução dos fatos e das fontes que a documentam apresentam algumas características peculiares. O povo dos crentes em Jesus Cristo mostra dois componentes: um judaico, que continua observando os preceitos da Lei mosaica, e um gentio, que é parcialmente liberado de tais preceitos. Ambos os componentes mantêm sua identidade, mesmo na comunhão de fé em Jesus Cristo e na convivência fraterna. O modelo poderia ser buscado na concepção da salvação escatológica dos povos (não judeus) por meio da mediação de Israel assim como é expressa nos profetas (Is 2,1-5; 25,6-10; 56,6-8; 60,11-14). Se a prática da Lei, mesmo que em uma extensão diferente, é uma obrigação para ambos os componentes, isso significa que ela tem um valor reconhecido com a finalidade de alcançar a salvação. A obra salvífica de Jesus, portanto, não substitui a Lei, mas é complementar a ela. Como se pode ver facilmente, essa concepção de pertencer ao grupo de seguidores de Jesus é muito diferente da de Paulo; de fato, em alguns aspectos, se contrapõe a ele de maneira polêmica. E a oposição a Paulo será uma das características do judeu-cristianismo mais tardio.

No livro dos Atos, a figura de Tiago é mencionada pela última vez no capítulo 21, por ocasião da terceira visita de Paulo a Jerusalém. O objetivo dessa visita foi entregar pessoalmente o dinheiro arrecadado para os pobres daquela comunidade (1Cor 16,2-3; Rm 15,25; 26,30-31). Lucas, no entanto, não menciona a coleta de Paulo em seu relato (exceto o aceno em At 24,17, onde é o próprio Paulo quem fala), e isso levou alguns a pensar que o dinheiro havia sido rejeitado pela comunidade de Jerusalém. A suspeita e a hostilidade em relação a Paulo haviam produzido uma ferida profunda demais, difícil de curar. De nada valeram os esforços de Paulo, sua disposição em juntar-se a quatro outros homens que tinham feito um voto, provavelmente um nazireato temporário, de submeter-se a todos os rituais de purificação e arcar com os custos disso por si e pelos outros (At 21,26). Os rumores que circulavam sobre ele o acusavam de instigar os judeus a abandonar a Lei e não mais circuncidar os filhos: mais uma prova de que os conflitos não se concentravam tanto, como talvez no início, no problema da missão aos gentios ou nos requisitos para o seu ingresso na comunidade cristã, mas na necessidade de os seguidores de Jesus de origem judaica permanecerem fiel às observâncias que Tiago e a comunidade de Jerusalém consideravam um pré-requisito indispensável. Quando Paulo foi preso no Templo e depois levado sob custódia da autoridade romana (At 21,31-36), nenhum membro da comunidade de Jerusalém moveu uma palha a seu favor e o Apóstolo foi abandonado ao seu destino.

Não estamos muito bem informados sobre a *história sucessiva* dessa comunidade após o martírio de Tiago. Quanto ao seu comportamento durante a Primeira Guerra Judaica, temos as notícias fornecidas por Eusébio de Cesareia, pelo menos parcialmente confiável, segundo as quais os cristãos de Jerusalém fugiram para Pela (*História eclesiástica* 3,5,3). Para o período entre as duas revoltas, o próprio Eusébio nos dá uma lista de quinze bispos "todos os de origem judaica" (*História eclesiástica* 3,11,35). Durante a Segunda Guerra Judaica sob Adriano, segundo o que Justino nos informa (1 *Apologia* 31,6), o chefe da revolta, Bar Kokeba, ordenou que os cristãos fossem punidos a menos que eles negassem a messianicidade de Jesus, mas no período entreguerras provavelmente a comunidade de Jerusalém começou a gradualmente perder seu lugar proeminente dentro do agora vasto movimento cristão (cf. BAUCKHAM, 2007: 7-81).

4.3 As comunidades palestinas e a de Damasco

A história traçada por Lucas nos Atos é infelizmente parcial, pois segue um fio que parte de Jerusalém e, passando por Antioquia da Síria, chega a Roma. Mas com relação a quaisquer Igrejas existentes na terra de Israel o texto é substancialmente reticente. No entanto, alguns elementos podem estar disponíveis para reconstruir, pelo menos parcialmente, a situação.

• *Comunidade na Galileia* – Os Atos dos Apóstolos mencionam a Galileia apenas uma vez e em termos genéricos, juntamente com a Judeia e Samaria (At 9,31). Mas não narram nem informam sobre a presença de Igrejas particulares naquele território e, dada a importância da região para as origens cristãs, é um silêncio surpreendente e completamente "inesperado" (FREYNE, 1980: 345). Daí o pessimismo de alguns autores sobre a presença de cristãos nessa região (cf. HORSLEY, 2006: 147-149). O vazio, no entanto, pode ser preenchido de alguma forma, tendo em mente um conjunto de fatores que não podem ser ignorados a fim de, pelo menos, reconstruir genericamente o fato objetivo de sua existência. Nós os elencamos por ordem. 1) Na Galileia, foram chamados os primeiros discípulos de Jesus e é inevitável associar alguma extensão a suas famílias e parentes. 2) Ali o ministério de Jesus teve as primeiras ressonâncias abrangentes sobre "multidões" inteiras (Mt 5,1), num sentido não apenas negativo (Mc 3,6) mas sobretudo positivo (Lc 5,26). 3) Em vários lugares específicos da Galileia, Jesus teve encontros, que pelo menos em parte tinham de ser frutíferos no que tange à adesão a Ele (cf. Cafarnaum, Corazim, Naim, Caná, Betsaida). 4) No dia da Páscoa, o anjo lembra às mulheres que foram ao sepulcro que Jesus teria precedido seus discípulos precisamente na Galileia (Mc 16,7; Mt 28,10), seja qual for a razão pela qual voltaram para lá (mesmo porque terminara sua peregrinação a Jerusalém por ocasião da Páscoa. 5) Ali, pelo menos segundo Mateus, ocorreram todas as aparições do Ressuscitado (Mt 28,16-20; cf. Jo 21). 6) De lá veio Tiago, "irmão" de Jesus, que então governaria a Igreja de Jerusalém (cf. acima, itens 4.1 e 4.2). 7) Os discípulos de Jesus são chamados de "galileus" em At 2,7 e de "nazarenos" em At 24,5 (provavelmente se referindo a Nazaré); ainda foram denominados "galileus" os cristãos de acordo com alguns testemunhos posteriores (EPITETO. *Diatr.* 4,7,6; JULIANO O APÓSTATA. *Contra os Galileus*; cf. JERÔNIMO. *Cartas* 112,13; também no Alcorão os cristãos são chamados *nazarâ'*: 1,59; 2,62; 5,18.82; 9,30). 8) É bem provável que o Evangelho tenha chegado a Damasco partindo precisamente daquela região. 9) Foi explicitamente testemunhada no final do século I a existência de Igrejas na Galileia, a que pertenciam alguns parentes de Jesus que apareceram diante de Domiciano (HEGÉSIPO, apud EUSÉBIO. *História eclesiástica* 3,19,20,1-6). 10) O Talmude Babilônico atesta o encontro ocorrido em Séforis, capital da Galileia, entre o Rabino Eliezer, que viveu por volta de 100 anos, e um discípulo de Jesus com uma disputa sobre a identidade do próprio Jesus (*Ab. Zará* 16b; texto em PENNA, 2006d: 263-264).

Com tudo isso, não vale a pena cair em juízos excessivos, como crer que a Carta de Tiago teria sido escrita muito cedo na Galileia (ELLIOTT-BINNS, 1956). Assim, é discutível, mas não sem fundamento, a hipótese de que a primeira coleção de ditos de Jesus (presente na Fonte Q) tenha ocorrido na Galileia (cf. KLOPPENBORG VERBIN, 2000: 169-178; cf. abaixo). Em todo caso, a existência de grupos cristãos naquela região, embora não seja mais identificável, é moralmente certa, não apenas durante a vida terrena de Jesus, mas também após os eventos da Páscoa (cf. tb. SCHNABEL, 2002: 728-740).

• *Outras comunidades palestinas* – O Livro dos Atos, depois de relatar uma missão de Filipe, companheiro de Estêvão, na Samaria e depois na estrada de Gaza para Azoto (At 8,5-40), narra principalmente uma pregação de Pedro em algumas cidades palestinas da costa mediterrânea: Lida (At 9,32-35), Jafa (At 9,36-43), Cesareia (At 10). Em cada uma delas, registram-se conversões (At 9,35-42; 10,45). Mesmo em Cesareia Marítima, que era a sede habitual do prefeito/procurador romano, teria ocorrido na casa do centurião romano Cornélio a primeira conversão dos gentios (At 10,45), embora Lucas mais tarde especificasse que somente em Antioquia da Síria eles começaram anunciar o Evangelho também aos gregos, isto é, aos pagãos (11,20-21). A esse respeito, deve-se ressaltar que o narrador é movido por uma intenção puramente teológica: mostrar que tal passo decisivo, que vai além de Israel, é devido a ninguém menos do que o primeiro dos doze escolhidos pelo Jesus terreno e que, portanto, o trabalho de Paulo será apenas a continuação da antecipação de uma abertura aos gentios que ocorreu nem mesmo pela vontade de Pedro, mas sim por uma decisiva intervenção divina (cf. MARGUERAT, 2007: 369-371). Além disso, deve-se notar que Cornélio, com base em seu *status* religioso, é um "temente a Deus" (At 10,2), de maneira que não é propriamente nem um verdadeiro pagão nem um verdadeiro judeu, mas pertence a uma identidade intermediária (cf. WANDER, 2002: 219-223; GARRIBBA, 2005). De qualquer forma, não temos outras notícias das pequenas comunidades formadas nesses centros.

No entanto, devemos acrescentar – não só por hipótese, mas informados pelas narrativas evangélicas – a existência de pequenos grupos de discípulos no interior da Judeia, particularmente em Betânia (cerca de 3km a leste de Jerusalém) e em Emaús (cuja localização varia de 11km a 32km em direção a oeste-noroeste de Jerusalém). Betânia era a aldeia dos três amigos/discípulos de Jesus, Marta-Maria-Lázaro (Lc 10,38-42; Jo 12,1-8; cf. Mt 21,17; Mc 11,11), bem como de Simão, o leproso perto do qual Jesus comeu (Mt 26,6-13; Mc 14,3-9). Em Emaús viviam os dois discípulos que se reuniram e acolheram o Ressuscitado a caminho de sua casa (Lc 24,13-35). É, sem dúvida, também para esses grupos que Paulo alude com sua referência "às Igrejas da Judeia em Cristo Jesus" (1Ts 2,14; Gl 1,22), tanto no caso de entre essas se compreender a própria Jerusalém quanto no caso de a designação geográfica significar mais geralmente toda a Palestina (assim Lc 4,44; 7,17; 23,5; At 10,37; *Carta de Aristeia* 3,12; FLÁVIO JOSEFO. *Antiguidades judaicas* 1,160; *Contra Ap.* 1,195; ESTRABÃO 16,2,2; TÁCITO. *Histórias* 5,9).

• *Damasco* – Mais interessante é o caso de Damasco (cf. SCHNABEL, 2002: 678-684; SCHÜRER, 1987: 168-172), pelo menos por sua importância na biografia de Paulo. De fato, perto de Damasco, ele teve a famosa cristofania que virou sua vida de cabeça para baixo (Gl 1,13-17), permaneceu lá por vários dias (At 9,23), e de lá conseguiu escapar escondido num cesto para evitar a captura ordenada pelo governador nabateu da cidade (2Cor 11,32-33). A metrópole foi julgada por Estrabão como "a mais famosa das cidades nessa parte do Império Persa" (16,2,20) e Herodes o Grande construiu ali um teatro e um ginásio (FLÁVIO JOSEFO. *Guerra* 1,422). Entre os manuscritos de Qumran há um que localiza precisamente em Damasco, simbolicamente entendida, a sede dessa comunidade essênia (CD 6,5; 7,15.19). Se é verdade que ali, no início da guerra judaica, foram massacrados dez mil (assim FLÁVIO JOSEFO. *Guerra* 2,561; o número sobe para dezoito mil em 7,368), então é certo que Damasco abrigava um bom número de judeus. De fato, Lucas fala de "sinagogas" no plural (At 9,20).

Quando Saulo-Paulo chega lá como perseguidor, segundo Lucas, havia um grupo de "discípulos" (At 9,19.25), entre os quais se menciona em particular um certo Ananias, que provavelmente ocupou um papel proeminente entre eles e batizou Paulo (At 9,10-18; 22,12-16). Essa comunidade devia ser caracterizada por uma interpretação judeu-cristã do Evangelho, dado que o próprio Ananias é qualificado como "um observante zeloso da Lei e estimado por todos os judeus ali" (22,12). A comunidade cristã era certamente de origem e composição judaica (FLÁVIO JOSEFO. *Guerra* 2,463, fala de "judaizantes") e devia se parecer com uma seita messiânica. É provável que ainda não houvesse uma estabilidade consolidada e independente da sinagoga, dada a notícia (At 9,20) de que Paulo começou a pregar simplesmente nas sinagogas da cidade e não nas reuniões dos cristãos (cf. HENGEL & SCHWEMER, 1997: 81-83, que também expressam a improvável suposição de que os cristãos de Damasco também se qualificaram como uma "Igreja de Deus" escatológica nos moldes daqueles da Judeia).

Resta apenas o problema de saber quando e por intermédio de quem a proclamação do Evangelho chegou até Damasco. Como Lucas não faz a menor menção disso, é necessário formular hipóteses. A notícia tardia das *Pseudoclementinas* é infundada. Segundo esse relato, Paulo teria ido a Damasco para perseguir Pedro que havia se refugiado lá (*Recognitiones* 1,71,4-5). Em vez disso, pode-se pensar que os primórdios remontem aos anos da pregação de Jesus, se é verdade que "sua fama se espalhou por toda a Síria" (Mt 4,24). Ou ainda seria possível calcular uma missão pós-pascal proveniente da Galileia operada por pregadores itinerantes. Outros acreditam que foram os "helenistas" perseguidos em Jerusalém que, ramificando-se para o norte (cf. item 5.1), também foram para Damasco onde, longe do rigorismo da ortodoxia judaica de Jerusalém e seu Templo, encontrariam melhor acolhida.

Infelizmente não temos outras notícias dessa Igreja no século I.

4.4. A Igreja de Roma

Como de costume nos Atos, Lucas, quando relata a chegada de Paulo como prisioneiro em Roma, nos informa que "alguns irmãos locais" foram a seu encontro até o Foro Ápio (cerca de 70km ao sul da cidade; At 28,15). Mas não diz sequer uma palavra sobre quando, como e por obra de quem o Evangelho chegou à capital do Império. Apenas da carta anterior de Paulo aos romanos sabemos indiretamente que quando ele a escreveu (provavelmente entre 55 e 56) já havia cristãos em Roma "há muitos anos" (Rm 15,23). Mas as circunstâncias do nascimento da nova fé na cidade são caracterizadas por alguma incerteza.

• *As origens do cristianismo em Roma* – A notícia mais antiga sobre a presença de cristãos em Roma deve-se ao historiador Tácito que, escrevendo pouco depois de 115, fala de *ingens multitudo* e narra as torturas infligidas por Nero após o incêndio de 64 de julho (TÁCITO. *Anais* 5,44,2-5). As notícias mais explícitas sobre sua origem vêm da parte cristã. Foi Irineu, bispo de Lyon, por volta do final do século II, o primeiro a falar da "Igreja fundada e estabelecida em Roma pelos dois mais gloriosos apóstolos Pedro e Paulo" (*Contra as heresias* 3,3,2). Uma dicção análoga é transmitida como pertencente ao presbítero romano Gaio (final do século II), que fala dos túmulos dos dois apóstolos como "troféus dos fundadores da Igreja [de Roma]" (In: EUSÉBIO. *História* 2,25,7). Outras notícias nos são oferecidas, ambas de Eusébio (*História* 2,14,6: "No início do principado de Cláudio [41-54], a Providência tomou [...] Pedro pela mão [...] e o conduziu a Roma"; 2,22,1: "Como sucessor de Félix, Nero enviou Festo, diante do qual Paulo foi julgado e depois enviado como prisioneiro para Roma [...]. Ele passou dois anos inteiros em Roma em liberdade e pregou a Palavra de Deus sem impedimentos") e de Jerônimo (*Dos homens ilustres* 1,1: "Simão Pedro [...] no segundo ano de Cláudio [= janeiro 42/janeiro 43] foi a Roma a fim de derrotar Simão o Mago e lá ocupou a cátedra episcopal por vinte e cinco anos até o último ano de Nero, i. é, o décimo quarto"; 5,3: Paulo "no segundo ano de Nero [= outubro 55/outubro 56], no momento em que Festo sucedeu a Félix como procurador da Judeia, foi enviado prisioneiro para Roma").

No entanto, a associação dos dois apóstolos como fundadores da Igreja romana tem apenas um valor englobante, uma vez que isso é insustentável historicamente por simples razões cronológicas. De fato, Paulo certamente não poderia ter sido um fundador, porque os cristãos estão presentes em Roma bem antes de ele escrever sua carta (numa época em que ele ainda não havia estado na Urbe). Ele também, escrevendo aos Gálatas (por volta do ano 54), atesta que no final da década de 40 Pedro estava em Jerusalém para o chamado Concílio Apostólico (cf. tb. At 15,1-29). Além disso, enquanto Eusébio e Jerônimo parecem supor uma presença precoce de Pedro em Roma (início dos anos 40), Paulo, por sua vez, em sua Carta aos Romanos não faz a menor menção de sua presença na cidade, ao contrário do que acontece em suas outras cartas para demais localidades (assim "Cefas" em 1Cor 1,12; 9,5; 15,5; Gl 1,18; 2,7-9,11-14). Finalmente, deve ser lembrado que o primeiro comentário sobre a carta composta dentro da mesma Igreja romana (nos anos do Papa Dâmaso, 366-384), da qual expressa sua consciência própria – a saber, o comentário do Ambrosiaster –, declara abertamente no prólogo que os romanos aceitaram a fé de Cristo "apesar de não ter visto nem sinais nem milagres nem nenhum dos apóstolos [*ne aliquem apostolorum*]". Assim, as notícias sobre os 25 anos do episcopado de Pedro em Roma devem ser julgadas sem meios-termos como "uma tradição lendária" (FITZMYER, 1999: 61).

Basicamente, enquanto é moralmente certo que Pedro de qualquer maneira tenha estado em Roma e que lá ele sofreu o martírio (cf. 1Clem 5,5-7; e *Asc. Is.* 4,2-3), não sabemos quando chegou até lá: provavelmente após a ida e a morte de Paulo (que poderia remontar ao ano 58). No entanto, "as pegadas de Simão Pedro que deixa Jerusalém desaparecem e não podem ser seguidas" (GNILKA, 2003: 103). Assim, com toda probabilidade, a Igreja de Roma nasceu e depois viveu sem ele por um período que vai de dez a quinze anos.

O primeiro anúncio do Evangelho na capital do Império está, portanto, relacionado a outras pessoas anônimas e desconhecidas. Eram evangelizadores obscuros, cujos nomes não ficaram na história. No entanto, é possível levantar a hipótese de que os nomes do casal judeu "Andrônico e Júnia", mencionados em Rm 16,7 e qualificados como "insignes entre os apóstolos" (i. é, "insignes apóstolos"; cf. EPP, 2005), talvez junto com Prisca e Áquila (Rm 16,3-4), tenham feito parte dos "fundadores" da Igreja romana. Esses são crentes judeus em Cristo que foram morar em Roma, provenientes da Palestina ou da diáspora, seja como mercadores e como escravos e seja também como peregrinos em Jerusalém (At 2,10), que entraram em contato com a fé cristã e então começaram a propagá-la ao retornarem para Roma (cf. BRÄNDLE & STEGEMANN, 1998).

A questão está intimamente ligada ao ambiente de origem da fé cristã na cidade de Roma, que deve ser identificada não na grande sociedade pagã do momento, mas dentro do judaísmo, que lá existe há mais de um século (cf. LEON, 1995; CAPPELLETTI, 2006; MERLO, 2009). A este respeito, é de fundamental importância a notícia de Suetônio, que, em sua obra *Vida dos doze césares* (escrita depois de 120), atribui ao Imperador Cláudio uma medida restritiva contra os judeus romanos: "Ele expulsou de Roma os judeus que insistentemente se revoltaram com a instigação de Cresto" ["*Iudaeos assidue tumultuantes impulsore Chresto Roma expulit*"]. Aqui não levamos em consideração a questão sobre a extensão da provisão de Cláudio: todos os judeus de Roma (cerca de vinte mil) ou apenas alguns? É curioso que Dião Cássio (*Hist.* 60,6,6) negue até mesmo que eles tenham sido expulsos de Roma e limite a intervenção de Cláudio à proibição de suas reuniões. A discussão principal consiste em se perguntar se é justificado entender a palavra grecizante *Chrestus* (literalmente: "útil, bom, adequado"), como uma deformação de *Christus* (Jesus, portanto, um personagem do passado que teria de alguma forma motivado as agitações do momento) ou se isso deveria ser explicado como uma designação de um instigador desconhecido chamado *Chrestus* (um judeu que teria agido no presente em primeira pessoa). Creio que não sejam decisivas as objeções levantadas contra a equivalência de *Chrestus = Christus*. As objeções são de três tipos:

1) uma troca de vogais em Suetônio seria muito precoce, já que o nome *Chrestus* é bem atestado, tanto no nível epigráfico (cf. os atestados mais antigos que datam dos anos 37 e 39, respectivamente, relativos a um *Iucundus chrestianus* [CIL VI,24944] e de um *Epaphroditus chrest[ianus]* [CIL X,6638B], dois escra-

vos que pertenciam a um certo *Chrestus*, sendo, pois, completamente improvável considerá-los cristãos por razões cronológicas) quanto no nível literário (cf. CÍCERO. *Ep. ad fam.* 2,8,1; MARCIAL. *Epigr.* 7,55,1; segundo PLUTARCO. *Vit. Ph.* 10,2, esse teria sido um apelido do general ateniense Fócio, já no século IV a.C.); mas a troca pode ter ocorrido devido ao fato de que, para os ouvidos de pagãos como Suetônio, *Chrestus*, significava algo, enquanto *Christus* não;

2) o papiro CIJ I,683,5 atesta no século I a existência do feminino *Chreste* em referência a uma mulher judia, de modo que também o vocábulo de Suetônio poderia se referir a um judeu de Roma; mas não se trata de um nome próprio, e sim apenas de uma qualificação moral, porque esse nome não foi encontrado na onomástica atestada pelas epígrafes das catacumbas judaicas da cidade;

3) o próprio Suetônio atesta alhures a exata palavra *christiani* (em *Ner.* 16,2) (cf. BENKO, 1969; MONTEVECCHI, 1999; KARRER, 1991: 70-81, esp. p. 72). Por outro lado, há várias razões para identificar as duas palavras:

1) Tácito no texto citado acima usa o adjetivo *chrestiani* e o nome *Christus* bem próximos um do outro, um sinal de que a troca vocal era bem possível; por outro lado, o esclarecimento de Tácito de que o termo era devido ao vulgo (*quos vulgus chrestianos appellabat*) sugere que a conexão com um *Chrestus*, como de fato Suetônio faz, seria perfeitamente possível.

2) Outras perseguições anteriores de Roma contra os judeus (a de 139 a.C. [cf. VALÉRIO MÁXIMO. *Fact. ac dict. mem.*] e a de 19 a.C. [cf. FLÁVIO JOSEFO. *Antiguidades judaicas* 1881-84. SUETÔNIO. *Tib.* 36; DIÃO CÁSSIO, 57.18], além de ser conhecida toda a legislação romana a favor deles, formulada tanto por Júlio César [cf. FÍLON DE ALEXANDRIA. *Antiguidades judaicas* 14.185-216] quanto por Otávio Augusto [cf. FÍLON DE ALEXANDRIA. *Leg. ad C.* 154-158]), não ocorreram por razões políticas, mas essencialmente religiosas e, portanto, o nome de *Chrestus* deve estar ligado a alguma disputa religiosa.

3) Em At 18,2 lemos que Paulo em Corinto se junta aos cônjuges Áquila e Priscila "recentemente chegados da Itália, em vista de ter Cláudio decretado que todos os judeus se retirassem de Roma", e, dado que os dois já deveriam ser cristãos (cf. At 18,26: em Éfeso eles instruem na fé cristã o judeu alexandrino Apolo), devemos supor que em Roma, entre os judeus da cidade, já havia se firmado o Evangelho de Jesus Cristo.

4) Mesmo em 1Pd 2,3 ("se é que já tendes a experiência de que o Senhor é *bondoso*" = Sl 33,9) e, portanto, mesmo na esfera cristã, a tradição manuscrita atesta uma troca vocálica entre *christós* (assim já no P[72] do século III) e *chrēstós* (códices do século IV em diante; edições críticas) para o frequente fenômeno do jotacismo (cf. SMALLWOOD, 1981: 210-216; LAMPE, 1989: 4-8; BOTERMANN, 1996; ALVAREZ CINEIRA, 1999: 201-210, SCHNABEL, 2002: 785-788).

Outra questão diz respeito à datação da provisão de Cláudio: no ano 49 ou já em 41? Evidentemente, a resposta tem a ver com a antiguidade da presença cristã em Roma. A datação tradicional, dependente do historiador cristão Paulo Orósio (*Anno eiusdem [de Cláudio] nono expulsos para Claudium Urbe ludaeos Iosephus refert*: *Hist. adv. pag.* 7,6,15) do século V, coloca o evento em 49 e sobre essa normalmente se atestam os historiadores modernos, apesar da alternativa do ano 41 proposta por alguém (LÜDEMANN, 1980: 183-195). De fato, o texto de At 18,2 usa o advérbio *prosfátōs*, "recentemente, há pouco tempo" para dizer que Áquila e Priscila haviam chegado *recentemente* de Roma em Corinto, e o contextual comparecimento de Paulo diante do procurador Galião provavelmente deveria ser datado no ano 51, com base na famosa inscrição de Delfos (cf. PENNA, 2006d: 251-252), então o ano 49 pode ser admitido com maior segurança.

Em todo caso, resulta disso tudo que, dentro das comunidades judaicas de Roma, o Evangelho de Cristo deve ter chegado pelo menos por volta de meados dos anos 40, senão antes, isto é, apenas dez a quinze anos após a morte de Jesus em Jerusalém, e era objeto de discussões acaloradas entre os judeus da cidade.

• *A Igreja de Roma segundo a Carta de Paulo aos Romanos* – O termo *ekklēsía* está completamente ausente no grande corpo da argumentação epistolar de Romanos; ocorre, tanto no singular como no plural, apenas no capítulo das saudações finais, onde, no entanto, é desprovido de conotações especulativas, servindo apenas para indicar grupos concretos de cristãos que se reúnem (16,1.4-5.16.23). Isso não significa que não subjaza ao discurso paulino um interesse de tipo comunitário que, aliás, em Romanos assume dimensões de natureza ecumênica (cf. CHAE, 1997). Em todo caso, o tema da carta não é diretamente eclesiológico, vertendo, sim, sobre o tema do conflito com o judaísmo com base na relação entre fé e Lei, que necessariamente reflete a fisionomia religiosa da comunidade destinatária.

• *Configuração confessional* (cf. PENNA, 2009a) – O judaísmo não é apenas a matriz, mas também a primeira esfera da vida do cristianismo romano. Com isso não pretendo entregar-me a uma tese defendida há alguns anos, segundo a qual, por um lado, os destinatários da carta teriam sido só ou principalmente gentios (*"righteous gentiles"*) que teriam aderido ao cristianismo passando por uma prévia adesão ao judaísmo, e, por outro, à época ainda seriam frequentadores das sinagogas da cidade, de maneira que o apóstolo se propusesse a mais de uma intenção: lembrá-los do lugar que tinham na história da salvação, pedir-lhes que se submetessem às autoridades sinagogais (13,1-7), e convidá-los a respeitar os "fracos", que seriam simplesmente judeus que não acreditam em Cristo (cap. 14) (cf. NANOS, 1996). Essa tese oferece à apuração ao menos um par de dados que não são de todo demonstrados e que de fato devem ser superados e abandonados.

1) Na origem da opinião generalizada, segundo a qual, dentro da Igreja romana, haveria um componente majoritário de gentios, há uma reconstrução dos fatos seguindo o decreto de Cláudio contra os judeus que é puramente hipotética. Nesse sentido, foi crucial um estudo (cf. WIEFEL, 1970), continuamente citado, que fez três afirmações, em parte discutíveis e parcialmente não comprováveis. A primeira é que o Edito de Cláudio teria consistido na expulsão de todos os judeus de Roma, incluindo o primeiro grupo de cristãos formado em seu seio; mas é necessário objetar não apenas que o *pántes*/"todos" de At 18,2 pertence a uma linguagem redacional lucana, mas que Dião Cássio afirma inclusive o contrário (i. é, que Cláudio não expulsou ninguém: *História* 60,6,6) e que Flávio Josefo não conhece nenhum tipo de provisão, então, pelo menos, a expulsão não deve ter sido total, mas bastante limitada.

2) A segunda asserção é que as medidas antijudaicas teriam sido revogadas por Nero, favorecendo assim um retorno massivo dos judeus à capital do império, incluindo os cristãos expulsos anteriormente; mas deve-se dizer que as fontes silenciam completamente sobre uma possível disposição do tipo adotada por Nero, e que ela não pode ser fundada em um provável filo-judaísmo; na verdade, algumas das intervenções positivas de Nero em relação aos judeus por causa do interesse de Popeia são atestadas por Flávio Josefo (*Antiguidades judaicas* 20,195.252; *Vit.* 16), que no entanto nunca menciona a expulsão dos judeus de Roma e muito menos a sua readmissão (por outro lado, Popeia tornou-se amante de Nero somente

em 58 e depois sua esposa em 62, i. é, bem depois da ascensão de Nero ao principado em 54, o ano do provável envio da Carta de Paulo aos Romanos).

3) A terceira afirmação é que os cristãos de origem judaica, tendo retornado a Roma, teriam encontrado uma situação completamente nova, já que nesse meio-tempo o cristianismo se desenvolveria de acordo com um componente apenas gentio e independente da Sinagoga: a Carta aos Romanos seria dirigida precisamente a esse novo tipo de comunidade, onde os judeu-cristãos são apenas uma minoria, convidando os primeiros a viver em harmonia com estes últimos.

Mas, reiteramos, essa reconstrução é inteiramente hipotética. É verdade que a partir da lista de saudações no capítulo 16 obtemos a presença de apenas três pessoas que Paulo define explicitamente como seus "consanguíneos"/*syggeneîs*, isto é, os cristãos de origem judaica: Andrônico, Júnia e Herodião (16,7.11). De acordo com certos cálculos (cf. LAMPE, 1991b), de um total de 26 pessoas saudadas por Paulo, os três judeus corresponderiam a 15%. Mas devemos acrescentar o nome de Áquila (e provavelmente também de sua esposa Prisca), que, embora não expressamente designados como *syggeneîs* de Paulo, resultam como tais em 18,2.18.26. Então os judeu-cristãos chegam a um número de cinco, o que corresponde a cerca de 20% do total. Certamente, de acordo com esses cálculos, os cristãos provenientes do judaísmo em Roma parecem uma pequena minoria. Mas uma questão é inevitável: Seria Rm 16 a nos dar a situação numericamente exata da composição da Igreja romana em meados dos anos 50 do século I? E é absolutamente necessário excluir que, embora Paulo não o diga, nenhum dos outros nomes é de algum judeu? Não há quem não veja que a base documental é pequena demais para tirar tal conclusão. De qualquer forma, estamos satisfeitos em ver atestado um componente de clara proveniência judaica. Mas a conotação étnico-religiosa da Igreja romana deve ser estabelecida em outras bases.

Um segundo esclarecimento é necessário. A linguagem atual dos exegetas demora a descrever a composição da Igreja romana, distinguindo entre cristãos de origem gentia e cristãos de origem judaica. As matrizes do cristianismo romano são assim reduzidas e isoladas em dois lados aparentemente opostos, judeus e gentios, como se fossem mutuamente excludentes. Embora seja necessário reconhecer que toda a moderna hermenêutica de Romanos se debata entre os dois polos do judaísmo e do gentilismo (cf. BAUR, 1836), essa visão das coisas é imprópria e tendencialmente enganosa. De fato, não podemos confiar apenas na existência dos dois grupos opostos de judeus e gentios que se tornaram cristãos, já que havia também uma terceira categoria: aqueles que primeiro se aproximaram do judaísmo enquanto gentios e, *como gentios judaizantes*, aceitaram o Evangelho. Essa categoria de pessoas tem sido bem documentada, de modo que uma atração não negligenciável exercida pelo judaísmo em partes consideráveis da sociedade pagã deve ser reconhecida, se não a ponto de induzir muitos gentios a se tornarem prosélitos, pelo menos a se colocarem em uma atitude de simpatia pelo judaísmo, aceitando alguns elementos distintivos (cf. FELDMAN, 1993: 177-382). Estes podem variar, e vão desde o apoio financeiro para as sinagogas à aceitação do monoteísmo, passando pela observância do sábado e algumas prescrições alimentares, mesmo excluindo a circuncisão (cf. JUVENAL. *Sátiras* 16: 100-102). Essas pessoas, cuja existência, mesmo como uma classe social separada, foi demonstrada pelas inscrições de Afrodisias (cf. REYNOLDS & TANNENBAUM, 1987), são designadas variadamente nas fontes como *foboúmenoi-sebómenoi tòn theón*, mais frequentemente como *theosebeîs* (em latim *metuentes [deum]*). De modo que os definir como "judeu-cristãos" pode parecer não apenas uma operação linguística ambígua, mas imprópria, já que eles não são "etnicamente" judeus; mas é possível usar este rótulo em um nível puramente confessional e, portanto, com referência a cristãos de origem gentia, mas de cunho judaizante.

Portanto, uma coisa é certa: a Igreja de Roma foi desde o início conotada em um sentido judaizante. Isso naturalmente se deve também ao fato de que não foi Paulo quem a fundou. Mas, além do texto epistolar da Carta aos Romanos, isso pode ser deduzido do mais antigo comentarista romano, conhecido como Ambrosiaster (meados do século IV), que o admite com letras garrafais no prólogo de sua obra, onde ele escreve:

> [...] Na época dos apóstolos, alguns judeus viviam em Roma. E, entre eles, aqueles que creram e ensinaram os romanos a guardar a Lei enquanto professavam a Cristo [*ut Christum profitentes, legem servarent*] [...]. Eles, portanto, criam vindo do judaísmo e pensavam indevidamente sobre Cristo [*improbes sentientes de Christo*] estavam prontos para dizer que a Lei tinha de ser preservada, como se em Cristo não houvesse salvação plena [*quase non esset in Christo salus plena*] [...] e estes são aqueles que também subverteram os gálatas para que, afastando-se do ensinamento do Apóstolo, observassem os ritos judaicos. Portanto, o Apóstolo aborreceu-se com os gálatas [...]. Com os romanos, por seu turno, ele não precisou se aborrecer, mas sim louvar sua fé, porque, embora não vissem sinais nem milagres nem nenhum dos apóstolos, eles haviam aceitado a fé

em Cristo embora num sentido distorcido [*susceperant fidem Christi quamvis corrupto sensu*], pois não tinham ouvido anunciar o mistério da cruz de Cristo [...]. O Apóstolo usa todas as suas energias para removê-los da Lei, porque "a Lei e os Profetas vão até João", e para estabelecê-los somente na fé em Cristo [*in sola fide Christi*], e quase que contra a Lei defende o Evangelho, não destruindo a Lei, mas antepondo-lhe o cristianismo [*non destruens legem sed praeferens christianismum*].

Os destinatários da Carta aos Romanos, portanto, deviam ser judeu-cristãos, e a Igreja de Roma manteve esse traço distintivo por muito tempo (cf. BROWN & MEIER, 1987: 109-220). De fato, isso se verifica em várias fontes relacionadas com o cristianismo em Roma, espalhadas ao longo do tempo. Em primeiro lugar, devemos levar em conta a própria Carta aos Romanos e vários elementos do cunho judeu-cristão a que nos referimos; mas ainda outros escritos também devem ser levados em conta: tanto Hebreus – provavelmente endereçada à Igreja de Roma depois do ano 70 (cf. as categorias cultuais puramente israelitas empregadas ali, embora em tons polêmicos), com a chamada 1Clem dos anos 90 (onde, ademais, pela primeira vez em 40,5, ocorre a categoria de "leigos" modelada na estruturação sociorreligiosa de Israel e referindo-se à realidade cristã) – quanto o escrito posterior do *Pastor de Hermas* (primeira metade do século II) (cf. LANE, 1998).

Por outro lado, os supostos elementos de Romanos em favor da maioria gentia (cf. NANOS, 1996: 78-84) deveriam ser submetidos a crítica. De fato:

- Em 1,5-6 lemos: "Recebemos a graça do apostolado para a obediência da fé entre todos os povos em benefício do seu nome, *dentre os quais* também sois chamados de Cristo Jesus", onde o construto grego *en hoîs* (note-se bem: não *ex hôn*, "dos quais", como em 9,24) deve ser entendido na melhor das hipóteses como um complemento não de origem, mas de lugar: "em meio às quais".
- Da mesma forma em 1,13 Paulo espera obter algum fruto, mesmo entre os romanos (*en hymîn*, "entre vós"), "bem como entre os outros gentios" [*en toîs loipoîs éthnesin*]; também aqui, no entanto, o primeiro complemento, que certamente não pode se referir aos destinatários diretos da carta, já que eles já são cristãos, é o de encorajar os romanos em geral, isto é, a população pagã da cidade.
- Em Rm 10 Paulo fala repetidamente de Israel e dos judeus na terceira pessoa: "eles" (*autoí*: 10,1-3; 10,18-11.11); mas a linguagem é muito bem explicada pelo fato de ele raciocinar sobre os judeus que não são cristãos, assim como em toda a carta Paulo fala dos gentios na terceira pessoa (29 vezes; ex.: 1,5,13; 2,14.24 etc.).

• Em 11,13-14 Paulo escreve: "Dirijo-me a vós outros, que sois gentios! [*Hymîn* [...] *toîs étnesin*] Visto, pois, que eu sou apóstolo dos gentios, glorifico o meu ministério, para ver se, de algum modo, posso incitar à emulação os do meu povo e salvar alguns deles"; obviamente aqui Paulo se dirige aos membros pagãos da Igreja de Roma, mas ele o faz para dirigir-lhes uma admoestação a não serem presunçosos em relação aos judeus (cf. o apólogo da oliveira selvagem enxertada na boa oliveira em 13,17-24) que é para a plena vantagem dos membros de origem hebraica: esta não precisa, de fato, ser considerada minoritária, dado que bem antes dessa passagem, já em 2,17, Paulo se voltou para os judeus como componentes representativos da comunidade romana (embora para admoestá-los a não serem presunçosos em relação aos gentios).

• Em 15,15-16 Paulo se define como "ministro de Cristo Jesus para os gentios [*eis tà éthnê*] [...] para que minha oferta dos gentios [*hē prosforà tôn ethnôn*] seja agradável"; mas essas palavras, se não quisermos considerá-las em um sentido geral como não endereçadas aos leitores, Paulo a escreve a fim de persuadir os destinatários judeu-cristãos (cf. "os gentios" na terceira pessoa!) sobre a missão que Paulo sente como sua.

Com tudo isso, a Igreja de Roma certamente deve ter uma composição mista; mas é difícil estabelecer porcentagens para os vários componentes. Pode-se presumir, no entanto, que pelo menos alguns cristãos da cidade tenham saído diretamente do paganismo. Certamente o caso da matrona romana Pompônia Grecina, que viveu sob Cláudio (41-54) e Nero (54-68), acusada de *superstitio externa* (TÁCITO. *Anais* 13,32,2-3), não é de fácil interpretação. O "culto estrangeiro", às vezes entendido como uma alusão ao cristianismo, pode na verdade designar o judaísmo ou algum culto mistérico de origem oriental (cf. SCARPAT, 1977: 130-132). O caso de Flávio Clemente (já cônsul) e sua esposa Flávia Domitila, parentes próximos do Imperador Domiciano (81-96) será diferente. Este os enviará à morte com "a acusação de ateísmo, pela qual muitos outros, passado para os costumes judaicos, foram condenados" (DIÃO CÁSSIO. *Hist.* 67,14,1-2): a referência ao judaísmo aqui é explícita, mas também é possível que oculte uma alusão ao cristianismo (como crê Eusébio em *História* 3,18,4), mas o caso deles é muito posterior aos anos de Paulo.

Em todo caso, os cristãos de Roma eram provavelmente todos "judeu-cristãos", fossem eles provenientes do judaísmo ou do paganismo. A Carta aos Romanos em si nos convida a seguir essa hipótese. A partir da análise desse texto, de fato, parece que os leitores a quem estava destinada estavam envolvidos em coisas judaicas e, pelo menos em parte, viviam um cristianismo impregnado de uma hermenêutica judaizante. Já a partir do pré-escrito, derivamos duas sugestões nesse sentido. Sobre o Evangelho se afirma que "foi por Deus, outrora, prometido por intermédio dos seus profetas nas Sagradas Escrituras" (1,2). Desde o início, portanto, Paulo, como em nenhuma outra carta, mostra preocupação com uma *probatio ex Scripturis*, que, como no caso de Mateus, é particularmente conveniente para uma comunidade judeu-cristã ou pelo menos parcialmente judaizante; de fato, "a confiança de Paulo na autoridade das Escrituras está inteiramente de acordo com a prática judaica contemporânea" (STANLEY, 1992: 339). Concretamente, então, isso acontecerá de várias maneiras: como se vê na confissão da fé cristológica do pré-escrito (1,3b-4a); em sua origem ela é marcadamente judeu-cristã, como se pode ver tanto pela presença de alguns semitismos quanto pela comparação com a confissão de fé de 1Cor 15,3-9, especialmente pela ausência da menção da morte redentora de Cristo, e particularmente pela enunciação da tese básica sobre a importância da fé, tirada de Habacuc (1,17), pelo conceito de *hilastērion*, "instrumento de expiação" (3,25; o termo é de origem cultual, o que para ele é bastante incomum, e tem sinais evidentes de um empréstimo religioso judaico), pela referência à história exemplar de Abraão (cap. 4) e à figura de Adão como o tipo de Cristo (5,12-21), pelas declarações positivas sobre a Lei (7,12,14), pela alusão ao 'aqedāh ou sacrifício de Isaac (8,32), pela salvaguarda da primazia histórico-salvífica de Israel (11,16-24), pela citação de vários textos bíblicos e, em particular, dos profetas nos capítulos 9–11 (com referências específicas aos Patriarcas, ao faraó do Egito, à história de Elias, e citações sobretudo de Deuteronômio, Isaías, Jeremias, Oseias, Joel, bem como dos Salmos), pela definição explícita de Jesus como "servo dos circuncisos" (15,8), sem contar, inclusive, a locução direta em 2,17: "Se tu que és judeu..."

Também deve ser notado o modo adequado de lidar com o assunto da Lei no corpo da carta. Em 7,1 Paulo está consciente de falar, como ele próprio diz, "para pessoas que conhecem a Lei", certamente significando a Lei mosaica (é isso que Paulo quer dizer em Rm 2,14 onde especifica que "os gentios não têm a Lei, mas por natureza agem de acordo com a Lei"). Tal declaração não se refere necessariamente a leitores de origem étnica judaica. No nosso caso, dado que a frase é dirigida a todos os cristãos de Roma (interpelados no próprio texto como "irmãos") e dado que eles são em boa parte de origem gentia (cf. acima), somos de fato obrigados a pensar que, ao menos em parte, estamos lidando com os gentios instruídos anteriormente no conhecimento da Torá que depois se tornaram cristãos.

Mas a sua nova identidade cristã provavelmente ainda é caracterizada por uma estreita ligação com a própria Lei. De fato, o argumento paulino tende, sim, a mostrar que a Lei foi superada, mas também afirma parcialmente sua excelência. É nessas duas faixas que a exposição do pensamento de Paulo é executada. Por um lado, ele afirma o valor da Lei reconhecendo várias características positivas: sua observância, pelo menos do ponto de vista judaico, justifica diante de Deus (2,13), ela é confirmada pela fé (3,31), tem como propósito a vida (7,10), é santa--espiritual-boa (7,12.14.16), é parte dos privilégios de Israel (9,4), é resumida no antigo mandamento de amor ao próximo (13,9 = Lv 19,18). Por outro lado, contudo, também está claro para Paulo que sob a Lei nenhum vivente é justificado diante de Deus (3,20) e, portanto, a fé é uma alternativa às obras da Lei (3,28), ou melhor, onde não há Lei também não há transgressão (4,15; 7,7) porque Cristo é uma alternativa à própria Lei (10,4). Esse último axioma é demonstrado, primeiro com a analogia de um casamento dissolvido pela morte do primeiro marido (7,2-6), depois com uma reflexão histórico-salvífica sobre a devoção de Israel à Lei, de maneira a fazê-los esquecer o valor justificador da fé (que agora se torna central em Cristo: 9,30–10,13).

Sendo este o caso, é altamente provável que uma frase como a de 6,14 ("não estais debaixo da Lei, e sim da graça") deve ser lida não como uma observação do que os romanos acreditam, mas como uma admoestação para mudar a opinião sobre a relação entre dois polos, que em si não são coexistentes, mas alternativos. Pouco depois, na verdade, Paulo afirma que ele fala como "aos que conhecem a Lei" (7,1).

A questão abordada em 14,1–15,6 também deve ser entendida em relação à complexa situação religiosa dos destinatários. Os dois grupos descritos aqui em termos conflituais são caracterizados da seguinte forma: alguns se alimentam apenas de legumes (14,2) sem comer carne ou beber vinho (14,21) e, além disso, observam certos dias sagrados (14,5s.); os outros, por outro lado, não apresentam tal problema, em completa liberdade de semelhantes práticas ascéticas. Os primeiros são qualificados por Paulo como "fracos na fé" (14,1), os últimos "forte" (15,1). Alguns estudiosos acreditavam que se tratasse de judeu-cristãos, no caso dos primeiros, e de étnico-cristãos, no caso dos últimos (cf., p. ex., MARCUS, 1989). Certamente, na base do respectivo comportamento, há uma atitude diferente em relação ao problema da pureza ou impureza de certos alimentos, e o uso do adjetivo grego *koinós* no sentido de "impuro" (14,14) só pode vir de um campo judaico. No entanto, a equação não é tão óbvia, tanto porque na Antiguidade as normas vegetarianas também podiam ser encontradas no pitagorismo, e porque não há referência explícita aqui aos judeus ou aos gentios. A melhor solução será pensar que tanto os judeu-cristãos poderiam pertencer ao grupo qualificado como "forte" quanto os étnico-cristãos poderiam ser parte do grupo qualificado como "fraco" (cf. PITTA, 2008: 161-179). Em todo caso, mesmo a partir dessa imagem, parece que ser cristão de origem gentia na Igreja de Roma não significa, de forma alguma, estar livre da Lei e de seus condicionamentos.

Autonomia e organização da Igreja romana – Deve-se dizer que o uso de "Igreja" no singular em referência ao contexto de Roma é puramente metodológico. Na realidade, a configuração sociorreligiosa do cristianismo romano devia conhecer mais de uma Igreja, isto é, mais de um grupo. Em outras palavras, essa configuração devia refletir de alguma forma a organização interna do judaísmo romano, do qual os cristãos realmente vieram. Bem, não temos notícias de que os judeus de Roma foram agrupados em um único *políteuma*, isto é, em uma associação de cidadãos em seu próprio direito, como parece ter sido o caso com os judeus em Alexandria, no Egito. Destes que "a encabeçá-los há um *ethnárchēs* que governa a nação, decide as disputas e lida com contratos e comandos, como se fosse o chefe de um governo autônomo" (assim Estrabão em FLÁVIO JOSEFO. *Antiguidades judaicas* 14,117; já FÍLON DE ALEXANDRIA. *In Flaccum* 74, os denomina *ghenárchēs*, literalmente: "cabeça de um *ghénos*, linhagem/pessoas/nação"). Em Roma, os judeus são esparsos em várias comunidades, como se fossem paróquias *ante litteram*, cada uma com o nome de *synagōghé*, com o qual não se designava a edificação da adoração, chamada por metonímia em grego de *proseuchē* "[lugar de] oração" (FÍLON DE ALEXANDRIA. *Legatio ad Caium* 132) e transliterada para o latim com *proseúcha* (JUVENAL. *Sátiras* 3,296).

A fonte primária de nossas informações sobre o assunto são as epígrafes sepulcrais das catacumbas judaicas romanas, das quais uma dúzia dessas comunidades emergem, espalhadas em vários pontos da cidade e se estendendo por um arco cronológico de pelo menos quatro séculos. Quanto a meados do século I, podemos razoavelmente deduzir a existência de cinco dessas comunidades, as mais antigas, rotuladas da seguinte forma: 1) "dos hebreus" (4 epígrafes; o nome é explicado como a única comunidade judaica existente, a mais antiga); 2) "dos vernáculos" (4 epígrafes; difere das anteriores porque agrupa os judeus já nascidos em

Roma); 3) "dos augustenses" (6 epígrafes; contemporânea de Augusto [falecido em 14 d.C.], do qual reconhece o patronato); 4) "dos agripenses (3 inscrições; contemporânea provavelmente de Marco Vipsânio Agripa, que morreu em 12 a.C. [ou de Herodes Agripa, amigo do Imperador Cláudio, morto em 44 d.C.); 5) "dos volumnenses" (3 inscrições; colocada sob o patrocínio de Volúmnio, legado na Síria em 8 a.C. e amigo de Herodes o Grande. A mais antiga dessas comunidades possivelmente estabelecia-se em Trastevere, como resulta tanto de sua menção em Fílon de Alexandria (*Legatio ad Caium* 88) quanto da catacumba de Monteverde (Portuense) com o mais antigo material epigráfico (cf. tb. RICHARDSON, 1998).

A organização interna dessas comunidades, segundo as notícias epigráficas, implicava os seguintes encargos (entre parênteses, a frequência das ocorrências):

- o *gherusiárchēs* (16 vezes), chefe de um conselho de anciãos, encarregado da administração da comunidade e de proteger seus interesses religiosos, judiciais e financeiros;
- os *presbýteroi* (1 vez no singular), como membros do conselho anterior;
- os *árchontes* (pelo menos 50 vezes), "chefes, responsáveis", comitê executivo da *gherousía*, eleito por um ano, poderia ser reeleito;
- a pessoa encarregada de recolher os fundos destinados ao fundo comum (chamada *árchōn tês timês*, 4 vezes);
- o administrador dos bens comunitários (chamado *frontistēs*, "curador, administrador", 2 vezes);
- um secretário, talvez até um doutor da Lei (chamado *grammateús*, "escriba", 25 vezes; como para Éfeso em At 19,35);
- o *prostátēs*, advogado, protetor legal da comunidade (2 vezes; assim Febe na Cencreia em Rm 16,2);
- o *patér* (9 vezes) e a *métēr* (2 vezes) da "sinagoga": título honorário para aqueles que eram particularmente beneméritos de uma comunidade;
- os *archisynágōgos* (5 vezes) cuidavam do edifício do culto e presidiam assembleias religiosas ("presidente de reunião": frequentes em associações pagãs);
- quem desempenhava as tarefas mais humildes do serviço sinagogal (chamados *hyperétēs*, "servidores": 1 vez);
- enfim os "sacerdotes", *hiereîs* (3 vezes no masculino e 1 no feminino *hiérisa*): simples título honorífico em relação à descendência levítica.

Como pode ser visto, a liderança das comunidades é bem articulada, mas é essencialmente laica. Se quiséssemos então identificar aqueles que Paulo encontraria em Roma e que em At 28,17 são chamados de "os mais proeminentes entre os judeus", teríamos de computar entre eles pelo menos os *gherousiárchai*, os *grammateîs* e talvez até representantes dos *presbýteroi* e dos *árchontes*.

Em sua carta, Paulo não faz menção de qualquer edifício cristão próprio para a adoração, nem em termos de *proseuchē* nem em termos de *synagōghé*. Quanto ao termo *ekklēsía*, que, ademais, antes do século III nunca designa um edifício arquitetônico como um lugar de adoração cristã, ele está presente apenas no capítulo final das saudações (16,1.4.5.16.23) para indicar pequenos grupos das chamadas Igrejas domésticas, mas nunca designar todos os cristãos como uma comunidade única. Estes no pré-escrito da carta, ao contrário de outros casos ("à Igreja de Deus que está em Corinto": 1Cor 1,2; "às Igrejas da Galácia": Gl 1,2; "à Igreja dos tessalonicenses": 1Ts 1,1), são simplesmente designados assim: "A todos os que estão em Roma, amados de Deus, santos por vocação" (1,7a). O Apóstolo, de fato, no capítulo 16 menciona a existência de pequenas comunidades de cristãos, que se reúnem em casas particulares de alguns deles, certamente ricos. Podemos deduzir a existência de pelo menos três dessas casas: a casa do casal Prisca e Áquila (16,3-5: "Saudai Prisca e Áquila e [...] a *ekklēsía* que se reúne em sua casa"), a casa de "Asíncrito, Flegonte, Hermes, Pátrobas, Hermas e os irmãos que se reúnem com eles" (16,14), e de "Filólogo, Júlia, Nereu e sua irmã, Olimpas e todos os santos que se reúnem com eles" (16,15). A estes, talvez mais dois sejam acrescentados, pois também se fala de "aqueles que pertencem à casa de Aristóbulo" e "aqueles que pertencem à casa de Narciso" (16,10-11): trata-se provavelmente dos escravos dos respectivos mestres mencionado aqui, que permitiram que se reunissem. Para calcular o número total de cristãos romanos, devemos levar em conta o fato de que uma casa antiga, de acordo com as informações fornecidas pela arqueologia (independentemente, claro, das *insulae* proletárias), dispunha na prática, como um ambiente de reunião, apenas do triclínio (e no máximo do átrio) e que, portanto, poderia acomodar até vinte pessoas. Podemos, portanto, quantificar o número de cristãos em Roma à época do Apóstolo Paulo num arco entre cem e duzentas pessoas (de uma população de cerca de um milhão de habitantes, dos quais vinte a trinta mil eram judeus) (cf. WALLACE HADRILL, 2003; GEHRING, 2000: 259-269).

A organização específica das Igrejas de Roma nos escapa em grande parte, embora seja possível fazer alguns esclarecimentos. A exortação a formar um único corpo (Rm 12,4-5) é imediatamente complementada pelo reconhecimento de uma multiplicidade ministerial: "*conquanto muitos,* somos um só corpo em Cristo e membros uns dos outros". Mas os sete ministérios que são imediatamente listados (12,6-8: profecia, diaconia, ensino, exortação, partilha, presidência, obras de misericórdia) são bastante genéricos e não concordam com os que encontramos em outras partes das cartas paulinas (1Cor 12,4-11; Ef 4,11); certamente esses não nos permitem identificar os graus do que hoje preferiríamos chamar de hierarquia eclesiástica. Tampouco deve ser um grande problema que esses ministérios estejam todos sob o rótulo de "carismas" (12,6: *charísmata*), uma vez que o contraste entre o Espírito e a instituição aqui não existe. Em vez disso, em termos de uma organização menos incerta, devemos concentrar nossa atenção na função da presidência. Embora notando que esse ministério está indiferentemente inserido entre os demais, e de fato ocupa o penúltimo lugar na lista (o mesmo acontece em 1Cor 12,28 para as *kybernéseis*, "funções de governo"), ele permite uma comparação com outras funções similares na sociedade da época, a partir da qual são deduzidas algumas características mais claras.

Paulo fala propriamente "daquele que preside" [*ho proistámenos*], a quem ele recomenda que o "faça com solicitude". O uso do singular não deve sugerir um único "presidente" para toda a comunidade romana, uma vez que o plural é usado apenas para a pequena Igreja de Tessalônica (1Ts 5,12: *proistámenoi*); isso deve, portanto, ser entendido num sentido distributivo, como se dissesse que toda comunidade cristã em Roma tem seu próprio presidente (como os *gherousiárchēs* para as "sinagogas" dos judeus).

Além disso, mesmo na Carta aos Hebreus, que hoje se supõe que tenha sido enviada à Igreja de Roma, o autor usa o plural *hēgozúmenoi*, "chefes" (Hb 13,7.17). Ora, essa função do presidente é interpretada pelos comentaristas de duas maneiras diferentes: segundo alguns, dado que está localizada em meio a duas outras funções, por assim dizer de assistência social ("o que contribui, [faça-o] com liberalidade; [...] quem exerce misericórdia, [faça-o] com alegria"), Paulo entenderia uma espécie de patrocínio exercido por alguns ricos em prol dos menos favorecidos; outros, por sua vez, considerando tanto o paralelo com as outras ocorrências (1Ts 5,12; 1Tm 5,17 [presidentes na Igreja]; 3,4 e 5,12 [presidente da casa]) quanto a sua inutilidade se fosse reduzido aos outros dois carismas, eles preferem ver a figura de um líder específico da respectiva comunidade (note-se que em FLÁVIO JOSEFO. *Antiguidades judaicas* 12.108, *hoi proestēkótes* são os líderes responsáveis pela comunidade judaica de Alexandria, e no contexto imediato eles estão juntos com *hoi presbýteroi* e *hoi hēgoúmenoi*).

Essa segunda posição me parece ser a mais confiável, especificando, contudo, que àqueles que ocupam uma presidência oficial, Paulo recomenda uma solicitude que também deve se referir à caridade operosa.

No entanto, não está claro em que consistia tal presidência, nem o que ela comportava em nível social, moral ou ritual para que alguém fosse investido de tal função, igualmente se ignora a duração desse encargo. Como não temos notícias sobre outras possíveis funções do governo na Igreja de Roma, identificar imediatamente os *proistámenos* com os *gherousiárchēs* das comunidades judaicas romanas seria algo completamente aleatório e de fato impossível, pelo menos porque os membros dos vários grupos cristãos eram muito menos numerosos do que os das sinagogas judaicas. Por si mesmo, ele poderia executar funções de vários tipos: da pregação à administração de caridade, das medidas deliberativas às disciplinares; e entre suas funções, a presidência da Eucaristia provavelmente também deveria ser entendida. Essa conclusão nos leva à observação acima mencionada, segundo a qual os primeiros cristãos se reuniam apenas em casas particulares, onde a pessoa responsável pela reunião não poderia ser outra senão a família anfitriã. Também deduzimos isso do paralelismo existente com os cultos pagãos privados da Antiguidade, a cuja fenomenologia, de fato, também pertence o caso dos cristãos. Em particular, é interessante a comparação com um grupo privado de 100 a.C. em Filadélfia em Lídia, que se reunia na casa de um certo Dionísio, submetido a regras morais muito rígidas. No entanto, há também o caso de *collegia* nos quais verifica-se a figura de um *quinquennalis*, isto é, de um presidente com encargo de cinco anos (cf. PENNA, 2001b: 746-770).

Paulo, por outro lado, em suas cartas autênticas nunca menciona a figura específica dos *presbýteros* (de *epískopoi* ele fala somente no plural e somente em relação à Igreja de Filipos [Fl 1,2]; já a situação nas deuteropaulinas patorais será diferente com a tríade epíscopos-presbíteros-diáconos); temos, no entanto, o direito de pensar que o *proistámenos* fosse um ancião de nome e de fato. Em 1Coríntios, de fato, depois de lembrar "que a casa de Estéfanas são as primícias da Acaia e que se consagraram ao serviço [*eis diakonían*] dos santos" [note-se a passagem do sujeito singular "casa" para o verbo no plural para indicar o conjunto da família], Paulo convida os coríntios que se sujeitem "a esses tais, como também a todo aquele que é cooperador e obreiro" (1Cor 16,15-16). Ora, em Roma não há menção de nenhum administrador específico da Igreja, como que a dizer que todo chefe de família devia ser responsável pela assembleia que estava reunida em sua casa ou que a pessoa responsável podia variar de tempos em tempos.

O que deve ser notado, contudo, é que na lista dos sete carismas de Rm 12,6-8 não há nada que sugira papéis de tipo cerimonial ou ritual. Estes, distintos na forma de dois + cinco, insistem principalmente em aspectos diferentes. Os dois primeiros são apresentados no resumo: a "profecia" e a "diaconia"; o primeiro dos dois lembra uma função ligada a uma inspiração do Espírito, que certamente tem a ver com as Escrituras e que tem a ver com a interpretação da palavra de Deus como norma da fé e da vida cristã; o segundo, por seu turno, relembra toda uma série de relações interpessoais, de fato serviços comunitários, detalhados de maneira não abstrata, mas pessoal, como segue. Os outros cinco, de fato, são particípios substantivos: "aquele que ensina" (*ho didáskalōn*) é o mais próximo da profecia, da qual, no entanto, representa a face dirigida não ao Espírito mas à edificação da comunidade (cf. 1Cor 14); "Aquele que exorta, ou quem conforta" (*ho parakalôn*: o verbo grego tem os dois significados) exerce uma função que pode ser mais bem compreendida como uma especificação da profecia, colocada a serviço dos outros; "Aquele que compartilha" (*ho metadidoús*) certamente indica pessoas ricas, que sabem generosamente colocar seus víveres à disposição de outros; "Aquele que preside" (cf. acima); finalmente, "aquele faz obras de misericórdia" (*ho eleôn*) é uma especificação adicional de "alguém que compartilha" no sentido de uma referência mais distinta à esmola.

A insistência nos carismas de serviço não pode deixar de fazer pensar no que Tertuliano, porta-voz da mesma Igreja de Roma, escreverá um século e meio depois, quando no capítulo 39 de seu *Apologeticum* descreverá a realização das reuniões cristãs da cidade. Recordo aqui os momentos essenciais: ele menciona primeiro as orações, depois a leitura das Escrituras, depois as exortações e censuras religiosas, depois a coleta das oferendas em favor dos membros mais necessitados e finalmente a refeição comum chamada com o grego *agápē* (sem referência à Eucaristia). A tudo isso, continua Tertuliano, "presidem anciãos (*seniorees*), já provados, que alcançaram essa dignidade não com pagamento, mas com o testemunho de suas virtudes". Também notamos que, de acordo com Tertuliano, a Igreja de Roma tinha uma *arca* ou "caixa comum", cujo propósito era "sepultar e alimentar os pobres, meninos e meninas sem propriedade e sem pais, velhos tomados pela idade e até mesmo náufragos e cristãos sofredores em minas, ilhas ou prisões".

Não é de surpreender que os fundos arrecadados, como de fato em cada um dos antigos *collegia*, aparentemente servissem exclusivamente para os membros da comunidade; no entanto, um pouco mais adiante, ironizando o fato de que nos templos pagãos faltavam ofertas, Tertuliano escreve: "Não podemos ir em socorro ao mesmo tempo dos homens e dos vossos deuses mendicantes; e por outro lado, acreditamos que não devemos dar senão àqueles que nos pedem. Estenda Júpiter a mão e até ele receberá alguma esmola, já que doa mais a misericórdia nas ruas do que a vossa nos templos!"

Se quiséssemos então comparar a estrutura interna da Igreja de Roma com a do judaísmo da mesma cidade, ao lado de poucas semelhanças notaríamos muitas diferenças, sobretudo ao nível da organização hierárquica: o que distingue comunidades cristãs é uma estrutura mais ágil, por assim dizer menos institucional e mais carismática. Isso certamente depende do menor número de componentes; mas estaríamos errados se não contássemos sequer entre as razões da diferença uma maior abertura e disponibilidade para a livre-intervenção do Espírito (12,11: "fervorosos de Espírito"), que deveria permanecer constante.

No todo, portanto, sintetizando, a fisionomia da(s) Igreja(s) de Roma parece ter as seguintes características: de origem não estritamente apostólica (no sentido de que não remonta a nenhum dos Doze; mas o conceito paulino de *apóstolos* vai além desse círculo: 1Cor 15,5-7), de substancial característica doutrinal judeu--cristã (que Paulo quer corrigir com sua carta enfatizando os dados pré-morais e fundamentais da liberdade da Lei derivados apenas da fé), composta de membros mais estreitamente relacionados a precisas tradições ascéticas e outros mais distanciados desses costumes (dialeticamente comparados), formadas por agrupamentos diversos e de fato autônomos (três ou cinco), organizadas em uma estrutura certamente não clerical (mas esse termo, já em seu uso, é um anacronismo) e, no entanto, dotada de malhas institucionais muito leves, fortemente orientadas para o que poderíamos chamar de ortopráxis da caridade (à qual Paulo posteriormente admoesta).

Resta dizer que quando Paulo escreveu sua carta, os cristãos de Roma, embora de origem judaica, não mais compartilhavam as reuniões nas sinagogas com os que permaneciam simplesmente judeus. De fato, a menção das assembleias/*ekklēsíai* reunidas em casas particulares (Rm 16) pressupõe uma separação de fato, que o edito de Cláudio pode ter exacerbado. Devemos notar também que apenas uma década depois de enviar a carta, quando se trata de levar à morte os supostos autores do incêndio de Roma de julho de 64, Nero acusará somente os cristãos da cidade, e não os judeus (TÁCITO. *Anais* 15,44,2-5): sinal de que a divisão já havia ocorrido, de modo que os dois grupos já deveriam ser bastante distintos, até mesmo para a opinião pública (cf. SPENCE, 2004; WALTERS, 2005; PENNA, 2005a).

• *Da Carta aos Hebreus* – Além da carta paulina àquela Igreja, uma pequena luz sobre a Igreja de Roma nos chega também da assim chamada Carta aos Hebreus, mesmo que de um período posterior a Paulo. São conhecidos os vários aspectos enigmáticos desse escrito, que dizem respeito ao seu próprio gênero, a identidade do autor com seu excelente domínio do grego, o lugar onde foi escrito e de onde teria sido enviado. Entre esses aspectos enigmáticos, há também a questão sobre os destinatários e, portanto, sobre o tipo de comunidade para o qual teria sido composto o texto de Hebreus. Com a maioria dos estudiosos de hoje, creio que essa comunidade era de fato a Igreja de Roma e que o autor (talvez o alexandrino Apolo mencionado em At 18,24-28; 1Cor 1,12; 3,5-6) o escreveu nos anos 80-90 do século I (cf. BROWN, 2001: 910-909; MARCHESELLI-CASALE, 2005: 33-36).

O fato é que o conhecimento dessa carta é atestado precisamente em Roma antes de qualquer outro lugar (no Oriente é testemunhado apenas um século depois), como pode ser deduzido do seu uso pela carta de Clemente Romano aos Coríntios nos últimos anos de Domiciano (LONA, 1998: 52-55). Por outro lado, as saudações enviadas em nome daqueles que vêm "da Itália" (13,24b) testemunham em favor de uma Igreja destinatária presente precisamente na Itália, onde de fato não é possível identificar outra desse tipo fora de Roma. De acordo com esse escrito, os membros da comunidade destinatária deviam ser judeu-cristãos (no sentido explicado acima: cf. p. 83-90), que conheciam muito bem as Escrituras Judaicas, uma vez que toda a ampla argumentação da carta é baseada nelas. Por outro lado, esses cristãos, após o anúncio evangélico inicial que os "iluminou" (2,3-4; 6,4-5), experimentaram um período de "insultos e perseguições", incluindo o encarceramento (10,32-34), e agora vivem uma situação de desânimo e relaxamento na fé (5,11; 6,12), a tal ponto que alguns desertam das reuniões comunitárias (10,25). É como se, por conta de uma exagerada lamentação das raízes judaicas, não mais apreciassem a novidade representada por Cristo. Precisamente nisso está o "pecado" (12,4) contra o qual devemos resistir, como se pairasse o risco de apostasia (6,6). E se, no contexto se diz que eles ainda não o fizeram até "o sangue" (12,4), a declaração não deve ser entendida como se a perseguição do ano 64 ainda não tivesse ocorrido, mas no sentido metafórico de uma icástica exortação para superar a fadiga "desmaiando em vossa alma" (12.3; cf. WEISS, 1991: 646-647). Daí a sincera exortação a "manter firme a profissão de fé" (4,14) "sem vacilar" (10,23). Daí também o convite a considerar o êxito final da vida dos "chefes"/*hēgoúmenoi*, não apenas para obedecê-los (13,17), mas também para imitar sua fé (13,7): entre outras coisas, a menção desses dirigentes-responsáveis no plural sugere a ideia de que a comunidade ainda não conhecia um guia "monárquico", como de fato já acontecia para Paulo (Rm 13,8) e como teria sido ainda em Roma até a metade do século II (*Pastor de Hermas*, vis. II,2,6; cf. DURANTE MANGONI, 2003: 37-41).

O forte interesse cristológico do escrito se explica, principalmente, por conta da situação ambígua e incerta da fé dos destinatários. Mesmo não impostando seu próprio discurso sobre o tema paulino da justificação somente pela fé, o autor coloca ainda mais o próprio Cristo no centro de sua exposição. A carta, de fato, o apresenta em termos originais como um novo e único Sacerdote que, com o incomparável sacrifício de si, revogou o primeiro pacto cultural (7,18; 8,13) estabelecendo um "novo e vivo caminho" (10,20) para um acesso totalmente confiável a Deus (4,16) (cf. VANHOYE, 2007).

No entanto, a carta não foi recebida com muito entusiasmo pela Igreja de Roma, que, vista também a sua omissão no Cânon Muratoriano, praticamente a ignora até o século IV. A própria 1Clem, que também conhece Hebreus, discorda dela no que se refere a uma avaliação positiva do culto levítico contrário à visão de nossa carta. O fato não pode ser explicado senão devido à forte coloração judeu--cristã da Igreja de Roma (como também pode ser visto no *Prólogo* do comentário do Ambrosiaster a Romanos, citado acima). A carta de fato representa uma crítica muito forte ao sistema de culto judaico, a ponto de falar – trata-se do único escrito Novo Testamento a fazê-lo – de abrogação-caducidade-desaparecimento da Antiga Aliança (7,18s.; 8,7.13), colocando-se nesse sentido ainda além de Paulo em seu distanciamento do judaísmo.

Desenvolvimentos posteriores – Após a provável morte e sepultamento de Pedro e Paulo (no ano 64?), a estrutura ministerial da Igreja romana, pelo menos no que diz respeito às primeiras décadas seguintes aos dois apóstolos, pode ser reconstruída com base em dois tipos de fontes, que nos dão respectivamente uma conformação diferente. Uma é composta de Irineu e seu escrito *Contra as Heresias* (composto por volta de 180), segundo o qual ambos os apóstolos Pedro e Paulo teriam designado seu primeiro sucessor, de modo que houvesse imediatamente uma série de monoepíscopos que, de tempos em tempos, governavam a comunidade (até Irineu), assim enucleada: Lino, Anacleto, Clemente, Evaristo, Alexandre, Sisto, Telésforo, Higino, Pio, Aniceto, Sotero, Eleutério, dos quais sabemos pouco mais do que os nomes. A outra fonte consiste nos escritos, não posteriores, mas compostos nas mesmas décadas e, portanto, testemunhas diretas da situação contemporânea. Bem, nesse caso, pelo menos até depois de Pio (i. é, depois dos anos 140), não há notícias de monoepíscopos. De fato, não somente quando Paulo escreve sua Carta aos Romanos, ele não menciona nem Pedro nem outra única pessoa responsável por essa Igreja, mas mesmo em escritos posteriores não há menção de bispos individuais. Isso se aplica sobretudo à chamada Carta de "Clemente" aos Coríntios (composta nos anos 96-98): aqui o nome de Clemente é ausente, já que o remetente é simplesmente qualificado como "a Igreja de Deus que vive (como estrangeira) em Roma"; o nome de Clemente é atestado apenas por volta do ano 170 por Dionísio, epíscopo de Corinto (In: EUSÉBIO. *História eclesiástica* 4,23,11). Da mesma forma a Carta de Inácio aos Romanos (datável em torno de 110-115) é dirigida "à amada Igreja e iluminada [...] que preside na capital do território dos romanos que preside o ágape"; mas nenhuma menção é feita de qualquer epíscopo local. Novamente o *Pastor de Hermas*, composto em Roma por volta de 140 fala somente no plural das "cabeças da Igreja" (*Visão* 2,2,6; cf. "apóstolos, epíscopos, mestres, diáconos"). Aparentemente, a Igreja de Roma até meados do século II foi governada de modo colegiado, embora provavelmente tendo um epíscopo principal que pertencia àquele colégio do qual devia ser o presidente (cf. DURANTE MANGONI, 2003: 37-41). Naqueles anos, a Igreja romana enfrentou e resolveu pelo menos duas questões importantes, como as colocadas por Valentim e Marcião. Uma reviravolta ocorrerá principalmente com epíscopo Papa Vitor (c. 187-196), que na questão quartodecimana se oporá à decisão das Igrejas orientais de celebrar a Páscoa no dia 14 de nisã, movendo-a para o domingo seguinte (EUSÉBIO. *História eclesiástica* 5, 23-24, esp. 24,9).

5

Antioquia da Síria: A Igreja da guinada

Na história da Igreja, Antioquia foi definida, com justiça, "a cidade das primeiras vezes" (cf. MARA, 2004). Com efeito, foi lá que o Evangelho foi anunciado pela primeira vez aos gregos pagãos; foi lá que pela primeira vez os discípulos de Jesus foram chamados de "cristãos"; e foi de lá que partiu pela primeira vez uma missão (rumo ao Ocidente) explicitamente desejada e documentada. Mas a Igreja de Antioquia ganhou forma graças à intervenção de um grupo de crentes em Jesus oriundos de Jerusalém. Então, vamos por partes.

5.1 Os "helenistas" provenientes de Jerusalém

Na perspectiva lucana dos Atos, como vimos acima (cap. 4, p. 64-69), o episódio da perseguição desencadeada contra os "helenistas" representa uma guinada capital. O anúncio do Evangelho de Jesus deixa Jerusalém difundindo-se para fora da terra de Israel: primeiro aos samaritanos e a um etíope, talvez prosélito (At 8,5-40: atividade do Apóstolo Filipe); e, depois, também aos povos (*ta ethnē*; cf. At 10: Pedro na casa do centurião Cornélio; por meio de uma visão e intervenção do Espírito, legitima o batismo dos pagãos). A narração lucana nada registra de uma certa viagem de Pedro, narrada posteriormente nas *Pseudoclementinas*, segundo as quais ele teria partido de Cesareia Marítima e, passando por várias estadas intermediárias (Dora, Ptolomaida, Tiro, Sidônia, Berito, Trípoli, Arado, Laodiceia), teria chegado finalmente a Antioquia onde teria obtido a cátedra (*Recognitiones* 4,1; 7,1-11.25; 10,68.71).

Por trás do grande enredo da narrativa lucana, embora inclinada às exigências de um projeto teológico preciso, o historiador ainda pode registrar alguns dados importantes. O grupo original de pregadores e missionários itinerantes, companheiros de Jesus, representado em particular pelo grupo dos Doze, progressivamente esgota sua atividade (com o assassinato de Tiago Maior [At 12,1-2] e o deslocamento de Pedro para "um outro local" não especificado [At 12,17]). Os grandes protagonistas da primeira hora, no entanto, não desaparecerão da cena; pouco a pouco, eles se tornarão personagens quase lendários e se tornarão parte do "mito" fundador das origens. Mas certamente o impulso missionário não termina com eles. Os helenistas assumem, com sua sensibilidade particular e suas novas ideias; agora a proclamação do Evangelho está se espalhando mesmo fora da terra de Israel e também é dirigida aos não judeus.

A missão dos helenistas atinge rapidamente as primeiras cidades da diáspora, "na Fenícia, no Chipre e em Antioquia" (At 11,19). Essa cidade foi uma das mais ilustres metrópoles da época: terceira cidade do Império Romano em tamanho (depois de Roma e Alexandria), capital da província da Síria e da Cilícia, lar de importantes cultos de divindades pagãs (entre os quais se destaca Tique, juntamente com Apolo, Ártemis, Ísis), e um importante centro econômico-comercial, bem como administrativo e militar, do império (cf. UGGERI, 2009). Ela, iniciando pelo menos a partir do século II a.C., com o rei selêucida Antíoco IV Epífanes, havia despertado interesse na história do judaísmo durante toda a epopeia dos macabeus; mais tarde, Herodes o Grande interveio, pavimentando-a com mármore e instalando às suas próprias custas a praça e a via principal da cidade (FLÁVIO JOSEFO. *Guerra* 1,425; *Antiguidades judaicas* 16,148). A população da cidade, bastante numerosa (cerca de cem mil habitantes são calculados), também incluía uma grande comunidade judaica de notável importância social, da qual era preposto um "chefe"/*árchōn* (cf. MANNS, 2009). Além disso, entre os sete helenistas de Jerusalém havia também um certo "Nicolau prosélito de Antioquia" (At 6,5), isto é, um pagão que já se convertera ao judaísmo (afinal, de antioquenos presentes em Jerusalém se fala em 2Mc 4,9.19) e posteriormente aderiu à proclamação de Jesus Cristo, embora não saibamos mais nada sobre ele (a antiga hipótese [EUSÉBIO. *História eclesiástica* 3,29,1-3] é referida a ele como sendo o chefe dos nicolaítas mencionado em Ap 2,6.15).

Ao contrário do que poderia acontecer em uma cidade como Jerusalém, as relações judaicas com os outros componentes étnicos e culturais da cidade deviam ser muito densas; sabemos, de fato, que, em torno das numerosas sinagogas, havia um grande grupo de simpatizantes que, sem aderir plenamente ao judaísmo e às suas observâncias, foram atraídos pela concepção monoteísta de divindade, pelos ideais éticos, pela renomada eficácia de algumas das suas práticas religiosas (FLÁVIO JOSEFO. *Guerra* 7,41-45). O certo é que, pela primeira vez, o movimento de Jesus entrou em contato com uma cidade cosmopolita, onde os judeus representavam apenas uma minoria.

5.2 A Igreja de Antioquia

É o próprio Lucas que fala da "Igreja local" de Antioquia, mencionando alguns de seus componentes (At 13,1: *en Antiocheía katá tēn oûsan ekklēsían*; 11,26; 14,27) (cf. SCHNABEL, 2002: 760-775). Estamos interessados aqui no começo daquela Igreja, que mais tarde terá uma história de grande prestígio, dado que, por exemplo, em sua área vários estudiosos ambientam numerosos escritos importantes, que deveriam ser estudados um por um (assim é para a *Didaqué*, a *Ascensão de Isaías*, o Evangelho de Mateus, talvez até o Evangelho de Lucas, o *Evangelho de Pedro*, o *Evangelho de Filipe*, os *Atos de Paulo e Tecla*, para não mencionar Inácio com suas *Cartas* e, mais tarde, de São João Crisóstomo); ali há também diversificações hermenêuticas significativas do Evangelho em um sentido pluralista (cf. DESTRO & PESCE, 2004). O fato é que, para a primeira geração daquela Igreja (anos 30 e 70), não possuímos testemunhos diretos, como poderiam ser as cartas, nem provenientes daquela Igreja nem endereçadas a ela, motivo que torna necessário o uso de vários fragmentos de notícias oriundas de diferentes fontes; também os Atos lucanos pertencem já à segunda geração.

Em todo caso, não é de surpreender que, em um contexto como o de Antioquia o anúncio dos helenistas também poderia ser dirigido aos pagãos (At 11,19-20). É claro que a mera concordância de circunstâncias externas favoráveis não seria suficiente para explicar uma importante reviravolta no desenvolvimento do anúncio missionário do Evangelho. Provavelmente essa reviravolta deve ter derivado da interpretação salvífica em uma dimensão universal da morte de Jesus, elaborada pelos helenistas com base na experiência pascal. É uma interpretação semelhante que forneceu a fundamentação e a legitimidade necessárias para essa mudança. O tema da salvação das nações tinha seu próprio espaço já dentro da tradição judaica, precisamente no contexto dos acontecimentos dos últimos tempos, como pode ser visto, por exemplo, na promessa de Deus a Abraão (Gn 12,3; Eclo 44,21), bem como no tema da peregrinação escatológica do povo ao Monte Sião, cara à tradição profética (Is 2,1-5; 25,6-10; 56,6-8; 60,11-14). Sobre esse pano de fundo, a eficácia salvífica da morte de Jesus, entendida como um acontecimento único e irrepetível que traz a remissão dos pecados, juntamente com a fé na sua ressurreição, não poderia, na perspectiva dos helenistas, restringir-se à esfera do povo judeu: na morte redentora de Jesus realizou-se a reconciliação escatológica de todos os homens com Deus.

Os membros dessa Igreja, por causa do constante recurso ao nome de Cristo, "pela primeira vez foram chamados cristãos" (At 11,26). A origem desta denominação é discutida (cf. MARGUERAT, 2007: 415-416): se ela pode derivar de dentro da própria comunidade ou não; de fato, a primeira hipótese parece estar excluída, visto que Lucas não usa mais esse nome, exceto em At 26,28 na boca do rei não cristão Agripa II e em um sentido irônico (afinal, Paulo fala mais de "os de Cristo": 1Cor 1,12; 15,23; Gl 5,24). Portanto, é mais provável que tenha sido uma designação vinda de fora da comunidade; e então, excluindo uma matriz judaica (já que os judeus não teriam reconhecido um nome referente ao Messias, preferindo o nome de "nazireus" como em At 24,5; JERÔNIMO. *Dos homens ilustres* 3; EPIFÂNIO. *Panarion* 29,9,2) se poderia pensar ou em uma denominação popular (dado que Tácito nos *Anais* atribui a denominação ao *vulgus*, porém em Roma) ou, melhor, a uma designação oficial da autoridade romana presente em Antioquia (tanto porque o adjetivo é de tipo latino e não grego [que deveria ter sido *christianeíoi*] quanto porque o Governador Plínio o Moço os chama em suas *Cartas* a Trajano 10,96-97). Como outras denominações romanas (*Cesarianos, Pompeianos, Herodianos, Neronianos*), essa reconhecia publicamente que havia um grupo de pessoas colocado sob o patrocínio de um certo Cristo ou, em todo caso, pertencentes ao seu "partido". Continua discutível se as notícias lucanas sobre esse nome realmente nos remontam aos anos 30, época da real evangelização de Antioquia, ou refletem a prática de um tempo posterior, o da composição dos Atos (datáveis nos anos 80), uma vez que as cartas paulinas não conhecem essa designação; mas o fato é que o termo é ignorado tanto pelas cartas autênticas (e isso pode indicar que durante a sua composição o termo ainda não existia) quanto pelas deuteropaulinas (e isso só poderia sugerir que a designação não pertence à consciência própria das Igrejas, mas é externo a elas).

A formulação lucana de At 13,1 faz alusão a um número substancial de discípulos de Jesus, calculável em cerca de cinquenta pessoas (cf. MURPHY-O'CON-

NOR, 2003: 175); seu *status* social, parece, devia ser de certo nível se, durante uma carestia que assolou no país sob o Imperador Cláudio, a Igreja antioquena foi capaz de "enviar alívio aos irmãos que viviam na Judeia" (At 11,27-30). A estrutura dessa Igreja não é especificada em detalhes, mas os Atos observam que "Havia na Igreja de Antioquia profetas e mestres: Barnabé, Simeão, por sobrenome Níger, Lúcio de Cirene, Manaém, colaço de Herodes, o tetrarca, e Saulo" (13,1). Lucas não menciona apóstolos ou presbíteros/anciãos, como faz em relação a Igreja de Jerusalém; mas também não distingue nesse grupo quem era profeta e quem era mestre. Certamente esses deviam desempenhar uma função de liderança na Igreja de Antioquia, que foi, portanto, guiada por carismas relacionados à Palavra e ainda não possuía uma estrutura hierárquica do tipo jerosolimitano; Lucas também não fala de um ou mais epíscopos (um sinal de que o período levado em consideração pelos Atos ainda não conhece os desenvolvimentos atestados posteriormente por Inácio). A menos que pensemos que os três primeiros foram profetas e os outros dois mestres (cf. FITZMYER, 1998: 496), é possível que as mesmas pessoas de tempos em tempos desempenhassem a função de profetas e doutores, tornando-se apóstolos quando saíram em missão: uma organização carismática (cf. ROSSÉ, 1998: 486; na *Didaqué* 15,1 fala-se, aliás, de "bispos e diáconos" [não de presbíteros], que "desempenham o mesmo ministério que os profetas e mestres", mas eles são o objeto de eleição comunitária; cf. VISONÀ, 2000: 348-349).

Entre esses, a figura mais importante era Barnabé, um personagem que Lucas já havia introduzido quando falava da comunidade primitiva de Jerusalém (At 4,36-37), de onde ele foi enviado para Antioquia (At 11,22), talvez para estabelecer um vínculo de autoridade e comunhão com a Igreja-mãe (análogo ao envio de Pedro e João de Jerusalém à Samaria após a evangelização de Filipe: At 8,14). Foi ele quem levou Paulo/Saulo a Tarso e o inseriu na Igreja de Antioquia, onde passaram um ano inteiro juntos (At 11,25-26), dando-lhe a oportunidade de compartilhar a nova aventura do anúncio aos pagãos, empreendida por aquela comunidade.

5.3 A primeira teologia antioquena

Em Antioquia, pelo menos a princípio, elaborou-se uma teologia de abertura ao helenismo que, antes mesmo da implementação de uma *missio ad gentes*, teve de favorecer um repensamento da fé cristã e influenciar sua própria formulação (cf., em geral, DUNN, 2009: 308-321; dilatado até demais é BERGER, 1994: 178-422). Isso ocorreu em vários níveis: linguístico, com a passagem do aramaico para o grego (p. ex., a qualificação cristológica de "Senhor" de *Mār* tornou-se *Kýrios*); bíblico, com o uso da versão grega do Antigo Testamento judaico, conhecida como *Septuaginta*; e também em nível conceitual, assumindo novas categorias interpretativas do Evangelho.

O âmbito mais afetado foi certamente a cristologia.

1) Já no nível das tradições do Jesus histórico, é verossímil calcular algumas variações na linguagem atribuída a Jesus; por exemplo, em Mt 16,18 a expressão "portas do inferno" é uma ressonância da mitologia grega, correspondente ao provável construto semítico-bíblico "portas da morte" (Sl 9,14; 107,18; Jó 38,17; e também 1QH 14,24); assim, podemos também explicar a adição universalista "para todos os povos" no relato da intervenção de Jesus no Templo em Mc 17,17 (= Is 56,7); o mesmo pode ser dito de uma possível extensão semântica da frase "filho do homem", que de uma simples designação autor-referente poderia ser transformada em título cristológico institucional (não é à toa, fora dos evangelhos, é encontrado apenas na boca do helenista Estêvão em At 7,56).

2) Quanto à fé pascal, é verossímil que a confissão de fé, que Paulo diz transmitir após recebê-la, se refira à Igreja de Antioquia, atestada em 1Cor 15,3-5 (com a palavra grega "morrer por", onde o emprego da preposição *hypér*, "em favor de", não é bíblica, mas ecoa um típico uso grego, cf. HENGEL, 1988: 13-177); da mesma forma, deveríamos dizer do hino de Fl 2,6-11, que parte da ideia de preexistência e, passando pela *kénōsis* da humanização e da cruz, culmina no anúncio de Jesus como *kýrios*, "o nome que é acima de todos os outros nomes" (porque é equivalente àquele do próprio Deus segundo a *Septuaginta*, que o usa para substituir o impronunciável tetragrama sagrado YHWH).

3) No campo da soteriologia, amplia-se a crítica hierosolimitana de Estêvão ao Templo, não mais considerado como o lugar do encontro com Deus, suplantado pela morte de Jesus, que passa a ser considerada o único meio de redenção--expiação, relacionando-a ao Dia de *Kippûr* (Rm 3,25) e passando pela ideia do valor expiatório do sangue dos mártires (documentado no apócrifo grego 4Mc 17,21-22); além disso, é Filipe, um dos sete helenistas, que, referindo-se a Is 53, sugere interpretar a morte de Jesus como uma oblação vicária (At 8,22-35);

a principal consequência é uma crítica à própria Lei de Moisés, em particular à necessidade da circuncisão (agora inútil para a admissão dos gentios) e às prescrições sobre a pureza alimentar, mesmo se, sobre esse ponto, em uma segunda vez uma restrição foi feita em sentido conservador (cf. abaixo).

4) Quanto ao conceito de "Igreja", deu-se espaço à ação direta do Espírito mais do que a uma organização hierárquica (tanto que Lucas, em At 14,23 e 20,17, relata a instituição de presbíteros nas Igrejas da primeira viagem missionária e, em seguida, em Éfeso, mas não diz nada do tipo para Antioquia), e de fato At 13,2 somente atribui ao Espírito a escolha do primeiro par de missionários; essa prática difere do modelo hierosolimitano e é possível que elabore a ordenação bastante carismática das Igrejas fundadas então por Paulo.

Para além de tudo isso, também é provável que vários lexemas gregos importantes, comuns na língua cristã, como *apóstolos*, *ekklēsía*, *euanghélion*, *parousía*, *pístis*, devam sua origem a esse primeiro âmbito geocultural, embora seja necessário evitar o risco de um "pan-antioquenismo" (HENGEL & SCHWEMER 1997: 279-300).

5.4 Contrastes e mudanças

É certo que a nova situação surgida após a missão dos helenistas também trouxe novos problemas. Não faltaram motivos de atrito com outros grupos dentro do movimento de Jesus, sobretudo com o grupo de Tiago, com quem a tensão já era aguda por causa das diferentes interpretações do papel salvífico de Jesus em relação àquele da Lei e do Templo. A prática da comunidade de Antioquia era acolher os pagãos no grupo de seguidores de Jesus, por meio do batismo, sem impor-lhes que antes se tornassem judeus, isto é, na prática sem exigir que fossem circuncidados, mas também sem impor-lhes prescrições alimentares levíticas. A recepção dos pagãos incircuncisos entre os seguidores de Jesus, que até então eram praticamente todos judeus e continuaram, em diferentes formas e graus, apesar das tensões e conflitos, a reconhecer-se na tradição religiosa do judaísmo, deve ter colocado não poucas dificuldades de convivência; de fato, o judeu observante, por razões de pureza ritual, era obrigado a adotar acordos limitativos particulares em sua vida de relacionamento com não judeus (como de fato já atestara no século II a.C. o conflito entre os macabeus e os selêucidas da Síria).

É nesse contexto que se explica o chamado incidente de Antioquia, do qual Paulo trata em Gl 2,11-14 (cf. MARTYN, 1997: 228-245). Foi um conflito que surgiu entre o próprio Paulo e Pedro sobre a questão da comensalidade entre cristãos de origem judaica e os de origem pagã, que provavelmente não haviam sido tratados no precedente encontro em Jerusalém. Para Paulo, era natural praticar a partilha da mesa, e Pedro (que já tinha tido dificuldades em matéria de alimentos em Cesareia, segundo At 10,9-23) inicialmente se adaptou à situação. Mas, depois que chegaram a Antioquia alguns vindo de Jerusalém "da parte de Tiago", Pedro começou a evitar a comensalidade mista entre judeus e gentios "por medo dos circuncidados; também os demais judeus dissimularam com ele, a ponto de o próprio Barnabé ter-se deixado levar pela dissimulação deles". Por isso Paulo se opôs abertamente a Pedro a ponto de censurá-lo publicamente. Foi então que duas formas diferentes de entender e viver a identidade cristã em relação à matriz judaica entraram em conflito. Por um lado, há aqueles que, como Paulo, querem salvaguardar a todo custo "a verdade do Evangelho" (Gl 2,5.14) e essa é "a liberdade que temos em Cristo" (Gl 2,4), na qual devemos permanecer firmes (Gl 5,1); a este respeito, o Apóstolo é explícito e até mesmo incisivo: "De Cristo vos desligastes, vós que procurais justificar-vos na Lei; da graça decaístes!" (Gl 5,4). Por outro lado, há aqueles que, como Tiago, acreditam que ainda devem estar bem ligados à tradição judaica representada pela Lege e suas normas com uma atitude que hoje seria chamada de fundamentalista; de modo que a fé em Cristo seria apenas um acréscimo adicional, certamente novo, mas não substitutivo (cf. acima, cap. 4, p. 69-75). Em uma inspeção mais minuciosa, Pedro, com suas oscilações, parece representar uma posição intermediária, provando estar disponível tanto para um lado quanto para o outro (cf. BROWN & MEIER, 1987: 1-10). Em sua carta, Paulo nada diz sobre o resultado desse conflito, mas com toda a probabilidade foi ele e não Pedro que saiu derrotado (cf. DUNN, 2009: 489-494). É certo que Barnabé o abandonou (At 15,39-40), e a Igreja Antioqueno-siríaca se desenvolveu numa direção judeu-cristã, diferente, se não contrária, à visão paulina das coisas. Isso é atestado por vários indícios (cf. tb. NORELLI, 1995: 60-66): pelo silêncio do próprio Paulo sobre Antioquia em suas cartas; pela literatura subsequente representada pelo Evangelho de Mateus (embora pareça agir como uma mediação entre diferentes tendências: uma conservadora expressa em Mt 10,5-6 e uma inovadora declarada em Mt 28,19); pela *Didaqué* (refratária às fraturas radicais do paulinismo); pelo apócrifo *Ascensão de Isaías* (segundo o qual a hegemonia dos carismáticos perdeu terreno em favor dos presbíteros e epíscopos); pela confirmação indireta da controvérsia contra o judeu-cristianismo presente em Inácio de Antioquia (*Aos magnésios* 8,1; 10;3); pela posterior *Apologia a Autolico* composta por Teófilo, bispo de Antioquia, por volta do ano 180 (todos centrados no Antigo Testamento e com um surpreendente déficit cristológico); mais tarde, por Eusébio que, elencando os bispos da cidade, omite completamente a figura de Paulo (*História eclesiástica* 3,22; 3,36,2) (um quadro diferente, tendendo a enfatizar a prevalência do componente gentio, é oferecido por ZETTERHOLM, 2003, por meio de uma reconstrução sociológica um tanto precária).

A Igreja de Antioquia, portanto, parece ter sido em geral uma espécie de laboratório hermenêutico do Evangelho com resultados parcialmente contraditórios, pelo menos no que diz respeito ao seu desenvolvimento ao longo do tempo: uma contração conservadora sucederá uma primeira abertura ecumênica revolucionária, que agora nos interessa mais de perto.

6

As Igrejas paulinas

Da Igreja de Antioquia, onde pela primeira vez o Evangelho foi anunciado também aos gentios, começou conscientemente o primeiro impulso missionário de grande alcance. Se o anúncio cristão havia chegado ali quase que casualmente, com base em uma circunstância externa negativa (a da perseguição em Jerusalém contra os "helenistas"), agora o mesmo anúncio começa novamente com base em um compromisso positivo com a evangelização, desejada por si mesma, mesmo se atribuída à iniciativa do Espírito Santo (At 13,2).

É muito provável que a partir da região de Antioquia uma irradiação do Evangelho também tenha começado em direção ao Oriente; de fato, os sucessivos apócrifos *Atos de Tomé*, que narram a missão de Tomé até o Irã e a Índia, foram escritos no século III em siríaco. Mas o escrito canônico dos Atos dos Apóstolos detalha a missão de Antioquia ao Ocidente, da qual Paulo de Tarso foi o protagonista. No entanto, deve ser salientado que a chamada primeira viagem missionária (At 13-14) é na verdade a viagem de Barnabé, de quem Paulo é um simples companheiro; de fato, em At 13,2, é atribuída ao Espírito Santo a vontade de "separar Barnabé e Saulo" (assim em 14,14 fala-se em sucessão dos "apóstolos Barnabé e Saulo", sem contar que em Listra Barnabé foi confundido com Zeus, enquanto Paulo somente com Hermes, porque foi ele quem falou: At 14,12). Essa primeira viagem foi geograficamente limitada, dado que as áreas afetadas, além do Chipre, foram pequenas regiões do Sul da Anatólia (a Panfília com Perge, a Pisídia com Antioquia, a Licaônia com Icônio-Listra-Derbe); no que se refere à fundação de Igrejas, Lucas nos fala genericamente de "crentes" (At 13,12; 14,1), de "discípulos" (At 13,20.21; 16,1), e da instituição de presbíteros "em toda Igreja" (At 14,23) sem mais especificações (assim como genericamente menciona a existência de "Igrejas" na Síria e na Cilícia: At 15,41). Em todo caso, após a separação entre os dois

(15,39-40), a atividade de Barnabé (além do fato de ele ter ido para o Chipre [At 15,39], de onde, aliás, ele provinha [At 4,36s.]) já não sabemos mais nada, enquanto Lucas, por sua vez, se concentra totalmente em Paulo.

Justamente Paulo é de suma importância para conhecer tanto a expansão geográfica do Evangelho enquanto suscitador de novas comunidades/Igrejas quanto a primeira reflexão cristã consciente sobre a natureza específica das próprias Igrejas (e, portanto, do fenômeno da Igreja). Além disso, é ele que, de acordo com as fontes à nossa disposição, se revela a figura mais proeminente no âmbito das origens cristãs, pelo menos no século I, não apenas porque outros escrevem abundantemente sobre ele (os Atos são dedicados principalmente a Paulo, cf. tb. 2Pd 3,15-16), mas sobretudo porque temos uma série de cartas escritas por ele próprio (pelo menos sete de treze, enquanto as outras seis são atualmente consideradas deuteropaulinas; cf. abaixo) (no todo, cf. BARBAGLIO, 1985).

6.1 Paulo e o paulinismo

Duas reviravoltas fundamentais nos permitem delinear completamente a biografia e a personalidade de Paulo. Uma é, naturalmente, o acontecimento do caminho para Damasco, que transformou o fariseu Saulo, um zeloso defensor da Lei mosaica, levando-o a crer em Jesus de Nazaré como Messias e Senhor (cf. os tons fortes que ele usou em Fl 3,7-11): uma fé que foi imediatamente concebida não como uma fruição puramente individual passiva, mas como um forte estímulo a um dinamismo evangélico sem precedentes (cf. DIETZFELBINGER, 1985; REICHARDT, 1999; SEGAL, 1990). Esse compromisso foi limitado por um tempo a uma audiência judaica, como aconteceu tanto em Damasco quanto em Jerusalém (At 9,19-22.28-29), seguido por um período de inatividade em sua Tarso de origem (At 9,30: talvez para ser identificado com Gl 1,21, "Depois, fui para as regiões da Síria e da Cilícia"). Em Antioquia, no entanto, abriram-se a ele os horizontes ecumênicos da nova fé, destinada também aos gregos, isto é, às "gentes". Mas a segunda reviravolta, a apostólica, "ocorreu quando ele percebeu que a linhagem de um cristianismo judaico conservador prevalecia em Antioquia e que, portanto, era necessário preservar ativamente a novidade do anúncio aos pagãos com a continuação dessa mesma abertura em larga escala. Iniciou assim a sua *missio ad gentes*, inicialmente com Barnabé e depois em primeira pessoa, quando muito, acompanhado de tempos em tempos por alguns colaboradores (esp. Timóteo [At

16,1; 17,14s.; 18,5; 19,22; 20,4; Rm 16,21; 1Cor 4,17, 16,10, 2Cor 1,19; Fl 2,19-20, 1Ts 1,1; 3,2,6, Silvano/Silas [At 15.22.40; 17,45; 18,5; 2Cor 1,19; 1Ts 1,1] e Tito [Gl 2,1.3; 2Cor 7,5-7; 8,16.23]).

Por admissão do próprio Paulo, que em algumas cartas posteriores repensa e reinterpreta a experiência avassaladora que teve no caminho para Damasco, isso consistiu em uma verdadeira *apokálypsis*/"revelação", que o levou a uma tarefa aparentemente nova: anunciar Jesus Cristo "entre os gentios" (Gl 1,15-16). Essa referência explícita aos "gentios" suscita sentimentos bastante peculiares em Israel. Mesmo ignorando o caso de Jonas (em cujo livro a palavra *gôyîm/éthnē* é surpreendentemente ausente), dois outros casos clássicos da antiga tradição profética devem ser lembrados. O primeiro é o de Jeremias, de quem lemos: "Antes que eu te formasse no ventre [da mãe], eu te conheci e, antes que saísse da [tua] mãe, eu te santifiquei; eu te constituí profeta para *as nações* [as gentes]" (Jr 1,5); mas na realidade não se tratou de um verdadeiro ministério fora de Israel, uma vez que a missão do profeta foi realizada de duas maneiras diferentes, tanto pronunciando oráculos destinados a outros povos como situando-se numa época em que a história de Israel era particularmente entrelaçada com a de outras nações. O outro caso diz respeito ao Servo de YHWH que aparece no segundo Isaías, do qual está escrito: "O Senhor me chamou desde o meu nascimento, desde o ventre de minha mãe fez menção do meu nome; [...]. Ele me disse: [...] te dei como luz para os gentios" (Is 49,1.6); mas o significado dessas palavras reside apenas no fato de que Deus estava prestes a realizar um evento global para Israel, visível de todas as nações, a partir do qual a luz da ação salvadora de Deus seria liberada. Como se pode ver, os três textos convergem no tema de uma missão incomum entre os povos fora do povo de Israel, embora no caso dos dois profetas do Antigo Testamento não ocorreu uma pregação propriamente dita fora das fronteiras de Israel. Mais pertinente é a promessa feita por Deus a Abraão: "Em ti todas as nações serão abençoadas" (Gn 12,3; 18,18), por conta de um horizonte universalista eficaz inerente a essas palavras; mas Paulo sabe bem que Abraão, que não realizou nenhuma missão, tem a ver com esse tipo de horizonte somente por causa de sua fé, então ele se tornou "o pai de muitas nações" (Rm 4,17 = Gn 17,5), isto é, de todos os crentes, antes e para além da única Lei Mosaica.

É questão debatida se o judaísmo contemporâneo às origens cristãs, especialmente o anterior ao ano 70, exerceu ou não uma missão *ad extra*, e o dossiê a esse respeito é muito denso. Que o judaísmo tenha exercido influência efetiva sobre a sociedade greco-romana é inegável, mas isso se deve à importância que a existência de Israel teve com suas notas de originalidade dentro da sociedade antiga, e não a uma atividade específica de proselitismo (cf. FELDMAN, 1993: 177-382; BARCLAY, 2004: 90-219; DONALDSON, 2007; BIRD, 2010). O fato da conversão de Izates, rei de Adiabene, na era claudiana, constitui um caso à parte (cf. PENNA, 2001b: 275-296, esp. p. 281-288).

De qualquer forma, Paulo certamente representou um caso incomparável em relação à sua matriz judaica. Por outro lado, permanecendo no nível religioso e excluindo comparações com a mobilidade certa de categorias mercantis e militares, mesmo no que diz respeito ao fenômeno dos vários cultos mistéricos de âmbito helênico-gentio, não temos nenhuma documentação que ateste que eles exerceram específicas e planejadas atividades de expansão. Além do fato de que alguns eram puramente localistas, no sentido de que não era o culto a irradiar-se para fora de seu território de origem, mas era necessário ir a um único santuário existente (assim Elêusis, perto de Atenas; Andania, na Messênia; Samotrácia, no Mar Egeu Setentrional), todos os outros (encabeçados por deuses importados do Oriente: Cibele, Ísis, Serápis, Adônis, Mitra) se espalham amplamente em várias regiões e cidades por pura importação com base em sua própria força de atração (cf. TURCAN, 1992; BURKERT, 1989: 41-74). O caso de Paulo, portanto, concernente especificamente ao *euanghélion* cristão, em nível documental, parece ser o primeiro de um empenho ativo pela propagação universal. A verdadeira questão consiste em perguntar se antes dele, dentro do movimento que se referia a Jesus de Nazaré, alguma atividade missionária já havia sido praticada (mas sobre isso, cf. acima, cap. 3–4).

Em todo caso, a entrada em cena imprevisível de Paulo de Tarso é de fato uma novidade (cf. tb. SCHNABEL, 2002: 885-1.424; DUNN, 2009: 497-857). Se elementos da originalidade já podem ser vistos na passagem de Jesus de Nazaré para as primeiras comunidades palestinas nascidas em seu nome e depois em sua propagação para fora da terra de Israel, Paulo, por sua vez, representa uma inovação adicional de suma importância. Certamente sua dedicação apostólica não é uma novidade absoluta, porque afinal de contas, juntamente com sua *missio ad gentes*, há os helenistas de Jerusalém e a experiência de Antioquia da Síria (cf. acima, item 4.2 e cap. 5), para não mencionar o fator desencadeador que pode ser identificado na fé cristológica pós-pascal. Mas o próprio Paulo, além de remeter ao evento de Damasco a tarefa sem precedentes de proclamar o Filho de Deus não entre os judeus, mas entre os gentios (Gl 1,15-16; 2,9), chega a definir-se explicitamente e em termos incomuns "apóstolo dos gentios" (Rm 11,13; cf. 1,5), enquanto certamente não foi enviado por eles, mas para eles. E esse tipo de construto, em retrospectiva, se conecta com outro, "apóstolo de Cristo Jesus" (1Cor 1,1; 2Cor 1,1; depois repetido em Ef 1,1; Cl 1,1; 1Tm 1,1; 2Tm 1,1; Tt 1,1; 1Pd 1,1; 2Pd 1,1), que no entanto tem uma semântica muito mais densa, já que pode significar seja o fato de ter sido enviado por Cristo, seja a noção de ser propriedade dele, ambos também operando para Ele. Em todo caso, Paulo nunca se considera "um apóstolo da Igreja [antioquena ou qualquer outra]" (cf. LIETAERT PEERBOLTE, 2006: 233).

Com efeito, a originalidade de Paulo na estrutura da Igreja primitiva é definida pelo fato de que ele colocou a figura de Jesus Cristo no centro da identidade cristã como um substituto para a Lei Mosaica, enquanto compreendida como finalizada à justificação (Rm 10,4; cf. LOHSE, 2008). Isso é precisamente o que a missão judeu-cristã não fez, pregando, por seu turno, "outro evangelho" (Gl 1,6; cf. 2Cor 11,4) segundo o qual, para a justificação, a fé no Cristo crucificado se combinaria constitutivamente com a necessidade de observar a própria Lei. No entanto, convém ressaltar que, no universo conceitual de Paulo, a rejeição da Lei não implicava de maneira alguma a exclusão de Israel. Pelo contrário, ele sabe muito bem que "há apenas um Deus dos judeus e dos gentios" (Rm 3,29s.). Então "não há diferença entre o judeu e o grego" (Rm 10,12), e que com relação aos gentios, Israel representa a "raiz sagrada" (Rm 11,16), e que inclusive "todo Israel será salvo" sem exceção (Rm 11,26; e note-se que a tradição rabínica, embora afirmando o mesmo princípio, irá listar um número de exclusões no tratado mishnaico *Sanhedrin* 10,1, e em *Avot de-Rabbi Nathan-A* 36). Se, portanto, é possível "uma nova criação" (2Cor 5,17; Gl 6,15), esta consiste na união de judeus e gregos em Cristo, uma vez que "não há diferença" (3,22; 10,12; 1,16), uma vez que o Deus de Jesus Cristo reconciliou consigo não só Israel, mas todo o cosmos (2Cor 5,19; *tá pánta*/"todas as coisas": Cl 1,20). O fato é que o que ele chama de "a verdade do Evangelho" (Gl 2,5.14; cf. 4,16), isto é, a liberdade da Lei como critério de justificação, já era algo indispensável a se antepor diante de qualquer comprometimento. É com base nisso que se compreende a aversão exercida em relação a ele pelo judeu-cristianismo (cf. acima item 4.1), a ponto de torná-lo um verdadeiro sinal de contradição mesmo nas gerações posteriores (cf. PADOVESE, 2009).

O Apóstolo compartilha com seu cristianismo anterior a fé escandalosa de definir o Messias (*Christós*) e até mesmo o Senhor (*Kýrios*) (embora ele nunca o qualifique como um Mestre ou como um Profeta), não um governante poderoso e glorioso, mas um obscuro galileu condenado miseravelmente à ignomínia da cruz, cuja glória em termos paradoxais se acredita vir apenas do fato de ter dado sua vida pelos outros e ter sido, precisamente "por esta razão" (como no hino pré--paulino de Fl 2,9), inesperadamente ressuscitado dos mortos pelo próprio Deus. Assim, pelo menos em grande parte, os primeiros cristãos acreditam que Jesus "morreu pelos nossos pecados" (1Cor 15,3) e que com a ressurreição dos mortos Ele "foi designado Filho de Deus com poder" (Rm 1,4a). Portanto, o que o Paulo judeu compartilha com outros judeus (já que o eram todos os primeiros discípulos de Jesus) é uma fé que também diz respeito a outro judeu, certamente original, mas extremamente humano, culturalmente pertencente a uma região palestina pouco evidente da época. Certamente, do ponto de vista historiográfico, é de se surpreender que no raio de poucos anos um certo Galileu chamado Jesus pudesse dizer tais coisas. E já é muito.

Por conta própria, além disso, Paulo acredita que esse Jesus (Cristo e Senhor) é o iniciador de uma nova época da história e de uma nova identidade antropológica com repercussões universalistas, possivelmente comparáveis, não a um rei como Davi ou a um profeta como Isaías, mas nem mesmo a um grande legislador como Moisés, mas apenas a quem é anterior a todos eles e além disso não pertence ao povo histórico de Israel, isto é, a Adão, progenitor de toda a humanidade (1Cor 15,21-22,45-47; Rm 5,12-21). Assim, com Cristo, uma "nova criação" acontece no crente (2Cor 5,17; Gl 6,15). Certamente Paulo não tinha uma ideia gnóstica de Jesus, como se Ele fosse um revelador angelical que não tinha nada a ver com esse mundo transitório e com o vai e vem da história; pelo contrário, ele sabe bem que Jesus é um descendente de Abraão (cf. Gl 3,16), uma vez que foi precisamente o povo israelita que gerou "o Cristo segundo a carne" (Rm 9,4).

Mas os horizontes desse judeu atípico que é Paulo vão muito além de Israel: ele está interessado no homem como tal, todo homem, independentemente de qualquer distinção ou, pior, de oposição cultural e religiosa. Ele confessa aos romanos: "Pois sou devedor tanto a gregos como a bárbaros, tanto a sábios como a ignorantes" (1,14); e ele admite aos coríntios: "Procedi, para com os judeus, como judeu, a fim de ganhar os judeus; para os que vivem sob o regime da Lei, como se eu mesmo assim vivesse, para ganhar os que vivem debaixo da Lei, embora não esteja eu debaixo da Lei. Aos sem Lei, como se eu mesmo o fosse, não estando sem Lei para com Deus, mas debaixo da lei de Cristo, para ganhar os que vivem fora do regime da Lei. [...] Tudo faço por causa do Evangelho, com o fim de me tornar cooperador com Ele" (1Cor 9,20-23); e afirma o princípio fundamental, segundo o qual "não pode haver judeu nem grego; nem escravo nem liberto; nem homem nem mulher; porque todos vós sois um em Cristo Jesus" (Gl 3,28). Mas, se ele tem uma preferência, essa é para com os gentios, isto é, para com aqueles que foram tradicionalmente cortados da típica consciência de Israel sobre sua eleição distinta: "Dirijo-me a vós outros, que sois gentios! Visto, pois, que eu sou apóstolo dos gentios, glorifico o meu ministério, para ver se, de algum modo, posso incitar à emulação os do meu povo e salvar alguns deles" (Rm 11,13-14). Nessa última frase, seria equivocado ler qualquer sombra de antijudaísmo, já que imediatamente depois Paulo define "santas as primícias e a raiz", em que os gentios convertidos à fé cristã são enxertados, e "boa" a oliveira em que "contra a natureza" é enxertada a oliveira "selvagem" dos mesmos crentes gentios (Rm 11,16-24) (cf. DONALDSON, 1997). Nessas declarações, de fato, não se vê qualquer sinal de proselitismo a todo custo, talvez um fim em si mesmo, não se pode vislumbrar em absoluto; mas há certamente o entusiasmo de alguém que "vive para Cristo" (Fl 1,21), uma vez que foi "conquistado" por Ele (Fl 3,12), é "constrangido pelo amor de Cristo" (2Cor 5,14), e se sentiria um traidor se não o anunciasse aos quatro ventos (1Cor 9,16-17; Fl 1,18). Também não podemos falar de fanatismo que talvez tenha marcado a fase pré-cristã de sua vida; como cristão, por outro lado, ele insiste em "não ter uma ideia muito elevada de si mesmo", "não fazer o mal a ninguém", "viver em paz com todos" (Rm 12,16-18), a "julgar todas as coisas, retendo o que é bom" (1Ts 5,21), em uma palavra a pensar grande: "Tudo o que é verdadeiro, tudo o que é respeitável, tudo o que é justo, tudo o que é puro, tudo o que é amável, tudo o que é de boa fama, se alguma virtude há e se algum louvor existe, seja isso o que ocupe o vosso pensamento" (Fl 4,8).

Mas eis que surge a questão: O que Jesus Cristo significa para Paulo? Em suma, e em nível superficial, poderíamos dizer que, aos seus olhos, o Cristo representou a superação da desigualdade entre judeus e gentios: não no sentido de eliminar a peculiaridade de Israel, mas no sentido de uma equalização dos últimos com os primeiros. Toda a atividade missionária de Paulo, que com toda verossimilhança, ao menos na forma conhecida por nós, não teria ocorrido sem a sua adesão à fé cristã (com toda a probabilidade ele teria permanecido confinado na terra de Israel, talvez como mestre de uma vida "ortodoxa", em conformidade com as regras da Torá), consistiu precisamente nisso: na eliminação da distância que separava os gentios dos judeus, considerados, contudo, o povo da aliança com Deus, a fim de incluir também os "outros", os "diferentes", os "distantes" (cf. CHUN PARK, 2003; STENDAHL, 1995). Mas o princípio inspirador de seu compromisso não era mais apenas o desejo de buscar prosélitos de Israel dentre os gentios, de modo a alcançar a desejada igualdade com base na observância da mesma divina Torá; era, na verdade, a pessoa viva de Jesus Cristo, enquanto mediador não mais da revelação de uma nova Lei imposta ao homem, mas de uma graça que é um favor divino, que incluía os gentios antes e, de fato, independentemente de qualquer critério legalista ou mesmo moral. O Paulo judeu também poderia considerar a Lei mosaica como uma graça concedida por Deus a Israel (Dt 4,7–8,37-40; Br 3,27–4,4) ou em todo caso como algo consequente ao favor fundamental da libertação do Egito, sobre o qual a legitimidade da própria Lei se baseava (cf. SANDERS, 1986: 133-136 e 382s.); mas o Paulo cristão agora acredita que, com a oferta total de vida feita por Cristo e com a sua ressurreição, a graça de Deus não só não passa por mandamentos e preceitos, mas também excede em muito a ideia de libertação (nacional e política) ligada ao antigo êxodo. De fato, se isso constituiu o fundamento da Torá, agora com a morte/ressurreição de Cristo, o fundamento mudou e, portanto, sua substituição também possui algo alternativo à Lei. Segundo ele, portanto, o homem já pode ser considerado "justo" (i. é, santo) aos olhos de Deus, não mais baseado no que o próprio homem pode fazer moralmente de acordo com os ditames da Lei (as "obras"), mas com base na simples aceitação pela fé do evento de morte e ressurreição como válido para todos os homens e para cada indivíduo.

E se a Lei mosaica não é mais o critério distintivo da revelação de Deus e da identidade religiosa do homem, então o acesso a Deus (ao Deus de Israel!) não é mais reservado aos judeus, mas também está aberto a todos os gentios. Então, a batalha de Paulo se torna um esforço em favor da inclusão. Em última análise, o Evangelho e a natureza missionária de Paulo podem ser explicados apenas com base em premissas cristológicas e também judaicas precisas. As premissas cristológicas são as mais decisivas: elas consistem não tanto no dever de cumprir um mandato missionário do Jesus terreno, dado que em suas cartas Paulo nunca menciona qualquer palavra do Jesus terreno sobre a necessidade da missão, mas sim no fato de, tendo percebido o significado disruptivo da fé no Cristo crucificado/ressuscitado, que ultrapassa todas as divisões e une todos os homens em pé de igualdade. As premissas judaicas são de vários tipos: embora o judaísmo da época não ateste a prática de alguma propaganda missionária oficial, é inegável que exercia de diferentes formas seu dever de ser "um povo de sacerdotes e uma nação santa entre todos os povos" (Ex 19,5-6), não somente com o testemunho de uma ética rigorosa, mas também com a oração pelos gentios, com sua vida litúrgica e com uma apologética verbal explícita (cf. DICKSON, 2003); eloquente é a passagem de Fílon de Alexandria, onde os judeus são convidados a não se comportar como os iniciados nos mistérios gregos, fechados nas trevas, mas a beneficiar todos os homens "no meio à praça pública"! (*Spec. leg.* 1,320-323). A mesma questão fundamental concernente aos gentios e seu destino não pode ser explicada, exceto com base em uma perspectiva e uma compreensão judaica. Bem, Paulo se move seguindo duas linhas ideais diante de Israel: em consonância com este, ele continua a conceber o *status* adequado desse povo e a determinação de sua função salvífica histórica, além do fato de se expressar com os cânones de sua cultura tanto em relação à polêmica anti-idolátrica própria do judaísmo do período helenístico-imperial e especialmente em relação à da diáspora egípcio--alexandrina (cf. Rm 1,18-32; 1Ts 1,9) (cf. GOLDENBERG, 1997: 51-62) quanto no que diz respeito ao mesmo conceito fundamental de "justiça", isto é, do que estabelece o *status* de aceitação do homem por Deus, embora o cristão Paulo oponha a fé às obras (cf. SEIFRID, 1992: 78-135); em dissonância com este, ele se engaja em um projeto para superar a separação dos gentios, que Israel cultivou zelosamente para salvaguardar sua identidade nacional e religiosa (sobre isso, havia a inscrição grega colocada em Jerusalém na área do Templo entre o Pátio dos Gentios e os pátios internos reservados para os israelitas, em que se lia: "Nenhum estranho entra além da balaustrada e do muro ao redor do *hierón*; quem for pego em flagrante causará a si mesmo a morte subsequente" [*OGIS* 598]).

Portanto, Paulo cultiva duas atitudes aparentemente irreconciliáveis, que constituem o paradoxo fundamental de seu pensamento. Por um lado, ele continua a se considerar pessoalmente parte de Israel, suportando também várias oposições dessa parte e mantendo firme a típica fé judaica na salvação escatológica daquele povo; e as palavras que pronunciou aos judeus de Roma são sempre sugestivas quando chega ali como prisioneiro: "É por causa da esperança de Israel que estou preso a esta cadeia"! (At 28,20). Por outro lado, ele acredita que agora é Cristo e não mais a Torá que configura a nova comunidade dos eleitos de Deus, distinguindo-se de outros setores do cristianismo primitivo, considerando os dois polos Lei-Cristo substancialmente em antítese e, portanto, irreconciliáveis (cf. acima, item 4.1). Também não haveria tensão se o fim dos tempos tivesse finalmente sido imposto com o Domingo de Páscoa: na inauguração do *éschaton* a Torá normalmente teria terminado seu papel, de modo que a função da Torá e do Messias teriam sido consequenciais e complementares. Mas o anúncio cristão proclamou um Messias que apareceu antes da manifestação escatológica do Reino de Deus, propondo assim na continuação da história uma "justificação" de todo pecador e, portanto, uma salvação do homem essencialmente dependente da aceitação daquele Cristo e do pertencimento à comunidade que o confessava como Messias e Senhor (cf. tb. DAVIS, 2002). A partir dessas premissas, Paulo extraiu as consequências mais lógicas, ou pelo menos as mais claras, de modo que, para ele, já vale o princípio segundo o qual "o fim da Lei é Cristo" (Rm 10,4); e, portanto, "se alguém está em Cristo, é nova criatura; as coisas antigas já passaram; eis que se fizeram novas" (2Cor 5,17). Assim, embora ele se considerasse um judeu em Cristo, acabou perdendo as simpatias da maioria de seu próprio povo, tanto daqueles que não haviam aceitado a identificação de Jesus com o Cristo como também daqueles que, sob tal identificação, o haviam acolhido e proclamado. O fato de que, apesar de tudo, ele não falhou em suas convicções, não só denota a força do impacto que a figura de Jesus Cristo exerceu sobre seu ânimo (Gl 1,8: "ainda que nós ou mesmo um anjo vindo do céu vos pregue Evangelho que vá além do que vos temos pregado, seja anátema!"), mas representou a confirmação de que havia começado uma nova hermenêutica do anúncio cristão, cujo encanto ainda não cessou e da qual se espera que resista a toda domesticação devocional ou, pior, moralista.

O paulinismo, portanto, em primeira instância, distingue-se precisamente por isto: pelo distanciamento das "obras da Lei" em favor da fé pura em Cristo. No entanto, a elaboração da atual *new perspective* enfatiza mais a participação pessoal do crente na vida do próprio Cristo, considerando a intenção primária de Paulo, não como polêmica contra a Lei, mas como abertura missionária aos gentios.

Mas essa tese (cf. seus principais defensores: STENDAHL, 1995; SANDERS, 1989; DUNN, 1983) tem sido objeto de uma ampla discussão, em sua maioria crítica (cf. STUHLMACHER, 2001; KIM, 2002; WATERS, 2004; WESTERHOLM, 2004; BACHMANN, 2005). Além disso, o pensamento do Apóstolo sobre a natureza da Igreja (como o corpo de Cristo) e sobre a sua estrutura substancialmente carismática (pelo menos como a falta da tríade epíscopo-presbítero-diácono, apropriada às posteriores Cartas Pastorais) também deve ser contada como tipicamente paulina.

Dito isso, não é necessário sublinhar o fato de que a missão aos gentios também envolveu uma mudança nos métodos de evangelização. O mais óbvio foi que a missão anterior, conduzida por Jesus somente na terra de Israel e em uma área predominantemente rural, foi transformada (mesmo antes de Paulo) em uma missão urbana. Paulo de fato conhece apenas grandes cidades (cf. MEEKS, 1992). Que ele, mais do que outros, estava aberto ao clima de universalismo cultural estabelecido depois que Alexandre Magno na região do Mediterrâneo, tanto da filosofia estoica predominante quanto das estruturas do Império Romano, deveria ser devidamente levado em consideração. A inculturação do Evangelho de fato se tornou uma necessidade, tornando-a sensível às contribuições hermenêuticas dos preconceitos culturais inerentes à civilização grega (mas já a procedência de Tarso distingue grandemente Paulo do nazareno Jesus) (cf. PENNA, 2001b: 323-364, 175-215; SAMPLEY, 2003; EVANS, 2008). E é impróprio acusar Paulo de ter helenizado o cristianismo (cf. MEIJERING, 1985) por várias razões: porque a passagem de uma cultura para outra requer necessariamente uma prática de adaptação (que é em todo caso sujeita a variação, e, em caso contrário, o problema ocorre novamente em cada geração); porque o próprio judaísmo conhecia um lado helenístico de grande importância cultural (embora tenha sido posteriormente rejeitado pelo rabinismo); e porque o princípio cristão da encarnação é baseado no paradoxo, contrário a toda rigidez, segundo a qual "o Logos se fez carne" (Jo 1,14; cf. tb. Fl 2,6-7).

A notável importância adquirida por Paulo no âmbito das origens cristãs levou alguns autores modernos a falar dele como um (segundo) fundador do cristianismo. A qualificação é completamente incorreta, se com isto pretendemos contrastar Paulo a Jesus (assim já Nietzsche, e novamente AUGIAS & CACITTI, 2008: 29 e 45), dado que entre o primeiro e o segundo há a Igreja primitiva que já havia elaborado uma hermenêutica variegada sobre o Nazareno, condicionando o próprio Paulo (cf. PENNA, 2009b: 11-23). De fato, a posição daqueles que gostariam de ver no Apóstolo o verdadeiro fundador do cristianismo como uma religião de redenção, na medida em que teria transformado Jesus em um Redentor, inevitavelmente se choca contra dois dados incontestáveis. Um consiste no fato de que, mesmo antes dele, a Igreja primitiva reconheceu a finalidade redentora da morte de Jesus, como declarado em 1Cor 15,3 ("Ele morreu por nossos pecados"), que representa a citação de uma confissão de fé anterior ao Apóstolo ("Eu vos transmiti o que também eu recebi"). O segundo é que Paulo nunca define Jesus como Redentor (embora use o substantivo abstrato "redenção"/*apolýtrosis*, mas muito raramente: somente em Rm 3,24; 8,23; 1Cor 1,30) e até menos como Salvador (dado que o título está presente apenas uma vez e em referência não à obra histórica ou real de Cristo, mas apenas à sua vinda escatológica, como se dissesse que somente no fim dos tempos Ele se manifestará como tal: Fl 3,20). Por outro lado, a formulação abstrata e tradicional sobre a morte "pelos pecados" é então substituída por outra de tipo personalista com as palavras "por todos [...] por vós [...] por nós [...] por mim [...] pelo irmão [...] pelos ímpios" (respectivamente 2Cor 5,14s.; 1Cor 11,24; 1Ts 5,10; Gl 2,20; 1Cor 8,11; Rm 5,6). Mas ainda é preciso dizer que a afirmação maciça que faz de Paulo o fundador do cristianismo é tão pouco admissível que depois dele a história da Igreja tem correspondido muito pouco às suas posições. Na verdade, o próprio Loisy está certo quando pergunta:

> Se sua ação foi de importância capital, então como explicamos que antigos documentos cristãos, como a *Didaqué* e a assim chamada *Carta de Barnabé*, parecem ignorá-lo e que o Apocalipse de João, embora mais judaizante em estilo do que em espírito, combate sua escola, senão sua memória? No século II, as Igrejas da Ásia, para cuja fundação ele também contribuiu, não se referiam a ele; e o silêncio do apologista Justino é particularmente significativo (LOISY, 1954: 173).

Mas a qualificação do segundo fundador do cristianismo não seria totalmente imprópria, se com isso quiséssemos apenas reconhecer o gênio marcado daqueles que "asseguraram para sempre no cristianismo o direito de pensar"! (SCHWEITZER, 1930: 365).

A esta altura, devemos lembrar todos os caminhos tomados por Paulo em suas numerosas movimentações, mesmo que ele não tenha levado em conta o projeto de ir tão longe como até a Espanha, sobre a qual não dispomos de qualquer narrativa e, portanto, não há qualquer fundação da Igreja. Abaixo, consideramos as várias comunidades paulinas de acordo com as áreas geográficas visitadas por Paulo e seguindo a sucessão cronológica de suas viagens. Na verdade, com apenas uma viagem que ele fundou, na sequência, as Igrejas da Galácia, de Filipos, de Tessalônica e de Corinto, e não apenas todas juntos contêm a característica do paulinismo, mas também cada uma tem suas características próprias (contra essa tese, cf. HORRELL, 2008 e sua tese "igualitária").

6.2 As Igrejas da Galácia

Lucas escreve que, após a separação de Barnabé logo após o Concílio de Jerusalém, Paulo e Timóteo percorreram "a região frígio-gálata, tendo sido impedidos pelo Espírito Santo de pregar a palavra na Ásia" (At 16,6). Estamos no ano 48-49. É nessa ocasião que alguns grupos de cristãos tomaram forma nesse território, já que, no início da próxima viagem missionária (por volta de 53-54), Lucas novamente nos informa que, partindo de Antioquia, "saiu, atravessando sucessivamente a região da Galácia e Frígia, confirmando todos os discípulos" (At 18,23). A menção explícita de uma presença de "discípulos" afirma claramente que a viagem anterior foi frutífera.

Há uma discussão sobre qual efetivamente foi o território da Galácia coberto por Paulo. Mas entre os limites que coincidiam politicamente com a ampla província romana erigida por Augusto (incluindo também os centros meridionais visitados por Paulo durante a primeira viagem junto com Barnabé) e o território que coincide, em um sentido estritamente étnico, com a região setentrional dos verdadeiros gálatas (agrupados em torno das cidades de Pessinunte, Ancira e Górdio, incluindo uma parte da Frígia oriental que fazia parte da Galácia na época romana, a segunda opção é preferível (cf. PITTA, 1996: 25-27). É, portanto, uma população de origem celta, que, provindo precisamente dos gauleses, em 278 a.C. atravessou o Helesponto, com incursões e pilhagens, e que Átalo I, rei de Pérgamo, em 230 a.C., confinou na área aproximadamente localizada entre os rios Sacaria e Hális [Quizil-Irmaque].

Nem Lucas nem Paulo mencionam qualquer local específico como o palco da atividade do Apóstolo na região. Nós só sabemos que ele ocasionalmente se deteve por causa de algumas de suas indisposições (Gl 4,13) e que por essa razão despertou boas atitudes e até mesmo respeito por parte dos Gálatas (Gl 4,14-15), além de ser forçado a um estada relativamente longa. Mas sua permanência foi produtiva em termos de evangelização, dado que a carta subsequente dirigida "às Igrejas da Galácia" (Gl 1,2) emprega um plural para indicar diferentes grupos de cristãos. Esse plural não se refere a vários grupos presentes na mesma cidade (já que nenhum é mencionado), mas a várias comunidades espalhadas por todo o território (não excluindo a Frígia oriental).

A identidade dessas Igrejas só pode ser deduzida da carta que Paulo depois lhes dirigiu durante a viagem seguinte, escrevendo-a da Macedônia ou de Corinto por volta do ano 54-55. A primeira coisa a entender é que os cristãos da Galácia deviam provir substancialmente do paganismo, já que Paulo os lembra: "Outrora, porém, não conhecendo a Deus, servíeis a deuses que, por natureza, não o são" (Gl 4,8).

O texto epistolar tem traços marcadamente polêmicos em relação aos gálatas destinatários, por causa de algo que ocorreu no período intermediário entre a presença física de Paulo nessas Igrejas e a escrita da própria carta. O que podemos tirar disso é que, depois de Paulo, outros evangelizadores judeu-cristãos se infiltraram na Galácia. Estes queriam corrigir o anúncio paulino com a exigência de observância da Lei mosaica. É sobre esse assunto que Paulo se concentra. Por outro lado, ele nada nos diz sobre as características dessas Igrejas; ele silencia, principalmente, sobre a sua eventual estruturação ministerial, provavelmente porque todas as comunidades estavam envolvidas na crise que as rondava, sem distinção dos papéis internos.

Infelizmente, nem tudo é claro em relação às diferentes circunstâncias, já que "ler a carta de Paulo aos Gálatas é como entrar em cena quando a cortina foi levantada no terceiro ou no quarto ato" (MARTYN, 1997: 13). Logo após sua saída daquela região, alguns pregadores judeu-cristãos, "falsos irmãos que se entremeteram" (2,4), foram introduzidos entre os batizados dessas comunidades "perturbando-os e querendo perverter o Evangelho de Cristo" (1,7), quase com um trabalho de sedução (3,1). O problema é que os gálatas cristãos se mostraram facilmente dispostos a "passar para um outro evangelho" (1,6), colocando em prática uma forma oposta de conversão (4,9).

A reação do Apóstolo diante dessa situação passa imediatamente da maravilha para a clara recusa (1,6-9), e depois usa vários meios argumentativos, como a autobiografia (1,10–2,21), a ironia (3,1-5; 5,12), e sobretudo uma exposição doutrinária com fortes características polêmicas (3,6–4,11, 4,21-31; 5,1-25). O que está em jogo é uma alternativa considerada por Paulo em termos notavelmente enfatizados entre Cristo e a Lei, considerados como polos opostos: por um lado, há "Aquele que vos chamou na graça" (1,6; cf. 5,8) "para a liberdade" (5,1.13) e, por outro lado, a Lei (mosaica), o princípio de escravidão (3,23-24; 4,21-31) e, portanto, de renúncia da própria graça! (5,4). Essa polaridade é também especificada de várias maneiras como oposição mútua entre a fé e as obras (2,16; 3,2.5), entre a infância e a idade adulta (4,1-7), entre Deus e os elementos do mundo (4,8-10), entre a carne e o Espírito (3,3; 5,16-25), entre a velha e a nova criação (6,15). Particularmente notável é uma evidente novidade linguística: aqui, de fato, encontramos pela primeira vez o sintagma "obras da Lei", que além disso é caracterizado por uma semântica negativa (2,16; 3,2.5.10); o construto será então encontrado também em Romanos (3,20.27.28; 4,2.6; 9,12.32; 11,6) e tem uma contrapartida apenas em Qumran (cf. PENNA, 2001b: 512-535). Além disso, pela primeira vez, Paulo atribui uma semântica negativa também ao conceito de Lei/*nómos*: preservando em alguns poucos casos o seu significado tradicional de "Escritura" (3,10; 4,21; 5,14), o termo agora adquire um forte tom pejorativo (pelo menos em vinte casos, além do dito sintagma), a ponto de ser relacionado à ideia de uma maldição (3,10-13). Bem, essa era uma perspectiva ausente nas cartas anteriores a Gálatas. Ademais, o tema da justificação somente pela fé, desenvolveu-se mais amplamente na Epístola aos Romanos, conectada com um amplo desdobramento do léxico derivado da raiz *dik-*: assim acontece com o adjetivo *"díkaios"*/"justo" (completamente ausente em 1Ts e 1-2Cor, aparece com um valor tático em Gl 3,11 com a citação probativa de Ab 2,4, retornando sete vezes em Rm), para o substantivo *"dikaiosýnē"*/"justiça" (enquanto presente já oito vezes nas cartas aos coríntios, é agora pela primeira vez controversamente oposto à Lei [2,21; 3,21] e ligado em vez disso com a fé [3,6] e o Espírito [5,5]), e com o verbo *dikaióō*/"justificar" (primeiro presente somente em 1Cor 6,11, ligado sem controvérsia ao nome de Cristo, é agora usado oito vezes [2,16.16.17; 3,8.11.24; 5,4] para indicar que a justificação, impossível com a Lei e suas obras, só é possível com fé em Cristo). A novidade obviamente envolve também o uso da raiz *pist-* (ligada à fé), na medida em que seus derivados estão agora associados, de maneira negativa, à Lei e suas obras, como antes não é possível constatar: isso vale tanto para o verbo *pisteúō*/"crer, confiar" (2,16; 3,6.22) quanto para o substantivo *pístis*/"fé, confiança" (presente 22 vezes [de 1,23 a 6,10]). Tudo isso está ligado ao conceito de "liberdade", que para Paulo deriva de uma libertação, não tanto do pecado, mas muito mais da Lei, como um princípio externo de justificação, e que é essencialmente ordenado a um exercício concreto de amor (cf. PENNA, apud LAMBRECHT, 1993: 249-276).

Fica claro que ocorreu em Paulo uma mudança na hermenêutica do Evangelho, que pode ser vista tanto no léxico quanto em seu significado. A mudança deve ter sido motivada precisamente pelo embate polêmico com um grupo de novos oponentes e pela consequente necessidade de defender, de fato esclarecer, o que para ele era e deveria continuar sendo "a verdade do Evangelho" (2,5.14; cf. 4,16; 5,7). Ele ainda não tivera a oportunidade de discutir isso antes da crise que surgiu na Galácia (cf. HOWARD, 1979). Certamente, é necessário especificar o que defendiam os opositores do Apóstolo e até que ponto a linguagem que este usou depende da que aqueles usaram. A coisa mais inquestionável é que exigiam como indispensável a circuncisão (6,12-13; 5,3; 2,3) e provavelmente se referiam ao modelo do patriarca Abraão como observante da Lei, mesmo antes de ser dada a Moisés no Sinai (cf. DAVIS, 2002: 152-181). Tais exigências, no entanto, eram contrárias à pregação paulina da liberdade da Lei e, portanto, a novidade da situação criada obrigou o Apóstolo a responder com uma forte intervenção pastoral, que acabou reformulando sua compreensão do Evangelho e do que implica seu impacto antropológico.

Nessa intervenção, Paulo demonstra perceber o risco que os cristãos da Galácia estão prestes a correr, e o demonstra em um nível emocional, como denota toda uma série de expressões muito fortes de admiração, condenação e medo de ter trabalhado em vão (1,6-9; 3,1; 4,11; 5,2.12; 6,17a). Essa dimensão psicológica é naturalmente combinada com um esforço argumentativo notável e apaixonado, que coloca no centro da identidade cristã a necessidade e a suficiência de Cristo e da fé nele para o propósito da justificação dos gentios diante de Deus.

Aqui, no entanto, surge uma questão importante, que podemos formular desta maneira: Antes da crise na Galácia, talvez Paulo nunca teria pensado no tema da justificação pela fé sem as obras da Lei? Ou o caso da Galácia simplesmente favoreceu a explicação de um dado já originalmente ligado à sua adesão a Cristo? É bem sabido que a resposta a essa questão deu origem a uma enorme produção bibliográfica, que opõe entre si os defensores da chamada *new perspective* sobre Paulo e sobre o paulinismo e seus oponentes que se referem à interpretação mais tradicional (e mais "luterana") (cf. acima, item 6.1).

Em minha opinião, é injusto reduzir a experiência do caminho de Damasco à mera percepção de um chamado para anunciar o Evangelho aos gentios, como se Paulo não tivesse percebido na época o problema teológico da Lei, mas apenas suas estreitas dimensões étnicas como *identity markers* sociorreligiosos; pensando assim, passamos a considerar o tema da justificação pela fé apenas como uma adição posterior e secundária. Mas, ao contrário, é mais do que provável que a posição verificável em Gálatas represente apenas o quarto estágio de um processo de redefinição do conceito judaico da Lei e da possível justiça a ela vinculada. No primeiro passo já existe a motivação para a perseguição à primitiva comunidade cristã pelo fariseu Saulo: deve ter tido como gatilho o sentimento de que o Messias dos cristãos (e a fé nele) inevitavelmente acabava afetando o valor da Lei a ponto de ela não ser mais suficiente e, menos ainda, necessária. Em segundo lugar há sobretudo a experiência de Damasco que, revelando a Paulo a centralidade absoluta de Jesus Cristo como o Filho de Deus e Senhor, manifestou-lhe ao mesmo tempo todos os limites, inclusive a insuficiência e até a impotência da Lei no processo de aceitabilidade dos gentios por parte de Deus e, portanto, em última análise, a superação dela. O terceiro estágio é dado pelas cartas escritas antes de Gálatas, nas quais o tema da justificação pela fé não está totalmente ausente: a única diferença é que ele não é tematizado, faltando a oportunidade de um estímulo polêmico externo (cf. KIM, 2002: 85-100). Finalmente, com base na ocasião que lhe foi fornecida pelos fatos da Galácia, Paulo chega a expressar seus pensamentos sobre o assunto com mais precisão, embora com a variante de uma ácida polêmica. Assim, pode-se dizer que Paulo não se dedicou à doutrina da justificação pela fé por causa de sua missão entre os gentios, mas que, pelo contrário, dedicou-se à missão entre os gentios por causa da doutrina da justificação pela fé.

6.3 As Igrejas da Grécia

A chegada de Paulo ao território europeu é destacada por Lucas por meio de um sonho que o Apóstolo teve em Trôade, na costa asiática setentrional, quando um macedônio apareceu a ele convidando-o a passar pela Macedônia (At 16,9-10) cruzando o Mar Egeu. "Macedônia" é apenas o nome de uma região do continente-Europa, cuja menção explícita no Novo Testamento nunca acontece; ademais, o próprio nome exato de "Grécia"/*Hellás*/"Ellade" ocorre apenas uma vez (At 20,2), e com ele já nos tempos antigos havia uma tendência a distinguir a Península Helênica da própria Macedônia (mas às vezes se usava a palavra *Hellás* para indicar apenas subregiões, cf. Estrabão 8,6,5-6). Portanto, aqui falamos de "Grécia" em um sentido geográfico-unitário, incluindo todo o território que começa na Macedônia e vai até a Ática (por outro lado, Fílon de Alexandria computa Macedônia e Corinto como partes da Europa: cf. *Legatio ad Caium* 281). O objetivo é traçar o quadro de cada uma das Igrejas, seguindo a ordem histórica de sua fundação e não a cronológica das cartas posteriormente dirigidas a elas por Paulo.

• *A Igreja de Filipos* – Entre a fundação dessa Igreja (ano 50) e a Carta aos Filipenses (provavelmente ano 54) há um intervalo de cerca de cinco anos, durante o qual Paulo já tinha escrito aos tessalonicenses e talvez também aos coríntios. Contudo, Filipos é a primeira cidade europeia onde o Apóstolo permaneceu e anunciou o Evangelho (At 16,11-40) (cf. PILHOFER, 1995, esp. p. 127-150). Dessa Igreja os Atos mencionam o nome de uma rica mulher, Lídia, que se converte com toda a sua família e, além disso, nos informa que até o carcereiro de Paulo recebeu o batismo com toda a sua família. Ademais, em sua carta, o próprio Paulo nomeia pelo menos três outras pessoas, a saber, um homem (Epafrodito: Fl 2,25-30; provavelmente também implica no apelativo "caro companheiro" de 4,3 [que, aliás, alguns Padres gregos da Igreja entendiam no feminino como uma referência à esposa do próprio Paulo] e duas mulheres, convidadas a entrar em acordo (Evódia e Síntique: 4.2).

Quanto a Epafrodito, é provável que a definição de "meu irmão, cooperador e companheiro de lutas" seja ligeiramente hiperbólica, embora certamente indique o afeto que o Apóstolo tem por ele. Pelo menos no nível histórico, pode-se deduzir que ele, juntamente com Timóteo, deve ter prestado louvável assistência a Paulo e às suas necessidades. O elogio acerca de suas relações com o Apóstolo antecipa e funciona somente como acessório àquele concernente às suas relações com a Igreja de Filipos: "vosso mensageiro[*apóstolos*] e vosso auxiliar [*leitourgós*] nas minhas necessidades". Alguém notará o uso não técnico do título de "apóstolo", aqui entendido apenas no sentido de um delegado dos filipenses (assim tb. 2Cor 8,23; At 14,14); quanto ao segundo apelativo, alude a um serviço público que, neste caso, é realizado em nome de toda a comunidade filipense e, portanto, vai muito além de uma simples ideia pessoal. O esclarecimento sobre o fato de que ele "colocou sua vida em perigo" para servir Paulo (2,20) é feito usando um verbo muito raro (*paraboleúomai*, derivando do substantivo mais conhecido *parabolé*), que significa "lutar, colocar-se em perigo", mas, evocando o significado próprio da etimologia (*para-bállein*, "lançar ao lado, colocar perto", daí "comparar, comparar"), indica que o compromisso de que se fala, tudo menos teórico ou verbal, implica uma entrada concreta na peleja, enfrentando o perigo e, portanto, realmente arriscando a vida. Talvez o melhor comentário venha do que o próprio Paulo diz de si mesmo no Livro dos Atos: "Em nada considero a vida preciosa para mim mesmo, contanto que complete a minha carreira e o ministério que recebi do Senhor Jesus para testemunhar o Evangelho da graça de Deus" (At 20,24). Assim, entendemos por que Paulo não apenas nos exorta a receber Epafrodito com alegria, mas também induz os filipenses a "ter estima por homens desse tipo". Esse tipo de exortação é semelhante a outras que lemos nas cartas do Novo Testamento a respeito de outras pessoas consideradas importantes para as demais comunidades (1Cor 16,16; 1Ts 5,12; 1Tm 5,17; Hb 13,17). Tais analogias nos confirmam na hipótese, segundo a qual Epafrodito deve ter desempenhado, na Igreja de Filipos, um importante papel ou presidência ou, em todo caso, com alguma responsabilidade pastoral.

Quanto às duas cristãs, Evódia e Síntique, mencionadas pelo nome, infelizmente não sabemos mais nada, exceto que também devem ter desempenhado um papel muito importante na comunidade filipense. Podemos deduzi-lo não apenas do fato de que Paulo pessoalmente as convida a conviver pacificamente, quase como se o exemplo da autoridade de ambas tivesse repercussões na vida interna da comunidade, mas sobretudo da definição explícita que ele dá no versículo seguinte: "pois juntas se esforçaram comigo no Evangelho, também com Clemente e com os demais cooperadores meus, cujos nomes se encontram no Livro da Vida" (4,3). O combate sobre o qual estamos falando é uma metáfora de tons agonístico--militares (em grego há a expressão *"syn-éthlēsán moi"*, "lutaram [lit. agiram como atletas] juntamente comigo") e pertence à linguagem de Paulo quando ele alude a um compromisso particularmente caro em favor do Evangelho (assim tb. 1,27). O verbo usado pode ser considerado semelhante a um outro (*kopiáō*, "trabalhar [implícito: com dificuldade; portanto] cansar-se"), que o Apóstolo frequentemente usa sobre si mesmo e seus colaboradores no apostolado, homens e mulheres (Rm 16,6.12a.12b; 1Cor 15,10; 16,16; Gl 4,11; 1Ts 5,12).

Além dessas pessoas específicas, é interessante mencionar o aceno genérico que Paulo faz logo no início da carta, não apenas aos cristãos da cidade qualificados como "santos", mas também à presença entre eles de "epíscopos e diáconos".

A qualificação dos cristãos como "santos" (retomada em 4,21-22), levando em conta a linguagem paulina, não surpreende tanto. De fato, por um lado, Paulo ainda não conhece ainda o nome de "cristãos" para se dirigir aos seus destinatários (no entanto, ele frequentemente os designa como "irmãos"), e, por outro, ele tem um conceito original de santidade que excede aquele que veio posteriormente e acabou se tornando dominante. Ele tem um conceito evangélico de santidade, entendido como um puro dom de Deus feito no momento do Batismo e baseado na fé ("santificados em Cristo Jesus": 1Cor 1,2; 1,30; 6,11); seus sinônimos são os da justiça, reconciliação, redenção, liberdade: todos os termos que implicam uma ação divina e ao mesmo tempo indicam um resultado de novidade, constitutivo da identidade do próprio crente (cf., p. ex., Rm 5,1). Em primeiro lugar, portanto, não se trata de uma santidade com uma dimensão moral, entendida como fruto do compromisso e do esforço humano. A ideia paulina é absolutamente original, pois sublinha precisamente o que é mais autêntico no cristianismo, a gratuidade de uma condição antropológica que vem do alto, contra toda tentação estoica ou pelagiana ou mesmo iluminista que, ao contrário, significa de maneira reducionista a novidade do homem como uma mera conquista daqui de baixo. Além disso, até mesmo em outros lugares, o Apóstolo se dirige aos destinatários de suas cartas simplesmente chamando-os de "santos" (Rm 1,7; 1Cor 1,2; 2Cor 2,2; e novamente Fl 4,21-22), usando assim um título que não tem tanto o valor de identificação social mas sim o de uma definição quase ontológica e, portanto, de reconhecimento de sua profunda dignidade. Como se dissesse: os batizados *são* santos, mesmo que nem sempre *se demonstrem* como tais.

A referência a "epíscopos e diáconos" é mais problemática. Certamente trata-se de um grupo de pessoas que fazem parte dos "santos" mencionados anteriormente. Mas o problema vem do fato de que nunca em outro lugar em suas cartas certamente autênticas (Romanos, 1Coríntios, 2Coríntios, Gálatas, 1Tessalonicenses, Filêmon) Paulo menciona essas formas de ministério eclesial, nem nas listas de ministérios nem separadamente (lembremos, *en passant*, que isso vale ainda mais acerca dos "presbíteros", que aparecem apenas no final das Cartas Pastorais, 1Timóteo, 2Timóteo, Tito). A natureza problemática da dupla menção também é dada pelo fato de que esses dois tipos de pessoas aparecem apenas de passagem aqui no pré-escrito da carta, enquanto mais tarde nenhuma atenção é dedicada a eles; em vez disso, alhures, onde aparecem juntos (nas Cartas Pastorais), são objeto de extensas instruções. Além disso, deve-se notar que não se trata de um único epíscopo, mas de muitos no plural, em uma única comunidade que devia ser bastante pequena (no máximo umas cinquenta pessoas). Por outro lado, devemos notar também que esta é, de longe, a primeira atestação na história da Igreja do uso do termo e, portanto, da existência de uma função ministerial similar na esfera cristã. A tradução por "bispos" seria completamente imprópria porque é anacrônica, tanto porque são mais de um para a mesma comunidade, como porque não pareciam ter qualquer função magisterial. *Epískopos* em grego significa "vigilante, superintendente, controlador, guardião, observador, custódio, inspetor" e até mesmo "explorador". Já Homero definiu os deuses como "custódios [*epískopoi*] dos pactos" (*Ilíada* 22,255) e o troiano Heitor como "defensor [*epískopos*] da cidade" (24,729), enquanto na Bíblia Deus é chamado "investigador [*epískopos*] do coração" (Sb 1,6). Muito discutido é a possível analogia entre a figura do Novo Testamento e a de um personagem testemunhado em Qumran, chamado $m^e baqqér$, "inspetor", que intervém para corrigir e instruir os membros da comunidade (1QS 6,12; CD 13,6-8; 14,8-9); mas o destino da carta de Paulo a uma comunidade pagã do meio ambiente torna muito improvável a referência a uma prática judaica que, além disso, pertence a uma um âmbito sectário. Pelo contrário, sustentando a linguagem paulina há com toda a probabilidade a figura de uma espécie de oficial, estadual ou local, que é amplamente testemunhado em várias cidades gregas e que estava encarregado de supervisionar vários aspectos da vida pública (ordem, construção, finanças não são funções judiciais e religiosas seguras). O certo é que essa figura tinha habilidades puramente administrativas e era desprovida de qualquer tarefa de ensino ou pregação, que, aliás, se reservava a outras pessoas (poetas, oradores, legisladores, filósofos, profetas). O mesmo pode ser dito para as primeiras comunidades cristãs, como testemunha a *Didaqué* (segunda metade do século I): aí se fala de epíscopos e diáconos eleitos pelas comunidades individualmente (15,1), que, embora no plural, já tendem a substituir a função dos profetas ainda considerados os mais importantes. A falta de presbíteros tanto em Filipenses quanto na *Didaqué* sugere que as duas figuras e as duas funções não são distintas (assim tb. At 20,17 e 28). Portanto, de fato, tanto a palavra quanto o significado que ela implica derivam da cultura pagã circunstante. A função dos epíscopos em Filipos, portanto, não era magisterial, mas administrativa, uma vez que eram responsáveis pelo progresso da comunidade, incluindo funções de assistência, como especificado com as figuras associadas dos diáconos. De fato, o *Diákonos* está na mesma linha do epíscopo e não é por acaso que está associado a ele. Seu significado é o de "servidor" (originalmente, em grego, é ele quem serve à mesa: esse significado é claramente mantido em At 6) e, em nosso caso, não representa nada mais do que um ajudante do epíscopo. Por outro lado, quando o termo ocorre sozinho, ele adquire significados traduzidos mais amplos (como em Rm 13,4; 1Cor 3,5; 2Cor 11,23; 1Ts 3,2).

No entanto, Paulo reconhece que a Igreja de Filipos o apoiou com ajuda concreta (4,14-17), e os fatos em questão são relembrados com algumas referências essenciais. Antes de mais nada, devemos entender o fato central de que o Apóstolo honra seus amigos filipenses: eles eram os únicos a estar perto dele e ajudá-lo "no tocante a dar e receber". É como dizer que eles e, e somente eles, lhe deram crédito, como se mantivessem uma folha de pagamento. A linguagem é de fato comercial, como pode ser visto em outros lugares (PLUTARCO. *Moralia* 11B), especialmente em papiros contemporâneos (p. ex., *P. Oxy.* 275, 19.21). No entanto, a linguagem de Paulo deve ser metafórica, já que também era usada em relações amistosas para indicar dívida mútua na troca de bens espirituais.

Ora, isso tinha acontecido desde o início da pregação evangélica de Paulo na Europa, quando começara da Macedônia sua viagem europeia provindo da Ásia. O relato dos fatos pode ser lido nos Atos dos Apóstolos (16,11s.), fora a ajuda reiterada que ele afirma ter recebido quando estava em Tessalônica, da qual os Atos não falam. Mas em outra de suas cartas o próprio Paulo alude à ajuda recebida dos filipenses quando ele já estava em Corinto, pois ele escreve precisamente aos coríntios: "Estando entre vós, ao passar privações, não me fiz pesado a ninguém; pois os irmãos, quando vieram da Macedônia, supriram o que me faltava; e, em tudo, me guardei e me guardarei de vos ser pesado" (2Cor 11,9; cf. At 18,5). Aqui, no entanto, surge um problema. Por um lado, sabemos que Paulo, em Corinto, não aceitou a ajuda dos coríntios, que até o censuravam como um opróbrio, a ponto de forçá-lo a se defender (2Cor 11,7-10; 12,13-15); a mesma coisa aconteceu com os cristãos de Tessalônica (1Ts 2,9). De fato, essa era sua regra geral (1Cor 9,6-15), exceto ao solicitar assistência às vezes, mas apenas em vista de algumas de suas viagens (Rm 15,24; 1Cor 16,6). Por outro lado, devemos notar que ele aceitou claramente auxílio da Igreja de Filipos e somente dela. Como assim? Para explicar esse fato aparentemente contraditório, devemos provavelmente pensar apenas na posição específica de Filipos e sua Igreja: foi a primeira cidade que Paulo encontrou em solo europeu e nela fundou a primeira Igreja fora da Ásia. Provavelmente, nessa fase de sua atividade apostólica, ele ainda não amadureceu a decisão de não sobrecarregar as condições econômicas de seus cristãos, como habitualmente se comportou mais tarde. E, nessa perspectiva, também se explica o relacionamento afetivo particular que o ligava aos próprios filipenses, como pode ser verificado repetidamente na carta a eles endereçada. Aqui em 4,17, Paulo explica a expressão anterior de caráter comercial sobre o dar e o ter, e ele o faz esclarecendo que não espera nada dos filipenses, já que, pelo contrário, sabe que está em dívida para com eles. Além disso, pouco antes de já ter afirmado que, se ele se alegrava porque os filipenses haviam revivido seus sentimentos sobre ele, não era sentir que sua condição de necessidade era onerosa, já que pelo contrário ele aprendeu a ser autossuficiente (4,10-11). Agora, Paulo esclarece as coisas reiterando que não busca seus dons, mas um "fruto abundante", no qual consiste o próprio crédito. A afirmação, à primeira vista enigmática, é provavelmente explicada pelo "fruto da justiça" do qual ele já escreveu em 1,11. É como se os filipenses, enviando sua ajuda a Paulo, o obrigassem a permanecer em dívida com eles, mas com uma dívida que consiste em seu retorno a ponto de favorecer o incremento de sua vida cristã. E isso não é sentido por ele como um fardo, porque é precisamente isso que ele procura e persegue.

Em todo caso, a Carta aos Filipenses insiste no tema da harmonia comunitária (2,1-4.14-16), alertando contra aqueles que gostariam de perturbar sua identidade cristã, que Paulo qualifica em termos inequívocos como "cães [...] maus operários [...] mutiladores" (3,2). Eles certamente se identificam como judeus (talvez até cristãos, mas oriundos do judaísmo), que fazem da sua matriz religiosa uma questão decisiva também quanto à adesão a Cristo. Isso significa que ignoram a pregação paulina sobre a fé pura, insistindo, ao contrário, na importância decisiva de observar as prescrições da Lei a começar pela circuncisão. Precisamente esse tipo de hermenêutica religiosa permite que Paulo os identifique um pouco mais tarde, em termos inequívocos, mas com grande amargura, como "inimigos da cruz de Cristo" (3,18). Pelo menos em parte, sua aparência coincide com a dos adversários que emergem da Carta aos Gálatas (cf. acima; cf. tb. 2Cor 10-13). A oposição a esses pregadores e ainda mais à sua doutrina é realizada por Paulo em diferentes momentos e formas. No início, no v. 3, quase na forma de uma tese, ele apresenta a identidade cristã em geral com sua característica de independência radical do condicionamento de obras "carnais". Em um segundo momento, nos v. 4-6, o Apóstolo contesta os adversários apresentando suas credenciais judaicas, como se dissesse que eles não têm nada para se vangloriar mais do que ele. Em um terceiro momento, nos v. 7-14, ele aduz e desenvolve em termos autobiográficos sua própria experiência estimulante de um salto qualitativo, que o levou de um conceito de justiça (diante de Deus) fundado na Lei para o de uma justiça fundada na fé; essa experiência aos olhos de Paulo torna-se, por assim dizer, o crivo com o qual ele avalia a essência e a existência do cristão como tal. Em particular, a própria figura de Paulo adquire grande importância, dando-nos uma das mais belas páginas de sua biografia. Por essas páginas, transluzem componentes fortemente dialéticos, que delimitam a típica fisionomia do homem e do Apóstolo. Na verdade, ele aparece como um convertido a uma obra ainda generosa, que julga como "refugo" tudo que não o leve a Cristo (3,4-14), e ao mesmo tempo sabe apreciar todos os valores humanísticos que encontra em torno de si (4,8). Além disso, revela um ardente desejo de estar imediatamente com Cristo (1,23), mas também se aplica ao seu compromisso missionário sem buscar álibis de qualquer tipo (1,20b.25; 2,17; 4,9).

A carta também revela em primeiro plano o tema da alegria (do qual encontramos tanto o substantivo em 1,4.25; 2,2.29; 4,1 quanto o verbo em 1,18; 2,17.18.28; 3,1; 4,4.10). Além disso, é merecidamente famosa por um importante hino cristológico, em 2,6-11, que se evidencia com grande destaque dentro do Novo Testamento tanto por sua antiguidade pré-paulina como pela original celebração da pessoa e da história de Jesus Cristo (cf. PENNA, 2010a, II: 121-137). A fé nele vem assim a comandar toda a vida cristã, para a qual um ponto muito alto de referência e conformação é proposto de acordo com um processo contínuo de morte e ressurreição (1,29; 3,10-15).

• *A Igreja de Tessalônica* – Os Atos dos Apóstolos, a propósito da permanência de Paulo e Silas naquela cidade, falam da adesão ao Evangelho por "alguns" judeus "bem como numerosa multidão de gregos piedosos e muitas distintas mulheres" (At 17,4). Ambos hospedados na casa de um certo Jasão, sofreram a hostilidade dos cidadãos judeus que os forçaram a deixar a cidade, e é talvez a esses reveses que Paulo alude em sua carta quando fala dos julgamentos anunciados e sofridos: como, "de fato, aconteceu e é do vosso conhecimento" (1Ts 3,4).

A fisionomia da Igreja de Tessalônica, ou pelo menos parte de sua identidade, nos é conhecida pela carta a ela endereçada. De particular interesse histórico é o texto que lemos em 5,12-13: "Agora, vos rogamos, irmãos, que acateis com apreço os que trabalham entre vós e os que vos presidem no Senhor e vos admoestam; e que os tenhais com amor em máxima consideração, por causa do trabalho que realizam. Vivei em paz uns com os outros". Aqui, tendo em conta que 1Tessalonicenses é a primeira carta de Paulo e portanto o primeiro escrito cristão, encontramos, pela primeira vez no âmbito das origens cristãs, a qualificação de um ministério eclesial, o de *proistámenoi*, "prepostos, guias, presidentes" (cf. tb. Rm 12,8; 1Tm 5,17); a palavra, dada a associação com a ideia de fadiga, também pode indicar pessoas que estão cuidando ativamente dos outros. Em grego, normalmente é uma qualificação que sinaliza uma importante função da comunidade, não tanto como um título oficial, mas como o nome de um papel exercido publicamente dentro de um grupo. Considerando que no texto paulino o verbo fica entre dois outros, "trabalhar" e "admoestar", não indica propriamente uma proeminência ou uma forma de poder (cf. AGUIRRE, 2004: 169-175), mas um cuidado pastoral desinteressado pelo bem da comunidade, embora nada seja dito sobre o modo como essas pessoas foram designadas para esse tipo de ministério.

No entanto, a Igreja de Tessalônica foi marcada por uma expectativa particular do fim dos tempos. Em sua carta, de fato, Paulo deve se confrontar com uma questão suscitada por essa comunidade sobre os cristãos mortos (4,13). Trata-se do fato de que, entre os cristãos tessalonicenses, houve mortes, que, com toda a probabilidade, essa comunidade não esperava e, portanto, são a causa de tristeza. Quanto a Paulo, não é certo se o fato foi novo e inesperado também para ele, pois é difícil imaginar que, nos vinte anos de atividade missionária antes de sua escrita, ainda não tivesse se deparado com o problema da morte de algum crente sem encontrar uma solução teológica para o problema. Por outro lado, é altamente improvável que Paulo a princípio tivesse raciocinado apenas em termos de escatologia realizada (*parousía* como "presença") e que somente a morte de alguns crentes o forçou a modificar sua concepção projetando a comunhão para o futuro com o Senhor (*parousía* como "vinda"). A coisa certa, pelo menos no nível da documentação, é que o texto de 1Ts 4,13-18 constitui o mais antigo testemunho em matéria de expectativa escatológica: é aqui que o Apóstolo, pela primeira vez, coloca por escrito o que ele pensa sobre isso. Por conseguinte, é inevitável, no entanto, estabelecer uma relação entre a situação criada em Tessalônica e a posição assumida por Paulo.

Certamente, a primeira geração cristã foi caracterizada por uma forma *Haherwartung*, segundo a qual a parusia do Senhor era esperada como iminente. Essa crença é bem atestada em todos os estratos do Novo Testamento, tanto por aqueles que muito fortemente colocam Jesus Cristo no centro de seu pensamento – como Paulo (cf. Rm 13,11; Fl 3,20), a Carta aos Hebreus (10,37) e o Apocalipse (3,11; 22,7.12.20) – quanto por aqueles que, como Tiago, atribuem um papel bastante marginal à figura de Cristo (Tg 5,7-8). Mas é Paulo que mais do que qualquer outro testemunha essa expectativa com o uso do verbo específico "esperar"/*"apekdéchesthai"*, que de fato no Novo Testamento é exclusivamente dele (6 vezes: Rm 8,19.23.25; 1Cor 1,7; Gl 5,5; Fl 3,20; tb.: Hb 9,28).

Em sua resposta, o Apóstolo expressa um desejo intenso de que os tessalonicenses saibam como estão as coisas ("Não queremos que sejais ignorantes, irmãos"). Ele, portanto, se apresenta não apenas como um consolador, mas, em certo sentido, também como um "revelador". De fato, a fórmula citada, que ocorre em outras ocasiões em suas cartas (Rm 1,13; 11,25; 1Cor 10,1; 12,1; 2Cor 1,8), serve para introduzir uma informação nova e importante e que se distingue claramente da fórmula que o próprio Paulo usará pouco depois (5,2: "vós mesmos estais inteirados com precisão"; com essa, ele se refere ao ensinamento oral recebido anteriormente, também porque em 5,1 ele reconhece abertamente: "não há necessidade de que eu vos escreva"). É verdade que algumas linhas antes ele recordou seus leitores dos ensinamentos autorizados já dados pessoalmente quando estava no meio deles (1Ts 4,2), mas evidentemente o que ele está prestes a escrever sobre o destino dos cristãos que partiram ainda não fora dito. O que é problemático, concretamente, não é a ressurreição como tal, mas a condição real dos mortos em relação àqueles que ainda estariam vivos (e, nesse sentido, o *Sitz im Leben* da Igreja de Tessalônica é diferente daquele da Igreja de Corinto, cf. DELOBEL, 1990).

A resposta é articulada e prossegue em três momentos. Em primeiro lugar, Paulo recorda o fato básico da fé comum e incontestável da Páscoa para aplicá-la ao caso em questão: o esquema morte-ressurreição de Jesus (4,14) deve ter um valor paradigmático também para os cristãos que partiram ("assim também..."). Num segundo momento, e mais especificamente, ele se refere a uma palavra do Senhor, ou melhor, diz a sua palavra ("vos declaramos") em conformidade com uma palavra do Senhor ("por palavra do Senhor": 4,15). Esse é o aspecto mais característico da intervenção apostólica. Não está claro o que Paulo quer dizer ao se referir à "palavra do Senhor": Um dito jesuânico transmitido [oralmente]? Um pronunciamento autônomo de Paulo? Uma intervenção oracular profético feito pelo Apóstolo? A última hipótese é talvez a melhor (cf. AUNE, 1996: 472-480). Seja como for, é Paulo que propõe a solução como sua e essa consiste em assegurar aos tessalonicenses que os defuntos não estarão em desvantagem no momento da parusia (4,15), seja qual for a tradução a ser dada à sentença "os vivos, os que ficarmos até à vinda do Senhor", também no caso de que tem um sentido de dúvida (= nós os vivos, no caso de que seremos deixados para a vinda..."). O terceiro momento da resposta consiste na suposição de elementos próprios da apocalíptica judaico (4,16: a trombeta, a voz do arcanjo, a descida do céu, o arrebatamento nas nuvens) (cf. KLIJN, 1982), embora algumas das teses apocalípticas já parecem estar na origem da própria problemática (como lemos, p. ex., no apócrifo 4Esd 13,24: "Aqueles que permanecerem serão abençoados mais do que os que morreram"!).

A resposta, portanto, é que os mortos se levantarão primeiro e depois os vivos os seguirão, quase dando precedência aos menos afortunados. Mas o fato ainda mais fundamental, que une ambas as categorias de pessoas, diz respeito à comunhão de todos "com o Senhor". Esse sintagma aparece aqui pela primeira vez e repetidamente na carta (1Ts 4,14.17; 5,10) e será então retomado em outros textos epistolares (Fl 1,23; Rm 6,8; Cl 3,3) para denotar a dimensão cristológica da existência cristã no *éscaton* após a dimensão histórica da própria existência ter sido caracterizada por estar "em Cristo" (1Ts 1,1; 2,14; 4,16; e depois por umas setenta vezes no restante da carta).

• *A Igreja de Corinto* – Não há Igreja do século I cuja vida interior nos seja tão informada quanto a de Corinto. Mas, ao mesmo tempo, deve-se reconhecer que nenhuma outra deu tanto trabalho a Paulo quanto essa: tanto por certas situações problemáticas criadas no interior da comunidade quanto pela infiltração de alguns adversários insidiosos do Apóstolo. Paulo esteve pela primeira vez em Corinto por um período de um ano e meio entre o final do ano 50 e meados do ano 52, quando lá fundou a comunidade cristã (At 18,1-18). Ele retornaria para uma visita rápida durante a sua estada em Éfeso, mas teve uma amarga experiência (2Cor 2,1-11), e então se deteria por lá uma última vez antes de retornar a

Jerusalém (At 20,2-3; Rm 16,23). Entre as consequências da presença de Paulo em Corinto, deve-se contar também a fundação de uma Igreja na Cencreia, o porto oriental da cidade (que fica a 11km de distância); algo explicitamente mencionado em Rm 16,1 juntamente com uma mulher, Febe, principal expoente dessa comunidade. A documentação sobre o estado das coisas em Corinto é-nos dada pelo mesmo epistolário entre o Apóstolo e a Igreja daquela cidade, sem paralelo nas relações com nenhuma outra Igreja das origens (cf. a reconstrução em PITTA, 2006: 41; ali são computadas cinco cartas de Paulo e uma dos coríntios, às quais dever-se-ia acrescentar ainda a carta apócrifa do século II). Para um aprofundamento sobre a situação coríntia, além dos vários comentários, pode-se consultar a coleção de estudos em Adams e Horrell (2004) e em Schowalter e Friesen (2005). O certo é que a vida interna da comunidade coríntia apresenta várias facetas, brevemente revisadas a seguir.

1) Composição social – Os estudos sobre esse aspecto da Igreja de Corinto passaram por alguma mudança de uma concepção bastante pauperista para uma mais objetiva e pluralista em nível social (além de THEISSEN, 1987: 207-241, cf. a discussão em CARAGOUNIS, 2009). O número de cristãos foi contado de maneiras diferentes, variando de um mínimo de 15 a 20 pessoas a um máximo de algumas centenas. Em todo caso, é difícil pensar que em Corinto houvesse apenas uma comunidade, apesar do fato de que em Rm 16,23 lemos que Gaio deu hospitalidade a "toda a Igreja" (cf. tb. a hipótese formulada em 1Cor 14,23: "Se, pois, toda a igreja se reunir no mesmo lugar..."). De fato, deve ser rejeitada a exegese de vários comentaristas, segundo a qual se poderia referir ao fato de que Gaio hospedaria todos os cristãos que estivessem de passagem (de modo que "toda a Igreja" seria uma fórmula universalista); antes, com muitos outros, devemos entender o conjunto dos cristãos locais de Corinto: na verdade, o adjetivo "todos" seria inútil se fosse uma comunidade única, embora faça sentido se aludir ao fato de que em Corinto havia mais de um grupo de cristãos que, em certas ocasiões, se reuniram no mesmo lugar [*epì tò autó*] para formar uma comunidade unitária; ademais, em 1Cor 1,16 e 16,15-16 também se lê sobre a casa de um certo Estéfanas, que de acordo com o texto devia exercer funções de liderança dentro da comunidade coríntia.

Certamente deve ter sido uma comunidade bastante diversificada, se considerarmos apenas os seguintes dados: dentro dela havia quatro facções (1Cor 1,10-12; 3,4); os membros vieram de vários estratos sociais (1Cor 1,26); alguns se voltaram contra Paulo (1Cor 4,18-19); havia um incestuoso (1Cor 5,1-2); brigas internas ocorreram (1Cor 6,1-6); Paulo lista uma dúzia de vícios provavelmente referentes à mesma comunidade (1Cor 6,9-10); algumas prostitutas a frequentavam (1Cor 6,13-18; 10,8); havia casados, solteiros, virgens e crianças (1Cor 7,25-40); na celebração da Ceia do Senhor alguns comiam demais enquanto outros saíam com fome (1Cor 11,20-22.33); "Muitos" estavam mortos e "alguns" doentes (1Cor 11,30); existia uma pluralidade de carismas distribuídos variavelmente (cerca de dez: 1Cor 12,4-10.28-30); alguns, com base na educação grega, negaram a possibilidade da ressurreição (1Cor 15,12); Paulo teme que "muitos" tenham pecado sem se arrependerem (2Cor 12,21). O fato de não haver apenas escravos resulta das seguintes observações: os escravos não praticavam retórica nem buscavam sabedoria, que era privilégio de homens livres (1Cor 1,20.22; 2,1-5); eles não desafiaram a autoridade dos livres, como alguns coríntios fizeram em relação a Paulo (1Cor 4,18-19); provavelmente eles não podiam se dar ao luxo de frequentar prostitutas (1Cor 6,13-18; 10,8); nem tinham a preparação intelectual necessária para questionar a realidade da ressurreição (1Cor 15,12-19).

Certamente Paulo escreve que entre os coríntios não há muitos eruditos nem muitos poderosos ou nobres, porque Deus escolheu o que é fraco, ignóbil e desprezado (1Cor 1,26-29). Portanto, a maioria dos cristãos coríntios devia pertencer às classes mais baixas da sociedade. No entanto, além de que Áquila e Prisca tinham seu próprio trabalho (At 18,3), Crispo, líder da sinagoga e Tício Justo também deviam ter uma casa própria (At 18,7-8); Estéfanas é elogiado com sua família por ter se dedicado ao serviço dos santos (1Cor 16,15); Gaio tinha condições de até hospedar "toda a Igreja" (Rm 16,23a); Febe, na Cencreia, poderia atuar como protetora de muitos cristãos e do próprio Paulo (Rm 16,1-2); além disso, há a posição de Erasto "tesoureiro da cidade" (Rm 16,23b), uma figura pública, pertencente à administração cívica (cf. MURPHY-O'CONNOR, 2003: 302s.).

2) Estrutura ministerial – A Igreja de Corinto apresenta um sistema organizacional muito diversificado e bastante amplo. Já se pode ver que no próprio cabeçalho das duas cartas (diferentemente do exemplo dos filipenses; cf. acima) nenhuma menção é feita a qualquer pessoa encarregada da(s) comunidade(s). Não apenas isso, mas, enquanto na segunda carta nunca há qualquer menção disso em todo o texto epistolar, na primeira uma menção específica é feita apenas no último capítulo (como de fato acontece também em 1Tessalonicenses; cf. acima) com a precisa menção da família de Estéfanas: "são as primícias da Acaia e que se consagraram ao serviço/*diakonía* dos santos): que também vos sujeiteis a esses tais, como também a todo aquele que é cooperador e obreiro" (1Cor 16,15-16). Essas poucas palavras nos oferecem algumas informações interessantes. Já é uma informação o silêncio sobre como, em que base, os da casa de Estéfanas se colocaram a serviço dos cristãos de Corinto; aplicar aí a ideia atual de um ministério ordenado seria substancialmente anacrônico, mesmo com o fato de que eles foram os primeiros a ser batizados (1Cor 1,16) e a afirmação de que eles "se dedicavam" (o que parece supor sua suposição pessoal de responsabilidade) provavelmente estar conectada com uma designação/aprovação do próprio Paulo, que em todo caso reconhece sua liderança. Além disso, o conceito de serviço/*diakonía* (cf. tb. seu uso em At 6,4; Rm 12,7; 2Cor 11,8; Ef 4,12; 2Tm 4,11; Ap 2,29) é aparentemente genérico e não envolve graus hierárquicos, mas simplesmente destaca a dedicação (pastoral) à comunidade, o que provavelmente implica a presidência da assembleia e a assistência às necessidades da comunidade. Finalmente, deve-se notar que, junto com Estéfanas, estão envolvidos colaboradores anônimos, que por um lado reconhecem sua orientação e, por outro, formam uma equipe de líderes diligentes.

Mas é em 1Cor 12 que Paulo reflete especificamente sobre os ministérios na Igreja (coríntia), e o faz simultaneamente com uma avaliação da dimensão "pneumática" da própria Igreja e sua definição cristológica original como "corpo de Cristo". Certamente é aí que vemos o fato, que se torna problemático, de uma superabundância, senão de uma anarquia ministerial, que o Apóstolo não tenta sufocar, mas apenas explicar e em parte disciplinar. Um fato seguro é que não há nem a figura do presbítero nem a de um epíscopo. De fato, Paulo ainda não conhece nenhuma terminologia fixa para indicar os ministérios, como pode ser visto na lista presente em 1Cor 12,28-30: "A uns estabeleceu Deus na igreja, primeiramente, apóstolos; em segundo lugar, profetas; em terceiro lugar, mestres; depois, operadores de milagres; depois, dons de curar, socorros, governos, variedades de línguas. Porventura, são todos apóstolos? Ou, todos profetas? São todos mestres? Ou, operadores de milagres? Têm todos dons de curar? Falam todos em outras línguas? Interpretam-nas todos?" (12,28-30). Entre esses, os ministérios caracterizados por uma terminologia padronizada são certamente os primeiros, ou seja, os apóstolos e os profetas, e apenas hipoteticamente os mestres (1Cor 12,28). Mas aqui encontramos uma típica originalidade paulina, enquanto também devemos observar entre eles uma diferença não marginal. Os apóstolos de São Paulo são bastante distintos dos Doze (como visto em 1Cor 15,5-7) e não representam nenhum *numerus clausus*, uma vez que são simplesmente missionários cristãos, fundadores de Igrejas, possivelmente colaboradores do próprio Paulo, entre os quais as mulheres também se destacam (em relação a Rm 16, cf. acima): são eles que colocam os fundamentos (1Cor 3,10-11). Os profetas, por sua vez, não são itinerantes de tipo judeu-cristãos (como em Mt 7,15), mas membros estáveis das comunidades, transmissores de revelações recebidas pelo Espírito Santo, entre as quais as mulheres também podem ser contadas (1Cor 11,5). De acordo com Paulo, é absolutamente necessário dar espaço a esses últimos nas comunidades, e se eles colocam algum problema, é apenas uma questão de discernir qual deles realmente contém a presença do Espírito (1Ts 5,19-21; 1Cor 12,10). Quanto aos mestres (*didáskaloi*), eles têm a tarefa de instruir a comunidade com um ensino mais contínuo, talvez usando as Escrituras; estão listados em terceiro lugar na passagem citada de 1Cor 12,28, mas é um caso único nas cartas autênticas de Paulo, dado que em outro lugar Paulo fala genericamente de "aqueles que ensinam" em uma série de outros ministérios não institucionais (Rm 12,7). No entanto, alhures, essa tríade nunca aparece tão clara como em 1Cor 12,28, uma vez que em outros textos depois de Paulo falamos apenas de "profetas e mestres" (em Antioquia: At 13,1) ou de "apóstolos e profetas" (Ef 2,20) ou de "apóstolos, profetas, pregadores do Evangelho, pastores e mestres" (Ef 4,11).

Aqui, como nas Igrejas paulinas em geral (cf. 1Ts 2,13; Gl 3,2.5; Rm 10,17), uma prioridade absoluta é dada à palavra do Evangelho. Desde o início da carta, lembramos "a palavra da cruz" (1Cor 1,18) como o conteúdo fundamental do anúncio evangélico (1Cor 2,1-2). É a palavra que estabelece a Igreja e é nela que esta se baseia; além disso, é em torno dela que os vários ministérios giram. De fato, a lista que lemos em 1Cor 12,8-10 (a sabedoria, o conhecimento, as maravilhas que operam, a capacidade de curar, o poder dos milagres, a profecia, o discernimento dos espíritos, e a glossolalia ou falar em maneira incompreensível) coloca em primeiro lugar dois carismas que devem estar na base do anúncio cristão. Por outro lado, a preeminência da palavra é tal que não deve envolver qualquer apreciação individual de quem é ministro, visto que ele não é outra coisa senão seu servo (1Cor 3,5; 4,1; 2Cor 1,23; 3,6; 4,5). Além disso, notamos que as funções de governo são consideradas secundárias, dado que na lista de 1Cor 12,28 os *kybernéseis*, "direções ou governos", ou seja, as pessoas que exercem um ofício de gestão, são catalogadas no penúltimo lugar em uma série de oito ministérios.

A preocupação típica do Apóstolo com os ministérios eclesiais é enfatizar sua unidade de origem, sua dimensão comunitária e, portanto, a harmonia que deve reinar entre eles. Para indicar sua origem, ele próprio usa uma formulação que, se não for trinitária, é certamente triádica: "Os dons são diversos, mas o Espírito é o mesmo. E também há diversidade nos serviços, mas o Senhor é o mesmo. E há diversidade nas realizações, mas o mesmo Deus é quem opera tudo em todos" (1Cor 12,4-6). Portanto, a montante da multiplicidade, há apenas uma origem divina, que, no entanto, com a distinção entre o Espírito-Senhor-Deus já implica uma complexidade e, em todo caso, uma realidade não monótona. Então essa formulação começa não com Deus (-Pai: assim geralmente acontece), nem com o Senhor (Jesus Cristo: como acontece em 2Cor 13,13), mas com a menção do Espírito (Santo), isso significa que nos ministérios vê-se a obra daquele que, por definição, é a vida, o dinamismo, a fantasia viva, da qual, em outros lugares, Paulo convida a ser "fervorosos" (Rm 12,11).

Os ministérios também têm uma dimensão comunitária específica. Em duplo sentido: Por um lado, não representam algo setorial, como se pertencessem apenas a alguém: é "a cada um" que o Espírito distribui os carismas (1Cor 12,11); isso significa que eles são muito multifacetados (a lista que Paulo dá aqui é apenas exemplar), de modo que na Igreja cada um tem sua própria parte a desempenhar, que é adequada a ele, no entanto, se manifesta. Por outro lado, eles devem concorrer para a utilidade comum, porque o que importa é a edificação, a construção da comunidade, isto é, seu crescimento ordenado e não selvagem (1Cor 12,7; 14,40). Paulo exemplifica esse princípio em 1Cor 14 na comparação entre os dois carismas da glossolalia (o falar extático e incompreensível, que não transmite qualquer *logos*) e a profecia (a comunicação eficaz e sensível que precisamente constrói algo); embora não despreze o primeiro, ele claramente privilegia o segundo: "Prefiro falar na *ekklēsía* cinco palavras com o meu entendimento, para instruir outros, a falar dez mil palavras em outra língua" (1Cor 14,19). Precisamente esse risco de laceração comanda a exortação ao ágape ou ao amor recíproco, portanto à harmonia na Igreja. E, julgando as coisas em retrospectiva, percebemos o quão importante é a vigilância desse tipo! De fato, é sintomático que toda vez que o discurso sobre ministérios emerge, Paulo também faz um discurso sobre o amor: isso acontece não apenas na subsequente Carta aos Efésios (4,11-16), mas também na Carta aos Romanos (12,6-10) e especialmente na Primeira Carta aos Coríntios. Nesta, encontra-se um capítulo inteiro, o décimo terceiro, que contém uma solene recomendação do ágape que se tornou clássico na tradição cristã: "Ainda que eu fale as línguas dos homens e dos anjos, se não tiver amor, serei como o bronze que soa ou como o címbalo que retine..."!

É nesse contexto que Paulo formula pela primeira vez a definição da Igreja como "o corpo de Cristo" (1Cor 12,28). Esse sintagma, devido ao contexto imediato, certamente extrai sua explicação do fato da pluralidade de ministérios e da necessidade implícita de sua conspiração mútua para proceder em harmonia como os membros de um organismo vivo. No entanto, se se lê a definição na base mais ampla das cartas paulinas, não se pode dispensar de compreender esse sintagma num sentido muito mais profundo, que vai muito além de uma mera necessidade parenética e inclui uma dimensão mística de identificação entre a Igreja e o próprio Cristo. O corpo de Cristo não é feito pelos batizados, pois ele de fato os antecede já no Cristo individual (Rm 7,4; 1Cor 10,16-17; Gl 3,28); eles, portanto, apenas se inserem nessa realidade anterior; não é à toa que Paulo nunca fala do "corpo da Igreja" (desenvolvimentos mais amplos em PENNA, 2009b: 209-224: *La chiesa come corpo di Cristo secondo Paolo*" [A Igreja como o corpo de Cristo segundo Paulo].

3) Os oponentes "infiltrados" – Em Corinto, como aconteceu pouco depois na Galácia, Paulo teve de enfrentar oponentes muito determinados (cf. PITTA, 2006: 69-79). Não foi apenas um ofensor anônimo (referido em 2Cor 2,5-11; 7,12), que provavelmente devia pertencer à mesma comunidade coríntia, mas não devemos sequer pensar apenas nos contrastes de vários tipos que surgem nas relações com a própria comunidade (como as divisões, o caso de um incestuoso, a negação da ressurreição por alguns). Em vez disso, é uma questão de alguns pregadores que vieram de fora, provavelmente judeu-cristãos, que adotam uma metodologia diferente da de Paulo e competindo com o Apóstolo. De acordo com 2Cor 11,4 eles pregam "um Jesus diferente... um Espírito diferente... outro evangelho". Paulo condena-os com epítetos muito pesados: "superapóstolos" (2Cor 11,5; 12,11), "pseudoapóstolos, obreiros fraudulentos, que se disfarçam em apóstolos de Cristo" (2Cor 11,13), "ministros de satanás" (2Cor 11,14-15), "tolos" (2Cor 11,19). Mas sua controvérsia em relação a eles não tem a ver com o conteúdo do anúncio, por exemplo, com o tema crucial da justificação somente pela fé (como em Gl), mas com uma atitude e um *modus operandi* diferentes dos dele. Eles de fato o difamam dizendo que ele é agressivo nas cartas, mas fraco fisicamente (2Cor 1,10), que ele é ignorante e inapto na arte retórica (2Cor 11,4), e que está humanamente interessado (2Cor 10,2). De sua parte, por outro lado, eles se vangloriam do modo forte em que se apresentam, "elogiam-se, medem-se e se comparam a si mesmos, sem inteligência" (2Cor 10,12) e depois apropriam-se dos trabalhos dos outros, isto é, do próprio Paulo (2Cor 10,15.16). Diante dessa situação, o Apóstolo, embora soubesse trazer o tesouro do Evangelho em vasos de barro (2Cor 4,7), não desanimou (2Cor 4,1), respondeu dizendo que sempre recusara dissimulações vergonhosas, evitando se comportar com astúcia e falsificar a Palavra de Deus (2Cor 4,2); se algo pode ser dito nesse sentido é que ele se orgulha de suas próprias fraquezas (2Cor 11,21b–12,10). Uma de suas acusações contrárias consiste em observar que eles oprimem arrogantemente os coríntios, e até os devoram, roubam-nos, quase batendo-lhes no rosto (2Cor 11,20). Um ponto forte da comparação está na questão de saber se o pregador deve ser sustentado pela comunidade. Paulo sabe bem que essa prática remonta a uma instrução do próprio Jesus (1Cor 9,14); assim, de fato, os oponentes do Apóstolo se comportam, como indiretamente aparece da defesa que Paulo faz de si mesmo quando afirma vigorosamente que não queria ser um fardo para os coríntios (2Cor 11,7-10; 12,14-15). Na verdade, ele só renuncia a um direito, do qual os outros fizeram uso; nesse caso, portanto, não se trata tanto de sua acusação contra eles como de sua própria defesa contra uma censura que lhe foi dirigida pelos coríntios por ter aceitado o apoio das Igrejas da Macedônia, mas não das da Acaia (2Cor 11,8-10). Ele simplesmente anunciou o Evangelho "de graça" (1Cor 9,18; 2Cor 11,7), e o fez por amor a eles (2Cor 12,15b).

4) As divisões – A primeira questão abordada pelo Apóstolo em 1Coríntios diz respeito ao lamentável problema de uma oposição criada dentro daquela Igreja e chamada à atenção desde o início. De fato, em 1,11 ele fala de *érides*, "disputas/rivalidades/discórdias", que se expressam em afirmações específicas: "Cada um de vós diz: Eu sou de Paulo, e eu, de Apolo, e eu, de Cefas, e eu, de Cristo" (1,12, cf. 3,3). Embora não pareça que a Igreja de Corinto tenha conflitos com o ambiente externo, tal ausência é paradoxalmente contrabalançada por uma situação conflituosa completamente interna (cf. WALTERS, 2005). Esse, no entanto, é o fato, obviamente inesperado, diante do qual o Apóstolo se encontra. Em resposta, ele imediatamente contrasta o princípio, enunciado com uma pergunta retórica, da indivisibilidade de Cristo (1,13). Essa frase polêmica já contém em si uma opinião resolutiva sobre a situação coríntia; e não se pode deixar de lembrar de comentar a definição paulina da Igreja como "Corpo de Cristo" (cf. acima). Em nosso caso, a situação coríntia oferece a Paulo a oportunidade de elaborar uma resposta original e articulada, da qual três aspectos complementares podem ser observados.

Primeiro, ele se refere ao fundamento da identidade cristã, que é a cruz de Cristo, ou melhor, "a palavra da cruz" (1,18), isto é, o anúncio evangélico. É a convicção de Paulo que não pode ser reduzida à sabedoria humana, como se pudesse ser contornada na vida da Igreja ou quase reduzida ao nível das escolas de pensamento opostas. A esse respeito, o Apóstolo formula o incomum binômio "escândalo e loucura" (1,23), com o qual ele expressa em termos paradoxais mas verdadeiros a irredutibilidade da cruz de Cristo às categorias da sabedoria humana. O cristianismo não é comparável a uma escola de sabedoria, precisamente porque sua sabedoria não é de origem humana. A Igreja, de acordo com Paulo, só pode ser dilacerada quando reduz o Evangelho à cultura ou à doutrina, à mercê do raciocínio demonstrativo aprendido. Em vez disso, é a cruz de Cristo e seu anúncio que estabelece e garante a unidade eclesial, desde que o naufrágio de toda a sabedoria deste mundo seja vislumbrado e aceito. Vemos, assim, que a coesão da Igreja não vem e não pode ser feita por disquisições intelectuais ou filosóficas elitistas, mas é objetivamente estabelecida por um Deus que, inesperada e independentemente de nossos pré-entendimentos, se revela naquilo que cria escândalo para os judeus e aparece como loucura para os gentios. Isso significa simplesmente que a compacidade da Igreja, na verdade sua identidade básica, não é baseada em si mesma, mas em um *extra nos* bem demarcado e irrenunciável, mesmo que o desenvolvimento epistolar do argumento "sugira que Paulo teria se dado melhor com o modelo de uma escola filosófica ou médica do que com uma atitude polêmica típica do ensino dos sofistas contemporâneos, cujos comportamentos encorajavam a adesão a certos indivíduos e cujos adeptos podem assemelhar-se aos fãs de uma estrela *pop* dos nossos dias" (ALEXANDER, 2001: 118). De fato, "Paulo inverte uma das concepções sofistas básicas, declarando que na Igreja o mestre pertence mais aos discípulos do que o contrário" (WINTER, 1997: 201).

O tema relativo aos ministros é essencialmente homogêneo. A esse respeito, o Apóstolo escreve com toda a clareza que Paulo e Apolo (e Cefas) nada mais são do que "servos/*diákonoi*, por meio de quem crestes, e isto conforme o Senhor concedeu a cada um" (3,5). Paulo o diz e enfatiza isso de várias maneiras. Uma delas é o recurso às duas metáforas, a agrícola e a arquitetônica, da Igreja como campo e como edifício (cf. 3,6-15). Em ambos os casos, Deus é tanto o dono quanto o empregador, enquanto Apolo e Paulo são apenas seus colaboradores (3,9), no entanto, pretende-se entender essa última qualificação, isto é, se o conceito de cooperação se refere à relação dos colaboradores entre si ou à sua relação com Deus. É certo que o Apóstolo não pretende formas de sinergismo, já que o contexto sugere pensar em sua contínua dependência de Deus; além disso, deve-se notar que a Igreja é sempre considerada no ato de ser plantada e construída: é justamente isso que de fato faz com que os ministros continuamente trabalhem, exercendo sua função, mesmo se a fundação que é Cristo foi lançada apenas uma vez (3,11). Além disso, a passagem subsequente de 1Cor 3,18-23 mostra no máximo uma estrutura eclesial que é tudo menos piramidal: "Tudo é seu, tanto Paulo como Apolo e Cefas, tanto o mundo quanto a vida e a morte e as coisas presentes e futuros: tudo é seu, mas você é de Cristo e Cristo é de Deus" (3,21-23). É claro que os ministros não estão no topo do prédio, mas sim na base, assim como na estrutura da sociedade antiga os escravos estavam no nível mais baixo da hierarquia social. O Apóstolo talvez o diga ainda mais claramente na segunda carta, escrevendo: "Portanto, ninguém se glorie nos homens; porque tudo é vosso: seja Paulo, seja Apolo, seja Cefas, seja o mundo, seja a vida, seja a morte, sejam as coisas presentes, sejam as futuras, tudo é vosso, e vós, de Cristo, e Cristo, de Deus" (2Cor 1,24; 4,5).

Finalmente, vale a pena notar a referência à Igreja como o Templo de Deus (1Cor 3,16-17; cf. 6,19; 2Cor 6,16). Só São Paulo emprega essa definição, que de alguma forma também ressoa em outros lugares, que fala de cristãos que são construídos "como pedras vivas" na fundação de pedra que é Cristo (1Pd 2,4-5). A metáfora tem um paralelo parcial nos manuscritos de Qumran, onde é aplicada a essa comunidade (1QS 8,5,8; 4QFlor 1,6). Superando todas as ideias religiosas e pagãs de um espaço físico sagrado, livre de forças negativas e, portanto, privilegiado para estabelecer acesso ao divino, ele reconhece as mesmas características de pureza que buscam uma união imediata com Deus como um todo humano de crentes. A imagem é parte da mais ampla do povo de Deus, como pode ser visto claramente de seu vínculo nesta passagem: "Nós somos santuário do Deus vivente, como ele próprio disse: Habitarei e andarei entre eles; serei o seu Deus, e eles serão o meu povo" (2Cor 6,16 com citação de Lv 26,11).

Todas essas razões representam para Paulo argumentos também destinados a evitar o desmembramento da comunidade cristã.

5) Problemas variados – A Igreja de Corinto apresenta, como nenhuma outra, toda uma série de questões concretas, que nos oferecem a face vivaz de uma comunidade majoritariamente oriunda do paganismo, abordadas por Paulo uma a uma:

a) Um caso de incesto (1Cor 5) permite a Paulo, recordando o pão ázimo da Páscoa, formular um princípio fundamental de identidade cristã, gramaticalmente configurável na relação entre indicativo e imperativo: o cristão já está isento do velho fermento e deve continuamente retirá-lo de si (v. 6-8). É como dizer que o dever moral, embora necessário, não tem valor primário, mas vem de uma condição pré-moral básica que consiste em estar em Cristo.

b) A prática de recorrer aos tribunais citadinos (pagãos) para resolver disputas internas entre cristãos oferece a oportunidade para um duplo lembrete muito forte (1Cor 6,1-11): o específico de evitar a discórdia mútua, e o mais amplo de fugir toda uma série de vícios listados a título de exemplo, de acordo com uma forma literária que também pode ser encontrada alhures (Gl 5,19-21) (cf. o estudo clássico de WIBBING, 1959).

c) A exortação paulina contra a prostituição (1Cor 5,12-20) nos lembra da peculiar situação de Corinto, tanto como porto marítimo quanto como sede do famoso templo de Afrodite, no qual a prostituição sagrada era praticada; nesse aspecto, Paulo reflete sobre o valor do corpo humano, entendido semiticamente como uma referência à pessoa como um membro vitalmente associado a Cristo, redimido pelo seu sangue, templo do Espírito e destinado à ressurreição.

d) Uma questão particular diz respeito à relação entre casamento e virgindade (tratada em 1Cor 7), que Paulo aborda a partir de uma prática local de encratismo, isto é, de abstenção das relações sexuais. Sua intervenção tem um componente duplo. Por um lado, ele lembra a necessidade de dever conjugal em um contexto de lealdade indissolúvel (com a possível exceção de um casal em que um dos parceiros se torna cristão e o outro não). Por outro lado, exalta o valor do celibato/virgindade com base em uma dupla motivação cultural: uma é do tipo apocalíptico, então no final dos tempos aqueles que são casados serão como se não fossem (cf. o apócrifo 4Esd 16,41-45); a outra é do tipo estoico, portanto o casamento é considerado uma distração de uma dedicação total ao serviço de Deus para os homens (cf. EPITETO. *Diatribes* 3,22,69-82).

e) A questão dos idolotitas era própria do tempo e do lugar, isto é, da possibilidade ou não de os cristãos comerem carne de animais sacrificados nos templos pagãos da cidade (1Cor 8,1–11,1). O que estava realmente em jogo consistia na questão de se privilegiar a todo custo a mera consciência intelectual da inutilidade de se abster dela, dado que tudo pertence ao Senhor e nada deve ser considerado impuro, ou se respeitar a consciência do irmão mais fraco por meio de uma abstenção motivada somente do amor por ele. A solução adotada por Paulo é absolutamente possível em termos de princípios (8,4-6; 11,25-25), mas é restritiva em termos de relações interpessoais (8,9-13; 10,27-30).

f) Um tema muito concreto é o da realização das assembleias, baseado essencialmente nos dois momentos da ceia e da palavra. O primeiro consiste essencialmente em comer pão como o corpo do Senhor, certamente inserido no contexto de uma refeição normal; o segundo, de acordo com a estrutura dos banquetes gregos (e não só), combinado com *simposio* propriamente dito, ou seja, com o momento de beber juntos (cf. grandes desenvolvimentos em PENNA, 2009b: 186-208: "*La casa come âmbito cultuale nel cristianesimo paolino*" [A casa como um campo cultual no cristianismo paulino]). O problema que surgiu nessas ocasiões foi a falta de comunhão mútua, motivada pela disparidade entre ricos e pobres; a reprovação implícita de não tomar "a própria refeição" (11,21) ecoa o que lemos em Plutarco sobre questões de convivência ("Onde se afirma o que é próprio morre o que é comum": 2,10.1). Para Paulo é com a traição da comunhão mútua que o corpo do Senhor não é reconhecido! (11,29).

g) A função das mulheres nas Igrejas paulinas – Ao contrário dos banquetes gregos, onde as mulheres na hora de beber e, portanto, de conversação, deviam se afastar (PLATÃO. *Banquete*, 176e), elas estão presentes e até participam ativamente. De fato, em 11,5, Paulo toma como certo que qualquer mulher pode orar ou profetizar abertamente (ou seja, oferecer instrução pública) na *ekklēsía*. As duas restrições no véu e no silêncio provocam discussões entre os estudiosos, mas elas provavelmente são apenas aparentes: a exigência do véu (11,4-16) é quase certamente identificada com a simples necessidade de as mulheres usarem cabelos compridos (entendidos eles próprios como mesmos como "mantilha": v. 15) diferindo assim dos varões; a injunção do silêncio (14,33b-35), que contradiz a possibilidade claramente afirmada em 11,5, deve ser resolvida como uma interpolação textual posterior a Paulo ou como uma formulação de alguns coríntios aos quais Paulo se opõe ou interpretando-a como simples tagarelice feminina causadora de problemas durante a assembleia (cf. BIGUZZI, 2001; MURPHY-O'CONNOR, MILITELLO & RIGATO, 2006). Ademais, é necessário recordar tanto o princípio geral enunciado em Gl 3,28 (segundo o qual na Igreja não há distinção entre homem e mulher) quanto a prática paulina propriamente dita que reconhece facilmente vários papéis femininos na Igreja (cf. Rm 16,1-2.3.6.7.12a.12b.13.15; Fl 4,2; Fm 2).

h) Em Corinto, alguns cristãos negaram a possibilidade da ressurreição (15,12). Lá, também, houve evidentemente uma reação de rejeição dessa parte do anúncio do Evangelho, análogo ao dos filósofos presentes no Areópago de Atenas (At 17,32). É por isso que Paulo começa seu argumento enfatizando a realidade da ressurreição de Cristo (15,1-11.20-23). Outra coisa é saber se aqueles coríntios desconsideravam completamente tal categoria cultural (que certamente não é de origem grega, mas judaica) ou se acreditavam que alguma ressurreição já havia ocorrido (como em 2Tm 2,18).

6) Uma teologia coríntia? Essa frase foi gradualmente tomando posse na história da pesquisa, tanto para afirmar a realidade do fenômeno em Corinto quanto para negá-lo (cf. SCHRAGE, 1991: 38-63). Vários fatores têm jogado a favor: a motivação sapiencial das divisões (1–4), o aceno ao lema de uma legalidade moral ilimitada (6,12; 10,23), um componente gnóstico presumido sobre a divisão entre o carnal e o espiritual (2,13–3,39), o entusiasmo por uma suposta plenitude já alcançada (1,7; 4,8; 8,1,4), uma libertinagem sexual (5,1s.; 6,12-20) conjugada com uma tendência encratista (7,1), uma excessiva emancipação feminina (11,5-16), falta de solidariedade entre ricos e pobres (11,17-34), experiências carismáticas extraordinárias (14,12), sobretudo a glossolalia (14), e depois a negação da ressurreição (15,12). Em todo caso, a presença de um sistema doutrinário homogêneo e bem configurado não pode ser demonstrada. Deve-se certamente reconhecer que, na Igreja da cidade do istmo, havia sensibilidades, impulsos e tendências muito marcantes. Devia ser uma comunidade exuberante no nível da conjugação do Evangelho com a realidade humana e cultural local. Por um lado, essa realidade multifacetada e efervescente não causou problemas a Paulo. Por outro, porém, também deve ser admitido que a experiência de Corinto ensinou várias coisas a Paulo: ele aprendeu a consistência da estratificação social, novas formas de manifestações carismáticas, a força e o risco da retórica, a possibilidade de funções femininas na Igreja, a dificuldade de falar sobre sexo e gênero em um mundo que se esvanece. "Ele aprendeu de Corinto que a retórica moral da Nova Criação deve transformar a cacofonia em polifonia, uma polifonia na qual a nota dominante é a 'palavra da cruz'" (MEEKS, 2009: 299).

7) O ministério apostólico – Na Segunda Carta aos Coríntios, Paulo usa pela única vez a metáfora original da *epistolé* para definir a comunidade cristã viva a que é dirigida. A imagem implica a ideia de que ele foi o único a "escrever" aquela Igreja, isto é, a fundá-la, mesmo que ele se corrija imediatamente definindo-a mais precisamente como "uma carta de Cristo composta por nós" (2Cor 3,2-3). Exprimindo-se assim, é como se tivesse orgulho de pensar nas Igrejas que fundou, consideradas "o selo do seu apostolado" (1Cor 9,2), tanto que ele não precisou pessoalmente de outras cartas de recomendação ou de apoio para se apresentar. De fato, em seu contexto, a metáfora epistolar alude a um gênero específico de carta: o da recomendação, que na Antiguidade constituía um gênero em si mesmo (cf. STOWERS 1986: 153-165). Para nosso texto, é importante notar que a metáfora paulina funciona como um inesperado gerador de argumentação, que inicia um discurso muito original modulado na transição do nível da comunidade viva para o nível de uma reflexão inclusive sobre o Antigo e o Novo Testamento. A oportunidade concreta e imediata é fornecida pelo esclarecimento adicional, segundo o qual os coríntios são uma carta "escrita não com tinta, mas com o Espírito do Deus vivo, não em tábuas de pedra, mas em tábuas que são os corações de carne" (3,3). Nessas palavras ressoa uma alusão combinada a três textos do Antigo Testamento: Ex 31,18 (onde lemos que Deus "deu a Moisés as duas tábuas do Testemunho, tábuas de pedra, escritas pelo dedo de Deus"), Jr 38,33 (LXX) (onde Deus promete no futuro "escrever as leis em seus corações"), Ez 36,26 (onde Deus declara: "tirarei de vós o coração de pedra e vos darei coração de carne"). Já nessa última passagem profética, vemos uma nuança pejorativa sobre as tábuas de pedra do Decálogo, já que a elas é contrastado um coração de carne que deve significar pelo menos uma melhoria da situação. Precisamente esse contraste é retomado e expandido por Paulo numa perspectiva histórico-salvífica mais ampla.

É inevitável perguntar por que o argumento de Paulo se move na direção de contrastar até dois momentos e até duas formas diferentes de aliança. A melhor resposta é que ele reflete uma situação particular ou a Igreja de Corinto ou sua relação com ela. A esse respeito, parece-me pelo menos parcialmente imprópria a hipótese de quem (cf. GEORGI, 1986: 230-238, 254-258) pensa que o Apóstolo pretende responder aos pregadores judaizantes, que teriam apresentado o Decálogo, escrito pelo dedo de Deus, como se fosse uma carta de recomendação, a fim de impor a Lei de Moisés sobre Corinto. De fato, deve-se notar que o Decálogo não parece ter sido considerado como uma carta (cf. KUSCHNERUS 2002: 150-172); por outro lado, deve-se reconhecer que Paulo, embora suponha uma atitude polêmica contra "alguns" que se gabam de cartas elogiosas, adota um tom mais elevado mais tarde no texto, falando dos "filhos de Israel" (2Cor 3,7.13) e mais especificamente de Moisés (3,7.13.15). E a menção de Moisés seria inevitável, depois de recordar as tábuas de pedra do v. 3, mesmo que, por sua vez, essa referência seja aparentemente secundária à definição da mesma comunidade como uma "carta". Tal metáfora, por sua vez, é impulsionada pela ideia de escrita, ainda que metafórica, sobre a qual recai o maior acento.

O certo é que Paulo, embora ainda não tenha falado de opositores no texto epistolar que precede o nosso, abordou reiteradamente situações conflitantes, às quais se referiu com várias alusões: a tribulação experimentada na Ásia (2Cor 1,8-11), a acusação implícita de ter trocado sim e não em seus planos de viagem para Corinto (1,15-20), e a humilhação que sofreu em Corinto por um anônimo que o entristeceu (2,1-11), sem mencionar a referência aos muitos que comercializam a Palavra de Deus (2,17). E é como se isso significasse que, apesar de todas essas dificuldades, ele ainda conseguiu compor uma carta valiosa, precisamente a Igreja de Corinto. Paulo, mesmo em meio a tantos contratempos e aversões, encontra seu maior conforto em suas comunidades, de quem ele se gloria como se fossem suas criaturas, seus filhos (1Cor 3,14-15; 2Cor 6,13; Gl 4,19; 1Ts 2,11).

Justamente a alegria que sente ao pensar na comunidade cristã suscitada por ele está na origem da ampla reflexão que se desenvolve imediatamente sobre a relação entre o Antigo e o Novo Testamento, mesmo confrontados com a forte contraposição entre o "ministério/*diakonía* da morte... da condenação" e "o ministério do Espírito... da justiça" (3,7-9), já temperada pelo reconhecimento de que mesmo a economia mosaica gozava de sua "glória" embora tenha sido superada por aquela maior da nova ordem de coisas baseada no Evangelho.

É, contudo, importante notar que o Apóstolo, pela primeira vez, cunhou o construto "antiga disposição/testamento/pacto" [*palaià diathékē*], e é necessário prestar atenção ao seu significado preciso. De fato, não indica uma economia salvífica positiva e vital, uma modalidade da intervenção de Deus na história e nem mesmo um modo positivo de se relacionar com Ele na obediência religiosa. Refere-se, outrossim, a algo escrito, já que se fala de "letras gravadas em pedras" (3,7) e de uma sua leitura (3,14; cf. 3,15: "quando lemos Moisés"), mesmo se for ordenado a aceitar uma economia em particular. É, portanto, um significado que é verdadeiramente "bíblico", já que tem a ver com a escritura.

Por outro lado, Paulo emprega em exata correspondência antitética o sintagma "nova disposição/testamento/aliança" (3,6: *Kainê Diathékē*), não no sentido de uma revogação da antiga, mas nem mesmo em um sentido meramente bíblico". De fato, a "nova disposição" tem a ver com o Espírito que dá vida (3,6b), com Cristo (3,14), com um Senhor a ser contemplado com uma face aberta (3,15-18) e, portanto, com a vida vivida e livre de crentes em Cristo. Essa frase, no entanto, diferentemente da primeira, já é de algum modo tradicional. De fato, foi encontrado por algum tempo na literatura de Israel, já que o Profeta Jeremias a usou antes, embora com um valor escatológico (Jr 31,31; TM 38,31, LXX); também a comunidade de Qumran a usa, em outro sentido, para simplesmente designar a si mesma (CD 6,19; 8,21; 19,33s.; 20,12; provavelmente também 1QpAb 2,3), e precisamente a semântica qumraniana é próxima da paulina. No entanto, nos textos judaicos o construto nunca é colocado em oposição a qualquer testamento declarado "antigo" (cf. JAUBERT, 1963: 210). Mas a expressão também já é tradicional no cristianismo pré-paulino, pois, pelo menos em algum âmbito eclesial (antioqueno?), era usado no contexto eucarístico nas palavras sobre o cálice (1Cor 11,25/Lc 22,20). Por seu turno, o autor da Carta aos Hebreus vai usá-lo na formulação de um suntuoso julgamento cristológico emitido sobre Jesus como sacerdote e vítima de um novo tipo, duas vezes definido como "mediador de uma *nova* aliança" (Hb 9,15; cf. "melhor aliança" em 7,22). A frase "antigo testamento/aliança", por outro lado, exceto pela expressão "o primeiro testamento" (em Hb 9,15; cf. 8,13; 9,1.13), por muito tempo não aparecerá mais na linguagem cristã; será encontrada novamente no final do século II, quando o Bispo Melitão de Sardes falará dos "livros do Antigo Testamento" (In: EUSÉBIO. *História eclesiástica* 4,25,13-1).

Certamente, para Paulo, a comunidade e o apóstolo fazem uma só coisa, e isso com base não mais em leis escritas e portanto externas, mas em um princípio interior comum identificado no Espírito do Senhor (3,17) que é também o Espírito de Cristo. De fato, segundo o clássico princípio paulino, "a letra mata, mas o Espírito vivifica" (3,6). O significado da sentença não é hermenêutico, como se fosse uma interpretação literal dos textos em oposição a uma interpretação mais espiritual. Antes Paulo pensa em uma oposição histórico-salvífica, como em Rm 7,6: "Agora, porém, libertados da Lei, estamos mortos para aquilo a que estávamos sujeitos, de modo que servimos em novidade de espírito e não na caducidade da letra".

6.4 As Igrejas da Ásia Menor

A província romana da Ásia, consideravelmente extensa e rica, incluía Mísia, Lídia e Caria de Norte a Sul, com a Frígia incluída e limitada ao Norte pela Bitínia, a Leste pela Galácia, ao Sul por Lícia. O Evangelho chegou lá com o Apóstolo Paulo, que, depois de tê-la apenas costeado (At 16,6) e depois de uma primeira passagem por Éfeso em seu retorno de Corinto (At 18,19-21), permaneceu nessa cidade por dois anos abundantes durante sua terceira viagem (em 19,1–20,1) entre 53 e 55; depois, ele foi forçado a se retirar por causa da oposição da cidade instigada pelos ourives locais, que viam ameaçada a venda das estatuetas de Ártemis a quem foi dedicado o principal templo da cidade, considerada uma das sete maravilhas do mundo antigo.

• *Informações gerais* – Quanto à fundação de Igrejas nessa área, os Atos não dizem nada explícito. A pregação de Paulo era limitada, de fato, à única capital da província, a antiga Éfeso, embora haja a afirmação hiperbólica de que "todos os habitantes da Ásia ouvissem a palavra do Senhor, tanto judeus como gregos" (At 19,10). Em At 20,4, Tíquico e Trófimo são mencionados como "asiáticos": o primeiro nome retornará várias vezes nas carta deuteropaulinas (Cl 4,7; Ef 6,21; 2Tm 4,12; Tt 3,12), enquanto do segundo será especificado logo depois que era "de

Éfeso" (At 21,29). Obviamente, ambos deviam ser pelo menos parte do fruto da evangelização paulina. Mesmo Aristarco, companheiro de Paulo (At 19,29; 20,4), deve ter sido pelo menos da região e precisamente de Colossos, se é que ele pode ser identificado com a pessoa mencionada em Fm 24 e Cl 4,10 (cf. abaixo). Uma proeminência ainda maior adquiriu Epafras, que a Igreja de Colossos reconhecerá como seu "fiel ministro de Cristo" (Cl 1,7; 4,12). A situação na cidade de Trôade é mais problemática (40km a sudoeste da antiga Troia). O que lemos sobre ela em At 20,7 ("No primeiro dia da semana, estando nós reunidos com o fim de partir o pão, Paulo, que devia seguir viagem no dia imediato, exortava-*os* e conversou *com eles...*") refere-se não apenas ao grupo que acompanhou o Apóstolo; de fato, o pronome que aparece no texto grego se refere discretamente a uma comunidade de cristãos locais. E que uma Igreja existiu em Trôade poderia ser confirmada por 2Cor 2,12-13, onde encontramos o mesmo pronome plural (*autoí*), embora não possamos dizer mais sobre o assunto (cf. 2Tm 4,13).

Podemos dizer mais sobre as Igrejas de Éfeso e Colossos por causa das duas cartas enviadas respectivamente a ambas. Mas as cartas aos Efésios e aos Colossenses, como veremos mais adiante, são provavelmente consideradas pseudepigráficas e mais adiante as avaliaremos como tais, isto é: como um espelho de comunidades posteriores à biografia do Paulo histórico (cf. abaixo, cap. 8). Aqui, ao contrário, consideramos a Igreja de Éfeso, que goza de uma atestação abundante obtida em uma série de vários documentos, e depois a Igreja de Colossos, de acordo com a breve Carta a Filêmon, na qual o Apóstolo, que escreve por volta do ano 53, se declara "velho" (*presbýtēs*: v. 9; cf. ARZT-GRABNER, 2003: 76-77).

• *A Igreja de Éfeso* – A importância dessa comunidade no contexto das origens cristãs é correspondida apenas pela complexidade variegada de sua situação interna, verificável em uma série abundante de escritos que se referem a ela e que correspondem a um período esparso ao longo dos anos 50 e 110. Na verdade, não se trata dessa comunidade apenas na narrativa dos Atos dos Apóstolos (18,18–20,38), mas também, abandonando a hipótese de que Rm 16 seria (parte de) uma carta dirigida aos efésios, especialmente nas duas cartas de Paulo a Coríntios, na carta pseudepigráfica paulina aos "Efésios", nas Cartas Pastorais 1 e 2 Timóteo, na carta do vidente João em Ap 2,1-7, e numa carta específica de Inácio de Antioquia. A discussão mais completa de todo esse material pode ser encontrada em Trebilco (2004) e Tellbe (2009). O certo é que, mesmo apenas por causa de tal documentação extensa, para não mencionar a permanência física inigualável de Paulo na cidade por cerca de três anos (At 20,31), a Igreja de Éfeso teve uma importância única no contexto do cristianismo das origens, como também confirma a teoria de que a primeira coletânea de um *corpus paulinum* ocorreu precisamente naquela Igreja (cf. ROSSANO, 1991; TREBILCO, 2004: 90-93). Vamos tratar esta documentação variada em diferentes sedes (cf. abaixo: esp. itens 7.5-7.6 e 9.3). Então, estamos satisfeitos em recordar a seguir alguns elementos essenciais.

O contato entre a cidade e o anúncio do Evangelho ocorreu com a primeira presença fugaz de Paulo retornando da chamada segunda viagem missionária (At 18,19-21), quando ali deixou os cônjuges Áquila e Priscila, que então teriam instruído o rei alexandrino Apolo "na vida de Deus" (At 18,26). Foi durante a terceira viagem que o Apóstolo permaneceu ali por mais tempo, professando uma pregação que tinha amplos resultados geográficos na província da Ásia (At 19,10). Também a subsequente presença do Discípulo João (EUSÉBIO. *História eclesiástica* 3,1,1; 3,20,9; 3,23,4.6.8; 3,31,2-3; aliás, sua identidade é discutida; EUSÉBIO. *História eclesiástica* 3,39,4-6; 7,25,15-17), distribuída entre a cidade e a Ilha de Patmos, ele influenciou grandemente a configuração confessional dos cristãos efésios. Com efeito, a fé cristã em Éfeso entre os séculos I e II estava sujeita a diferentes hermenêuticas. O fato mais interessante é que, de uma população de cerca de 200 mil habitantes, o conjunto de cristãos calculáveis ao longo do tempo em torno de milhares de pessoas dividia-se em, ao menos, cinco grupos (cf. TREBILCO, 2004: 712; TELLBE, 2009: 39-46): o grupo paulino destinatário das Cartas Pastorais, o grupo joanino destinatário de 1-3Jo, o grupo de adversários mencionado nas Pastorais, o grupo de secessionistas mencionado em 1-3Jo, e o grupo dos nicolaítas de Ap 2,6.15.

Do ponto de vista étnico-religioso, a comunidade cristã enraizada em Éfeso teve uma composição bastante complexa. Na verdade, os grupos acima mencionados são formados por cristãos de origem gentia que custam a reconhecer os de origem judaica (como mostrado na Carta aos Efésios), por opositores do caráter judaizante mencionados nas Cartas Pastorais, pelo grupo dos nicolaítas a serem entendidos como cristãos abertos aos cultos pagãos, e ainda por aqueles de tendências docetísticas que se opõem à encarnação do Logos divino e aqueles que estão cumulativamente envolvidos no insistente chamado de Inácio (10 vezes em sua Carta aos Efésios) a permanecerem firmemente unidos ao propósito. A legitimidade desses vários grupos pode ser vista nas figuras chamadas de *textual prototypes* (TELLBE, 2009: 183-238) de acordo com os textos em que são descritos: o pastor-mestre em 1 e 2 Timóteo, o profeta em Apocalipse, o presbítero em 1 e 3 João, e depois o monoepíscopo em Inácio. Em torno deles, as diferentes comunidades se coagulam, marcando um caminho de crescente institucionalização devido ao progressivo desaparecimento dos primeiros líderes carismáticos (cf. tb. HOLMBERG, 1978: 165-192). Assim, o que caracteriza a Igreja de Éfeso desde o início é a convivência e coexistência de vários agrupamentos, que, se não se fundem em uma comunhão propriamente dita, pelo menos formam uma comunalidade (*commonality*: TREBILCO, 2004: 716.); aceitando-se uns aos outros como partes de um movimento substancialmente único. Embora pareça excessivo definir Éfeso como "um centro de ortodoxia" (TELLBE, 2009: 307), essa definição deve ser entendida como uma correção da tese baueriana (cf. BAUER, 2009[1934]) segundo a qual primeiramente houve heresia enquanto a ortodoxia seria apenas uma resposta. Na realidade, além do anacronismo dos termos, supõe-se que a ortodoxia e a heresia sejam mutuamente excludentes, e foi precisamente na Igreja de Éfeso que, com base em suas variadas posições confessionais, surgiu uma forte necessidade de coerência e unidade.

• *A Igreja de Colossos na Carta a Filêmon* – Algumas informações valiosas sobre a Igreja de Colossos pertencem ao Paulo histórico, que nos é indiretamente transmitido de sua Carta a Filêmon. É verdade que Paulo, durante sua estada de dois anos em Éfeso, não teve a oportunidade de ir pessoalmente a essa cidade (Cl 2,1), mas seu trabalho de proclamação e discussão realizado na capital asiática deve ter favorecido a irradiação do Evangelho (At 19,9-10). Sobretudo, houve quem, por assim dizer, agisse como intermediário e quase como extensão do ministério apostólico de Paulo no interior de Éfeso, levando o Evangelho não apenas a Colossos (Cl 1,5-8), mas também às cidades vizinhas de Hierápolis e Laodiceia (Cl 2,1; 4,13.15-16). Esse discípulo e representante de Paulo tem o nome de Epafras (cf. TRAINOR, 2008), embora não saibamos mais nada sobre ele, além do fato de que provavelmente foi acompanhado por outros líderes de missão na Ásia como Tíquico (Cl 4,7s.; Ef 6,21) e que, no momento do envio da carta, é o companheiro de prisão de Paulo.

Que a Carta a Filêmon tenha sido dirigida aos membros da Igreja de Colossos resulta do fato de que alguns nomes pessoais são encontrados tanto nesta carta quanto na Carta aos Colossenses. Embora esta deva ser considerada pseudepigráfica, isto é, escrita em nome de Paulo por um discípulo após sua morte (cf. abaixo, cap. 7), os personagens mencionados ali representam, em todo caso, uma referência geográfica precisa. Até sete deles são nomeados apenas nas duas cartas. Assim é de Arquipo (Fm 2/Cl 4,17), Onésimo (Fm 10/Cl 4,9), Epafra (Fm 23/Cl 1,7; 4,12), Marcos (Fm 24/Cl 4,10) Aristarco (Fm 24/Cl 4,10), Demas e Lucas (Fm 24/Cl 4,14; estes são encontrados em 2Tm 4,10-11, que ainda tem a ver com a região de Éfeso). O principal destinatário do texto, portanto, devia pertencer à Igreja de Colossos e a carta deveria ser entregue ali mesmo. Além disso, estando Paulo em uma condição de prisão, em favor da proximidade de seu local de detenção com relação ao local de destino da carta, vale o fato de que uma vez que ele fosse libertado tinha em mente ir para lá (Fl 22), embora não saibamos se isso realmente aconteceu (talvez não, de acordo com Cl 2,1 e At 20,1).

• *Os destinatários colossenses da carta* – 1) O destinatário principal é certamente *Filêmon*, considerando que está em primeiro lugar e é o único ao qual Paulo se dirige diretamente. Deve ter sido, certamente, um rico cristão de Colossos, já que ele tinha uma casa e pelo menos um escravo, certamente um *pater familias* e, com toda a probabilidade, também o chefe da Igreja que se reunia em sua casa. O nome (que em grego significa "afável, amigável") aparece apenas aqui no Novo Testamento; no entanto, deve ter sido comum na área entre a Ásia Menor e a Frígia, onde está localizado o mito do casal idoso Filêmon e Baucis (Ovídio, *Metamorph.* 8.611-724). A relação de amizade com Paulo, que o recompensa com o título de "caríssimo", deve quase certamente ter começado durante a permanência eféria do Apóstolo (At 19,10). O fato de que Paulo o defina *synergós*, "colaborador, cooperador", diz ainda mais que deve tê-lo ajudado na obra de evangelização, senão de Éfeso, ao menos de seu interior e, em particular, do Vale do Lico, onde surgiam as cidades e Igrejas de Colossos, Laodiceia, Hierápolis. O título, de fato, é dado por Paulo somente àqueles que compartilharam com ele os labores do apostolado como Timóteo (1Ts 3,2; Rm 16,21), Tito (2Cor 8,23), o casal Prisca e Áquila (Rm 16,3), Urbano (Rm 16,9), Epafrodito (Fl 2,25), Clemente (Fl 4,3); o mesmo é verdade para alguns outros cristãos de origem judaica mencionados conjuntamente: Aristarco, Marcos e um certo Jesus conhecido como Justo (Cl 4,10-11). Todos juntos então, incluindo Paulo, são considerados simples "colaboradores de Deus" (1Cor 3,9).

2) *Áfia* é a única mulher explicitamente mencionada por Paulo no pré-escrito de uma carta entre seus destinatários; o fato é, no entanto, raro nas cartas antigas. O nome é atestado em algumas inscrições encontradas na Frígia e na própria Colossos (cf. ARZT-GRABNER, 2003: 82-83, 162-163). Alguns comentaristas propõem ver aí uma corruptela fonética do nome romano Apfía, mas seria melhor pensar em uma derivação feminina do grego *apfýs* (um termo usado para dizer "papai"; cf. o adjetivo *ápfa*, "querida"). É identificada simplesmente como "irmã", da mesma forma que Filêmon como "irmão", e o primeiro significado dessa conotação é apenas o de "cristã". No entanto, dado que ele imediatamente segue o nome de Filêmon, ele tinha que ter com ela alguma relação particular de familiaridade, que tem sido interpretada de diversas maneiras pelos comentaristas: seja como sua irmã ou como esposa do seguinte Arquipo ou melhor como esposa do próprio Filêmon (assim, a maioria). Como tal, sendo explicitamente mencionada, ela devia compartilhar e exercer uma responsabilidade particular pelo menos na casa em que a Igreja colossense se reunia (assim como em Rm 16,4 Prisca é mencionada antes de seu marido Áquila, em cuja casa também se reunia uma *ekklēsía* de Roma), mas nos perguntamos se ela mesma não compartilhava nenhuma função com o marido na direção daquela mesma Igreja.

3) *Arquipo* era um nome bastante comum (literalmente "comandante de cavalos"). Um Arquipo também é mencionado na Cl 4,17, onde é solicitado que ele execute bem o serviço (*diakonía*) que ele recebeu no Senhor, isto é, um ministério que tem a ver com a comunidade cristã. Não há razão para duvidar que seja o mesmo personagem. Ele, portanto, devia ter algumas funções importantes na Igreja de Colossos, tanto que algumas tradições posteriores fizeram dele o epíscopo daquela cidade (*Constituições Apostólicas* 7,46); mas é impossível determinar seu *status* com maior precisão. Alguns Padres da Igreja e alguns modernos acreditam, não sem fundamento, que ele era o filho de Filêmon e Áfia; mas também pode-se pensar que sua menção no pré-escrito simplesmente dependa do prestígio de que ele gozava na Igreja reunida na casa de Filêmon. Mais interessante é a qualificação que Paulo lhe confere: "camarada" [*systratiōtēs*]. O termo é de origem militar, mas em Paulo deve ter um valor metafórico que o aproxime da qualificação anterior de "colaborador"; de fato, os dois termos estão associados em relação a Epafrodito em Fl 2,25. Além disso, o tema da vida humana considerado como uma milícia já

pertence à tradição sapiencial (Jó 7,1; 14,14), e alhures o próprio Paulo se apropria dessa imagem em referência à vida cristã (2Cor 10,3).

4) A Igreja doméstica ("a *ekklēsía* que está em tua casa") é mencionada como a última destinatária do texto paulino, mas as pessoas já mencionadas certamente estão envolvidas nela. A referência explícita a ela sugere que a carta não é tão privada, porque toda a comunidade toma parte no caso do escravo fugitivo, tratado logo depois. A carta, de fato, deveria ser lida publicamente durante a assembleia comum, como também aparece na saudação conclusiva de v. 25 formulado na segunda pessoa do plural (cf., a esse respeito, a recomendação de 1Ts 5,27; Cl 4,16). A casa como local de reunião litúrgica é uma das características distintivas do cristianismo primitivo, e somente a partir do século III que lugares específicos foram construídos para o culto cristão; por isso falamos de *domus ecclesia* ou Igreja doméstica. Um costume semelhante remonta aos primeiros cristãos de Jerusalém, que concomitantemente e em substituição ao Templo (At 2,46; 3,1), reuniam-se em casas individuais para repartir o pão, para o ensino e a oração (At 2,46; 5,42; 12,12). As cartas de Paulo nos informam de alguns personagens que em outras cidades disponibilizaram sua casa para esse fim: assim, em Corinto, temos as casas do casal Áquila e Priscila (1Cor 16,19) e de um certo Gaio (Rm 16,23), em Roma a casa do mesmo casal Prisca e Áquila (Rm 16,5) e talvez pelo menos duas outras casas (Rm 16,14-15), em Laodiceia a casa de uma certa Ninfa (Cl 4,15), e em Colossos precisamente a de Filêmon. A prática de cultos celebrados em casas particulares era um fenômeno bastante atual e típico dos costumes sociorreligiosos do ambiente greco-romano, dos quais recebemos boa documentação sobre o assunto (PENNA, 2001b: 746-770). É bem provável que quem administrava esses cultos não fosse ninguém menos do que o dono da casa enquanto anfitrião.

O caso tratado por Paulo diz respeito a um certo *Onésimo*, que, de acordo com a opinião tradicional, seria um escravo fugido de Filêmon, seu senhor. Alguns comentaristas, por outro lado, acreditam que Paulo, na verdade, estaria propondo a Filêmon que o escravo Onésimo fosse novamente acolhido por seu verdadeiro senhor, que seria Arquipo (mais tarde, esse Onésimo, a quem aludiria Inácio, *Aos Efésios* 1,3, se tornaria um epíscopo de Éfeso). Outros acreditam que Onésimo não é propriamente um *servo fugitivus* que queria deixar a casa de seu senhor Filêmon, mas simplesmente um escravo que apela a Paulo para mediar com seu mestre, a quem ele gostaria de retornar depois que o Apóstolo tivesse resolvido algum certo conflito surgido entre os dois. Outros então consideram Onésimo, sim, como escravo, mas como correspondente e delegado da Igreja de Colossos para ajudar Paulo na prisão (como Epafrodito foi enviado pelos filipenses de acordo com a carta do mesmo nome), e Paulo com sua passagem pediria àquela Igreja na pessoa de seu Filêmon responsável para libertar Onésimo e recebê-lo a serviço do Evangelho. Outros ainda, com uma variação da solução anterior, acreditam que o escravo Onésimo apela a Paulo, para que, como amigo de Filêmon, ele interceda para evitar uma punição por algum dano causado à sua casa, enquanto Paulo se comprometeria a pagar-lhe os danos. Alguém até tenta explicar o termo "escravo" usado no v. 16 não em seu valor social, mas com um simples significado metafórico ou talvez hipotético, e que Onésimo e Filêmon são, na verdade, irmãos de sangue, que Paulo tenta levar a um acordo depois de ambos terem entrado em discordância. Finalmente, há aqueles que com uma variação da posição anterior simplesmente significam Onésimo como um membro (não um escravo em um sentido social) da *familia* de Filêmon, que o envia a Paulo na prisão para prover suas necessidades, mas o Apóstolo não quer detê-lo e manda-o de volta para Filêmon para recebê-lo como irmão cristão.

No entanto, a posição tradicional ainda parece ser a melhor maneira de explicar o caso em questão. Ela traz à tona a condição dos escravos na sociedade antiga: um fenômeno massivo e em parte desumano, com o qual o cristianismo primitivo foi confrontado. A esse respeito, no entanto, algumas distinções são necessárias.

• *A escravidão na Antiguidade* – O fenômeno era muito generalizado, pois era possível se tornar escravo de várias maneiras: após a exposição de crianças, por uma prisão de guerra, por sentença judicial, por uma venda de si mesmos por dívidas e, acima de tudo, por se nascer de outros escravos. Cidades como Tiro, Éfeso, Atenas, Corinto, Roma e as ilhas do Mar Egeu, como Quios e Delos, eram lugares famosos onde ocorria um próspero mercado de escravos. Um importante filósofo como Aristóteles, no século IV a.C., chegou a justificar a existência da escravidão, teorizando a necessidade "natural" desse fenômeno: "Desde o momento do nascimento, alguns são marcados para a submissão, outros para o comando [...]. Alguns são livres por natureza e outros escravos... O escravo é assim por natureza" (*Politica* 1, 1254a,1255a, 1260b); segundo ele, o escravo é um objeto animado: ele é para o senhor o que o boi é para o pobre (*Política* 1,2,5), é incapaz de deliberar e, portanto, não é adequado para a vida política (1,5,10; 1,13,7). Foi a filosofia estoica que representou um passo decisivo em direção a uma humanidade maior no reconhecimento da dignidade dos escravos. Sêneca, contemporâneo de Paulo, dedica-lhes algumas belas páginas em uma de suas epístolas:

> Eles são escravos sim mas também homens. Eles são escravos sim mas também companheiros de habitação. Eles são escravos sim mas também amigos humildes. Eles são escravos sim mas também companheiros de escravidão, se refletires que uns e outros estão sujeitos aos caprichos da sorte. Por isso ri daqueles que consideram desonroso almoçar com o escravo [...]. Ele é um escravo, mas talvez livre na alma [...]. Mostra-me alguém que não seja escravo: há os que são escravos da luxúria, da ganância pelo dinheiro, da ambição, da esperança, do medo [...]. Nenhuma servidão é mais vergonhosa do que a que é devida à nossa própria vontade (*Epist.* 47,1.2.10.16.17).

No plano da legislação romana, as coisas evoluíram consideravelmente para uma maior humanização. De acordo com uma lei do século III a.C. (*Lex Aquilia*), a ferida infligida a um escravo devia ser considerada um dano não a sua pessoa, mas à propriedade de seu dono. Mas os juristas dos séculos II-III a.C. combinam o conceito de natureza não mais com a condição servil, mas apenas com o estado de liberdade, de modo que para eles a escravidão depende inteiramente da lei e é até considerada contrária à natureza (cf. *Digesto* 1,5; 4,1). Esse desenvolvimento não impediu que, mesmo sob Nero, um *Senatus Consultum* do ano 57 estabelecesse que, se um cidadão tivesse sido morto por um de seus servos, todos os escravos de sua casa, inclusive os libertos, seriam mortos (TÁCITO. *Anais* 13,32,1). Embora seja difícil calcular o número exato, não estamos longe da verdade, pensando que na Roma do século I a metade dos habitantes fosse composta por escravos. No nível histórico, algumas revoltas de escravos ficaram famosas, como a que ocorreu na Sicília no final do século II a.C. e sobretudo a que ocorreu na Itália sob o comando do trácio Espártaco, que terminou com a crucificação dele e de alguns milhares de seus seguidores no ano 71 a.C.

No entanto, é muito importante perceber que a escravidão teve tipologias muito diferentes na prática. O *status* servil de fato divergia muito, dependendo se se tratava de escravos ligados a tarefas domésticas ou que trabalhavam fora de casa. No último caso, vivia-se em piores condições, pois foram do menor para o pior; relacionavam-se empregos com os campos ou com as pedreiras ou com as minas ou com os jogos de circo ou no mar com as galés. Em casa, por outro lado, até mesmo ocupações nobres podiam ser exercidas, as quais, além dos mais humildes serviços de limpeza ou cozinha, incluíam-se os ofícios de artesão, administrador, secretário, pedagogo. Eram principalmente os que se incluíam nestes últimos tipos que tinham a possibilidade de obter a manumissão [*manumissio*], a liberdade, tornando-se libertos. Isso acontecia principalmente ou pela vontade do senhor (também testamentária) ou por uma decisão pública ou pelo recurso a santuários de certas divindades como o de Apolo em Delfos.

O desejo de liberdade poderia levar os escravos a escapar da casa de seu senhor em diferentes circunstâncias, criando precisamente o tipo de *servus fugitivus*, que é análogo ao tratado por Paulo. Casos desse tipo provavelmente não eram pouco frequentes, já que temos uma documentação que vai pelo menos do século II a.C. ao século II d.C. No primeiro caso, atestada por um papiro datado de 156 a.C., se trata de um jovem de dezoito anos de origem síria chamado Hermão, escravo de um certo Aristógeno de Alabanda em Caria (Sudoeste da atual Turquia) que fugiu para Alexandria no Egito; o documento cuidadosamente lista os sinais distintivos para reconhecê-lo (altura média, sem barba, pernas fortes, uma covinha no queixo, uma verruga à esquerda do nariz, uma cicatriz no lado esquerdo da boca, marcado no pulso direito com duas letras estrangeiras, vestido com um manto e uma tanga, e tem consigo três minas de ouro, dez pérolas e um anel de ferro com uma jarra e raspadores) e especifica a recompensa prometida, respectivamente, àqueles que e trouxerem de volta ou sinalizarem em que santuário teria obtido asilo ou com quem ele estaria (cf. *P. Paris* 10). Já aos primeiros anos do século II pertence uma carta de Plínio o Moço a seu amigo Sabiniano, com a qual se refere a um liberto que fugiu para escapar de sua ira por algum dano que lhe proporcionou; Plínio intercede em favor do fugitivo: "Ele me fez acreditar em seu arrependimento [...]. Amaste esse homem e, espero, amá-lo-ás novamente [...], concede algo para sua juventude, algo para suas lágrimas, algo para sua bondade natural... Eu ameacei não interceder mais em seu favor: isso se aplica àquele a quem eu queria amedrontar, mas não a ti, uma vez que eu continuarei a implorar, ainda impetrarei. Mas sempre será um pedido que a mim me convém fazer e a ti convém responder" (*Epist.* 9,21). A esse respeito, só notamos o fato de que, enquanto Plínio trata do caso de um liberto, Paulo tem a ver com o caso menos nobre de um escravo propriamente dito (cf., em geral, HARRILL, 2000).

• *Paulo e a escravidão* – O caso tratado pelo Apóstolo na carta ao colossense Filêmon poderia ter sido a boa ocasião, de acordo com nossas atuais pré-compreensões inequivocamente abolicionistas, para claras declarações de princípio contrárias à escravidão. Paulo, por outro lado, não vai além do único caso da relação entre Onésimo e Filêmon, que é tratado não com afirmações generalistas nem mesmo explicitamente pedindo a seu destinatário que conceda a liberdade ao escravo, mas mais concretamente com o pedido muito pessoal de recebê-lo "como querido irmão [...] como eu" (v. 16-17). O tema da escravidão também é tratado em outras cartas com tons mais ou menos fortes (1Cor 7,20-22; Gl 3,28; ainda, Ef 6,5-9). Mas Paulo nunca argumenta contra a sociedade escravista ou contra a classe dos senhores de seu tempo, não faz declarações insurrecionais ou mesmo emancipatórias, isto é, ele não lida com a questão do ponto de vista social: o que teria sido completamente anacrônico. Já o estoicismo da época, como já dissemos, recuperou fortemente a dignidade dos escravos, também sem torná-lo uma questão social, mas conduzindo uma reflexão de princípio sobre a idêntica natureza de todos os homens.

A abordagem de Paulo difere da estoica porque ele não faz filosofia, mas deduz a impossibilidade de qualquer tipo de divisão entre os homens (incluindo a divisão social) do fato da redenção operada por Cristo, que eliminou toda diferenciação compreendida como uma oposição mútua. Há um princípio fundamental que se repete em suas cartas, segundo as quais em Cristo "não há mais escravo nem livre" (1Cor 12,13; Gl 3,28; Cl 3,11); de fato, "o escravo é um liberto do Senhor e da mesma forma o homem livre é escravo de Cristo" (1Cor 7,22). Agora as partes são intercambiáveis, significando a superação e até a eliminação de disparidades e divergências. Em Cristo, não só a escravidão social é abolida, mas também a liberdade se ela é limitada ao sentido social do termo: acima dessa semântica restrita, de fato, há outro nível de valores, para o qual a liberdade social infelizmente pode coexistir com o pecado, enquanto o novo *status* da escravidão em relação a Cristo representa a expressão máxima da liberdade (da Lei, da carne, do pecado, em última instância de si mesmo). Como Lutero paradoxalmente escreve, "um cristão é um livre senhor de tudo e não está sujeito a ninguém; um cristão é um servo voluntário em tudo e sujeito a todos" (*A liberdade do cristão*, 1). A Carta a Filêmon, por sua vez, ajuda a esclarecer o pensamento paulino, pois não só faz declarações gerais, mas mostra como o

Apóstolo pôde aplicar a um caso concreto os grandes princípios da fé, que vão inervar a partir de dentro a vida prática.

6.5 Unitariedade das Igrejas paulinas

A multiplicidade das Igrejas fundadas por Paulo poderia gerar a ideia não apenas de sua dispersão, mas também de sua desconexão no sentido inorgânico do termo. E ainda, em uma inspeção mais próxima, não é bem assim. Desde já deve ser dito que, no nível das personalidades individuais responsáveis pelas Igrejas, não há relação entre Paulo e outras figuras importantes como Pedro ou João. Se no século I existe um "papa" (em todo caso, um anacronismo), este seria, no mínimo, Paulo. Sua "solicitude por todas as Igrejas" (2Cor 11,28) é incomparável: não no sentido de uma preocupação pastoral pessoal, que também é encontrada em outros (cf. Hb 6,11; 13,22; 1Pd 2,11; 1Jo 2,1), mas no sentido objetivo de referência a toda uma rede de comunidades espalhadas na área oriental do Mediterrâneo, cuja direção não tem comparação com outros apóstolos. O Paulo histórico ainda não conhece uma única palavra para designar essa pluralidade. A qualificação de "Igreja" no sentido universal é posterior (cf. abaixo, itens 8.3-8.4 sobre Colossences/Efésios). Além disso, se em 1Pd 5,9 o coletivo abstrato singular "fraternidade/ *adelfótēs*" é usado para indicar concretamente todos os irmãos na fé espalhados "no mundo", não no sentido de dizer que o autor da carta é o único responsável; além do fato de que a carta é provavelmente pseudepigráfica, não sabemos quais foram os resultados da atividade missionária de Pedro, que nunca é descrita em lugar algum (cf. em geral AGUIRRE, 1991; GNILKA, 2003: 82-102). No caso de Paulo, é a própria figura do Apóstolo que constitui o primeiro fator fundamental de comunhão entre suas várias Igrejas.

Mas, além de sua pessoa, há um conjunto de outros dados que convergem para nos fazer acreditar que ele e suas Igrejas viveram de acordo com uma perspectiva eclesial que tendia a ser ecumênica (cf. HVALVIK, 2005). De fato, a consciência de pertencer a uma unidade eclesial mais ampla é constatada pelos seguintes fatores que podem ser encontrados nas cartas: referências diretas a outras Igrejas (Rm 1,8; 1Ts 1,7-8; 2,14), referências a uma tradição igual para todos (1Cor 4,16-17; 7,17), envio de saudações de outras Igrejas (Rm 16,16; 1Cor 16,19; Fl 4,22), certeza de uma fé cristológica compartilhada (1Cor 1,2: "com todos os que invocam o nome do Senhor Jesus Cristo em todos os lugares"). Além disso, quando Paulo escreve a uma Igreja, certamente não o faz de um lugar considerado como a sede de seu apostolado, mas simplesmente de outra Igreja local (cf. as relações entre Éfeso e Corinto). Finalmente, a coleta que Paulo organiza para "os pobres entre os santos que estão em Jerusalém" (Rm 15,26; Gl 2,10) é um sinal de comunhão mútua não apenas com a Igreja-mãe de Jerusalém, mas também entre outras várias Igrejas, como pode ser visto na prática regulada em Corinto e em Roma, com a menção explícita das Igrejas da Galácia (1Cor 16,1), da Macedônia (2Cor 8,1; 9,2) e da Acaia (2Cor 9,2; Rm 15,26).

As Igrejas paulinas, portanto, longe de não estarem relacionadas entre si, representam um quadro substancialmente unitário. Não que estejam fechadas em si mesmas, talvez opostas a outros grupos eclesiais. No máximo, Paulo polemiza com outros anunciadores, defensores de outra hermenêutica do Evangelho (cf. 2Cor 11–12), mas nunca com outras comunidades cristãs.

7

As Igrejas pós-paulinas das áreas macedônica, efésia e cretense

É indubitável que Paulo tenha trabalhado na Macedônia e em Éfeso, como vimos acima. E é igualmente certo que a pregação realizada na capital asiática tenha tido alguma ressonância no interior (cf. acima, item 6.4). De modo que as duas cartas, aos colossenses e aos efésios, pareceriam, à primeira vista, pelo próprio título, refletir a presença do Paulo histórico na região. As duas cartas a Timóteo também se referem a Éfeso (1Tm 1,3), enquanto aquela dirigida a Tito se refere a Creta (Tt 1,5). Diga-se o mesmo da Segunda Carta aos Tessalonicenses com respeito à homônima Igreja macedônica. No entanto, os estudiosos de hoje em número significativo, se não a maioria, subtraem essas cartas da autoria paulina direta, atribuindo-as a escritores posteriores. Pode-se dizer que, *grosso modo*, "a comunidade científica está dividida, embora aqueles que apoiam a paternidade paulina duvidem muito mais do que aqueles que a negam" (MURPHY-O'CONNOR, 2003: 267; esp. FABRIS, 1995 e BROWN, 2001: 774-893). Naturalmente, o que diz respeito aos possíveis autores desses escritos também tem implicações sobre a imagem diferente das respectivas Igrejas às quais são endereçados e que estes também refletem. É, portanto, necessário distinguir diferentes situações eclesiais, cuja identidade nos é transmitida e documentada pelas respectivas cartas, dependendo se as comunidades são de Tessalonicenses, Colossenses, Efésios e Cretenses. Mas, para começar, é necessário ter uma ideia da existência de uma tradição paulina e do que significa a antiga prática da pseudepigrafia.

7.1 A tradição paulina

Na história dos estudos do Novo Testamento foi indiscutível o mérito da Escola de Tübingen, no século XIX, de começar a pesquisar a localização histórica de vários escritos canônicos. Além das primeiras simplificações que tentaram explicar a complexidade das origens cristãs como resultado de uma tensão hegeliana conflituosa entre o paulinismo e o petrismo, a instância histórica é de suma importância. No que diz respeito a Paulo, a observação inicial é que, na hipótese da autenticidade de todas as cartas que levam seu nome, ele teria sido uma voz isolada durante todo o século I, sem nenhuma sequência. Não é um problema que ele tenha tido vários colaboradores durante a sua vida, justamente porque não agiu sozinho. Mas há uma questão estimulante que não deve ser evitada: É possível que um apóstolo tão dinâmico e um pensador tão original, após sua morte, não tivesse um herdeiro? Haveria alguém para quem ele, como dizem, passou o bastão de forma a continuar o caminho traçado por ele? Certamente não é suficiente citar os Atos dos Apóstolos, em que Lucas se contenta em salvaguardar e enfatizar a memória histórica de Paulo, mas não sua teologia (sem sequer aludir de forma alguma às suas cartas!). De fato, depois de sua morte (já em 58 no início dos anos 60) houve um silêncio total sobre ele e sua doutrina, quebrado apenas poucas décadas depois pela Carta de Clemente Romano no final do século I (mas mais como menção do Apóstolo do que como um renascimento de seu pensamento) e, em seguida, pelas Cartas de Inácio de Antioquia no início do século II (também aqui mais como um exemplo apostólico do que um teólogo).

Em todo caso, se continuadores pudessem ser encontrados, ainda seria necessário supor que estes não eram meros repetidores, mas intérpretes de seu legado adaptados a situações eclesiais novas e inéditas. É por isso que alguns estudiosos falaram de "escola paulina ", embora como uma fórmula abreviada para indicar uma realidade complexa e ramificada (cf. SCHENKE, 1975). A definição, no entanto, é pelo menos parcialmente imprópria, uma vez que Paulo nunca se apresenta como mestre (e em 1Cor 4,5 ele se opõe aos pedagogos) nem jamais teve uma escola no sentido clássico do termo aplicado a antigas escolas filosóficas (apesar de At 19,9). Em vez disso, o conceito de transmissão/tradição é mais apropriado, tanto porque é o próprio Paulo histórico que o usa (Rm 6,17; 1Cor 11,23; 15,3), e porque pelo menos nas Cartas Pastorais o *depositum* recebido é explicitamente referido (1Tm 6,20; 2Tm 1,12.14) (cf. FABRIS, 1995: 12-30). Isso se refere não tanto ao *corpus* epistolar paulino, que toma forma posteriormente (cf. PENNA, 2001b: 612-641: "*L'origine del* corpus *epistolare paolino: problemi, analogie, ipotesi*" [A origem do *corpus* epistolar paulino: problemas, analogias, hipóteses]) quanto ao conteúdo propriamente dito da pregação e da hermenêutica paulina do Evangelho e de sua transmissão viva dentro das comunidades que se ligavam à figura do Apóstolo.

De fato, o dado mais importante, no que nos interessa, é que tal tradição prolonga e de alguma forma substitui a presença do Apóstolo em sucessivas situações diferentes que são próprias tanto às Igrejas que ele fundou quanto a outras que, de alguma forma, remontam a ele. A existência de uma tradição paulina demonstra concretamente – além de outras coisas – a permanência de seu ensinamento, tanto para além de uma certa conspiração de silêncio atestada nos escritos de caráter judeu-cristão (como a *Didaqué* e o *Pastor de Hermas*) quanto ainda mais por um verdadeiro ostracismo contra ele (atestado pelo extremo judeu-cristianismo das *Pseudoclementinas*, cf. acima, item 4.1). Acima de tudo, é importante notar que havia uma herança paulina que, ao contrário de certas posições judeu-cristãs (para não mencionar gnosticismo), era considerada ortodoxa pela "grande Igreja" a ponto de ser inserida no cânon das Escrituras normativas, apesar de esses escritos serem pseudepigráficos.

7.2 A pseudepigrafia

Levando em conta o fato de que o Novo Testamento é composto por aproximadamente 2/3 de escritos anônimos (os quatro evangelhos, o Livro dos Atos, a assim chamada Carta aos Hebreus e as Joaninas), percebe-se pelo menos que no processo de canonização ele não se deixou condicionar pela presença ou ausência do nome de um autor (mesmo se esse nome fosse de um apóstolo, como nos vários apócrifos). Mas, além do anonimato que prevalece, o Novo Testamento apresenta quase todas as formas da chamada falsificação literária, com a única exceção, aparentemente, da pseudonímia, isto é, da atribuição de um escrito a um nome desconhecido (cf. PENNA, 2001b: 795-816: "*Anonimia e pseudepigrafia nel Nuovo Testamento: comparativismo e ragioni di una prassi letteraria*" [Anonimia e pseudepigrafia no Novo Testamento: comparativismo e razões para uma praxe literária]; esp. FREY et al., 2009).

A verdadeira pseudepigrafia consiste na atribuição de um escrito, composto por um autor desconhecido, a um personagem conhecido e com autoridade. Essa poderia ser apenas o produto da tradição, quando uma obra anônima é posteriormente atribuída a um autor supostamente conhecido (assim, no Novo Testamento, a Carta aos Hebreus, por muito tempo foi atribuída a Paulo, as cartas a João e, de fato, também os quatro evangelhos; cf., na literatura clássica, os diálogos espúrios de Platão ou o *De mundo* do Pseudo-Aristóteles). Mas, num sentido mais preciso, a pseudepigrafia já é uma operação consciente, originalmente praticada por um escritor desconhecido, que se esconde atrás de um nome importante: a pseudepigrafia do Novo Testamento envolve seis cartas com o nome de "Paulo" (2Tessalonicenses, Colossences, Efésios, 1Timóteo, 2Timóteo, Tito), duas com o nome de "Pedro", uma com o nome de "Judas"; sujeitas a maior cautela devem ser a carta de Tiago e o Apocalipse de João, embora também não faltem estudiosos que consideram os dois escritos como pseudepigráficos. Desse panorama emergem como trabalhos autênticos apenas sete de Paulo, comumente indiscutíveis (em ordem canônica: Romanos, 1Coríntios, 2Coríntios, Gálatas, Filipenses, 1Tessalonicenses, Filêmon): o resultado poderia ser considerado parco e decepcionante, se insistíssemos em considerar o problema do ponto de vista moderno da propriedade literária ou de acordo com a perspectiva dogmática de uma suposta incompatibilidade entre o fenômeno literário e o princípio teológico da inspiração e do cânone. Aqui, de fato, é oportuno distinguir claramente entre o conceito de falsificação literária e o de canonicidade.

Antes de mais nada, devemos especificar com toda a clareza possível que o termo "falsificação" é usado em um sentido puramente técnico-literário, sem qualquer conotação moral (que adquiriria profundidade apenas com base nas intenções estabelecidas do autor e no conteúdo de seu escrito; cf. abaixo). Ignorar essa distinção elementar pode levar a atitudes de constrangimento, suspeita e condenação desnecessária. Mas tanto o comparativismo, cada vez mais evidente entre os livros canônicos e seu ambiente histórico-cultural, como a consequente abordagem exclusivamente literária do problema não podem deixar de tornar a atmosfera mais clara e segura. Mesmo os documentos do magistério católico proporcionaram amplas aberturas nesse setor, reconhecendo que "aos livros sagrados não é estranha aquela maneira de falar, do qual habitualmente se servia a linguagem humana entre os antigos" (PIO XII. *Divino Afflante Spiritu*, 3) e que a devida atenção deve ser dada "às formas nativas e habituais de perceber as coisas, contá-las e narrá-las", que na época do hagiógrafo "costumavam ser usadas nas relações mútuas entre os homens" (VATICANO II. *Dei Verbum*, 12).

No que nos diz respeito, portanto, deve-se reconhecer que não é absolutamente um procedimento crítico erigir o fato teológico da canonicidade como critério de autenticidade literária. A distinção deve ser clara: nem o estudo científico de um texto pode jamais levar à conclusão de uma canonicidade (ou sua negação), uma vez que este é apenas o assunto de um julgamento eclesial, nem a autoridade da Igreja sozinha deve emitir uma sentença de autenticidade. As habilidades são diferentes e uma não pode e não deve interferir na outra. A canonicidade dos livros do Novo Testamento é um fato que é recebido não apenas da tradição de uso, mas, mais especificamente, de uma intervenção da autoridade do magistério patrístico e conciliar. Dentro desse dado objetivo, cuja constituição escapa por sua natureza ao método histórico-crítico, uma liberdade plena de investigação histórica e literária pode e deve encontrar lugar, tendendo a estabelecer a idade, o estilo, o gênero e, portanto, também a atribuição ou autoria de cada um desses escritos. Se, então, um escrito é considerado não autêntico, não é por isso que será expurgado do cânon, nem perde sua autoridade e normatividade. Pelo contrário, essa conclusão será extremamente proveitosa para conhecer a complexidade e, portanto, a riqueza histórica e teológica das origens cristãs.

É claro que nos perguntaremos: Mas se um escrito leva o nome explícito de um autor, que já é conhecido por outras composições, como será reconhecido como não autêntico? Em resumo, os dois critérios fundamentais de conformidade ou homogeneidade tanto estilística quanto temática são aplicados entre os escritos que levam o nome do mesmo autor. Estilo e pensamento, portanto. Mas ambos os critérios devem ser integrados a outro, que é o exame da possibilidade de inserir os dados escritos nas coordenadas do quadro biográfico do autor. Isso se aplica tanto à literatura clássica (cf. abaixo as cartas de Platão) quanto aos escritos das origens cristãs. É certo que, se a pseudepigrafia no tempo e no espaço do Novo Testamento é um fenômeno generalizado, e se os escritos do Novo Testamento estão profundamente enraizados nesse ambiente do ponto de vista composicional, então o fenômeno não poderia deixar de envolver (pelo menos como uma possibilidade teórica) também a primeira literatura cristã. Uma objeção seria apelar para a legítima variação de estilo e pensamento no desenvolvimento biográfico do mesmo autor. Faria todo sentido se os escritos se estendessem por um período muito longo de tempo (cf. as variações entre a *República* e o *Das Leis* de Platão, separados por cerca de vinte anos); mas torna-se impraticável, quando a variação é muito grande (cf. a relação entre a Carta aos Gálatas e a Carta aos Colossenses) em um período muito curto. Por exemplo, uma comparação entre as duas cartas que acabamos de mencionar nos leva a perceber que uma situação eclesial similar (ou seja uma tendência a diminuir a suficiência e centralidade soteriológica de Cristo) é encarada de dois modos bastante diferentes (em Gálatas: afirmação da fé em contraposição com as obras da Lei, em Colossenses: total recessão desse tema, substituído pela afirmação da primazia cósmica e eclesiológica de Cristo em polêmica com os poderes angélicos), para inevitavelmente pensar em duas *formae mentis* amplamente distintas. No caso dessas cartas, de acordo com a opinião tradicional, não teriam se passado mais do que sete anos entre uma e outra: também poderia ser um período suficiente, se não fosse o caso de o tema fé-obra (ou Lei-graça) já ter se imposto tão claramente em Gálatas e Romanos (e Fl 3) a ponto de causar surpresa que seja então abandonado e quase esquecido. Além disso, o problema é complicado pela cronologia da vida de Paulo: relembramos brevemente que, segundo alguns autores, as pegadas do Apóstolo teriam sido perdidas já no ano 58 (o ano da morte?), principalmente tendo como base o cálculo cronológico da mudança entre os procuradores romanos Antônio Félix e Pórcio Festo na Palestina (cf. RINALDI, 1991).

Isso não significa que, mesmo dentro do epistolário autêntico de Paulo, uma verdadeira evolução do pensamento não se verifique; mas é substancialmente apresentado *eadem linea, eadem sententia*, sem fraturas e sem renúncia aos componentes constituintes da hermenêutica do Evangelho típica do Apóstolo.

• *A pseudepigrafia na Antiguidade* – O fenômeno é tão difundido e praticado que transcende as fronteiras das culturas judaicas e pagãs. Pelo menos em parte, depende da falta de ambos os lados de um conceito e de uma regulamentação legal da propriedade literária.

Em âmbito judaico, encontramos a pseudepigrafia como evidenciada tanto nos escritos bíblicos quanto nos intertestamentários. Mencionamos apenas brevemente o fato. Além de dever constatar que a maioria dos livros do Antigo Testamento é de composição anônima (então toda a Torá e também a *Nᵉbî'îm*, pelo menos no nível redacional), outra boa parte é precisamente pseudepigráfica e consiste aproximadamente nos escritos sapienciais, invariavelmente atribuídos a Salomão. Se não me engano, o único livro que leva o nome confiável de seu autor é o livro deuterocanônico do Eclesiástico ou Sirácida (cf. 50,27). Um caso especial é o Segundo Livro dos Macabeus, que aparece como o epítome de cinco livros de Jasão de Cirene. No judaísmo pós-bíblico, a pseudepigrafia é praticada apenas em algumas áreas: nem em Qumran nem no rabinismo, mas nos círculos apocalípticos, tanto palestinos como helenísticos. Aqui podemos falar de pseudepigrafia baseada não tanto na individualidade do escritor, mas na figura de vários heróis do passado (Enoc, Moisés, Baruc, Esdras etc.), aos quais se remete a respectiva tradição, já que conta muito mais o tema das visões e destinatário das revelações do que o editor final. No judaísmo helenístico, então, acontece também que certas composições são até mesmo atribuídas a autores pagãos: assim, além dos *Livros Sibilinos* (III-IV), as *Sentenças* do Pseudo-Focílides (e talvez também a *Carta de Aristeas*, se não se trata um pseudônimo).

No âmbito greco-pagão (mais em grego do que em latim), a pseudepigrafia é ainda mais recorrente (cf. BALZ, 1969: 408-416). Como exemplo extremo, podemos lembrar o caso do acadêmico Heráclides do Ponto, do século IV a.C., que escreveu algumas tragédias, dando-as como obras de Tépis de Ática, mas por sua vez foi enganado por tal Espíntaro, que o fez pensar em Sófocles como tragédia composta pelo próprio Espíntaro (cf. DIÓGENES LAÉRCIO. *Vida dos filósofos* 5,92s.). Veja também o julgamento de Dionísio de Halicarnasso sobre os escritores que precederam Tucídides: "Nem os escritos da maioria deles foram salvos até hoje, nem os salvos são salvos por todos para serem compostos por eles" (*De Thuc.* 23). Mas é interessante notar que na estimativa atual não era a falsificação como tal a ser reprovada, mas sim o dano que ela poderia causar devido ao seu conteúdo. Assim, lemos em Suetônio que Augusto condenou os caluniadores que escreveram *sub alieno nomine*, onde, no entanto, a razão para a provisão judicial não era o "nome diferente", mas o fato de que a operação foi realizada *ad infamiam cuiuspiam* "para difamar quem quer que seja" (*Aug.* 55; cf. 51,1).

A pseudepigrafia foi até mesmo aprovada, se não elogiada, quando se tratava de verdadeiros discípulos que escreviam sob o nome de seu mestre. Assim, Jâmblico nos assegura: "É uma coisa nobre que eles [Pitagóricos] atribuíram tudo a Pitágoras e muito raramente procurem uma glória pessoal por suas descobertas: tão poucos são aqueles cujos escritos são conhecidos" (*A vida pitagórica*, 198; cf. tb. 158). O neoplatônico Elias (discípulo de Olimpiodoro, do século VI d.C.) fala até mesmo da "lealdade dos discípulos" (cf. BROX, 1975: 72). O próprio Tertuliano segue essa norma: "É surpreendente que as coisas promulgadas pelos discípulos pareçam pertencer aos mestres" (*Contra Marcião* IV,5,4: sobre Mc e Lc, para dizer que por trás de ambos estão Pedro e Paulo). Pode parecer surpreendente para nós, mas a *mímēsis/imitatio* era tida como uma regra de boa composição literária; tal regra é amplamente teorizada tanto pelo autor anônimo Περὶ Ὕψους [*Perì Hýpsous* – Sobre o sublime] (13,4) quanto por Quintiliano (10,2).

• *O epistolário paulino* – Nesta linha seria interessante estabelecer uma comparação sobre o problema da autenticidade das cartas deuteropaulinas e das 13 cartas que recebemos sob o nome de Platão. Os casos são semelhantes, não apenas pela importância dos autores, mas também pelo possível uso do método de investigação (além do fato de que, para Platão, conhecido por seus numerosos diálogos, todo o epistolário está em questão, enquanto para Paulo, que escreveu apenas cartas, somente apenas algumas das que recebem seu nome são questionáveis. A história da crítica do epistolário platônico mostra que, mais do que as razões da crítica externa, as da crítica interna, isto é, da comparação tanto literária quanto temática (que são os dois critérios fundamentais mencionados acima) com os autênticos diálogos do filósofo, contam. Pelo que podemos notar sumariamente, os tratados sobre Platão nas introduções específicas ao seu pensamento e nos textos da história da filosofia aceitam as cartas como autênticas, ao menos no que diz respeito à VII que é a mais longa e a mais importante, embora admitindo de relance a hipótese da inautenticidade, amplamente apoiada até recentemente.

Quanto às cartas paulinas, uma questão importante é perguntar qual teria sido o motivo de sua aceitação ou, mais genericamente, o critério fundamental nos tempos antigos para aceitar ou rejeitar um escrito. Há que se dizer que era o conteúdo a servir como um critério fundamental para a aceitação e aprovação de um escrito (cf. BAUM, 2001). Tertuliano une os três critérios essenciais, consistindo no uso tradicional de um escrito (*quid legant philippenses, thessalonicenses, ephesii...*), na autoridade apostólica (*quod ab initio... quod ab apostolis*) e na ortodoxia como conformidade no começo (*id verius quod prius*) (*Contra Marcião* 5,5,1). Este último é realmente o mais importante, porque engloba os outros dois, mas é crucial especificar que, em retrospectiva, não é tanto a antiguidade cronológica a definir a ortodoxia e a autoridade do escrito, mas antes é a conformidade do escrito com a tradição que lhe confere ortodoxia e autoridade, ou seja, o conteúdo determina o valor. É isso que também documenta Tito Lívio sobre certos supostos livros do Rei Numa, queimados apesar de seu nome (cf. XL, 29). De igual modo, no contexto cristão vale a mesma norma. Já o texto canônico de 2Ts 2,2 lemos: "nem vos perturbeis, quer por espírito, quer por palavra, quer por epístola, como se procedesse de nós, supondo tenha chegado o Dia do Senhor". Além da questão da identificação da "carta" para a qual é feita referência, o autor evidentemente adverte os destinatários a não se contentar com o nome de um escritor, uma vez que a instrução que ele está prestes a dar constitui um critério superior. Provavelmente a Segunda Carta aos Tessalonicenses é considerada pseudepigráfica, pois expressa e assume já consolidada a aceitação do atraso da parusia. Assim, em nome de Paulo, tendemos a rejeitar uma interpretação indevida da posição do autêntico Paulo. De acordo com essa hipótese, a aceitação de 2Tessalonicenses (que se apresentava em uma relação dialética com 1Tessalonicenses) foi influenciada principalmente pela proposição de um ensino que agora se conformava às já mudadas situações histórico-eclesiais.

Mesmo os demais pseudepígrafos do Novo Testamento, se foram aceitos desde o princípio nas várias comunidades de origem, não o foram por outras razões senão porque refletiam em seu conteúdo a fé viva das várias Igrejas. Tais escritos, de fato, antes mesmo de influenciar a vida eclesial, são simplesmente o testemunho documental de um patrimônio ideal das próprias Igrejas das quais emanam: "Nós também temos confiança em vós no Senhor, de que não só estais praticando as coisas que vos ordenamos, como também continuareis a fazê-las" (2Ts 3,4).

Justamente esse critério de conformidade à fé e à praxe da Igreja terá um peso explícito no processo posterior de formação do cânon, como é evidente na adesão à regra da fé, tanto em Irineu (*Contra as heresias* 111,1-5; cf. 4,1) como em Tertuliano (*De praescr.* 32). Mas a mesma atitude básica está presente em Orígenes e Clemente de Alexandria, onde juntamente com as Escrituras bíblicas eles também alinham múltiplas passagens da literatura grega (cf. ORÍGENES. *Contra Celso* 2,20: "qualquer profecia feita a nosso respeito, seja nas divinas Escrituras seja nas histórias dos gregos"; CLEMENTE DE ALEXANDRIA. *Protréptico* 50: "Se não quiseres ouvir uma profetisa [= a Sibila], ouve pelo menos ao teu filósofo Heráclito de Éfeso").

Para chegar aos fatos, podemos lembrar o caso de Serapião, bispo de Antioquia (de 191 a 212), de quem conhecemos a história por intermédio de Eusébio (*História eclesiástica* VI,12,2-6). Em uma de suas obras sobre o chamado Evangelho segundo Pedro, ele escreve: "Saudamos Pedro e os outros apóstolos como Cristo, mas com base em nossa experiência rejeitamos as falsas escrituras que levam seu nome, sabendo que não nos foi legado nada do tipo". Esse julgamento claro precede a história de um fato, do qual é realmente a conclusão. De fato, tendo ido anteriormente à Diocese de Rhossos na Cilícia, eles lhe presentearam com um Evangelho com o nome de Pedro, e ele (obviamente em resposta a algumas hesitações) sem sequer ler disse: "Se é só isso que parece assustar-vos, que se o leia"; só mais tarde, tendo chegado a conhecer a heresia presente entre aqueles cristãos, pediu para si uma cópia do Evangelho para lê-lo, e só então, como ele admite, "poderíamos percorrê-lo e descobrir grande parte da verdadeira doutrina do Salvador, mas também algumas adições que submetemos a vós". A recusa, portanto, não aconteceu *a priori*, mas apenas "com base em nossa experiência!" Poderíamos continuar, lembrando Tertuliano sobre os apócrifos *Atos de Paulo* (cf. *Sobre o Batismo* 17), Eusébio de Cesareia sobre os evangelhos de Pedro, de Tomé, de Matias (*História eclesiástica* III,25,7; ele observa que o "estilo distoa do uso apostólico, e o pensamento e a doutrina que eles contêm está completamente em desacordo com a verdadeira ortodoxia, de modo a mostrar abertamente que são produtos de hereges"), as *Constituições apostólicas* do final do século IV (VI, 16.1: "Não deveis prestar atenção aos nomes dos apóstolos, mas à natureza do conteúdo e à doutrina correta") e Salviano de Marselha no século V (*Epist.* 9,4s.: "em qualquer livro o valor do que é lido é mais importante que o nome do autor; se portanto, o que se lê é útil e, seja o que for, tem a capacidade de nutrir o leitor, o que um nome puro, *vocabulum*, importa para o curioso, não serve para nada?"); o mesmo princípio ainda é encontrado nos 16 conselhos fornecidos por Tomás de Aquino a Frei João sobre a vida intelectual (*Pro acquirendo scientiae thesaurus*, onde o décimo segundo soa assim: "*Non respicias a quo audias, sed quidquid boni dicatur, memoria recommenda*").

• *As razões da pseudepigrafia neotestamentária* – Voltando ao que dissemos no início sobre os escritos do Novo Testamento, notamos que historicamente entre as cartas autênticas do histórico Paulo e a chamada 1Clemente (que é apenas parcialmente anônima, pois se apresenta escrita pela "Igreja de Deus exilada para Roma") não temos substancialmente nenhum escrito composto sob o real nome do autor, mas apenas anônimos e dos pseudepígrafos. Esse é um período que abrange as últimas quatro décadas do século I. A observação nos confronta com um fato histórico surpreendente, especialmente se considerarmos que nesse período é composta a maioria dos escritos canônicos, os quais de fato parecem ou carecer do nome do autor ou serem atribuídos a personagens da geração anterior. É inevitável nos perguntarmos o porquê: Por que nenhum escritor pertencente à comunidade cristã emergiu claramente a um primeiro plano entre os anos 60 e 100, mas permanece oculto por trás de seus escritos ou, em todo caso, por trás dos nomes de outras pessoas? A questão é importante, dado que se trata de toda uma geração com influência decisiva no futuro da Igreja. Certamente não é suficiente responder, referindo-se a simples prática ambiental, já que inclusive isso tem suas razões, e ademais é razoável esperar que a práxis cristã tenha a seu favor suas próprias motivações originais. De fato, algumas respostas foram tentadas. Mas parece-me que posso aderir à tese daqueles que explicam o fenômeno com base no fato de que nesse período não havia qualquer pessoa ou instituição com autoridade sobre toda a Igreja, mesmo territorialmente (talvez com a exceção da Palestina) (cf. FISCHER, 1976). Nesse vazio, portanto, "aqueles que queriam falar com abrangência ecumênica não poderiam fazê-lo a título pessoal, mas apenas em nome daqueles que tinham autoridade por causa do passado"; e Fischer, rejeitando a categoria "*Frühkatholizismus*" mesmo como um luterano, até propõe nomear esse período particular da história da Igreja como "o tempo da pseudepigrafia do Novo Testamento" [*die Zeit der neutestamentlichen Pseudepigrafia*]. Essa denominação teria a vantagem de ser neutra, puramente formal, evitando rótulos de ressonância confessional, também porque é muito difícil atribuir a produção diversa que vai dos evangelhos às Cartas Pastorais a uma homogeneidade teológica e institucional. Com tal denominação, o próprio Fischer assinala, algumas características essenciais do período nas quais certas transformações decisivas acontecem seriam legitimamente cobertas: a) a configuração institucional das comunidades locais é progressivamente fortalecida (e no final uma única comunidade, como a de Roma com 1Clem, ou um único bispo, como Inácio de Antioquia, saem do anonimato e se dirigem em seu próprio nome para círculos maiores; b) uma primeira distinção é feita entre ortodoxia e heterodoxia, qualquer que seja a conotação que isso assuma; c) o judaísmo e o cristianismo se afastam cada vez mais um do outro, até se separarem; d) o problema do atraso da parusia é gradualmente superado, por meio da formação da consciência de uma tarefa histórica da Igreja; e) finalmente, o conceito de uma tradição apostólica vinculante é cada vez mais formado à medida que nos afastamos do momento fundador. Em essência, o vazio deixado pela geração apostólica foi gradualmente preenchido por homens que souberam combinar perfeitamente duas necessidades básicas: por um lado, permanecer fiéis à herança recebida daqueles que "desde o princípio foram testemunhas oculares e ministros da palavra" (Lc 1,2), sem obscurecer seu nome ou autoridade; por outro, assumindo uma posição responsável dentro da Igreja em situações históricas modificadas, com intervenções autenticamente pastorais que nada têm do puro exercício literário. Esses dois traços, respectivamente, aproximam e distanciam a pseudepigrafia cristã canônica do paralelo grego dos escritos nascidos na tradição das escolas antigas: tanto a técnica literária semelhante nos dois casos quanto é diferente o conteúdo do Evangelho cristão.

Uma questão a parte é saber se o escrito pseudepigráfico foi aceito na origem em plena consciência ou ignorância de sua identidade. A esse respeito, nada mais pode ser feito além de formular hipóteses. Mas, uma vez que a autenticidade histórica e literária não era o critério dominante de aceitação, deve-se pensar que, num primeiro círculo limitado, a origem de tal escrito provavelmente deveria ser conhecida, caso contrário, seu tardio e súbito aparecimento como o trabalho de um apóstolo morto não poderia se justificar de maneira confiável. "E deve-se pensar que sua aceitação pela comunidade do autor eclesiástico também ocorreu pelas mesmas razões pelas quais foi composto" (BROX, 1970: 99-100). Nessa perspectiva, não estamos longe da verdade se considerarmos a pseudepigrafia cristã quase como um fato comunitário, certamente ainda um fato da Igreja, no sentido de que nasce dentro dela e é implementada com típicos propósitos eclesiais, especificando cada época de acordo com a realidade de setores de tradição paulina ou outros. É difícil encontrar na Antiguidade não cristã uma analogia com esse provável consentimento original da comunidade para um escrito pseudepigráfico; mas não é certo que todo dado deva ter um paralelo e, acima de tudo, que cada elemento das origens cristãs seja explicado comparativamente. É certo que alguns dados devem ser excluídos: assim, uma impossível origem extraeclesial dos pseudepígrafos cristãos (quase como se fossem intrusões e contaminações enganosas de fora), e também toda a sua motivação para o lucro e para a difamação; na verdade, não apenas inexiste a menor garantia de afirmação, mas tudo leva inevitavelmente à conclusão oposta. Em última análise, a melhor prova para essas exclusões é a canonização dos próprios escritos, que representavam seu reconhecimento máximo. Isso, de acordo com uma imagem que já era de Adolf Harnack, atuou como um *intonaco*[2], que esconde as cores originais e anula

---

2. *Intonaco* (um vocábulo italiano) é a fina camada final de gesso, sobre a qual se pinta um afresco [N.T.].

todos os contornos (cf. BARRETT, 1974: 245). Deve-se acrescentar que, como tal, no entanto, essa "camada de gesso" preservou o que escondia e, abaixo dela, podemos redescobrir cores e contornos em sua identidade original e preciosa.

7.3 A Igreja da Segunda Carta aos Tessalonicenses

Embora a questão da autenticidade da Segunda Carta aos Tessalonicenses não possa ser traçada com precisão, aqui seguimos a posição de todos aqueles que veem nela uma tomada de posição posterior ao Paulo histórico e datável aproximadamente ao último quarto do século I (cf. COLLINS, 1990: 373-515). O forte distanciamento do autor em 2,2 acerca de outra suposta carta paulina ("como se tivesse sido escrita por nós"), da qual ele quer corrigir a declaração sobre uma futura parusia do Senhor ("Quase como se o dia do Senhor fosse iminente", contra o que foi afirmado em 1Ts 4,15), já é suficiente por si só para indicar que estamos lidando com outra mão que a do Apóstolo.

Qual seria então a nova situação eclesial? Primeiramente, digamos que não é o caso pensar em uma Igreja diferente daquela de Tessalônica, dado o endereço explícito. O fato é que, poucas décadas depois de Paulo, algumas Igrejas sofreram uma perseguição mais ou menos pronunciada (2Ts 1,4.6; cf. tb. 1Ts 2,14), o que levou os cristãos a pensarem sobre sua própria condição de acordo com os cânones da apocalíptica judaica (cf. os contemporâneos apócrifos 4Esdras e 2Baruc). Era uma questão de dar uma explicação para o problema do mal presente no mundo e, acima de tudo, afirmar a esperança/certeza na sua superação segura. Mas o autor da carta claramente se opõe à expectativa dos destinatários de um arrebatamento próximo (2,3: "Ninguém vos engane"!), recordando a necessidade de que primeiro ocorra a "apostasia" e se revele "homem da iniquidade, o filho da perdição" (2,3-4), que por enquanto se "detém" para que ele possa se manifestar apenas em tempo oportuno (2,6). É como dizer que demora muito tempo até que o Senhor venha! Sem entrar nas discussões sobre quem é o homem da iniquidade que age como anticristo (um *Nero redivivus*?) e o que o estaria detendo (o Império Romano ou o próprio plano divino na história?), uma coisa é clara: entre o Jesus histórico e o Cristo escatológico há um tempo intermediário de duração não calculável.

A atitude de esperar, experimentada como se fosse uma fuga para o futuro, também condicionou a vida cotidiana e concreta de parte da comunidade, levando a comportamentos de negação e negligência do trabalho (3,6-15), que poderíamos definir como uma espécie de quietismo. A esse respeito, o autor apresenta o exemplo pessoal do próprio Paulo, que "nunca comeu o pão de ninguém gratuitamente, mas trabalhou duro, dia e noite, para não ser um fardo para ninguém" (3,7-8). Daí a exortação seca: "Quem não quer trabalhar também não deve comer" (3,10). Com esse destaque para a importância do trabalho, o cristianismo se alinha com o judaísmo (cf. Talmude bab., *Berakôt* 8a: "Aquele que gosta de seu trabalho é superior àquele que teme a Deus"; *Aboth de-Rabbi Nathan* 11: "O primeiro homem não pôde desfrutar de nada antes de ter trabalhado"), mas se distancia da mentalidade grega dominante, que em vez disso cultiva um sentimento de desprezo intelectual e aristocrático pelo trabalho manual (esp. quando se tratava do trabalho artesanal) como se opõe ao ideal da autarquia individual (cf. CRÍSIPO, apud RADICE, 1998: 1.320s.: "Eu acredito que o sábio não deve realizar qualquer trabalho, ou em todo caso em medida limitada [...] quando lhe apraz"; até mesmo Aristóteles afirma que o trabalho servil torna a mente de uma pessoa "privada de liberdade e degradada": *Polit.* 1337b14-15).

7.4 A Igreja da Carta aos Colossenses

Embora Paulo nunca tenha estado em Colossos (2,1; 1,7), e talvez por isso, um de seus últimos discípulos anônimos assumiu a responsabilidade pastoral de recorrer a essa comunidade em seu nome para tratar de alguns problemas de seus discípulos (cf. tb. acima, item 6.4). A carta representa uma reviravolta na eclesiologia, já que, embora junto ao uso do termo *ekklēsía* em um sentido particular, tanto doméstico (4,15: "na casa de Ninfa") como local (4,16: "a Igreja dos laodicenses") também usa o termo em sentido globalista e universal pela primeira vez. De fato, algo nunca lido nas cartas do Paulo histórico, fala-se de Cristo como "a cabeça do corpo [i. é] da Igreja em favor de seu corpo que é a Igreja" (1,18.24). São afirmações que, entre outras coisas, convidam os destinatários a pensar grande, a olhar para além de sua própria realidade eclesial individual, com a motivação de que o próprio Cristo está relacionado com todos aqueles que acreditam nele e que o todo de seu "corpo" recebe "sustento e coesão" dele (2,9). O "corpo" mencionado aqui não é mais o único da Igreja de Corinto (1Cor 12,27) ou de Roma (Rm 12,4-5), mas é o todo orgânico de um Cristo considerado pluralisticamente por sua função diretiva e vivificante para todas as comunidades dos crentes. Dada a possível comparação com as formulações platônicas e estoicas sobre todo o cosmos como um grande corpo vivo e abrangente (cf. PENNA, 2009b: 212-213), ele concluirá dizendo que Paulo considera a Igreja como um todo como um microcosmos que reflete ou deve refletir a ordem do próprio cosmos (cf. DUNN, apud ALEXEEV; KARAKOLIS & LUZ, 2008: 16). Evidentemente, a Igreja de Colossos estava exposta ao risco de um sincretismo religioso, perigoso para salvaguardar sua fé em Cristo.

É essa preocupação cristológica que, com toda probabilidade, está na origem da carta. Sua composição, de fato, aparentemente deve ter sido ocasionada pela disseminação de uma falsa doutrina na comunidade colossense, tão estigmatizada: "Cuidado que ninguém vos venha a enredar com sua filosofia e vãs sutilezas, conforme a tradição dos homens, conforme os rudimentos do mundo e não segundo Cristo" (2,8). Não é fácil deduzir uma visão clara do que realmente estava em jogo. O termo "filosofia" pode nos levar ao grego, mas é muito genérico. Os "rudimentos do mundo" podem ser entendidos tanto no sentido grego dos princípios constitutivos do mundo (terra, ar, água, fogo) como também no sentido judaico dos elementos fundamentais do judaísmo (obras da Lei, festas, luas novas: 2,16 comparar com Gl 4,3.9.10), que a carta contém como "prescrições e ensinamentos de homens" (2,22) e "falsa religiosidade" (2,23); para esses elementos, o autor afirma que os colossenses estão mortos (2,20) e, portanto, devem se comportar como tais (3,1). Em 2,18, fala-se em "culto de anjos", provavelmente entendido como veneração concorrente àquela reservada apenas a Cristo. A montante da identidade dos cristãos de Colossos havia resquícios de cultos e práticas mágicas frígias locais, visando a propiciar os espíritos intermediários, e é contra esses componentes que o autor argumenta, não apenas enfatizando o fato de uma escatologia pelo menos parcialmente realizada, mas principalmente destacando o âmbito cósmico da cristologia (cf. ARNOLD, 1995). De fato, Cristo é proclamado superior a todo "principado e poder" (1,16; 2,10), aos quais "publicamente os expôs ao desprezo, triunfando deles na cruz" (2,15). Com efeito, o autor sublinha a preeminência de Cristo ao máximo, tanto em relação à sua qualidade pessoal divina (2,9: "nele, habita, corporalmente, toda a plenitude da divindade") como em relação à ordem da criação (1,15-17: "nele, foram criadas todas as coisas, nos céus e sobre a terra, as visíveis e as invisíveis, sejam tronos, sejam soberanias, quer principados, quer potestades. Tudo foi criado por meio dele e para Ele. Ele é antes de todas as coisas. Nele, tudo subsiste", seja o nível de soteriologia compreendido como reconciliação universal (1,20), seja a dimensão da comunidade eclesial (1,18), seja a identidade pessoal do cristão com suas repercussões no nível ético (3,9: "vos despistes do velho homem com os seus feitos"), como também a perspectiva da espera escatológica (1,5.27: "Cristo em vós, esperança de glória"; 3,4). A esse discurso também pertence a reiterada referência a uma mistificação qualificada indiferentemente como "de Deus" e "de Cristo" (1,26-27; 2,2s.; 4,3), que então reaparecerá também em Efésios. Esta expressa uma reflexão geral sobre a história da salvação (de matriz apocalíptica), que vê precisamente em Cristo a culminação final da revelação divina (cf. PENNA, 1978). Como se vê, no geral é uma cristologia muito alta, que inerva todas as esferas da identidade cristã (cf. ALETTI, 1999).

Um capítulo especial do discurso feito pelo autor da carta diz respeito aos deveres internos das famílias cristãs (3,18–4,1). Nesse sentido, ele atesta um gênero literário, bem documentado no mundo circunstante, que se encontra sob o nome técnico alemão de *Haustafeln* ou "códigos familiares/domésticos" (cf. BOSETTI, 1987); no Novo Testamento, esse gênero começa precisamente com essa carta e é encontrado apenas nas cartas mais recentes (Ef 5,21–6,1; Timóteo 2,8-15; 6,1-2; Tt 2,1-10; 1Pd 2,13–3,7). Estão em jogo as relações marido-mulher, pai-filho e senhor-escravo. O esquema seguido pelo autor é simples e extrai seus princípios do relacionamento com Cristo. De fato, por um lado, mulheres-filhos-escravos são instados a serem submissos aos maridos-pais-senhores como expressão de submissão ao Senhor Jesus. Por outro lado, os maridos-pais-senhores devem provar as propriedades do próprio Cristo: os maridos amando suas esposas, os pais não exasperando seus filhos, os senhores tratando escravos com justiça. A maior insistência nos escravos (v. 22-25) sugere que, apesar da declaração de princípio do anterior v. 11 ("não há escravo, livre"), não só a comunidade cristã destinatária era composta em grande parte da classe servil, mas o próprio autor, pelo menos em termos de declarações, não se alinhava mais com Fm 16-17 (cf. acima, p. 159-162) já aquiescendo, no nível social, ao *status quo*.

É surpreendente que a carta (ao contrário da paralela aos Efésios) não se refira ao tema dos ministérios eclesiais, exceto com a menção de um certo Arquipo (talvez o mesmo de Fm 2?) que deve ser admoestado pela própria comunidade para fazer bem a sua *diakonía* (4,17). Evidentemente, o autor está muito mais interessado em uma discussão sobre Jesus Cristo, sobre sua primazia cosmológica e eclesiológica e, portanto, sobre a vida cristã, certamente considerada em um contexto comunitário, que se destina a ser um espaço para a palavra de Cristo e para uma canção de gratidão a Deus (3,16-17).

7.5 A Igreja/as Igrejas da Carta aos Efésios

Pode até ser secundário para nossos propósitos saber que Efésios substancialmente retoma o tema de Colossenses, da qual, portanto, depende. Mas, no geral, a carta insiste mais precisamente na natureza da Igreja considerada em si mesma em sua dimensão universal. Já a improbabilidade, decorrente da incerteza da tradição manuscrita, de ver nela um escrito dirigido à Igreja específica de Éfeso, estabelece a verossimilhança de que foi enviada a mais de uma Igreja, ainda que na área efésia (cf. PENNA, 2001a: 76-79). O certo é que a carta não faz nenhuma referência explícita à situação concreta de uma Igreja local, tendo em vez disso um tom bastante impessoal e generalizante. O próprio termo *ekklēsía* nunca é referido a uma Igreja específica, mas sempre conota (9 vezes) uma realidade universal, inclusive personificada.

Se se quiser ter uma ideia da situação própria das Igrejas para as quais a carta é endereçada, deviam ser formadas por cristãos oriundos do paganismo (cf. a distinção entre "nós... vós" em 1,12-13 e 3,1). De fato, um tema que permeia esse escrito em um sentido unitário diz respeito fundamentalmente à coexistência/comunhão entre cristãos de origem judaica e cristãos de origem gentia. O motivo para essa discussão não está tanto nas razões práticas de um conflito intraeclesial mútuo (algo que não se descarta), mas em uma profunda reflexão teórica sobre o insondável "mistério de Deus/de Cristo", que consiste no fato de que "que os gentios são coerdeiros, membros do mesmo corpo e coparticipantes da promessa em Cristo Jesus por meio do Evangelho" (3,6). Precisamente este é "o mistério escondido por séculos em Deus" e "agora revelado aos seus santos apóstolos e profetas", dos quais se afirma que Paulo recebeu a graça de ser o locutor (3,3.8-9; cf. REYNIER, 1992). O ponto de vista é o de um judeu que reflete sobre o fato inaudito de que judeus e gentios em Cristo agora se tornaram "um" (2,14).

Um tópico semelhante já havia sido abordado pelo Paulo histórico em Rm 9–11. Mas agora em Efésios, que embora nunca mencione os "judeus", notamos algumas diferenças: nenhuma reprovação é feita contra Israel como incrédulo diante de Cristo, mas um julgamento completamente positivo se verifica em como os gentios são considerados "excluídos da cidadania de Israel" (2,12), a Lei é avaliada não em relação ao pecado, mas como simples razão de divisão entre os vizinhos e os distantes ("muro de separação": 2,13-17) e, finalmente, enquanto em Roma, os gentios são avisados a não se gabar quase como se tivessem tomado o lugar do Israel não crente, agora eles são lembrados, como se tivessem esquecido, de que participam das promessas feitas ao antigo povo da Aliança (3,6). O autor da carta está interessado não apenas no fato de que não há duas Igrejas, uma para os cristãos e outra para os étnico-cristãos, mas acima de tudo que estes fazem parte da Igreja apenas na medida em que se tornaram "santos companheiros" (2,19), "coerdeiros, membros do mesmo corpo e coparticipantes" (3,6) de Israel. A Igreja é, portanto, um todo ecumênico, inter-religioso e intercultural. E ela toda inteira, para além de suas concretizações localistas, está diante de Cristo como sua única noiva, cônjuge de um esposo que por ela se doou (5,25).

Dessa Igreja o autor enfatiza particularmente a unidade, como um fator não tanto a ser perseguido mas como algo a ser "preservado", como se fosse um bem básico, preestabelecido e a ser redescoberto a cada dia (4,36). Ela é então combinada dialeticamente com a diversidade ministerial (4,7-16). Esse segmento do discurso é particularmente original e interessante, porque o autor considera os ministérios não como legados institucionais provenientes do Jesus terreno, mas como dons da graça que vêm do Ressuscitado: é a Ele de fato que se ligam as figuras dos apóstolos, dos profetas, dos evangelistas, pastores e mestres (4,11); estas são tarefas a serem consideradas em função do Evangelho, não como seu conteúdo (cf. MERKLEIN, 1973). Não apenas isso, mas tais funções ministeriais são vistas como destinadas a assegurar que todos os batizados (os santos!) se tornem ministros (4,12), isto é, cristãos adultos (4,14) responsáveis *in solidum* por uma boa vida comunitária concretizada no amor mútuo sob a condução do Cristo-cabeça (4,15-16).

Há, ainda, outro conceito preferido pelo autor fazendo as vezes de pedra fundamental para a estrutura da carta: consiste na ideia de "homem novo/*kainòs ánthropos*". O construto, embora de ressonância paulina (cf. "nova criatura" em 2Cor 5,14; Gl 6,15), ocorre apenas aqui em todo o Novo Testamento, e é usado em um sentido cristológico-eclesiológico (2,15: Cristo "aboliu, na sua carne, a lei dos mandamentos na forma de ordenanças, para que dos dois criasse, em si mesmo, um novo homem, fazendo a paz") e antropológico (4,22-24: "vos despojeis do velho homem, que se corrompe segundo as concupiscências do engano, e vos renoveis no espírito do vosso entendimento, e vos revistais do novo homem, criado segundo Deus, em justiça e retidão procedentes da verdade"; preparado pela menção de se fortalecer "no homem interior" em 3,16). Como podemos ver, esse conceito parte de um constituinte cristológico essencial e, passando por um componente eclesial coessencial, chega a um discurso ético que adverte os leitores a não cair no vazio do paganismo (4,17-32). É nessa perspectiva que encontramos o "código familiar/doméstico" retirado de Colossenses e mais desenvolvido em 5,21-6,9. Aqui, uma ênfase especial é dada ao relacionamento entre marido e mulher (5,21-33). Se é verdade que a submissão é exigida da mulher (que também é motivada cristologicamente pela analogia entre a Igreja-corpo e o Cristo-cabeça), a exortação feita aos maridos para amar suas mulheres parece original em relação à ética matrimonial da época, tanto pelo uso do verbo *agapân* que indica um amor desinteressado (PLUTARCO. *Preceitos conjugais* 142F fala apenas do casamento entre pessoas que têm uma relação de *éros*) como pela ausência de outras palavras (PLUTARCO. *Preceitos conjugais* 145C, a mulher deve reconhecer em seu marido "o guia, o filósofo e o mestre em tudo que é belo e divino"; Sêneca, *A constância do sábio* 1,1, em relação aos sexos, especifica que o feminino nasce para obedecer e o masculino, para comandar).

Concluindo, as comunidades cristãs que transparecem da Carta aos Efésios (ao contrário de Colossenses) não estão expostas a riscos externos (5,6-7 é genérico por demais). Elas não são ameaçadas por alguma doutrina herética, mas sofrem com a falta de aprofundamento da novidade eclesiológica e moral. O autor pretende lembrá-las de que os cristãos autênticos não devem ser uma oposição polêmica a pessoas ou doutrinas adversas bem identificadas, já que o simples pertencimento a uma comunidade original de crentes carrega em si a razão suficiente para estabelecer e levar uma vida nova e isenta da polêmica, mas também não conformista, tudo isso sob o signo da rica, transbordante e multiforme graça de Deus (1,7.18.19; 2,7; 3,10.19.20).

7.6 As Igrejas das Cartas Pastorais

As três cartas tradicionalmente chamadas de "pastorais", pelo fato de serem endereçadas a figuras únicas de pastores (Timóteo e Tito), colocam em questão a realidade de Éfeso (1Tm 1,3) e ampliam o ministério de Paulo seja em um sentido espacial a ponto de compreender a Ilha de Creta (Tt 1,5), seja em um sentido temporal, incluindo os últimos momentos de sua vida (cf. 2Timóteo) (cf., de um modo geral, REDALIÉ, 1994). Mas uma referência precisa às respectivas realidades eclesiais, além do sarcasmo inesperado em relação aos cretenses (Tt 1,12; cf. MARCHESELLI-CASALE, 1995: 504-505), é bastante escasso, e isso é um sintoma do fato de que o termo específico *ekklēsía* é encontrado apenas em 1Timóteo (3,5.15; 5,16). Com efeito, há um interesse bastante genérico pelos respectivos contextos dos destinatários: o assunto abordado é substancialmente semelhante nas três cartas, para as quais há imediatamente a impressão de que pretendem abordar cumulativamente todas as Igrejas cristãs, numa época em que se verificava um vazio apostólico (cf. acima o já citado FISCHER, 1976).

O primeiro dado a ser levado em consideração diz respeito à suposta situação vital dos receptores caracterizada pela presença e influência nefasta de falsos mestres, duramente chamados de falsos mestres da Lei que "não compreendem nem o que dizem, nem os assuntos sobre os quais fazem ousadas asseverações" (1Tm 1,7), "espíritos enganadores e doutrinas diabólicas" (1Tm 4,1), de fato, há quem ensine "outra doutrina e não concorda com as sãs palavras de nosso Senhor Jesus Cristo e com o ensino segundo a piedade, é enfatuado, nada entende, mas tem mania por questões e contendas de palavras, de que nascem inveja, provocação, difamações, suspeitas malignas" (1Tm 6,3-4), entre os quais "existem muitos insubordinados, palradores frívolos e enganadores, especialmente os da circuncisão" (Tt 1,10), que no que se refere a Deus "a Deus, professam conhecê-lo; entretanto, o negam por suas obras; é por isso que são abomináveis, desobedientes e reprovados para toda boa obra" (Tt 1,16), são "egoístas, avarentos, jactanciosos, arrogantes, blasfemadores, desobedientes aos pais, ingratos, irreverentes, desafeiçoados, implacáveis, caluniadores, sem domínio de si, cruéis, inimigos do bem, traidores, atrevidos, enfatuados, mais amigos dos prazeres que amigos de Deus, tendo forma de piedade, negando-lhe, entretanto, o poder. Foge também destes. [...] Penetram sorrateiramente nas casas e conseguem cativar mulherinhas sobrecarregadas de pecados, [...] e, do modo por que Janes e Jambres resistiram a Moisés, também estes resistem à verdade. São homens de todo corrompidos na mente, réprobos quanto à fé" (2Tm 3,2.5.8). Daí se deve deduzir que há um tempo em ação (previsto como futuro, mas na verdade presente porque a ele se deve reagir imediatamente) no qual "não suportarão a sã doutrina; pelo contrário, cercar-se-ão de mestres segundo as suas próprias cobiças, como que sentindo coceira nos ouvidos; e se recusarão a dar ouvidos à verdade, entregando-se às fábulas" (2Tm 4,3-4). Três nomes são feitos de pessoas realmente envolvidas como responsáveis por este quadro obscuro: Himeneu, Alexandre, Fileto (1Tm 1,20; 2Tm 2,17); indiretamente, talvez se trate também de Fígelo e Hermógenes, que abandonaram Paulo (2Tm 1,15); destes, contudo, não sabemos nada a não ser que devem ter sido cristãos renegados; em vez disso, os nomes de Janes e Jambres referem-se à história dos magos que se opunham a Moisés no Egito (Ex 7,11–13,22; cf. MARCHESELLI-CASALE, 1995: 751). Pelo menos alguns desses provêm do judaísmo (Tt 1,10,14). Em todo caso, como se pode ver, os tons da controvérsia são muito fortes, como não nos foi dado a conhecer no Paulo histórico; de fato, nas primeiras Igrejas paulinas, tais situações eram impensáveis, sendo os opositores de outro tipo (cf. acima, p. 142-143). A razão dessa veemência, que também pode ser explicada pela figura retórica da *vituperatio*, é certamente o fato de que o escritor percebe, na situação lamentável que observou, um perigo muito sério para a fé da comunidade cristã.

Em que consistiam concretamente as doutrinas propostas por eles, é possível encontrar um resumo da seguinte forma: eles acreditam que a ressurreição já ocorreu (2Tm 2,17-18), proíbem o casamento e exigem a abstenção de certos alimentos (1Tm 4,3), narram fábulas e genealogias intermináveis (1Tm 1,4; 4,7; 6,20; 2Tm 4,4), perdem-se genericamente em questões ociosas e discussões inúteis (1Tm 6,4.20; 2Tm 2,14.16.23), e se propõem um ganho desonesto (Tt 1,11; 2Tm 3,2).

O segundo ponto a ser observado é o tipo de reação adotada para lidar com essa realidade. O autor (Timóteo?) sente-se investido da forte responsabilidade de se opor e polemizar contra tantas armadilhas. E ele faz isso em nome de Paulo, praticamente se apresentando como seu sucessor. O Apóstolo nessas cartas assume a função do único referencial com autoridade da sã e bela doutrina (1Tm 4,6; Tt 2,1). Ele é considerado o arauto do Evangelho e o mestre (1Tm 1,11-16; 2,7; Tt 1,3; 2Tm 1,11-12), aquele que transmitiu um "depósito" a ser conservado vívida e incisivamente (1Tm 6,20; 2Tm 1,12.14) (cf. MARCHESELLI-CASALE, 1995: 444-450). Paulo, portanto, tende a ser canonizado como fonte e fiador da tradição; outros apóstolos não são mencionados de forma alguma (cf. MERZ, 2004).

O único caminho levado em conta para contrabalançar os falsos mestres é o ensinamento/*didaskalía* (pode ser interessante notar que essa palavra, das 20 ocorrências em todo o Novo Testamento, 15 estão nossas três cartas: 1Tm 4,11.13.16 etc.). Timóteo é considerado o transmissor "autorizado", encarregado de relatar o que aprendeu com Paulo para que possa ser retransmitido a outras pessoas que, por sua vez, são capazes de ensinar os outros novamente (2Tm 2,2); algo análogo é dito de Tito (Tt 2,1.15; 3,8). Em certo sentido, o conceito de sucessão apostólica (que só será explicado mais adiante em Irineu) já é encontrado aqui: no entanto, é entendido num sentido não igualitário (já que "apóstolo" permanece apenas Paulo) mas funcional, já que o autor recolhe por si o testemunho e o leva para além daquele primeiro estágio (cf. STEPP, 2005).

No entanto, esta é a entrega: "prega a palavra, insta, quer seja oportuno, quer não, corrige, repreende, exorta com toda a longanimidade e doutrina" (2Tm 4,2), usando as Escrituras conhecidas desde a infância (2Tm 3,15-16). Como se pode ver, o autor preocupa-se apenas com a vida interna das comunidades e com a manutenção nelas de uma fé pura. Não há ímpeto missionário. Alguns estudiosos falaram em "cristianismo burguês" (cf. REISER, 1993). O certo é que os nomes de "Israel" e dos "judeus" são cuidadosamente evitados, de modo que eles não apenas não são mais percebidos como um problema (como em Rm 9-11), como nem mesmo os destinatários precisam ser chamados de volta àquela matriz (como em Efésios), mas é como se a Igreja pudesse agora viver sem ela; e se se fala das "gentes" com uma visão orientada para "todos os homens" (1Tm 2,4; 6,4.10; Tt 2,11), é apenas para lembrar o passado e o exemplo do próprio Paulo, que fora constituído mestre das gentes (1Tm 2,7; 3,16; 2Tm 1,11; 4,17).

O terceiro elemento a ser destacado diz respeito à composição estrutural interna da comunidade cristã. A Igreja, embora solenemente definida como um "pilar e suporte da verdade", é no entanto qualificada em termos originais como "*oíkos*/casa/família de Deus" (1Tm 3,15); e é nessa família que se tem de "colocar as coisas em ordem" (Tt 1,5). Um modelo desse tipo lembra a ideia helenística da ordem patriarcal da casa (cf. VERNER, 1983). Mas a imagem é muito diferente da paulina da "edificação de Deus" (1Cor 3,9), pois se refere à Igreja não como um resultado "arquitetônico", ainda que metafórico, de uma construção divina, mas como uma estrutura comunitária de relações e regras internas a ela. Mais próxima, se é que isso é possível, é a outra definição paulina de "templo de Deus" (1Cor 3,16-17; 2Cor 6,16), a que as metáforas da coluna e do apoio poderiam se referir, também porque a frase "casa de Deus/do Senhor" é frequente na *Septuaginta* para designar precisamente o Templo de Jerusalém (Ex 23,19; 34,26; 1Cr 9,11.13.23.26; 10,10; Sl 54/55,14; é 56,7 etc.). No entanto, deve-se reconhecer que essa perspectiva não é completamente desenvolvida, enquanto nas outras ocorrências do termo *oíkos* nas Pastorais (1Tm 3,4.5.12; 5,4; 2Tm 1,16; 4,19; Tt 1,11; cf. tb. *oikia* em 1Tm 5,13; 2Tm 2,20; 3,6) nunca ocorre uma semântica sacro-religiosa, mas sempre e somente familiar-privatista. Isso significa que, em primeira instância, a semântica do construto grego não se refere adequadamente à dimensão da Igreja como um espaço sagrado, mas à sua dimensão familiar, embora estruturada de acordo com o típico patriarcalismo da sociedade antiga.

A isso também se chega pela observação de que o termo "Igreja" nessas cartas não pretende significar a Igreja universal, mas a comunidade local individual; isso aparece com clareza suficiente em suas outras duas recorrências: "pois, se alguém não sabe governar a própria casa, como cuidará da Igreja de Deus?" (1Tm 3,5); "se alguma crente tem viúvas em sua família, socorra-as, e não fique sobrecarregada a Igreja, para que esta possa socorrer as que são verdadeiramente viúvas" (1Tm 5,16). Mas a casa não é mais a única família que na época de Paulo abrigava apenas um certo grupo de cristãos em seu seio, mas é toda a Igreja local que passa a assumir as características de uma família. Bem, nessa casa-Igreja agora se destaca a figura patriarcal de um *epískopos*, embora ajudado por alguns ministérios subordinados dentre os quais se destacam os presbíteros. A denominação grega (assim como o abstrato *epískopē*) é um nome de um ofício equivalente a "superintendente, inspetor; guardião", semanticamente não muito longe do "pastor" (1Pd 5,2:" Pastoreie o rebanho [...] vigiando-o"). Embora em nossas cartas este seja atestado apenas duas vezes das cinco recorrências do Novo Testamento (At 20,28; Fl 1,1; 1Tm 3,2; Tt 1,7; 1Pd 2,25), é somente aqui que sua figura é feita objeto de uma reflexão verdadeira e de um regulamento específico.

Uma coisa é certa: esse vocabulário não remonta a Jesus, mas até mesmo no Paulo histórico não tem destaque significativo (em Fl 1,1, cf. acima p. 129-130). O *epískopos*, ademais, está contextualmente associado aos *presbýteros*. De fato, não somente em At 20,17 Paulo recomenda aos *presbýteroi* da Igreja de Éfeso que vigiem o rebanho em que o Espírito Santo os colocou como *epískopoi* para nutrir a Igreja de Deus, mas também nas Pastorais sua associação é evidente: em 1Timóteo, depois de ter dito que o *epískopos* deve ser irrepreensível (3,2), especifica-se que aqueles *presbýteroi* que exercem a presidência devem ser tratados com dupla honra (5,17); em Tito, depois de lembrar estabelecer *presbyteroi* em cada cidade (1,5), especifica-se que o *epískopos* deve ser irrepreensível (1,7). A questão, portanto, surge de saber qual a relação de um para com o outro (ou para com os outros). Para chegar a uma solução, deve-se ter em mente dois fatores igualmente importantes. O primeiro é que nossas cartas, enquanto usam o termo *presbýteroi* somente no plural (*presbýteroi* em 1Tm 5,17; Tt 1,5; o singular em 1Tm 5,19 tem valor distributivo), utilizam o termo *epískopos* somente no singular (1Tm 3,2; Tt 1,7). Se os dois termos são contextualmente coordenados, isso não significa que a figura do segundo seja simplesmente resolvida na do primeiro (contra, MERKLE, 2003). Além de outras considerações, devemos também levar em conta o fato de que o termo *epískopos* é sempre acompanhado pelo artigo definido. Assim, se o presbítero também aparece ao lado do epíscopo, isso significa que a figura deste último era necessária porque certas funções administrativas deviam ser realizadas por uma única pessoa.

O segundo fator é acompanhado por uma análise literária e teológica global das Pastorais, de onde resulta um momento cronológico provavelmente muito posterior ao Paulo histórico (e corresponde aos anos 80-100 ou até 100-120). Bem, a melhor hipótese para explicar o surgimento da associação *presbýteroi-epískopos* e sua relação específica é admitir que tenha ocorrido uma evolução na forma de organização da comunidade cristã. A inegável oscilação das Pastorais no que diz respeito à identidade das duas funções é provavelmente um sinal de que, no momento de sua composição, convergiram duas estruturas ministeriais diferentes, uma baseada em presbíteros e outra na díade epíscopo-diáconos (cf. REDALIÉ, 1994: 350-351). Aqui, na realidade, duas diferentes tradições se encontram: a dos anciãos, de origem judeu-cristã, ausente em Paulo, e a do bispo e dos diácono, talvez transmitida pelas comunidades paulinas (cf. Fl 1,1).

Estamos, portanto, diante de um período tardio das origens cristãs, no qual o epíscopo, mesmo fazendo parte de um colégio de presbíteros, está emergindo como figura única, embora ainda não no sentido estritamente "monárquico", que será redesenhado não muito tempo depois (ou ao mesmo tempo?) nas cartas de Inácio (cf. tb. PENNA, 2005b).

8

As Igrejas da tradição sinótica

8.1 Anotações gerais

A pesquisa do século XX sobre os vários evangelhos foi amplamente marcada pelo chamado método da história das formas [*formgeschichtliche Methode*], nascido e predominante na Alemanha (cf. KÜMMEL, 1970: 419-434). Este é basicamente caracterizado por dois elementos. O primeiro consiste na convicção de que o atual material evangélico é constituído por uma série de formas literárias diferentes entre si e provenientes de uma tradição oral precedente (sem prejuízo da possibilidade de que as tentativas parciais de escrita já pertençam à tradição); tais formas dizem respeito tanto às palavras de Jesus (distinguidas entre parábolas, ditos sapienciais, ditos proféticos, instruções comunitárias, afirmações cristológicas etc.) quanto a passagens narrativas (distinguidas entre resumos, quadros narrativas, relatos de milagres, narrações em estilo lendário, além do grande complexo do relato da paixão). O segundo elemento é constituído pela identificação do contexto vital [*Sitz im Leben*]: não tanto do contexto jesuânico, mas sobretudo do eclesial que condicionou a origem tanto das formas singulares como também de sua confluência nas respectivas composições inteiras de Marcos/Mateus/Lucas. Acredita-se que esse ambiente foi diferentemente caracterizado por variados interesses catequéticos, parenéticos, missionários, litúrgicos e por debates internos às Igrejas, que guiaram tanto a escolha quanto a formulação de cada texto com uma inevitável atividade interpretativa (cf. GUIJARRO OPORTO, 2010: 130-136). Aos três evangelhos sinóticos acrescentamos a chamada Fonte Q (ela própria sinótica), que contém um conjunto de ditos de Jesus presentes apenas em Mateus/Lucas e não em Marcos e que juntamente com o próprio Marcos teriam constituído as duas fontes das quais precisamente Mateus/Lucas dependeriam; apesar de ser objeto de muita discussão, a hipótese de sua existência autônoma deve ser pelo menos metodologicamente considerada (cf. BROWN, 2001: 184-192; GUIJARRO OPORTO, 2010: 180-191).

De qualquer modo, emerge a importância das comunidades que influenciaram a formação e transmissão das várias passagens evangélicas (cf. HARRINGTON, 2001: 99-114). Aqui, mais do que nunca, vale citar o axioma provocativo que afirmamos no início deste volume: "No princípio era a Igreja!" De fato, sem a iniciativa de seleção e a responsabilidade da transmissão, de que se encarregaram as primeiras comunidades cristãs, não saberíamos quase nada sobre Jesus de Nazaré. Uma consequência metodológica elementar (que também se torna cristológica) dessa observação é que, na verdade, Jesus não é acessível sem a mediação da(s) Igreja(s)! Assim, o conhecimento do Jesus histórico necessariamente implica também a aquisição de conhecimento sobre a vida e a inculturação da(s) Igreja(s), que se refletem na transmissão do material jesuânico. Por exemplo, Mc 10,12 é o único Evangelho que, com relação ao divórcio, sugere o caso do repúdio da mulher ao marido; a coisa seria impossível no contexto judaico como uma prática contrária à Lei (cf. FLÁVIO JOSEFO. *Antiguidades judaicas* 15, 259-260), e, portanto, é quase certo que foi a Igreja de Marcos adaptou as palavras de Jesus ao ambiente helenístico-pagão em que vivia (assim tb. em 1Cor 7,10) (cf. MARUCCI, 1982: 304-305). No entanto, o fato de cada um dos evangelhos pressupor uma dimensão comunitária já decorre do simples fato de que o nome de qualquer um dos seus redatores-autores não aparece neles, como se não quisessem se afirmar, mas se escondessem atrás da comunidade da qual querem ser simples porta-vozes. Não que tenha sido a própria comunidade a criar o material jesuânico, mas ela o interpretou sim por meio do papel ativo de vários transmissores, talvez *didáskaloi*/"mestres" (cf. RHODES, EDDY & BOYD, 2007: 264-268).

A isso devemos acrescentar a problemática adicional em identificar a localização geocultural dos específicos grupos cristãos que presidiram o intenso labor da tradição. Não se pode razoavelmente negar que a origem da própria transmissão deva ser colocada na Galileia, dado que a maioria das ações e palavras de Jesus se situam ali; mas até mesmo Jerusalém deve ter desempenhado um papel não secundário. A dificuldade em especificar o *Sitz im Leben* dos vários textos é realmente grande, pelo menos no caso de querermos nos limitar a formas literárias únicas. Em vez disso, é mais factível reconstruir a imagem geral de toda a comunidade por trás de todo Evangelho. Não estou me referindo à localização geográfica, que nos é indicada pelas antigas tradições patrísticas. Mas essas são fontes externas ao texto. É igualmente importante, de fato, determinar o tipo de comunidade que está implícito no próprio texto e que só pode ser apreendido por meio de uma análise interna precisa da respectiva composição evangélica.

A empreitada de encontrar, pelo menos, as características gerais da comunidade que está a montante do texto, uma vez que isso não é explicitamente determinado como em uma carta, colide com ao menos duas dificuldades. A primeira consiste na possibilidade teórica de lidar com um documento que, em vez de representar o ponto de vista da própria comunidade, poderia polemizar contra este contestando-o. A segunda está na busca de encontrar os traços característicos da eventual comunidade subjacente ao texto, não apenas com base no que o texto diz, mas também com base no que é omitido e, assim, valorizando os seus silêncios.

Mas a empreitada é intrigante e vale a pena correr os riscos associados a ela. Isso é possível por meio de uma cuidadosa investigação do conteúdo e das relações internas de cada uma das tradições sinóticas, enquanto se calcula uma inevitável margem de incerteza (cf. o alerta de BAUCKHAM, 1998). E é isso que queremos fazer aqui, seguindo a provável sucessão cronológica dos textos sinóticos, prevalente nos estudos atuais (assumindo como nossa a chamada teoria das duas fontes).

8.2 A comunidade de Marcos

Infelizmente, o texto de Marcos não sugere qual seria o lugar exato de sua composição, nem se seus leitores pertenciam a um ambiente rural ou urbano. Uma antiga tradição atribuída a Clemente de Alexandria, do final do século II (e relatada em EUSÉBIO. *História eclesiástica* 6,14,6), indica Roma como o lugar de composição desse Evangelho: o evangelista teria colocado por escrito a pregação feita por Pedro naquela cidade, a pedido de seus ouvintes. Autores recentes, ao contrário, propugnam a hipótese da Síria ou da Galileia (cf. THEISSEN, 1992: 248-261); outros supõem duas redações, das quais a primeira teria ocorrido na região siro-palestina e a segunda em Roma (cf. GUIJARRO OPORTO, 2010: 268). Os frequentes latinismos presentes no grego de Marcos, em níveis seja lexical (cf. as palavras *leghión*: 5,9.15; *dēnaríōn*: 6,37; 12,15; 14,5; *kodrántēs*: 12,42; *kentyríōn*: 15,39) seja idiomático (cf. os construtos *odòn poieîn*, lit. "abrir caminho, andar", correspondente ao latim *iter facere*, "andar": 2,23; *tò ikanòn poiêsai*, "fazer o suficiente", correspondente ao latim *satis-facere*, "satisfazer": 15,15), parecem confirmar a tradição antiga. Além disso, notamos que Marcos traduz os termos de origem aramaica (*boanérghes*, "filhos do trovão": 3,17; *effatà*, "abre-te": 7,37; *Bartimeu*, "filho de Timeu": 10,46; *Gólgota*, "Lugar da caveira": 15,22; *Eloi, Eloi, lamá sabactâni*, "Meu Deus, meu Deus, por que me abandonaste?": 15,34), bem como explica a prática judaica da purificação (7,3-4).). Essas observações no mínimo sugerem que o evangelista escreve para leitores desacostumados com a língua e com os costumes dos judeus, e que, portanto, seriam provavelmente cristãos de origem pagã.

Mas quais seriam as características ideais da comunidade marciana? A esse respeito, é importante usar o texto, não apenas como uma janela aberta sobre os dados objeto da narração, mas também como um espelho que reflete elementos significativos da identidade eclesial interna ao próprio texto (cf. DONAHUE, 1995). Uma coisa é certa: a palavra *ekklēsía* em Marcos nunca ocorre, nem mesmo um possível sinônimo; portanto se trata, pelo menos, de uma comunidade que, não se preocupando em remontar sua dimensão eclesial a Jesus, não percebe qualquer problema no fato de constituir um grupo cristão coeso e separado. No entanto, parece claro que o Evangelho pressupõe não apenas uma situação histórica posterior ao Jesus terreno (dado que a narrativa é feita no passado), mas também a necessidade de entrar em comunhão com Ele, como pode ser vislumbrado nas palavras com que o Evangelista Marcos (e não Mateus ou Lucas) expressa o propósito para o qual Jesus constituiu os Doze: "para que estivessem com Ele" (3,14). Além disso, a menção de Alexandre e Rufo, filhos de Simão o Cirineu (15,21), de outra forma desconhecidos para nós (apesar de Rm 16,13), refere-se a pessoas que seriam mais conhecidas pelos narradores e ouvintes do relato da paixão em Jerusalém do que por Marcos em Roma; por outro lado, uma vez que os dois filhos parecem ser o ponto de referência mais próximo e mais conhecido para os leitores, eles poderiam ter pertencido ao grupo de helenistas cristãos (At 6,1) se também não tivessem sido acrescentados pelos tradutores do relato da paixão (cf. PESCH, 1980-1982: 698).

Nada sabemos sobre a composição interna e a estrutura da comunidade marciana. No máximo, podemos deduzir que devia ser sensível à questão de um serviço desinteressado, como lemos nas respostas dadas por Jesus, tanto para as reivindicações implícitas de Pedro (10,28-31) quanto, sobretudo, às reivindicações dos dois filhos de Zebedeu (10,35-45).

Interessante é também o fato macroscópico da ausência em Marcos de todo o material que temos apenas em Mateus e Lucas, tanto nas circunstâncias do nascimento de Jesus como também na coleção em grande escala de todo um conjunto de suas palavras. Evidentemente, a Igreja de Marcos estava interessada apenas no Jesus adulto, aquele que não se revelou durante os longos anos passados em Nazaré (6,1-4), mas apenas do abandono do vilarejo de origem com a sua aparição pública nas estradas da Galileia. Além disso, dada a própria estrutura de toda a composição, interessava-se por Jesus identificado dialeticamente em uma tensão entre o poderoso taumaturgo (assim em 1,1–8,30) e o Filho do Homem sofredor (assim em 8,31–16,8). Justamente essa dialética, que devia estar na origem da incompreensão de Jesus por parte de seus discípulos (4,41; 5,31; 6,52; 8,32-33), não podia eximir o narrador de destacar a ignominiosa dispersão de todos os discípulos no momento da prisão (14,50), além de notar a falta de compreensão das mulheres no túmulo (16,8). Evidentemente, a Igreja marciana era caracterizada, por um lado, por uma atitude de saudável realismo cristológico e, por outro, pela consciência de que a identidade de Jesus é multifacetada e não pode ser reduzida a uma única dimensão (cf. a teoria do segredo messiânico: PENNA, 2010, II: 339-341; FOCANT, 2004: 42-44).

Então, de acordo com o longo discurso escatológico de Jesus no capítulo 13, é possível deduzir que provavelmente os leitores de Marcos viviam na expectativa de seu retorno iminente, segundo a qual a salvação estava mais perto do que quando abraçaram a fé (Rm 13,11).

Quanto ao longo relato da paixão, que sozinho ocupa cerca de 1/6 de todo o livro, deve ter tido sua própria existência pré-redacional e no início provavelmente refletia a/as comunidade/es de Jerusalém (cf. PESCH, 1980-1982: 18-54). Em todo caso, revela uma atenção muito particular aos sofrimentos de Jesus. Pelo menos em sua redação atual não há uma real interpretação redentora de sua morte, já que esse acontecimento é entendimento mais como *passio iusti* (cf. PENNA, 2010, II: 14-26), embora segundo Marcos a paixão de Jesus possa ser usada como chave para entender sua verdadeira identidade. É, contudo, possível que o relato, possivelmente lido pela comunidade romana, também inclua o propósito de explicar de alguma forma a perseguição a que a comunidade cristã (a única até então) foi submetida (por Nero nos anos 64-65).

8.3 A comunidade da Fonte Q

Como mencionado acima, o acrônimo Q rotula todo o material sinótico que, ausente em Marcos, une Mateus e Lucas (para uma compilação, cf. ROBINSON, 2005[3]). Sua existência autônoma é certamente uma mera hipótese, mas, uma vez que o material em questão é substancialmente todo composto de pronunciamentos orais de Jesus, ele tem um paralelo real e não hipotético no apócrifo *Evangelho de Tomé*, que é precisamente uma composição antológica de 114 ditos do Senhor (cf. KOESTER, 1990: 75-128). Nesse caso, a Fonte Q provavelmente seria anterior. Mas não é nada fácil fazer um discurso sobre a possível comunidade subjacente a esse texto. A ampla bibliografia sobre o assunto, mesmo que testemunhe posições muito diferentes, atesta a complexidade dos dados em questão (cf. todo o problema em MICHAUD, 2001). A posição majoritária dos estudiosos situa o âmbito de origem da Fonte Q na área entre a Galileia e a Síria. Mas é difícil, senão impossível, documentar mais precisamente os lugares em que os grupos autóctones de discípulos de Jesus vieram a se formar. A tarefa de caracterizar a perspectiva teológica, na qual a Fonte é colocada, parece mais fácil. A observação mais imediata diz respeito ao fato de que o Jesus dessa tradição é entendido essencialmente não como um homem de ação (ou de "paixão", dada a ausência do relato correspondente), mas como um homem da palavra (Q 7,7: "Diz uma palavra..."). Ele, portanto, não aparece como um operador de milagres (dada a ausência de qualquer história milagrosa) nem como um salvador, isto é, como alguém que morre pelos pecados dos homens (não havendo pronunciamento nesse sentido). Somente aquele que ouve sua palavra é comparado a quem constrói sua própria casa na rocha (Q 6,47-49).

É difícil, contudo, deduzir qualquer coisa sobre a vida interna da suposta comunidade ou conjunto de grupos (cf. KLOPPENBORG VERBIN, 2000: 170-171). Mas alguns elementos podem ser encontrados em sua certeza de que Deus prefere os pobres (Q 6,20-21: as bem-aventuranças) e os simples (Q 10,21), e que um irmão não deve ser acusado da palha em sua olho (Q 6,41-42). A oração fundamental desses grupos consiste em dirigir-se a Deus invocando-o como "Pai" (Q 11,2-4) e alimentando uma confiança extrema nele (Q 12,6-7,22b-31). Externamente, em

---

3. O leitor brasileiro pode consultar KONINGS, J. *Sinopse dos evangelhos de Mateus, Marcos e Lucas e da "Fonte Q"*. São Paulo: Loyola, 2005. Contudo, nas citações da Fonte Q seguimos a numeração do original italiano [N.T.].

geral, o preceito revolucionário do amor aos inimigos é considerado categórico (Q 6,27-28,32.34). A isso corresponde a necessidade interna de sempre perdoar o irmão (Q 17,3-4); a este tema está ligada a Parábola da Ovelha Perdida, mas que é cuidadosamente trazida de volta ao aprisco (Q 15,8-10), com a admoestação análoga àqueles que escandalizam os pequenos, isto é, que induzem os discípulos à infidelidade para com o Evangelho (Q 17,1-2). Em todo caso, a comunidade se sente comprometida com uma vida de boas obras consequentes e conformada à sua interioridade como são os frutos de uma árvore (Q 6,43-45-46), fazendo frutificar as minas ou os talentos recebidos do Senhor (Q 12,12-132.15-24.26).

No âmbito das relações com grupos externos, possivelmente antagônicos, há uma controvérsia contra "esta geração" de israelitas por conta de seu fechamento para reconhecer a verdadeira identidade de Jesus (Q 7,31-35; 13,34-35), comparada a Jonas que aliás era um sinal credível para os ninivitas do seu tempo (Q 11,16-30-30,31-32,49-51). Mais especificamente, o grupo da Fonte Q contrasta com os fariseus (Q 11,39-41-44) e especialmente com os doutores da Lei que impõem subrepticiamente pesadas cargas sobre os ombros das pessoas sem movê-las com um dedo (Q 11,46b-48,52). O fato é que, para a comunidade Q, nenhum ápice da Lei cairá (Q 16,17), embora a Lei e os Profetas tenham agora cumprido plenamente sua função até João, já que desde então cada um se esforça para entrar no Reino, ou melhor, é "induzido" a ingressar nesse reino por meio do anúncio do Evangelho (Q 16,16).

Típico da comunidade da Fonte Q é o exercício de uma missão na forma de itinerância (Q 10,5-9), comparável e em continuidade com a do próprio Jesus. Embora exposta à rejeição (Q 10,10-12; 12,11-12) e até mesmo à condenação (Q 12,4-5: "não tenhais medo daqueles que matam o corpo..."), a missão é realizada com a certeza de que quem recebe os arautos acolhe o próprio Jesus (Q 10,16).

Quanto ao anúncio cristológico proposto, o fato mais evidente é que, no nível do silêncio, o texto de Q não se refere explicitamente ao querigma do Cristo crucificado e ressuscitado, motivo pelo qual há quem afirme que o grupo que subjaz ao texto seria genericamente constituído por "*Jesus people, not christians*" [Povo de Jesus, não cristãos] (cf. MACK, 1994). No entanto, no nível das afirmações, o tema do profeta sofredor, perseguido e repudiado pelo seu povo (cf. JACOBSON, 1992: 72-76) está claramente presente. Acima de tudo, o Jesus da Fonte Q é duplamente caracterizado, em nível sapiencial e em nível apocalíptico. No primeiro sentido, Ele é apresentado como um sábio e ainda mais como um enviado da Sabedoria (Q 7,35: "a sabedoria foi justificada por seus filhos"). No segundo sentido Ele se distingue como aquele que anuncia o Reino vindouro (Q 12,8-9: "quem me reconhece [...] o filho do homem o reconhecerá diante dos anjos") e ao mesmo tempo como aquele que já hoje inaugura o tempo de cumprimento (Q 17,21: "o Reino de Deus está entre vós") (cf. TUCKETT, 1996: 209-237; ROBINSON, 2009: 164-177). Nessa dupla perspectiva, o Jesus da Fonte Q aparece como aquele que é "mais do que Salomão" e também "mais do que Jonas" (Q 11,31-32).

No todo, portanto, trata-se de uma "comunidade" judeu-cristã que bem ancorada na tradição judaica, mas que, devido à sua fé cristológica e escatológica, está em uma situação de conflito com aqueles que se apresentam como guardiões conservadores (cf. tb. SCHIAVO, 2010: 135-140).

8.4 A comunidade de Mateus

O de Mateus é o único Evangelho a conhecer a palavra *ekklēsía* em seu valor tanto cristológico (16,18) quanto comunitário (18,17): no primeiro caso a referência é à Igreja em geral (não esqueçamos que o Mateus foi escrito nos anos 80), no segundo, é a uma Igreja local, a ser mais especificada (cf. acima, p. 42s.). Já a tradição antiga ligava Mateus a um ou mais grupos judeu-cristãos, como se pode ver pela simples notícia de sua composição original em hebraico/aramaico (PAPIAS DE HIERÁPOLIS, apud EUSÉBIO. *História Eclesiástica* 3,39,16; IRINEU. *Contra as heresias* 3,1,1); inclusive, para a seita dos ebionitas, esse era o único Evangelho em voga (IRINEU. *Contra as heresias* 1,26,2). Sua redação é tradicionalmente localizada na área da Síria, onde, portanto, a comunidade de origem deve ser substancialmente procurada (a "Síria" é explicitamente mencionada em Mt 4,24), provavelmente em áreas urbanas e não rurais (no texto há 26 ocorrências de "cidade" e apenas 4 de "aldeia"). A localidade pode ser mais claramente especificada estreitando-se até o âmbito antioqueno, se é verdade que algumas passagens de Mateus ressoam seja nas cartas de Inácio de Antioquia (Mt 2, apud *Efes*. 19; Mt 3,15, apud *Aos Esmirniotas*, 1,1) seja na *Didaqué* (1,4 e 8,2).

Perceber a qualidade própria da comunidade mateana é possível tendo em conta as características típicas desse Evangelho que confirmam a sua substancial configuração judeu-cristã. Já as páginas iniciais (Mt 1–2), diferentemente de

Marcos e da Fonte Q, tendem a enraizar a figura de Jesus, tanto dinâmica quanto localmente, não apenas dentro de Israel, mas principalmente afirmando sua descendência davídica, como visto no relato de sua genealogia e na descrição de seu nascimento em Belém. Se nos lembrarmos que Mateus emprega mais do que os outros evangelhos os títulos cristológicos de "filho de Davi" (8 vezes, contra 2 de Marcos e Lucas, e nenhuma em João) e de "Cristo/Messias" (17 vezes, contra 7 de Marcos e 12 de Lucas; 21 em João, mas apenas 6 em sentido positivo), para não falar de "Emanuel" (Mt 1,23 = Is 7,14; 8,8,10), então fica clara a propensão mateana a enfatizar fortemente a dimensão messiânica de Jesus, provavelmente diante de interlocutores necessitados de tal confirmação.

Isso é demonstrado ainda mais pelo uso frequente do Antigo Testamento, que não só devia ser bem conhecido pelos leitores do Evangelho, mas também ter valor probatório a seus olhos. Típica de Mateus, de fato, é a fórmula do cumprimento: "Isso aconteceu porque foi cumprido [...]" (ou: Então cumpriu-se o que foi dito [...]"); marca e acompanha todo o percurso do escrito (em 1,22; 2,15.17.23; 4,14; 8,17; 12,17; 13,14-35; 21,4; 26,56; 27,9; cf. tb. 26,54). O uso das Escrituras é naturalmente orientado em um sentido cristológico, para mostrar que Jesus não veio para abolir a Lei ou os Profetas, mas para dar-lhes plena cumprimento (5,17). Esse refinamento adicional é realizado particularmente na implementação de uma "justiça", isto é, de um modo de se relacionar com Deus que deve superar o dos escribas e fariseus (5,20). As seis antíteses apresentadas em 5,21-48, que tratam da restauração de relacionamentos rompidos, assumem consistência lógica em torno do tema do amor ao próximo levado ao amor pelos inimigos, e juntos significam não proclamar uma nova lei, mas restaurar a intenção original da vontade de Deus revelada na Torá (cf. BETZ, 1995: 200-214).

Com base nisso, também se explica o tom altamente polêmico em relação aos escribas e fariseus que "sentaram-se na cátedra de Moisés" (23,2), dos quais Mateus estigmatiza a incoerência, legalismo opressivo e exibicionismo (cf. FABRIS, 1982, p. 468). A referência a eles provavelmente recorda a nova função de autoridade adquirida pelo rabinato dentro de Israel após os eventos memoráveis do ano 70 (cf. STEMBERGER, 1991), e com eles a comunidade de Mateus se encontra confrontada em uma atitude contestadora. A crítica do legalismo farisaico, no entanto, é feita dentro de uma concepção favorável à Lei, da qual se afirma que um mínimo de detalhe não passará (5,18-19), embora deva ser considerada excessiva a equiparação dos cinco discursos de Jesus – nos quais é estruturada toda a composição (cap. 5–7; 10; 13; 18; 24–25) – aos livros do Pentateuco. Ainda é sintomático que Mateus se refira aos judeus ao falar de "suas" sinagogas (4,23; 9,35; 10,17; 12,9; 13,54; cf. 23,34), enquanto em 10,17 lemos que os discípulos de Jesus serão flagelados nessas sinagogas; por isso, é bem provável que essa linguagem de irrelevância sugira um processo de separação, uma *parting of the ways* já ocorrendo entre a comunidade mateana e o judaísmo. De fato, apenas Mt 27,25 na narrativa do julgamento de Jesus coloca na boca do povo uma explícita assunção de responsabilidade ("seu sangue cai sobre nós e sobre nossos filhos"), mesmo que não devêssemos pensar em uma culpa coletiva, uma vez que este é um lamento apenas dos presentes (cf. a mesma fórmula em 1Sm 1,16; Jr 51,35).

Em todo caso, Mateus é uma testemunha de tensões internas em sua própria comunidade, que devia ser mista de um ponto de vista confessional. De fato, é composta de judeus com uma tendência conservadora, que rejeitou uma missão fora de Israel (10,5-6), mas também de pagãos abertos à evangelização de todos os povos (2,1-12; 28,19). Foi a partir desse segundo grupo que as críticas acima mencionadas devem ter saído.

Certamente, então, a comunidade mateana reconheceu uma função proeminente da figura individual de Pedro, não apenas porque em 10,2 ele é qualificado como "primeiro", mas porque lhe é dada uma competência, a de ligar e desligar (16,19), que faz com que seja uma espécie de rabino supremo. Já que a mesma competência em 18,18 é reconhecida à pluralidade dos discípulos (a *ekklēsía* do anterior v. 17), é verossímil concluir que "Pedro é a autoridade para a Igreja dessa província [Siro-Antioquena] e já uma grandeza do passado. Mas a autoridade da qual fala Mt 18,18 ainda é exercida no presente. A tendência histórica vai do indivíduo ao colégio" (GNILKA, 1991: 89).

8.5 A comunidade de Lucas

O caso lucano é mais complexo, tendo em mente todo o trabalho formado pelo terceiro Evangelho e pelo Livro dos Atos. A antiga tradição segundo a qual Lucas teria sido companheiro de Paulo (IRINEU. *Contra as Heresias* 3,1,1; 3,14,1) não pode ter muito peso para nossas considerações: ou porque ele certamente não era um companheiro de Jesus, e porque a associação com Paulo não resiste às críticas (cf. WEHNERT, 1989). Em todo caso, o escritor é o intérprete de alguma comunidade, que deve ser encontrada não tanto nas antigos testemunhos externos (segundo um belo prólogo latino do final do século II, Lucas teria redigido seus textos na Acaia) quanto na análise interna da própria produção do autor.

Já no simples plano lexical, temos pistas interessantes. De fato, Lucas elimina toda uma série de termos hebraicos (*abbà, boanérges, effatá, getsêmani, golgota, hosana, qorban, rabi, raca, talitha kum*) e reduz enormemente o uso de *amén* (6 vezes contra 13 de Mc e 30 de Mt) ou substitui com um "sim/*naí*" (Lc 11,51) ou com um "verdadeiramente" (12,44).

O que mais impressiona é a abordagem geral da obra lucana, que é histórico--salvífica, sendo estruturada de modo a mostrar que Cristo está no centro do tempo (cf. CONZELMANN, 1964). Lucas, de fato, define toda a sua história de acordo com as coordenadas macro-históricas que envolvem uma subdivisão do tempo em três momentos: o primeiro período marcado pela Lei e pelos Profetas, que vai até João Batista (Lc 16,16), a era de Jesus anunciando o Reino de Deus (Lc 16,16) e realizando a salvação preparada para todos os povos (Lc 2,30-31), de modo que, num terceiro momento, vem a era da Igreja guiada pelo Espírito do Ressuscitado (At). É como dizer que a comunidade lucana pensa grande. Acima de tudo, ela se revela aberta aos povos segundo uma perspectiva universalista (Lc 2,32; 4,25-27; At 1,8: "Sereis minhas testemunhas em Jerusalém, em toda a Judeia e Samaria e até os confins da terra"). O próprio final do Livro dos Atos, que termina com a ideia de uma salvação rejeitada por Israel, mas enviada às nações (At 28,25-28), sugere que o futuro do Evangelho estará com os gentios e não com os judeus.

Pode-se legitimamente inferir que a comunidade lucana devia ser pelo menos predominantemente composta de cristãos de origem gentia. Como tal, ela teve de se perguntar como, apesar desse forte componente pagão, estar em continuidade com Israel: bem, a resposta é que sua história está inserida no grande plano divino de salvação universal.

Certamente, o Evangelho de Lucas revela traços originais de um Jesus misericordioso especificamente voltado a pessoas aparentemente distantes ou excluídas da graça divina. Pode ser visto na referência polêmica preferência por dois estrangeiros, a viúva de Sarepta da Sidônia e Naaman o Sírio (4,25-27), no caso do anônimo pecador público (7,36-50), no opróbrio a quem ele invocou fogo do céu (9,54-55), nos olhos de Pedro após a negação (22,61), nas palavras para as mulheres piedosas (23,28-31), na promessa feita ao bom ladrão (23,43), e em uma série de parábolas exclusivamente lucanas, como as do Bom Samaritano (10,29-37), a do Filho Pródigo (15,11-32), a do Pobre Lázaro (16,19-31), a do Juiz e da Viúva (18,1-8), a do Fariseu e do Publicano (18,9-14).

O fato é que toda a atenção está focada na figura de Jesus em seu escopo soteriológico atual. Isso explica não só a reticência em relação ao destino da morte histórica de Jesus enquanto algo ocorrido pelos pecados (dada a ausência, tanto de Mc 10,45 como de Mt 26,28c), mas também de uma certa diluição de espera escatológica em favor de uma presunção já superada de salvação. De fato, se por um lado o anúncio de uma vinda iminente do Reino continua claro (Lucas equivalente a Q 10,9.11; 18,7-8; 21,31.32.36), por outro o adiamento da parusia é acentuado, com a omissão de Mc 1,15 (além disso, aparentemente contradito em Lc 21,8), com a afirmação de que "o Reino de Deus está entre vós" por meio da própria presença de Jesus (Lc 17,21; cf. SCHLOSSER, 1980, 1: 201-216), e com o uso típico do advérbio "hoje" para dizer que em Jesus já ocorre o *éschaton*, a intervenção final do Senhor Deus (Lc 2,11; 3,22; 4,21; 5,26; 19,5-9; 23,43). Assim, compreende-se a atribuição de Lucas a Jesus do título de "salvador/*sōtér*" que a tradição israelita reserva a Deus (referido em Lc 1,47 a Deus e em 2,11 a Cristo; At 5,31; 13,23; nunca em Marcos/Mateus ou no Paulo histórico).

Uma característica típica da obra lucana consiste na figura e função do Espírito Santo. Já no Evangelho temos menções típicas e exclusivas sobre João (1,15), Maria (1,35), Isabel (1,41), Zacarias (1,67), o velho Simeão (2,25-27), e principalmente sobre o próprio Jesus (3,22; 4,14,18; 10,21), bem como uma promessa dirigida aos discípulos (11,13; 12,12; 24,49). Mas é claro que é sobretudo nos Atos que a sua presença será grandemente enfatizada, especialmente com o relato de Pentecostes (At 2,1-13) e depois apresentada em ação com inúmeras intervenções em Pedro, Estêvão, Filipe e sobretudo Paulo, bem como nos pastores da Igreja (cf. HULL, 1967). Assim, se a existência terrena de Jesus é marcada pelo Espírito Santo como uma categoria clássica do profetismo antigo, a Igreja parece ser guiada pelo Espírito de Jesus ressuscitado, sendo precisamente o Espírito pentecostal o típico dom de Páscoa de Jesus.

Além disso, a maior atenção dada por Lucas às mulheres, tanto no Evangelho (a mãe de Jesus em 1,26-38, Isabel em 1,5-60, Ana em 2,36-38, a viúva de Naim em 7,11-17, a pecadora em 7,36-50, as mulheres que seguem Jesus em 8,2-3, Marta e Maria em 10,38-42, a mulher anônima em 11,27, as mulheres piedosas no Calvário em 23,27-31, as mulheres da Páscoa em 23,55 e 24,10, além das mulheres de algumas parábolas [a Dracma Perdida em 15,8-10; o Juiz e a Viúva em 18,1-8]) quanto nos Atos (aquelas mencionadas com em 1,14, Safira em 5,7-10, a menção da multidão de homens e mulheres em 5,14, Tabita em 9,36-41, Lídia em 16,14-15, Damaris em Atenas em 17,34, Priscila com seu marido Áquila em 18,18, as filhas de Filipe nubentes e profetizas em 21,9, uma irmã de Paulo em 23,16, Berenice e Drusila da família do Rei Agripa II em 24,24 e 25,13). Evidentemente, a comunidade lucana é caracterizada por uma sensibilidade particular pela dignidade e pelo ministério feminino na Igreja (cf. PERRONI, 2002).

Com tudo isso, a identidade da Igreja lucana parece mais facilmente configurável no nível histórico. É bem provável que, se Mateus se dirigia à Igreja de Antioquia, Lucas não poderia ter os mesmos destinatários. Por outro lado, a insistência marcante na figura de Paulo nos Atos sugere que os leitores de Lucas devem estar familiarizados com o Apóstolo e com a missão que ele realizou, mesmo que a identidade do Paulo lucano não concorde totalmente com aquela autêntica das suas cartas. Lucas e sua comunidade o veem como o representante e símbolo da segunda geração de cristãos, pois ele incorpora a continuidade na transição de uma Igreja judeu-cristã para uma Igreja aberta ao mundo (cf. ROSSÉ, 1998: 47-50).

Em todo caso, é difícil contradizer a antiga tradição, segundo a qual Lucas teria escrito na área da Grécia, sem querer dar muito peso à revelação divina que levou Paulo a passar da Ásia Menor para a Macedônia (At 16,9-10).

9

As Igrejas joaninas da Ásia Menor

A tradição cristã antiga, como pode ser visto explicitamente em Ap 2–3, mas também em alguns escritores do século II (Policarpo de Esmirna e Irineu de Lyon), coloca na área microasiática a composição de um texto do Quarto Evangelho, fundamental para um grupo de crentes em Jesus Cristo que se distinguiram por várias razões dentro das origens cristãs. Não creio que devamos abandonar essa localização geocultural, ainda hoje defendida pela maioria dos estudos (cf. VAN TILBORG, 1996), apesar de outras propostas mais recentes, centradas, por exemplo, na Síria ou no Sul da Galileia ou em Alexandria, no Egito. Em todo caso, existe uma "questão joanina" (cf. HENGEL, 1998: 198) fortemente justificada por vários fatores problemáticos: da provável distinção entre o Discípulo Amado e o Apóstolo João (cf. CHARLESWORTH, 1995), da diferença entre o dito discípulo testemunha do Jesus terreno e o subsequente evangelista editor do Evangelho, da diferença entre o João apóstolo e um João presbítero atestado de outras fontes. Ao nome "popular" de João apóstolo relaciona-se tradicionalmente um grupo de escritos, sobre os quais, no entanto, é necessário levar em conta o fato de que alguns deles são anônimos (Jo 1–3), enquanto apenas um leva o nome explícito de um João não muito especificado (Ap). Os dois conjuntos são, portanto, provavelmente atribuídos a pelo menos dois autores diferentes (como já defendia Dionísio de Alexandria no século III; cf. EUSÉBIO. *História* 7,25,6-26) porque são muito diferentes entre si no estilo literário, incluindo a linguagem e a impostação conceitual do pensamento.

9.1 O joanismo

Como vimos acima, o cristianismo primitivo tem experiências eclesiais e veias hermenêuticas diversificadas, que podem ser chamadas de judeu-cristianismo (cf.

item 4.1) e paulinismo (cf. item 6.1), sem mencionar os outros subtipos (cf. tb. VIGNOLO, 2011). Juntamente com essas tipologias e distinta delas, é possível detectar uma outra, que constitui um fenômeno separado no quadro das origens cristãs, como uma variante interessante da comum fé de base (PENNA, 1991; DESTRO & PESCE, 2000; FABRIS, 2004). A essa variante, por pura convenção tradicional, a figura do Apóstolo João é atribuída como fator coagulante, independentemente de quem de fato se esconda sob esse nome incerto, de onde provém a denominação do fenômeno.

As propriedades que definem este fenômeno são essencialmente as mesmas que caracterizam a comunidade dentro da qual o Quarto Evangelho amadureceu e à qual este se dirige (cf. abaixo). Por enquanto, consideraremos apenas o fato da separação entre esse grupo específico de cristãos e o judaísmo da época, incluindo sua motivação (cf. THATCHER, 2010 para um bom *status quaestionis*). A esse respeito, a palavra exclusiva, de outra forma desconhecida, *aposynágōgos*, "excluído/expulso da sinagoga", é mais do que nunca indicativa. Ocorre três vezes no Evangelho e abrange significativamente o tempo de Jesus (em 9,22 como uma ameaça aos judeus crentes em Cristo no episódio da cura do cego de nascença; cf. tb. 12,42), bem como o tempo da sua futura comunidade (em Jo 16,2, sobre a possível subsequente exclusão dos discípulos de Jesus da sinagoga). Esses casos, no entanto, representam retroprojeções da comunidade joanina no final do século I, que atribuíam esses pronunciamentos ao Jesus terreno com o objetivo de oferecer uma explicação fundamentada na palavra de Cristo ao que os cristãos "joaninos" sofriam precisamente naquela época (16,4). É bem possível que o fato de os judeus que se tornaram cristãos terem saído das sinagogas esteja ligado à conhecida e contemporânea *Birkat haminîm*, "maldição dos separados", inserida por R. Gamaliel II entre os anos 80 e 90 como a 12ª invocação na oração sinagogal de Dezoito Bênçãos (cf. MARTYN, 1968 e a posição mais cautelosa de STEMBERGER, 2010), mas não se pode presumir que os *minîm* apenas designassem cristãos. Em todo caso, ser excluído da sinagoga significava ser cortado da identidade judaica oficial com a consequência de perder os privilégios jurídicos e sociais que ligados a ela (como a legalidade de se recusar a adorar o imperador).

Certamente os joaninos, embora soubessem que "a salvação vem dos judeus" (Jo 4,22), distanciavam-se claramente destes, muito mais do que aconteceu anteriormente com o Paulo histórico e suas Igrejas. Referindo-se precisamente aos judeus, eles agora falam abertamente de "sua Lei" (15,25; 10,34) e de suas festas (6,4; 7,2) como algo diferente de si mesmos, favorecem uma adoração de Deus Pai fora das estruturas religiosas do Templo e realizada apenas "em espírito e verdade" (4,23), e ainda mais frequentemente associam o conceito negativo de "mundo" com a atitude incrédula e hostil dos judeus (3,19; 8,23; 15,18), dos quais lemos até que, enquanto tais, têm o diabo como seu pai (8,44). Além disso, muitas vezes fala-se dos judeus como motivo de medo (7,13; 9,22; 12,42; 19,38; 20,19). A questão tem sido objeto de muitos estudos com resultados muito diferentes (cf. o excelente relatório de MARCHESELLI, 2009), que em todo caso tem como mínimo denominador comum o fato incontestável de um problema experimentado por João em relação aos (ou pelo menos a alguns) judeus.

Por outro lado, também é significativo que o Quarto Evangelho, marcando nisso uma notável diferença com Paulo, não discuta uma verdadeira missão entre os gentios. Nunca há referências às "gentes"/*éthnē*; antes, paradoxalmente, o singular *éthnos* é usado apenas para o povo de Israel (11,48.50-52; 18,35). As afirmações generalistas em 10,16 ("Ainda tenho outras ovelhas, não deste aprisco; a mim me convém conduzi-las [...]") e em 12,32 ("E eu, quando for levantado da terra, atrairei todos a mim mesmo") não chegam a suprir essa deficiência porque é possível que simplesmente se refiram a crentes de uma comunidade não joanina ou talvez a crentes desviados da própria comunidade (cf. GRASSO, 2008: 858). Além disso, ao que Jesus diz sobre a incapacidade dos judeus de segui-lo para onde Ele está indo (7,34: "Haveis de procurar-me e não me achareis; também aonde eu estou, vós não podeis ir") os próprios judeus reagem equivocadamente: "Para onde irá este que não o possamos achar? Irá, porventura, para a Dispersão entre os gregos, com o fim de os ensinar?" (7,35), considerando de qualquer maneira a hipótese de uma missão entre os pagãos. A única menção da atividade evangelizadora dos discípulos de Jesus pode ser lida sobre sua oração "por aqueles que vierem a crer em mim, por intermédio da sua palavra" (17,20), onde, além disso, não é especificada a proveniência desses crentes. Da mesma forma, a missão explícita de que os discípulos são, em todo caso, investidos por Jesus é endereçada genericamente ao "mundo" (17,18; 20,21), que é a designação cumulativa de uma realidade incrédula e ao mesmo tempo hostil (3,16; 16,33; 17,15-16), no entanto, independentemente das várias particularidades culturais e religiosas. Podemos, portanto, considerar que o joanismo é definido essencialmente em relação ao judaísmo, pois é para este que olha e com este se compara distanciando-se até certo ponto, não diretamente com os gentios. De qualquer forma, o exclusivismo e o inclusivismo se complementam (cf. CULPEPPER, 2002).

O ponto mais forte de atrito criado entre os dois polos foi, sem dúvida, a confissão pública da messianidade divina de Jesus, ou seja, o reconhecimento de que Ele era (tenha sido) o agente escatológico da ação de Deus para participar de sua identidade sobre-humana. A cristologia, portanto, era o pomo da discórdia. De fato, João denota uma concepção cristológica muito elevada, certamente superior à do Paulo histórico. Além da noção de Logos presente no prólogo (1,1-18), com suas ressonâncias grega e filoniana, o Jesus de João fala em termos muito diferentes do dos sinóticos, não apenas por negligenciar a pregação do Reino de Deus, coloca no centro do anúncio sua própria identidade pessoal (como não acontecia lá), mas também porque o faz com indubitavelmente fortes afirmações: "Quem não honra o Filho não honra o Pai que o enviou" (5,23). "Eu sou a luz do mundo" (8,12), "Antes que Abraão existisse, EU SOU" (8,58), "Eu e o Pai somos um" (10,30), "Eu sou o Caminho, a Verdade e a Vida [...]. Quem me viu viu o Pai" (14,6.9). Esse elevado nível cristológico é, contudo, combinado com uma intenção antidocetista que enfatiza significativamente a encarnação, isto é, a concretude humana de Jesus (1,14; 4,6; 13,3-5; 18,22; 19,1-3; cf. SCHNELLE, 1992). No entanto, é fácil ver que o joanismo concentra todo o seu interesse na figura de um Jesus de inigualável estatura humana e divina: é a adesão da fé nele que assegura a vida eterna (3,36; 5,24; 6,35-47; 10,28) e não a observância da Lei mosaica, embora o recurso às Escrituras de Israel permaneça fundamental (5,39-46; 7,38; 10,34-35; 12,38-40; 13,18; 19,28.36-37). E é essa "vida eterna" que realmente antecipa o *éschaton* no sentido presencial (cf. COOK, 1988). Também é possível que a declaração da realeza de Cristo diante do representante romano Pilatos, tão alheia ao poder terreno (18,36-37; 19,10-11), permita que a comunidade joanina seja colocada sob o Imperador Domiciano (quem primeiro se declarou *Dominus ac Deus*), com uma oposição implícita também aos judeus que atribuíam ao Messias um reino histórico (cf. VOUGA, 1990).

Os cristãos de característica joanina, portanto, expressam um *modus vivendi* que vai muito além do judaísmo, mas também além do paulinismo. Diferem-se deste último, além da provável falta de caráter missionário, não estaria propriamente na ênfase na morte-ressurreição de Cristo como fonte de justificação (termo ausente no vocabulário joanino, embora não o conceito; cf. 6,28-29), mas no delinear a estatura ontológica do próprio Cristo como um enviado celestial e revelador do Pai (cf. PENNA, 2010, II: 387-456). A proximidade dessa figura a um revelador gnóstico permite, no mínimo, ver no Quarto Evangelho alguns elementos, não de protognosticismo (como se já fizesse parte da gnose), mas de pré-gnosticismo (pois alguns elementos serão então absorvidos e desenvolvidos nessa direção) (cf. FISCHER, 1973; FILORAMO, 1991).

O joanismo é, portanto, caracterizado por uma forte concentração cristológica, que já está na origem de seu desenvolvimento de identidade (cf. ZUMSTEIN, 1990) e da qual também será expressa a disposição adequada do Apocalipse joanino, mesmo que com uma linguagem muito diferente.

9.2 A comunidade do Quarto Evangelho

Mais do que em outros lugares, em João, o tempo de Jesus e o tempo da Igreja lembram um ao outro e estão inextricavelmente interligados, tanto que não é possível falar de um sem falar do outro. Mas o Evangelho e as Cartas ignoram a palavra *ekklēsía* (exceto pela tardia 3Jo 6,9 em um sentido particularista), de modo que não é possível saber como o grupo que os produziu se denominava como um todo. Em todo caso, comparado a outras comunidades, a joanina tem características próprias além do que já se disse acerca de sua relação com o judaísmo. Um caminho possível a seguir para identificar sua identidade consiste no uso frequente da primeira pessoa do plural "nós" (Jo 1,14.16; 3,11; 4,22; 9,4; 20,2; 21,24), com a qual o grupo se encaixa na história de Jesus e se distingue de um interlocutor também designado no plural com a segunda pessoa "vós" (3,11; 4,48; 6,43; 7,28). O "nós" joanino discretamente alude ao grupo daqueles que, junto com incógnito discípulo predileto (13,23-25; 19,35), foram testemunhas de Jesus e de seus sinais, tornando-se também transmissores e ao mesmo tempo intérpretes de sua vida e de sua palavra (cf. KAESTLI, POFFET & ZUMSTEIN, 1990); entre esses contar-se-ia também o autor do Evangelho de João. A reiterada presença do "nós" também em 1Jo 1,1-3 levanta a questão da relação entre o Quarto Evangelho e a (assim chamada) Primeira Carta de João. A esse respeito, diferentemente daqueles que acreditam que a carta seja anterior ao Evangelho, penso que seria melhor considerá-la no sentido de continuidade com o Evangelho, do qual representa uma espécie de comentário com base em uma tradição unitária, ainda que com base em uma variação das respectivas situações.

Entre as reconstruções da história dessa comunidade, citamos a proposta por Brown (1982; 2001: 508-512), que vê o desenvolvimento da Igreja joanina em quatro fases.

1) No início, antes e logo depois da Guerra Judaica, foi formada particularmente por um grupo de judeus que acreditavam em Jesus como o Messias, incluindo alguns ex-discípulos do Batista e outros de origem samaritana; entre eles havia um que havia sido o Discípulo Amado de Jesus; tendo desenvolvido uma alta cristologia, os líderes judeus os expulsaram da sinagoga e estes adotaram uma atitude de desprezo pelos discípulos que não haviam feito a mesma ruptura pública com a sinagoga.

2) Um seguidor do Discípulo Amado escreveu o Evangelho que expôs completamente uma fé cristológica totalmente desprezada pelos judeus; provavelmente ocorreu um deslocamento da comunidade da Palestina para a área da Ásia Menor (onde não por acaso Paulo nunca encontrou os discípulos do Batista: At 19,1-7); ali surgiram novas possibilidades universalistas de joanismo (12,20-23), embora a rejeição por muitos pagãos confrontasse a comunidade com a realidade hostil do "mundo" incrédulo, enquanto a dissociação de outras Igrejas apostólicas o levava para a aspiração de que todos se tornassem um.

3) Chegando ao final do século, toma corpo uma fase de luta interna, atestada pelas duas primeiras cartas, escritas por um autor diferente do evangelista. A comunidade se dividiu em duas: alguns aderiram à sua abordagem, que acentuava a humanidade de Jesus, enquanto outros se separaram e, indevidamente inflando a divindade de Jesus, foram considerados "anticristos"; mas a comunidade não tinha uma estrutura de autoridade suficiente para disciplinar os secessionistas.

4) No início do século II foram escritos o epílogo de João e a Terceira Carta com um interesse maior por uma função pastoral interna. A comunidade, no entanto, se desintegra: o grupo ortodoxo é absorvido pela Grande Igreja, enquanto o secessionista flui para o docetismo e os vários movimentos gnósticos (de modo que o primeiro comentador de João foi o gnóstico Heraclião) até mesmo para o movimento montanista (onde Montano se considerava a encarnação do Paráclito).

Também é útil recordar o conceito da "escola joanina" (CULPEPPER, 1975), que liga a comunidade joanina aos grupos filosófico-religiosos da Antiguidade (pitagóricos, acadêmicos, essênios etc.) por causa da irmandade dos discípulos, do valor da tradição interna, da clara distinção dos outros grupos e da forte consciência da própria identidade. O que distingue esse grupo, no entanto, é a figura do fundador, o Discípulo Amado, que não é um teórico de uma doutrina, mas testemunha de uma pessoa, Jesus, e de sua missão salvadora.

A forte fé cristológica da comunidade, que é um ponto culminante na história da gênese da identidade cristã (cf. THEISSEN, 2004: 241-265; cf. tb. NEYREY, 2009: 441-453), é acompanhada de certeza típica de possuir uma visão própria das coisas promovidas e nutridas pelo Espírito, que a caracteriza profundamente. Justamente o *Pneûma* é um tema típico de João: raramente qualificado como "Espírito Santo" (apenas 3 vezes em 24 ocorrências; raro também na LXX, seu uso é frequente em Qumran e no rabinismo), está intimamente ligado à figura e à obra de Jesus, concedida pessoalmente pelo Ressuscitado (7,39; 20,22), e pretende ser um substituto vital e dinâmico para Ele, como outro *Paráklētos*, "consolador, defensor, auxiliador, patrono" (14,16; 1Jo 2,1), também chamado de "Espírito da verdade" (14,17; 15,26), que orienta e ilumina a comunidade pós-pascal nascida justamente desse dom. Sua função declarada é ensinar tudo aos futuros discípulos, lembrando-lhes o que o próprio Jesus havia dito (14,26; 16,7-11.13). A comunidade está, portanto, consciente de estar em total continuidade com o Jesus terreno e de ser sua intérprete autorizada: como Ele é considerado o revelador do Pai celestial, ela está convencida de que tem em si a revelação completa de Jesus que radicalmente a diferencia do "mundo". De fato, o mundo não pode receber o Espírito (14,17), simplesmente porque não conhece a Jesus (1,10-11); mas para os discípulos a coisa é diferente, como o próprio Jesus promete: "Quando, porém, vier o Consolador, que eu vos enviarei da parte do Pai, o Espírito da verdade, que dele procede, esse dará testemunho de mim; e vós também testemunhareis, porque estais comigo desde o princípio" (15,26-27).

Precisamente o tema do discipulado é característico do Quarto Evangelho e da comunidade a ele subjacente. Ele combina o conceito mais extrínseco da *sequela* (1,43; 8,12; 10,4; 12,26; 21,19s.) com o mais místico da inserção unitiva e vital em/com Jesus (6,56; 11,26; 14,20; 15,1-11; 17,21-22) e do "permanecer" nele (8,31.39; 15,4.10), para que a comunidade joanina se sinta um *Christus prolongatus* (cf. FERREIRA, 1998). Certamente João, entre os quatro evangelhos canônicos, é o que mais frequentemente usa o termo "discípulo", *mathētés* (78 vezes, contra 73 de Mateus, 46 de Marcos e 37 de Lucas) e isso fica mais intenso nos capítulos que mais refletem o tempo da Igreja (13 vezes no cap. 6 e 20 vezes nos cap. 20-21) (cf. SEGALLA, 1992: 346-347). O relacionamento de Jesus com o grupo original dos discípulos aparece como o modelo da relação que existe entre o Senhor glorioso e a comunidade dos crentes: bem-aventurados porque creem sem ter visto (20,29). Dentro da comunidade, a regra suprema é o amor recíproco, mas expressa de modo a cristologizar a declaração do Antigo Testamento: "Ama o teu próximo como a ti mesmo" (Lv 19,18), que se encontra nos sinóticos (Mt 19,19/Mc 12,31/Lc 10,27) e que aqui é reformulada como um novo mandamento pelo esclarecimento substitutivo do termo de comparação: "[...] como eu vos amei" (Jo 13,34; 15,12s.). Um acento muito peculiar é dado a esse amor agápico, tanto como motivação quanto como matéria-prima do caminho cristão (1Jo 3,11-23; 4,7-21).

Do ponto de vista ministerial, no entanto, não emerge dos escritos joaninos nenhuma estrutura institucional "hierárquica", como as que encontramos nas cartas pastorais escritas sob o nome de Paulo ou nas cartas de Inácio. Evidentemente, a comunidade joanina, embora também tenha produzido seus escritos substancialmente no último quarto do século I, foi colocada em uma frente eclesiológica diferente por si mesma. Por outro lado, João nunca fala de "apóstolos" e raramente dos "Doze" (6,67-70s.; 20,24), mesmo que o tema de sua missão seja explícito (15,16; 17,18; 20,21-23). No momento solene da aparição do Ressuscitado que confere o Espírito e o poder de perdoar os pecados (20,19-26), só se fala dos Doze como uma qualificação de Tomé, enquanto por quatro vezes menciona-se os "discípulos" como designação comum do grupo presente no encontro com Jesus e destinatário de seus dons. Por outro lado, está bem claro que a figura mais importante entre os discípulos não é Simão Pedro, mas o incógnito Discípulo Amado. Pedro, além da confissão cristológica em 6,67-69 (de pouca monta, aliás, ["Tu és o Santo de Deus"], se comparado com Mt 16,16 ["Tu és o Cristo, o filho do Deus vivo"]/Mc 8,29 ["Tu és o Cristo"]/Lc 9,20 ["O Cristo de Deus"]), tem participações não muito edificantes (13,6-9.36-38; 18,25-27), e a mudança de seu nome não é explicada (1,40-42; na verdade, ele é esquecido em 21,15-17); então, quando os dois estão associados, é o segundo que assume um papel positivo e exemplar (13,23-25; 20,2-8; 21,7). Apenas no capítulo 21, redacionalmente secundário (e posterior), a figura de Pedro é recuperada quando Jesus lhe confia uma peculiar missão pastoral (21,15-19). Em geral, temos a impressão de que, na comunidade joanina, prevalece uma atmosfera de igualitarismo (cf. KLAUCK, 1985).

O aparente sectarismo da comunidade joanina, que parece falar de amor apenas para seu interior, é contrabalançado por sua real abertura ao raio universal, na medida em que não se deixa atrelar no dualismo da oposição gnóstica ao mundo (cf. ONUKI, 1984), na verdade proclama o mundo inteiro como o objeto do amor de Deus (3,16-17).

Em um segundo ou terceiro momento, a comunidade joanina deve ter sofrido um doloroso conflito que ocorreu não interna mas externamente, o que é atestado nas cartas (cf. GHIBERTI, 1991; SEGALLA, 1992: 356-357). Aqui "o presbítero" (2Jo 1; 3Jo 1), que poderia ser identificado com o autor do Evangelho de João, adverte suas comunidades contra os "falsos profetas" (1Jo 4,1), "mentirosos" (1Jo 2,4.22; 4,20), mais frequentemente chamados de "anticristos" (1Jo 2,18.22; 4.3; 2Jo 7). Eles separam Jesus do Cristo, negam a encarnação (1Jo 4,2-3; 2Jo 7) e o valor real de sua morte (1Jo 5,6), não observam os mandamentos de Jesus e em particular o do amor mútuo (1Jo 2,7-17; 3,10; 4,20), são animados por um espírito que não vem de Deus (1Jo 4,1) e consideram-se tão perfeitos a ponto de serem sem pecado (1Jo 1,8). Os adversários doutrinários, tão estigmatizados, ainda não são propriamente nem docetistas nem gnósticos, no sentido que esses termos adquirirão entre os séculos II e III, mas certamente abrem caminho para futuras posições heterodoxas. O presbítero remetente das cartas pede para defender-se desses falsos intérpretes da tradição joanina, recordando dois princípios fundamentais: aderir ao que foi ouvido "desde o princípio" na proclamação e na catequese (1Jo 1,1; 2,7), e, consequentemente, afirmar os critérios da fé cristológica autêntica e do amor mútuo (1Jo 2,9-11; 4,20). Um caso especial deve ser o de um certo Diótrefes (3Jo 9-11), que aspira a se destacar e não aceita em sua Igreja os emissários do presbítero.

9.3 As sete Igrejas do Apocalipse

A falta de determinação geográfica específica da comunidade joanina subjacente ao Quarto Evangelho e às três cartas é compensada pela menção explícita no Livro do Apocalipse de sete cidades que correspondem a Igrejas locais, cada qual designada como *ekklēsía* e todas localizadas na província romana da Ásia.

Um dado muito interessante a salientar diz respeito à relação entre o remetente e os seus destinatários: o primeiro chama-se explicitamente o nome de "João" e escreve da Ilha de Patmos, onde foi segregado "por causa da Palavra de Deus e do testemunho de Jesus" (1,9). Ele se considera plenamente um judeu e um profeta (cf. LUPIERI, 1999: LVII-LXVII) e, embora não deva se identificar com o apóstolo de mesmo nome, ele assume uma posição em formas que também são corajosas em relação a cada uma das Igrejas e a seus responsáveis: sinal claro de sua reconhecida autoridade. Isso é confirmado justamente pelo fato de que João intervém como um simples detentor de palavras do próprio Cristo, que se lhe apareceu de forma fulgurante (1,10-20).

O livro inteiro se apresenta em forma epistolar como uma grande carta a ser lida em uma assembleia litúrgica (cf. VANNI, 1988: 73-97), e enviada "às sete Igrejas na Ásia" (1,4.11; 22,16a), subdividida em outras cartas endereçadas desta maneira: a Éfeso (2,1-7), Esmirna (2,8-11), Pérgamo (2,12-17), Tiatira (2,18-29), Sardes (3,1-6), Filadélfia (3,7-13), Laodiceia (3,14-22). Nessa série, a presença de Igrejas desconhecidas em outros escritos do Novo Testamento (Esmirna, Pérgamo, Tiatira, Sardes, Filadélfia) é surpreendente, e a ausência de outras Igrejas bastante conhecidas (Colossos, Hierápolis, Trôade) é surpreendente. A falta destas pode muito bem ser motivada pela simples necessidade formal de se adaptar ao número setenário que caracteriza todo o esquema do livro (cf. BIGUZZI, 1994), mas a presença das primeiras é para atestar a expansão do cristianismo na região, que é um fato independente e anterior à documentação escrita e que nos é conhecido de outras fontes, como Plínio o Moço, em sua carta a Trajano dos anos 111-113 (*Epist.* 10,66,6: sobre a Bitínia). O fato é que somente conhecemos as origens da Igreja de Éfeso e da de Laodiceia, nascida da anterior como que por esporogonia, respectivamente de At 19 e Cl 2,1; 4,13.15.16. Mas é razoável supor que, mesmo nos outros cinco casos, tenha sido a Igreja de Éfeso que irradiou o Evangelho na província da Ásia (cf. tb. SCHNABEL, 2002: 796-814, 1.146-1.193). O caso dessas sete Igrejas é um dado importante para as origens cristãs em geral e sobretudo para a Ásia, pois o discurso sobre elas, pouco mais do que genérico e abstrato, é concretamente marcado por referências a situações específicas e interessantes. O remetente tem claramente a ver com grupos cristãos heterogêneos, dentro dos quais ele quer estabelecer um modelo particular de liderança, também usando o gênero apocalíptico (cf. LUPIERI, 1999: XXXI-LVI). De fato, ele enfrenta uma situação de crise comunitária devido a vários fenômenos de desvio doutrinário e ético, e quer remediá-lo com sua própria autoridade como um vidente e um profeta que intervém explicitamente *in persona Christi* (cf. ARCARI, 2006). A crise é duplamente induzida por dois aspectos religioso-culturais: de um lado pagão (com a menção dos nicolaítas e Jezabel) e de um lado judeu, cuja presença massiva na Ásia é bem documentada (cf. KRAABEL, 1968).

Abaixo, examinaremos individualmente cada uma das Igrejas em questão. Cabe, contudo, ainda fazer um esclarecimento sobre a qualificação de "anjo" dado ao destinatário de cada uma das Igrejas. Que não se trate de uma metáfora para a Igreja em si resulta de 1,20, onde a visão anterior de sete estrelas e sete castiçais é explicada da seguinte forma: "As sete estrelas são os anjos das sete Igrejas, e os sete candelabros são as sete Igrejas". A distinção necessária entre anjos-estrelas e candelabros ainda não resolve tudo, pois é necessário saber se os sete anjos devem ser entendidos no sentido próprio como seres celestiais ou em sentido metafórico: essa segunda possibilidade deve ser preferida, embora, em outras partes do livro, o termo indique seres celestes, aqui o termo deve ser uma referência ao responsável humano individual pelas respectivas Igrejas (cf. MANNS, 1990). De fato, enquanto alguns desses "anjos" são apenas elogiados (2,9-10; 3,10), outros são repreendidos (2,4.14.20; 3,16-17) ou chamados à conversão (2,16; 3,3). Certamente a linguagem simbólica surpreende, dado que não falamos de *proistámenoi*/presidentes (1Ts 5,12; Rm 12,8) nem de *hēgoúmenoi*/chefes (Hb 13,7.17.24) nem de *epískopoi*/vigilantes (Cartas Pastorais). No entanto, o fato de cada Igreja estar sob a direção de um único "anjo" e não de um colegiado, argumenta em favor de uma baixa datação cronológica, a ponto de tornar o Apocalipse uma produção substancialmente contemporânea das Cartas Pastorais, senão mesmo de Inácio. O fato de as sete cartas não serem formalmente endereçadas às Igrejas, mas aos seus respectivos líderes, não pode nos fazer esquecer que esses líderes de alguma forma personificam e representam as próprias Igrejas; de fato, o pré-escrito epistolar de abertura não se refere aos líderes, mas "às sete Igrejas" (1,4), às vezes o interlocutor é indicado com a segunda pessoa plural (2,10.24s.) e o sétuplo convite a ouvir o que o Espírito tem a dizer não se refere aos líderes, mas às "Igrejas" (2,7.11.17.29; 3,6.13.22).

• *A Igreja de Éfeso* – Essa Igreja, que funcionou como uma matriz em toda a antiga Ásia, merece uma série de louvores aos olhos de Jesus-João, expressos em 2,2-3.

Entre eles está a referência ao distanciamento "daqueles que se chamam apóstolos e não o são"; dessa maneira, alude-se provavelmente a algumas figuras de pseudo-missionários itinerantes, como também na *Didaqué* 12,1, que a Igreja de Éfeso rejeitou merecidamente. Da mesma forma, essa Igreja também mostrou que detesta "as obras de Nicolau" (2,6). A identidade desse grupo pode ser deduzida do que é dito um pouco mais tarde na carta à Igreja de Pérgamo, segundo a qual, à maneira do antigo Balaão (Nm 22–23; 31,16), eles duplamente induzem a "comerem coisas sacrificadas aos ídolos e praticarem a prostituição" (2,14). Provavelmente ambas as atividades reprovadas andam juntas como uma referência comum a atividades típicas do paganismo local, tanto em nível cultual quanto moral (cf. TREBILCO, 2004: 307-335). Mas, se a rejeição da prostituição une o visionário João ao Apóstolo Paulo (1Cor 6,12-20), a rejeição das carnes imoladas aos ídolos o distancia inesperadamente de Paulo (1Cor 8-10); e isso é surpreendente se pensarmos que precisamente de Éfeso, cerca de cinquenta anos antes, o Apóstolo escreveu aos Coríntios provando ser realmente liberal sobre os idolotitas: um sinal claro de que na Igreja de Éfeso em meio século a situação mudou (cf. PENNA, 2005a). Quanto ao nome de "nicolaítas", os comentaristas de hoje rejeitam a interpretação de Irineu, segundo a qual deriva de Nicolau, um dos sete mencionados com Estêvão em At 6,1-6 (*Contra as heresias* 1,26,3); em vez disso, há aqueles que sugerem que derive do verbo hebraico '*ākal*, "consumir, comer" e, precisamente, da forma aramaica *nykwlh*, "nós comemos" (AUNE, 1997-1998: 149).

A única censura feita à Igreja de Éfeso é ter abandonado o amor dos primeiros tempos (2,4), certamente entendido como um amor comunitário. Essa decadência não é verificável de outra maneira, embora se possa pensar em certa impetuosidade ao se opor às doutrinas heterodoxas já mencionadas ou, antes, à prática de uma coesão dentro da própria comunidade. Daqui vem o convite para uma conversão, sob a significativa ameaça de "remover o candelabro do seu lugar" (2,5), isto é, de degradar a identidade da própria Igreja! Pelo contrário, uma promessa radiante é formulada para o "vencedor" que até se refere à árvore da vida, entendida não tanto como um retorno ao paraíso primordial, mas como antecipação daquele escatológico (22,2.14).

• *A Igreja de Esmirna* – Temos aqui a primeira documentação de uma presença cristã em Esmirna; posteriormente, uma carta de Inácio seguirá em 110 e a figura do Bispo Policarpo com seu martírio em 167; Irineu também virá de lá. O profeta-vidente refere-se à condição de pobreza social dessa Igreja associada à riqueza de sua fé (2,9a). Mas trata-se uma Igreja ameaçada pela "a blasfêmia dos que a si mesmos se declaram judeus e não são, sendo, antes, sinagoga de satanás" (2,9b). O duplo problema é saber se essas denominações pesadas significam apenas cristãos de origem judaica ou judeus verdadeiros, e se o termo grego "sinagoga" significa especificamente a comunidade judaica ou se indica os dados de uma "assembleia/ reunião" em sentido genérico. De fato, a frase "sinagoga de satanás" é exatamente paralela à de Qumran, de "assembleia de Beliar" (1QH 2,22; 1QM 4,9; em 1QS 5,1-2 fala-se de "assembleia de homens pervertidos"), e além disso, mesmo na *Septuaginta*, fala-se de uma "sinagoga de homens maus" (Sl 21,17); tal frase serve para estigmatizar os oponentes fora da comunidade (cf. AUNE, 1997-1998: 164-172). O certo é que, com esse violento ataque, João une sua contraposição aos membros de uma sinagoga judaica por causa de sua oposição à fé cristológica e, portanto, à recusa de fazer parte da comunidade cristã. Também não é possível excluir uma possível alusão às denúncias dos cristãos por parte dos judeus nas cortes romanas, dada a menção do "demônio" que "está para lançar em prisão alguns dentre vós" (2,10). No conjunto é como se João reivindicasse o nome de "judeus" para os crentes em Jesus, mas sua exortação a uma fidelidade inabalável garante a isenção "da segunda morte" (2,11), isto é, do lago ardente com fogo e enxofre em que serão precipitados os lentos, os infiéis, os impuros... (20,4; 21,8).

• *A Igreja de Pérgamo* – De uma presença cristã em Pérgamo temos apenas notícias da carta de Ap 2,12-17. Antiga capital do reino dos Atálidas (quando mais tarde se tornou parte da província romana da Ásia com Augusto, a capital foi transferida para Éfeso), a cidade era famosa por sua biblioteca, por um imponente altar de Zeus e por um santuário popular de Esculápio; Além disso, o primeiro templo na Ásia foi construído em Pérgamo em 29 a.C. para o culto do imperador (TÁCITO. *Anais* 4,37,3). A forte afirmação de João, segundo a qual essa Igreja "vive onde satanás tem o seu trono" (2,13a), não é de compreensão imediata. No apócrifo *Testamento de Jó* 3,6, 4,4 um templo pagão é definido como "lugar de satanás", portanto é possível que o Vidente se refira ao culto imperial como algo abominável, embora os cultos de Zeus e Esculápio devam ser associados a isso. Por outro lado, devemos também levar em conta o fato de que em Pérgamo há a primeira execução de um cristão asiático chamado pelo nome de "Antípa(tro)" (2,13b): não sabemos nada sobre ele, mas seu caso pode ser usado como indicação de uma perseguição desencadeada ali, dado o esclarecimento de que ele "foi morto entre vós, onde satanás habita" (2,13c). Ele é chamado de *mártys pistós*, "testemunha (-mártir) fiel", exatamente como o próprio Cristo (1,5; 3,14): um sinal de participação total nele. Contudo, o Vidente também repreende a Igreja de Pérgamo: ela, como a Igreja de Éfeso, tem seguidores de Balaão e dos nicolaítas (cf. acima); daí o convite à conversão e a ameaça de intervenção da espada de Cristo contra eles (2,16), a ser entendida pelo menos como desaprovação e, portanto, como advertência contra a adesão a eles. A promessa positiva é formulada com a perspectiva do dom do maná como alimento escatológico (assim tb. em *2Bar* 29,8; *Gn.R.* 82,8) e com a inscrição de "um novo nome" em uma pedra branca (2,17) como uma possível referência à nova identidade do cristão vitorioso (ou como referência a um amuleto com efeitos mágicos? cf. AUNE, 1997-1998: 190-191).

• *A Igreja de Tiatira* – O topônimo não corresponde a um grande centro, mas em 16,14 menciona uma mulher chamada Lídia, que, comerciante de púrpura e nativa dessa cidade (localizada a meio-caminho entre Pérgamo e Esmirna), se juntou à pregação de Paulo em Filipos no início dos anos 50. Presume-se, portanto, que o Evangelho alcançou Tiatira por meio do trabalho dessa rica comerciante. Agora João-Jesus se dirige a esta Igreja com um elogio notável por sua marcada identidade cristã (2,19). Mas ele imediatamente começa a formular uma repreensão, concentrada em uma única figura feminina que tem o nome da antiga Jezabel: noiva cananeia de Acab, rei de Israel, ela tinha algumas centenas de profetas de Baal e Asera e induziu o rei aos cultos pagãos entendidos como prostituição (1Rs 16,31; 18,4.13.19; 21,25; 2Rs 9,7.22.30-37). Embora o nome aqui seja simbólico, a invectiva do Vidente, a mais detalhada das sete cartas, deve ser endereçada a uma mulher real que devia ocupar um lugar proeminente na Igreja de Tiatira (talvez proprietária de uma casa que hospedava a comunidade cristã local – cf. AUNE, 1997-1998: 203). O fato de ela se proclamar uma profetisa sem o ser (2,20a) sugere a ideia de uma influência perniciosa sobre os cristãos locais, concretamente antagônica à do Profeta-vidente; de fato, João faz uma distinção entre ela e seu grupo de seguidores (aqueles "que adulteram com ela [e os seus filhos]": 2,22-23), dos quais diferem "os outros que não seguem essa doutrina" (2,24). Assim, uma espécie de fratura deplorável surge dentro da Igreja de Tiatira. Especificamente, "[seduzindo] os meus servos a praticarem a prostituição e a comerem coisas sacrificadas aos ídolos" (2,20b), a mulher mencionada compartilhava a posição dos nicolaítas nas Igrejas de Éfeso e Pérgamo, adotando uma atitude sincrética com os adoradores de ídolos pagãos. A reação de João-Jesus é muito severa e vem a apresentar à mulher uma doença dolorosa e a morte de seus seguidores (2,22-23): um sinal claro de que pelo menos o autor não é indiferente às falsas representações éticas e ideais da fé cristã. Incerto é o sentido do "peso" que ainda é poupado na Igreja de Tiatira (2,24: talvez uma alusão ao decreto do Concílio de Jerusalém como em At 15,28?). Muito impressionantes são os termos da promessa feita ao vencedor para dar-lhe, além da autoridade sobre o povo (2,26s.: a ser entendido como uma partilha da soberania livre de Cristo), também "a estrela da manhã" (2,28: ulterior partilha da vitória de Cristo, que em 22,16 se chama "radiante estrela da manhã").

• *A Igreja de Sardes* – A cidade, já capital da Lídia sob Creso (560-546 a.C.), acolheu um grupo de cristãos, cuja origem também não é conhecida. Neste caso, João endereça uma grande crítica (3,1b-3) à comunidade antes de um pequeno elogio (3,4). A Igreja de Sardes é conhecida na história do cristianismo pela figura de seu Bispo Melitão, a partir da segunda metade do século II. Mas o convite do Vidente para lembrar os primórdios da evangelização (3,3a) para "consolidar o resto que estava para morrer" (3,2a) parece sugerir uma certa distância cronológica entre o texto atual e os primórdios da própria Igreja. João destaca o estado de apatia, se não de necrose, dessa comunidade, e o mencionado convite para comemorar os inícios não pode deixar de lembrar o que o Profeta Oseias exigia de um Israel alheio aos benefícios do Senhor com o objetivo de trazê-lo de volta ao passado remoto de sua permanência no deserto para restabelecer a relação idílica com Ele como nos dias de sua juventude (Os 2). O elogio, com a metáfora das vestes, refere-se àqueles que se macularam (mas não especifica mais o tipo de contaminação) e, portanto, receberão como símbolo "vestes brancas" (3,4b; 6,11) como símbolo de honra e imortalidade. Aqui pela primeira vez aparece o tema do "livro da vida" (3,5) que será retomado mais adiante (13,8; 17,8; 20,12.12) e que é um símbolo de uma visão positiva após o julgamento (cf. AUNE, 1997-1998: 223-225).

• *A Igreja de Filadélfia* – Não muito longe de Sardes, a Igreja dessa cidade é a única que recebe apenas apreciações sem qualquer censura ou conotações negativas. Devia ser bem pequena (3,8b). O dado mais interessante é a observação de que uma porta foi aberta diante dela, através da qual "algumas das sinagogas de satanás [...] entram: eu as farei vir para que se curvem a seus pés e saibam que eu te amei" (3,8.9). Portanto, trata-se de uma Igreja que experimentou a entrada declarada de alguns judeus (embora isso não tenha sido documentado de outra forma). Sua prostração diante dos cristãos como uma expressão de homenagem poderia implicar uma nuança de ironia, se se pensa que em algumas vertentes da escatologia judaica, em vez disso, eram os gentios que deveriam se tornar submissos a Israel (Is 45,14; 49,23; 60,14; Zc 8,20-23; *1Enoc* 10,21; *Orac. Sibil.* 3,716-720.725-731). A presença de cristãos judaizantes será documentada pela carta de Inácio *Aos Filadelfenses* com a admoestação: "É melhor ouvir o cristianismo de uma pessoa circuncidada do que o judaísmo de um incircunciso" (6,1). A promessa final de se tornar "uma coluna no Templo de Deus" (3,12) deve ser entendida não no sentido de um ministério eclesial (como em Gl 2,9), mas como uma garantia de fazer parte do templo escatológico (7,15; 22,3).

• *Igreja de Laodiceia* – Ao contrário da anterior, esta é a única Igreja que recebe apenas repreensões. O Vidente usa uma imagem eficaz para descrever sua condição de degradação: a de algo morno a ser vomitado (3,15-16). Além disso, ele acrescenta a culpa de uma presunção insuportável, que na verdade esconde um *status* negativo qualificado com cinco adjetivos: "infeliz, miserável, pobre, cega, nua" (3,16.17b). É nos últimos três defeitos, os mais concretos, que João-Jesus insiste, propondo os remédios correspondentes: comprar (dele!) ouro, roupas e colírio (3,18). E, como se percebesse o próprio exagero, se justifica dizendo que a culpa tem apenas um propósito pedagógico (3,19). Em seguida, formula a imagem mais incisiva da pessoa na porta e bate para entrar e jantar juntos (3,20), mesmo com a perspectiva de se sentar no futuro em seu próprio trono (3,21). "Apesar de ser toda negativa e dura, a mensagem à Igreja de Laodiceia é também a mais comovente, pois insinua à Igreja do vômito que ela é amada apesar de tudo, e que não é esperada de maneira paternalista com um retorno humilhante ao rebanho, mas procurada em sua casa comum com um bater à porta, discreto e respeitoso" (BIGUZZI, 2005: 131).

• *A Igreja como um todo* – O Apocalipse joanino, embora se inicie com uma estrutura que descreve a situação de algumas Igrejas particulares, não esquece de forma alguma uma perspectiva geral em relação à Igreja como um todo. Já é interessante notar que no final de cada uma das sete cartas o autor repete um chamado para as "Igrejas" no plural, com uma fórmula ("Aquele que tem ouvidos, ouça o que o Espírito diz às Igrejas": 2,7.11.17.29; 3,6.13.22), que nos convida a tomar consciência de fazer parte de uma realidade muito mais ampla do que a comunidade individual. Além disso, deve-se notar que, embora a qualificação de *ekklēsía* não volte mais nos capítulos subsequentes, o discurso torna-se geral em referência à realidade eclesial *tout court* e seu destino. De fato, é o junto das Igrejas que o corpo do livro aborda (Ap 4–22). Não é por nada que se fala de "uma multidão imensa, que ninguém podia contar, de toda nação, tribo, povo e língua" (7,9).

Por outro lado, o Apocalipse joanino culmina com a perspectiva da Jerusalém celestial, uma cidade escatológica e uma comunidade ideal. E o casamento com o Cordeiro não é o de uma única Igreja local, mas simplesmente da "noiva" (19,8), que, opondo-se à "grande prostituta" (17; 19,2), símbolo de uma coletividade (= Roma, num sentido não urbanístico, mas político; cf. BRENT, 2009: 129-165), personifica a totalidade dos eleitos indistintamente admitidos para saciar a sua sede no rio de água viva que flui do trono de Deus e do Cordeiro (22,1). Nesse sentido, a eclesiologia do Apocalipse mostra que ele herdou tanto a concepção localista da primeira geração cristã quanto a concepção mais desenvolvida das cartas deuteropaulinas.

10

Alexandria do Egito

A história do cristianismo primitivo narrada por Lucas nos Atos dos Apóstolos segue rumo ao norte (de Jerusalém a Antioquia para a Síria) e para o oeste (de Antioquia a Roma), mas desconsidera completamente qualquer possível movimento do anúncio do Evangelho para o sudoeste. O Egito é, portanto, totalmente ignorado. Harnack já observou que "a lacuna mais sensível em nosso conhecimento da história eclesiástica antiga é constituída pela ignorância quase absoluta da história do cristianismo em Alexandria e no Egito até cerca do ano 180" (VON HARNACK, 1986: 458). E dizer que Alexandria era uma cidade de importância primordial no Império Romano, tanto pelo comércio como pela cultura...

10.1 A documentação do segundo tempo

Infelizmente, sobre as origens do cristianismo no Egito, algumas notícias posteriores não são confiáveis. Isso vale para a tradição lendária sobre a fundação da Igreja de Alexandria pelo Evangelista Marcos: ela, atestada no quarto século por Eusébio (*História* 11,16) e Jerônimo (*Dos homens ilustres* 8,1), é significativamente ignorada tanto por Clemente de Alexandria quanto por Orígenes. Não é por acaso que as notícias de Eusébio são acompanhadas por algo historicamente infundado, segundo o qual o tratado de Fílon de Alexandria sobre grupo daqueles que o filósofo judeu no *De vita contemplativa* chama de "terapeutas", seria uma comunidade de ascetas cristãos (EUSÉBIO. *História* II, 17,24). Por outro lado, de acordo com as *Homilias Pseudoclementinas* 1,6-12 (um texto que é mais antigo do que a *História* de Eusébio), teria sido Barnabé, e não Marcos, a evangelizar Alexandria. Também não podemos confiar na suposta *Carta de Paulo aos Alexan-*

drinos, mencionada no Cânon Muratoriano, da qual não temos qualquer rastro documental.

A notícia mais curiosa talvez esteja na lista dos dez epíscopos que, segundo Eusébio (*História* II,24; III,14 e 21; IV, 1 e 4; 5,5; 11,6; 19; V, 9), teriam se sucedido um ao outro depois de Marcos do ano 62 até o Imperador Cômodo (180-192): Aniano, Avílio, Cerdão, Primo, Justo, Eumenes, Marcos, Celadião, Agripino, Juliano. Infelizmente "essa lista [...] tem o único efeito de tornar ainda mais estranho o silêncio que pesa sobre as origens [...]. Esses nomes para nós continuam desprovidos de qualquer realidade" (BAUER, 2009: 74). A única coisa certa é que o cristianismo não poderia estar ausente do Egito por tanto tempo, dado o florescimento que ele conheceu muito cedo.

Certamente já no início do século II o Egito oferecia elementos de uma penetração segura e precoce do cristianismo nessa área. O fato mais óbvio é o fragmento de papiro do Oásis de Faiyum conhecido como Papiro Ryland, abreviado como P^{52}, que contém Jo 18,31-32.37-38, paleograficamente datado das primeiras décadas do século II, é o mais antigo documento manuscrito de todo o Novo Testamento (já na forma de um códice, não de *volumen*). Além disso, a tradição preservou referências a um *Evangelho dos Egípcios*, conhecido por Clemente de Alexandria (*Stromatae* III 13,91,1-93,1) e pelo antecedente encratista Júlio Cassiano, que remonta pelo menos a meados do século II. Também se atribui a Alexandria a composição da chamada *Carta de Barnabé*, bem conhecida a Clemente de Alexandria e Orígenes, marcada por uma forte controvérsia antijudaica. Além disso, são do Egito, embora alguns estivessem ativos em Roma, os mestres gnósticos da primeira metade do século II Carpócrates (e seu filho Epifânio), Valentim, Basílides (e seu filho Isidoro), que, com a complexidade de seus sistemas de pensamento, denotam um conhecimento notável da Bíblia e do cristianismo. Finalmente, poderíamos acrescentar aqueles manuscritos, conhecidos como o *Evangelho de Tomé*, o *Evangelho de Pedro*, o *Evangelho secreto de Marcos*, o *Evangelho de Matias* e o *Papiro Egerton*, que, compostos no Egito ou originários de outros lugares, mas encontrados no Egito, atestam de qualquer forma fervor da vida e do pensamento cristão nessa terra durante todo o século II (cf. KOESTER, 1990: 75-128, 205-240), antes mesmo de a famosa Escola Alexandrina se tornar célebre pelos nomes de Panteno, Clemente e Orígenes, sem mencionar a comunidade de Khenoboskion-Nag Hammadi.

Se quiséssemos encontrar nos escritos do Novo Testamento pistas mais sérias, até mesmo indiretas, sobre as origens do cristianismo no Egito, deveríamos considerar pelo menos algumas pistas (embora deixando de fora as notícias de Mt 2,13-15 sobre a fuga de Jesus-Menino para o Egito). Uma diz respeito ao pregador erudito Apolo "natural de Alexandria/*alexandres*" (At 18,24), que, tendo se tornado colaborador de Paulo (1Cor 1,12; 3,5-6; 16,12), poderia até ter escrito de Alexandria a chamada Carta aos Hebreus (cf. MARCHESELLI-CASALE, 2005: 29-36). No caso dele, no entanto, é interessante a variante textual de At 18,25 presente no códice D, onde se afirma que ele "foi ensinado em seu próprio país/ *en tê$_i$ patrídi* sobre a Palavra" (em vez de: "ele havia sido instruído no Caminho", sem detalhes). Outra pista deriva de At 2,10, segundo a qual entre os judeus da diáspora presente em Jerusalém no Pentecostes do ano 30, havia também alguns do Egito; estes, como os de Roma, podem ter levado até lá o anúncio cristão. Muito mais incertas, no entanto, são as possíveis pistas provenientes do fato do etíope convertido por Filipe (At 8,26-40) ou até mesmo pela carta do Imperador Cláudio aos alexandrinos do ano 41 que proíbe a introdução de "outros judeus [-cristãos?] da Síria" (*P. Lond.* 1912,95 = PENNA, 2006d: 225-228).

10.2 As hipóteses sobre o primeiro tempo

Abaixo, ignoramos decidida e explicitamente o desenvolvimento da Igreja alexandrina do século II em diante. Esse período é bastante documentado (cf. CAMPLANI, 1997; SINISCALCO, 2005), mas certamente não representa o momento das origens. De fato, são os inícios que carecem de documentação, mas, precisamente por esse motivo, aguçam a curiosidade do historiador. De fato, o que aconteceu com Alexandria também ocorreu com Roma, para onde o Evangelho foi levado, não por alguns dos Doze, mas por anunciadores anônimos. Em todo caso, neste nível, não resta nada a não ser confiar em suposições (cf. PEARSON & GOEHRING, 1986: 132-159; FERNANDEZ SANGRADOR, 2000).

A hipótese que melhor explica os fatos é a de que o Evangelho chegou ao Egito por missionários cristãos judeu-helenistas. Uma confirmação indireta vem da impressão deixada em Alexandria, não tanto pela composição do livro bíblico da Sabedoria, mas pela presença do filósofo místico judeu Fílon de Alexandria (que morreu no início dos anos 40): na verdade, seu método alegórico terá óbvias sobrevivências, não só na famosa escola alexandrina de Panteno-Clemente-Orígenes, entre os séculos II e III, mas também nos pensadores gnósticos anteriores. No intuito de esclarecer melhor a origem dos primeiros evangelizadores, deve-se lembrar que, de acordo com os Atos dos Apóstolos, entre os judeus que em Jerusalém disputavam com Estêvão havia "alguns que eram da sinagoga chamada dos Libertos, dos cireneus, dos alexandrinos" (6,9 cf. acima item 4.2). Sabendo então que um forte vínculo geocultural ligava Alexandria à Cirenaica devido à presença em ambos os lugares desde o tempo dos Ptolomeus de significativos grupos judeus (como sabemos de FLÁVIO JOSEFO. *Antiguidades judaicas* 14,116; *Contra Apião* 2,44), será necessário considerar também o fato de que na Igreja de Antioquia da Síria havia também um certo "Lúcio de Cirene" (At 13,1; sem mencionar Simão Cireneu, em Lc 23,26). Portanto, a hipótese é que os missionários cristãos judeus-helenistas que vieram para Alexandria poderiam vir não apenas de Jerusalém, mas também da Cirenaica, senão de Antioquia.

Resulta certamente difícil datar a chegada do Evangelho em Alexandria. Seja como for, tendo em conta o fato de o cristianismo ter sido suficientemente testemunhado no início do século II, teremos de dizer que ele chegou, o mais tardar aproximadamente na segunda metade do século I. A possibilidade de identificar a localização da comunidade cristã na metrópole egípcia pareceria menos hipotética. A discussão sobre seu primeiro assentamento, se deve ser colocado na parte oriental ou ocidental da cidade, pode ser resolvida em favor da segunda opinião (cf. FERNANDEZ SANGRADOR, 2000: 85-93). Na parte ocidental da cidade, de fato, além de ser provavelmente o chamado Distrito Delta habitado pelos judeus, foi encontrada uma catacumba cristã. Perto dali havia também um grande santuário dedicado a Serápis e Ísis, com seu culto centrado no ciclo de vida da morte. Esses dados podem favorecer a prática de certo tipo de promiscuidade religiosa, conforme documentado em um texto interessante. É um escrito muito singular, pelo menos indiretamente referenciado à vida da comunidade cristã de Alexandria, datável em torno de 130: uma carta do Imperador Adriano, que se encontra na *Historia augusta*; a sua autenticidade é muito discutida, e se o reportarmos aqui é, se não por outro motivo, por causa de sua curiosidade. Escrevendo ao Cônsul Serviano, Adriano fala da leveza e inconstância dos egípcios, dizendo entre outras coisas: "Lá, os adoradores de Serápis são cristãos, e aqueles que se chamam bispos de Cristo são devotos de Serápis. Não há um líder da sinagoga judaica, samaritano ou sacerdote cristão, que não seja também astrólogo, arúspice ou praticante. O próprio patriarca, que acabara de chegar ao Egito, era obrigado a adorar ora a Serápis, ora a Cristo, para agradar a todos [...]. Seu único deus, porém, é o dinheiro: todos eles o veneram um pouco, desde os cristãos até os judeus" (*Historia augusta*, 877-878). Certamente é possível, em um nível propriamente histórico, que os adoradores de Serápis estivessem dispostos a aceitar o anúncio da morte-ressurreição de Jesus Cristo unido com a perspectiva de uma vida plena após a morte, mesmo que a específica polêmica cristã contra o culto e a adoração de Serápis então tomariam forma depois com Clemente de Alexandria (*Protr.* 4,48,1-2).

Uma coisa é certa: o ambiente em que a Igreja alexandrina surgiu foi fortemente imbuído de sincretismo religioso e doutrinas filosóficas variadas, das quais o *corpus hermeticum* e figuras de pensadores como Amônio Sacas (que a princípio era cristão!) e Plotino (de quem proviriam Porfírio e Jâmblico). Esse ambiente deve ter influenciado a caracterização da primeira comunidade cristã de Alexandria, que se mostrou inclinada a um cristianismo feito de especulações muito intrincadas e abstrusas. A esse respeito, poderíamos falar de um cristianismo sapiencial, uma vez que "o modelo cristão com o qual os alexandrinos presumivelmente se identificavam era mais como um *sábio* ou um *filósofo* do que, por exemplo, um profeta" (FERNANDEZ SANGRADOR, 2000: 139). Na verdade, o gnóstico Cerinto, um judeu-cristão da era subapostólica imediata, teria sido formado precisamente no Egito (de acordo com HIPÓLITO. *Elenchos* 7,3-33; 10,21,1), e, ao invés de milenarista, ele teria sido um defensor de doutrinas gnósticas (cf. SKARSAUNE & HVALVIK, 2007: 488-495).

Diante desse estado de coisas, uma postura normalizadora ou "ortodoxa", com caráter estrito de autoridade-hierarquia, teria sido tomada apenas mais tarde, começando com o Bispo Demétrio (anos 189-232; cf. BAUER, 2009: 82s.).

11

Primeiras Igrejas e liminaridade

11.1 Anotações gerais

Um dos fatores mais interessantes e característicos das primeiras comunidades cristãs, do ponto de vista socioantropológico, é a sua liminaridade. Com esse conceito, desenvolvido no século XIX pelos estudos de Arnold Van Gennep (1873-1957) e Victor Turner (1920-1983), um *status* social é rotulado segundo três momentos consecutivos no processo de mudança: separação-marginalidade-agregação. O *limen*/limiar representa, portanto, uma fase de trânsito e suspensão, que relega o indivíduo ou um grupo de indivíduos às margens da sociedade, na expectativa de sua entrada em um novo *status* social (como em certas tribos africanas primitivas). Turner concentrou seu interesse na segunda fase, entendida como um fenômeno de grupo, e considera a liminaridade como uma força preeminente na função de romper e reconstituir os sistemas sociais em sua dimensão coletiva (até o caso extremo de uma revolução).

É precisamente esse conceito básico que se ajusta corretamente ao tipo de comunidade constituída pelos primeiros grupos cristãos. Segundo Turner, a essência da liminaridade consiste na decomposição da cultura em seus fatores constitutivos e em sua livre-recomposição; a esse respeito, ele usa o conceito de "drama social" como uma designação do momento de ruptura, que determina a passagem de uma estrutura existente para uma nova, e focaliza a atenção precisamente na ideia de *communitas* e seus mecanismos de mudança e reestruturação, compreendendo-a basicamente como uma sociedade existencial, homogênea e não estruturada, que então se desenvolve em *communitas* normativa e ideológica (cf. TURNER, 2001: 111-179). Nessa perspectiva, é inevitável que a fase liminar de um grupo envolva a perda de referências sociais preexistentes. Daí o estranhamento do próprio grupo, que no entanto também constitui um fator denso de virtualidade criativa.

Aplicando esse conceito às origens cristãs, o fato de uma nova posição identitária dos discípulos de Jesus na fase pós-pascal é bem documentado pelos textos. De fato, colocando-se em primeiro lugar para além do chamado *common judaism*, embora querendo permanecer de maneira preconceituosa dentro dele, eles foram expostos à hostilidade do ambiente judaico de origem (cf. SKARSAUNE & HVALVIK, 2007: 75-77). De fato, chegaram a estar numa condição de indeterminação em relação à sociedade em que viviam, constituindo uma minoria que se arriscava a perder sua fisionomia ainda em formação. A liminaridade em questão não deve ser entendida apenas no nível ritual (como veremos abaixo), pois envolve o nível mais amplo da vida cultural e existencial e é medida também na passagem da nova fé pascal do âmbito israelita para o greco-romano. Em todo caso, assinalamos desde já que a liminaridade que estamos tratando aqui não corresponde ao quadro geral traçado por Van Gennep e Turner, uma vez que as comunidades cristãs em si não constituíam uma fase provisória como se estivessem se preparando para uma nova fase de mudança de identidade, isto é, elas não visam conscientemente superar sua qualidade eclesial inicial para então constituir uma diferente. Se isso acontecesse no nível do fato histórico objetivo, tanto com a coexistência de múltiplas auto-hermenêuticas (cf. acima: judeu-cristianismo, paulinismo, joanismo) quanto com o desenvolvimento e a aquisição de formas novas e diferentes em tempos posteriores (mesmo antes de Constantino e Teodósio), o fato certamente não é atribuível a um programa desejado pelas próprias comunidades, mas por circunstâncias históricas aceitas ou sofridas. Por outro lado, outros fenômenos antigos de liminaridade, como o cinismo no campo da filosofia (cf. REALE, 1976: 25-54), não se desenvolveram em um novo estágio de identidade ou mesmo se apagaram (a menos que se considere que, no que diz respeito ao cinismo, pelo menos parcialmente se fundiu em estoicismo).

Ainda mais eficaz poderia ser o conceito de *interstitiality* [intersticialidade] proposto por Smith (2004) com a distinção categórica entre os advérbios ingleses de lugar *here* (que dá a ideia de uma religiosidade primitiva "caseira" e mais antiga do que a pública), *there* (que se refere ao estabelecimento de lugares, junto com pessoas e ações, externos à casa e publicamente reconhecidos), e *anywhere* (com o qual denotamos clubes ou associações privadas, figuras carismáticas e até praticantes de magia, que ocupam um lugar "intersticial", certamente não institucional, mas encravado entre os dois lugares anteriores ou simplesmente nos interstícios da segunda tipologia). Isso expressa a ideia de uma colocação de pessoas ou grupos, em um sentido quase diaspórico, dentro dos espaços intermediários dos componentes religiosos oficiais de uma sociedade. O conceito de intersticialidade também serviria para designar adequadamente os lugares e formas de reunião dos primeiros cristãos.

Abaixo, portanto, distinguimos a liminaridade/intersticialidade das comunidades cristãs confrontadas primeiro com o ambiente judaico inicial e depois com o ambiente gentio greco-romano de chegada.

11.2 Comunidades cristãs e judaísmo

Em Jerusalém – A diferença mais óbvia em nível sociorreligioso a caracterizar os primeiros crentes judeus na messianidade de Jesus de Nazaré diz respeito ao comparecimento do Templo pela Igreja de Jerusalém (cf. acima, item 4.2). De fato, enquanto os "cristãos" de Jerusalém ainda o frequentavam (Lc 24,53; At 2,46a; 3,1; 5,42; 21,23-24), os presentes em outras cidades do Mediterrâneo obviamente eram impossibilitados de participarem em suas liturgias; no entanto, essa consideração vale, sem mais nem menos, também para todas as comunidades judaicas da diáspora pela simples razão de seu distanciamento da "metrópole" do judaísmo. Essas comunidades de judeus certamente reconheciam o Templo como um fator de unidade étnico-religiosa, como denotado pela prática do imposto anual, das doações feitas e de peregrinações para as festas estabelecidas; mas "se o judaísmo da diáspora sobreviveu à destruição do Templo, foi porque tinha outros recursos eficazes", por isso, deve-se pensar que esse Templo gozava de "uma importância mais simbólica do que concreta" (BARCLAY, 2004: 395).

Mas também os judeu-cristãos presentes em Jerusalém não se sentiam mais completamente ligados ao Templo (e nem mesmo às sinagogas da cidade). Se acreditarmos em Lucas, de fato, depois de ter escrito que "frequentavam o Templo todos os dias" (At 2,46a = *tó hierón*, i. é, a área do templo), isso acontecia apenas porque o consideravam um lugar tradicional de oração (cf. tb. Lc 24,53; At 3,1) e, certamente, de acordo com o que Jesus já havia feito, também como um possível lugar de ensino (cf. At 5,21 ["no Templo"].42 ["no Templo e nas casas"]). Mas

Lucas imediatamente acrescenta: "Mas eles partiram o pão nas casas individuais (*kat'oíkon*) tomando refeições com alegria e simplicidade de coração" (At 2,46b). Afirmar que a sua presença no Templo documenta não apenas a constante pertença à religião dos pais, mas sobretudo o fato de que, dessa forma, eles quase tomam posse do Templo como Jesus, afirmando ser o verdadeiro Israel (ZMIJE-WSKI, 2006: 212), soa como uma tese exagerada. O mais importante, na verdade, é indicado pela frase grega *kat'oíkon*: os discípulos de Jesus têm agora outro ponto de encontro, que é a casa, ou melhor, uma pluralidade de casas! (Como se pode deduzir também do plural *kat'oíkous* em At 8,3; 20,20.) Por outro lado, essa pluralidade, antes de Lucas, já está bem documentada por Paulo, que algumas vezes em suas cartas fala das "Igrejas da Judeia que estão em Cristo" (Gl 1,22), "as Igrejas de Deus em Cristo Jesus que estão na Judeia" (1Ts 2,14). Em todo caso, é precisamente nas casas que se celebra um ato comunitário, que para esses cristãos é o mais significativo e que, ao mesmo tempo, é absolutamente distinto em relação à práxis cultual ambiental. De fato, a prática da *fractio panis* entendida como uma celebração eucarística denota um novo tipo de culto, uma vez que naquele momento Jesus "é reconhecido" (como fizeram os discípulos de Emaús segundo Lc 24,35). Portanto, aqui temos o novo fenômeno de um grupo de pessoas que se reúnem em um lugar profano, colocando-se em continuidade com a Última Ceia ou, em todo caso, com as refeições de Jesus (cf. tb. At 5,42; 8,3; 11,14; 16,15-31-32; 18,8; 20,20). De fato, o próprio Jesus já havia realizado seus atos mais significativos fora de qualquer espaço sagrado, ou porque o Templo, além dos chamados sacrifícios de comunhão, não era um lugar para celebrar uma refeição feita apenas de pão (e vinho) e em todo caso, não a refeição da Páscoa, ou porque o próprio Jesus sofreu "a paixão fora da porta da cidade" (Hb 13,12).

No entanto, nada mais sabemos dessas Igrejas judeu-cristãs, localizadas em Jerusalém e, de qualquer forma, na Judeia (cf. acima os itens 4.2-4.3). O fato é que não possuímos escritos provenientes de seu interior ou outros endereçados a elas, sem contar a falta de notícias externas além da escassa informação de Lucas (e prescindindo das coletas paulinas).

• *Na diáspora* – Sabemos um pouco mais sobre as comunidades cristãs localizadas nas cidades da diáspora do Mediterrâneo e de sua relação com as sinagogas locais. Nesse âmbito, as sinagogas são a típica instituição judaica à qual os primeiros cristãos estavam ligados por um amplo alcance geográfico, tanto que a fisionomia própria do cristianismo seria modelada não pelo Templo e por seu sacerdócio, mas por uma práxis desprovida de comparações reais com o mundo gentio, isto é, por um local de culto de assembleia, focado primariamente em ler e comentar as Escrituras (cf. CLAUSSEN, 2002). De fato, de acordo com os Atos dos Apóstolos, as sinagogas foram o primeiro lugar do anúncio evangélico nas várias cidades visitadas por Paulo (Damasco: 9,20; Salamina: 13,5; Antioquia da Pisídia; 13,14s.; Icônio: 14,1: Tessalônica: 17,1; Bereia: 17,10; Atenas: 17,17a; Corinto: 18,4; Éfeso: 18,19; 19,8; a essas deviam equivaler [porque frequentado no sábado] o lugar aberto à margem do rio fora de Filipos: 16,13); mas a oposição explícita dos judeus locais também ocorreu ali (em Antioquia da Pisídia: 13,45; em Icônio: 14,2; em Listra: 14,19; em Bereia: 17,13; em Corinto: 18,6; para Éfeso: 19,9).

Alguns argumentaram que o relato dos Atos é uma tese e que, historicamente, a missão de Paulo teria sido dirigida apenas aos gentios e não aos judeus; a razão seria encontrada no fato de que somente na Carta aos Romanos, a última escrita pelo Apóstolo, se registra a recusa dos judeus ao Evangelho, e não antes (cf. SANDERS, 1989: 291-313); assim, se Paulo afirma que o Evangelho se destina à salvação "tanto para os judeus antes quanto para os gregos" (Rm 1,16), significa uma prioridade que não é tanto missionária quanto histórico-salvífica. Certamente o argumento paulino subjacente focaliza a igualdade entre judeus e gentios, e o próprio Paulo se define como um "apóstolo dos gentios" (Rm 11,13), não dos judeus, que também apresentam diferentes tipologias na diáspora (cf. TROIANI, 2010). Em todo caso, já em algumas cartas anteriores a Romanos há referências à hostilidade judaica (1Ts 2,14-16; 2Cor 3,14; 4,4; Fl 3,2s.; Gl 5,11; 6,12). Por outro lado, é precisamente a Igreja de Roma que atesta o fato de que a mensagem do Evangelho se estabeleceu em primeiro lugar não entre os gentios, mas entre os judeus da cidade (cf. acima, item 4.4).

O certo é que se a coexistência entre judeus da fé judaica e judeus de fé cristã desde o início não foi fácil na terra de Israel (cf. o comparecimento diante do Sinédrio, o martírio de Estêvão, a perseguição por parte de Saulo, o assassinato de Tiago Maior, o encarceramento de Pedro), sua incompatibilidade parcial foi destinada a ser acentuada nas cidades da diáspora, onde, juntamente com os judeus locais que confessaram Jesus de Nazaré como Cristo e Senhor, contavam-se números cada vez maiores de cristãos de origem gentia. A dificuldade de viver em conjunto deve ser entendida sobretudo no nível ideal da profissão de fé e, consequentemente, também no nível associativo/eclesial. Era inevitável, no entanto, chegar a uma *parting of the ways* ["separação dos caminhos"], embora o dado cronológico a respeito seja objeto de discussão. Isso será mais bem explicado pelo cálculo de várias etapas sucessivas, começando já pela conhecida oposição a Jesus, passando pelas considerações críticas de Paulo e chegando ao claro distanciamento experimentado pelo joanismo (além da chamada Carta aos Hebreus). Assim, falaremos melhor no plural de *"several partings of the ways"* ["várias separações dos caminhos"] (DUNN, 2009: 1.171). De sua parte, a miscelânea editada por Becker e Reed (2003) insiste no fato de que "os caminhos nunca se separaram", mas apropriadamente leva em consideração o fato de um persistente e interessante intercâmbio entre judeus e cristãos no período que vai de quando Bar Kokeba se revolta sob Adriano até a ascensão do Islã. No entanto, embora ainda no século IV João Crisóstomo em suas *Homilias contra os Judeus* tenha convidado os cristãos de Antioquia a não frequentarem as festas judaicas, já no século II com os nomes de Inácio, Marcião e Justino, surgiu a consciência de uma separação mútua (cf. FREDRIKSEN, 2003). E do lado judaico o *Birkat haminîm* (repetidamente atestado por JUSTINO. *Dial.* 16.4; 47.4; 96.2: "Em vossas sinagogas amaldiçoais todos aqueles que se tornaram cristãos") documenta um distanciamento que, se não diz respeito apenas aos judeu-cristãos, certamente também os inclui: "Essa não foi decisiva sozinha na separação entre Igreja e sinagoga, mas deu uma solene expressão litúrgica a uma separação efetuada na segunda metade do século I por meio de uma série mais ampla de medidas à qual ela pertence" (HORBURY, 1998: 110; cf. tb. STEMBERGER, 2010). A *Tosefta* sustenta que "os livros dos *minîm* não serão salvos do fogo" e faz uma clara distinção quando afirma que "os idólatras não conhecem o Nome divino e o rejeitam, enquanto eles o conhecem e ainda o rejeitam" (*Shabat* 13,5). Em todo caso, a tese desenvolvida pelo talmudista Boyarin (2004) é interessante, segundo a qual, afinal de contas, os rabinos e Justino estão mutuamente implicados no processo da invenção da ortodoxia e da heresia.

Mereceriam um discurso a parte os "tementes a Deus", simpatizantes gentios do judaísmo, que constituiu o elo perdido entre o gentilismo e o cristianismo. De fato, se por um lado eles atestam um impacto positivo (portanto não apenas polêmico) experimentado pelo judaísmo dentro da sociedade pagã greco-romana, por outro se colocam em uma linha de fronteira, isto é, em uma posição de liminaridade em relação a ambos os lados (cf. WANDER, 1994). Ademais, algo análogo também ocorrera por parte do judaísmo por meio de sua helenização, que assumiu várias formas de integração (assimilação, aculturação, adaptação) não naturalmente isentas de posições antagônicas (em geral, cf. BARCLAY, 2004: 90-219).

Nesse ambiente multifacetado, os crentes em Jesus como Cristo e Senhor se viam parcialmente favorecidos e desfavorecidos. De fato, se fossem judeus de origem, não estavam completamente integrados ao judaísmo clássico; e, se fossem de origem gentia, não se sentiriam participantes do grupo dos tementes a Deus e, menos ainda, da categoria dos prosélitos.

11.3 Comunidades cristãs e cultura greco-romana

Se as Igrejas de Jerusalém, da Judeia e das várias cidades da diáspora em que havia comunidades judaicas eram liminares/intersticiais em relação ao judaísmo de origem, já que estavam quase na soleira a ponto de cruzá-la para o exterior, as Igrejas paulinas (para não mencionar dos joaninos) eram liminares não só em relação à sinagoga, mas ainda mais do que o mundo circundante de caráter pagão. Mas aqui devemos distinguir (pelo menos de acordo com nossos parâmetros atuais) entre religião e cultura, porque se o Evangelho não tem quase nada em comum com o helenismo no nível religioso, tem muito a ver no nível cultural. Mas também no nível religioso uma distinção é necessária, pois se, diante do politeísmo olímpico clássico e helenístico, há apenas um distanciamento (1Cor 8,5-6), particularmente incluindo o culto imperial (cf. AUFFAHRT, 2003), com os cultos mistéricos há pelo menos em comum a ideia formal de uma koinōnia/"comunhão" estabelecida com o deus celebrado (cf. PENNA, 2001b: 168-177). Ao nível genericamente cultural, então, há toda uma série de ações a serem calculadas, incluindo o uso de várias categorias linguísticas e conceituais para expressar vários aspectos do próprio Evangelho, além do uso da língua grega, a inserção, ao menos aparente, no quadro das associações voluntárias da época, e a valorização da casa como local de culto. Mas a liminaridade é obviamente medida no nível das diferenciações, que tocam sobretudo o fundo de coisas como a concepção da divindade, do mundo e do homem, mas também aspectos fenomenológicos não secundários, como a nova concepção do momento de culto.

• *Inculturação* – A liminaridade das primeiras Igrejas em relação ao mundo greco-romano circundante é encontrada em primeiro lugar no nível da fé proclamada e da moralidade praticada, porém com a preocupação de "levar uma vida decorosa diante dos de fora" (1Ts 4,12; Rm 13,13).

Em resumo, podemos distinguir três atitudes diferentes nas relações estabelecidas *ad extra*. A primeira é de aberta polemização, se não recusa. O caso mais marcante é o conceito joanino de "mundo" (esp. 1Jo), que, quando entendido em sentido negativo, implica um julgamento certamente genérico, mas firme em relação às realidades terrenas (não excluindo o próprio judaísmo). Mas a passagem mais concreta do Novo Testamento está em Rm 1,18-32, onde, com categorias específicas da polêmica judeu-helenística, a idolatria daqueles que, distorcendo o conhecimento de Deus no nível religioso, caem então em comportamentos inqualificáveis no nível moral. Um julgamento negativo sobre paganismo também é dado onde o próprio Paulo compartilha com Pedro a consciência de ser "judeus por natureza e não pecadores dentre os gentios" (Gl 2,15; a comparar com a Mishná, *Yebamoth* 11,2), e ainda mais onde se fala dos destinatários das cartas como gente que servia a divindades que, de fato, não o eram (cf. Gl 4,8), que estavam "sem Cristo, separados da comunidade de Israel e estranhos às alianças da promessa, não tendo esperança e sem Deus no mundo" (Ef 2,12). Mas é acima de tudo a apocalíptica judaica que marca a diferença, senão a oposição, entre "este mundo" e o "mundo futuro", de modo a deixar sinais evidentes no seu lado cristão que, no João do Apocalipse, não poupa sequer os acentos de satanismo por parte do poder político. É evidente que, dessa forma, é enfatizado um distanciamento, que em todo caso implica uma consciência irredutível da diversidade, como também revela o conceito paulino do Evangelho como escândalo e loucura (1Cor 1,18-25). Mas deve-se notar que, pelo menos no que concerne a Paulo, ele paradoxalmente argumenta de um modo polêmico muito mais amplo contra o judeu-cristianismo (com relação à função justificadora da Torá) do que contra o paganismo!

A segunda atitude, mais contida, consiste na simples constatação da identidade diferente dos outros. É vista claramente em 1Cor 8,5-6: "Porque, ainda que há também alguns que se chamem deuses, quer no céu ou sobre a terra, como há muitos deuses e muitos senhores, todavia, para nós há um só Deus, o Pai, de quem são todas as coisas e para quem existimos; e um só Senhor, Jesus Cristo, pelo qual são todas as coisas, e nós também, por Ele". A admissão é feita, por assim dizer, com dentes cerrados, já que na sintaxe do texto pertence a uma sentença secundária ("mesmo se..."); mas é importante notar que a identidade cristã específica é feita para se destacar com base na comparação com o politeísmo pagão, reconhecido em sua realidade objetiva sem exacerbações polêmicas particulares. Também deve ser notado que a diferença aqui é distinguida não por referência a uma moralidade diferente, mas pelo que diz respeito a uma abordagem religiosa básica diferente. Algo análogo pode ser dito sobre a relação de aceitação das autoridades políticas (independentemente do Apocalipse joanino) como documentado em Rm 13,1-7 (e reiterado em Tt 3,1; 1Pd 2,13-14): O poder público não é honrado por motivos de divinização, mas por conveniência social.

Em terceiro lugar, e em termos mais pronunciados, embora implícitos, devemos observar uma atitude interessante e positiva de aceitação. Os exemplos não são poucos e aqui estamos satisfeitos em recuperá-los rapidamente. Varia de um mínimo à possibilidade de compartilhar a ingestão de carne de animais sacrificados em templos pagãos (1Cor 8-10; mas este não é o caso do Vidente do Apocalipse: cf. PENNA, 2005a) até um máximo como é o compartilhamento da ideia originalmente grega da paternidade universal de Deus (At 17,28; Ef 4,6; tb. Mt 5,45; cf. PENNA, 2001b: 645-679). Entre esses extremos, há vários outros fatores, que são a admissão de uma lei natural escrita nos corações de todos os homens (Rm 2,15-16; como em CÍCERO. *República* 3,22,33); a concepção da impressão helenística de cada homem como templo de Deus (1Cor 3,16-17; como em SÊNECA. *Epístolas* 41,2), a imagem da vida e do compromisso cristão como uma corrida no estádio (1Cor 9,24-27; como em MUSÔNIO RUFO. *Diatribes* 7), alguns elementos da ética estoica como o ideal da *sufficientia sui* ou autossuficiência (Fl 4,11; cf. RADICE, 1998: 1.101-1.103) e até mesmo a ideia de uma *koinônia*/comunhão com Jesus Cristo na hora da refeição cultual (1Cor 10,16; cf. PENNA, 2001b: 168-177).

A esse respeito vale, em linhas gerais, o luminoso princípio enunciado em Fl 4: "tudo o que é verdadeiro, tudo o que é respeitável, tudo o que é justo, tudo o que é puro, tudo o que é amável, tudo o que é de boa fama, se alguma virtude há [*eí tis areté*] e se algum louvor existe, seja isso o que ocupe o vosso pensamento" (Fl 4,8). Não podemos fazer aqui a análise de todos os componentes dessa declaração. É suficiente observar que ela é inteiramente formulada com base em um pressuposto puramente humanista, sem motivações de uma ordem transcendente e ainda menos sobrenatural. Poderia, portanto, ser válido para Paulo o que um de seus compatriotas, o filósofo Antípatro de Tarso, já mestre de Augusto, observou sobre os estoicos: "Observem como seu discurso conduz a enunciados de grande estatura e nobreza [...]. No juízo e de acordo com nossos homens, o bem e a felicidade não têm outra essência senão a muito apreciada racionalidade na escolha das coisas que têm valor" (In: RADICE, 1998: 1.471).

A polêmica sobre a helenização do cristianismo iniciada com Adolf von Harnack (que, além do mais, considera o fenômeno a partir de meados do século II: cf. 1964, ed. orig. 1900: 122-124; cf. tb. BARTOLOMEI, 1984) corre o risco de setorizar o cristianismo encerrando-a em sua matriz cultural judaica e impedindo seu nascimento *ad extra*, inclusive o compartilhamento de outras categorias culturais. Certamente, qualquer desconhecimento da inculturação é sempre possível e, portanto, é constantemente monitorado, por assim dizer. Mas Manlio Simonetti está certo quando escreve (1983: 8): "Acredito que estejam mais do que corretos aqueles que veem na helenização da mensagem cristã não sua deformação devido à influência da cultura grega, mas o resultado de um processo de adaptação, um processo inevitável e natural, ainda que muito laborioso e sofrido". Com efeito, além do fato de que o próprio judaísmo tornou-se helenizado expressando-se em autores e obras de valor indiscutível (cf. CALABI, 2010), se não aceitássemos que, mudando do solo palestino para o greco-romano, o Evangelho poderia de alguma forma "redefinir" nossas próprias formulações, negaríamos em princípio qualquer outra possível inculturação subsequente, como a que aconteceu, por exemplo, na Idade Média europeia em contato com a cultura germânica e como deve acontecer hoje, e em parte já acontece, em contato com culturas asiáticas, africanas etc.

No entanto, historicamente falando, a liminaridade entendida como uma suposição e, ao mesmo tempo, diversificação de valores não isentava os cristãos da incompreensão e até da perseguição. Era inevitável que, por causa de sua característica de "oito ou oitenta", já se expusessem no século I a várias formas de incompreensão e, portanto, de tribulação. O importante era estarem sempre prontos para responder a qualquer um que perguntasse o motivo da esperança deles (1Pd 3,15).

• *A casa e as relações com instituições de culto* – Pressupomos, neste assunto, o conceito paulino de *ekklēsía* e também o fato de que ainda não existia nenhum valor generalizante para indicar a Igreja universal, como acontecerá a partir das cartas pseudepígrafas aos colossenses e especialmente aos efésios, mas geralmente se refere cada uma das comunidades diversamente localizadas nas regiões, que têm casas particulares como locais de reunião (cf. acima, item 1.3). Especificamente, para calcular o número de membros de uma única comunidade, devemos levar em conta o fato de que uma casa antiga, de acordo com as informações fornecidas pela arqueologia (p. ex., BALCH, 2003, examina algumas casas em Pompeia, Delos e Pergamum, MURPHY-O'CONNOR, 1983, o de Anaploga perto de Corinto); naturalmente, nos referimos à casa de uma pessoa rica, independentemente das *insulae* proletárias (cf. acima, p. 24-26).

Bem, o culto que se desenrola nos lares dos cristãos não tem qualquer coordenação com lugares sagrados do ambiente religioso contemporâneo, que pode ser os mais variados. De fato, no mundo grego, "todo lugar pode se tornar um lugar de adoração, um santuário ou um espaço sagrado". É suficiente que os gregos lhe atribuam um caráter sagrado, que às vezes deriva da majestade da paisagem ou da presença de um túmulo ou qualquer outro sinal da manifestação do divino (rochas, uma árvore, uma fonte). O terreno é então delimitado: leva o nome de *témenos*, que significa: dividido (implícito: da terra que não é sagrada). Numerosos santuários gregos são, portanto, simplesmente terrenos cercados" (BRUIT ZAIDMAN & SCHMITT PANTEL, 1992: 44).

Quanto ao templo propriamente dito, se é verdade que ele continua a ser o sinal arquitetônico mais espetacular do mundo grego, do ponto de vista da adoração não é um elemento indispensável; de fato, tendo como função específica apenas preservar a estátua de um deus, os rituais ocorrem principalmente fora dele, ou ao ar livre ou em ambientes especiais. Por exemplo, ao lado do Asclepieion, há três salas de jantar, cada uma com onze assentos; em 1985, uma sala de 24m x 14m foi descoberta em Pérgamo, uma chamada *Hestiaîon* (provavelmente do século II) perto do templo de Hera, usada para reuniões culturais e banquetes (cf. SCHWARZER, 2002: 235-238).; assim Plutarco fala de um *hiestionárion* perto do templo de Afrodite em Corinto (*Septem sapientium convivium* 2 = *Mor.* 146D).

Aliás, existe uma conexão com a casa particular que, como um simples ambiente familiar, é em si um local de culto. Cícero exalta-a assim: "O que é mais sagrado [*quid est sanctius*], o que é mais seguro para toda religião [*quid omni religione munitius*], do que a casa de todo cidadão [*quam domus uniuscuisque civium*]? Ali estão os altares, ali os lares, ali os deuses sofrendo, guardam-se as coisas sagradas, os cultos e as cerimônias" (*De domo sua* 41,109). Até mesmo Plutarco define a mesa [*trápeza*] que acolhe os hóspedes como "um altar [*bōmós*] dos deuses da amizade e da hospitalidade" (*Septem sapientium convi-*

vium 15 = Mor. 158C). E é no contexto da casa que se forma um tipo particular de culto, constituído pelas associações fundadas para fins religiosos (distintas dos profissionais ou funerárias), cujos membros se reúnem para venerar várias divindades. Essas deviam ser particularmente numerosas e vivazes, dado que chegaram a incomodar a autoridade romana (cf. COTTER, 1996). Mesmo que suas reuniões pudessem ocorrer em lugares especificamente designados para esse fim, o caso de reuniões culturais em casas particulares é bem documentado; um exemplo muito significativo é fornecido por uma inscrição da Filadélfia na Lídia, que remonta a cerca de 100 a.C., documenta o caso de um grupo que se reuniu na casa de um certo Dionísio (cf. tradução e comentário em PENNA, 2001b: 746-770, esp. 757-763). No interior desse grupo vigorava o princípio do igualitarismo de acordo com os componentes sociais do grupo: quanto mais variada e mais baixa era sua composição social, mais seus membros eram hierarquicamente subdivididos (cf. SCHMELLER, 1995: 50-53); e a casa era considerada "um pequeno Estado independente" (SÊNECA. *Epist.* 47,14: *pusilla respublica*), dentro da qual a única autoridade era a dos *pater familias*. O certo é que o momento peculiar do encontro consistia em uma refeição consumida em comum, possivelmente de acordo com regras muito precisas e rígidas, como se vê nos quatro casos mais documentados de associações religiosas contemporâneas: os de Zeus Hypsistos em Filadélfia no Faium, de Diana e Antínoo em Lanúvio, dos *Iobakchoi* em Atenas, e de Esculápio e Hígia em Roma (cf. STEIN, 2009: 51-59).

Mesmo no lado judaico, a casa poderia oferecer uma analogia apenas com relação ao banquete pascal, que, no entanto, é anual, enquanto os cristãos, por outro lado, aparentemente se reúnem semanalmente (1Cor 16,1; At 20,7; Ap 1,10; INÁCIO. *Aos magnésios* 9,1). Quanto às sinagogas, não oferecem uma verdadeira analogia com as Igrejas paulinas, sendo lugares diferentes das casas particulares e oficialmente destinadas ao culto, mesmo que alguns delas, do ponto de vista arquitetônico, acabem sendo extensões de casas precedentes (assim em Delos, Priene, Óstia, Sardes, Dura-Europo); isso também acontecerá com o cristianismo, mas somente após o século I. Entretanto, parece ser verificado que o culto sinagogal em certos casos também pode ser seguido por refeições compartilhadas (talvez as "refeições comuns"/*"sýndeipna"* em FLÁVIO JOSEFO. *Antiguidades judaicas* 14,114; cf. KLINGHARDT, 1996: 258-267).

• Ekklēsía e *associações voluntárias* – Se as casas particulares são o lugar por excelência para o encontro dos cristãos, é esse tipo de reunião que desperta um interesse específico. As comunidades cristãs, dentre as quais as paulinas são as mais bem documentadas, deviam parecer aos olhos dos contemporâneos completamente equivalentes às reuniões das associações voluntárias da época, chamadas *collegia*. A esse respeito, as associações profissionais são excluídas, uma vez que só é possível uma comparação com aquelas de tipo cultual, que surgiram na era helenística como manifestação de uma religiosidade privada (cf. EGELHAAF--GAISER & SCHAFER, 2002) e que, como tais, diante das formas de religião cívica pública, eram mais adequadas para expressar as necessidades pessoais de indivíduos e grupos dedicados a um dos antigos ou novos deuses. A bibliografia sobre esse tipo de comparativismo é abundante (cf. MEEKS, 1992: 212-219; BRANICK, 1989; STEGEMANN & STEGEMANN, 1995: 237-271; HARLAND, 2003; EBEL, 2004; STILL & HORRELL, 2009). Como os membros desses *collegia*, os membros de uma *ekklēsía* cristã eram cooptados por sua livre-decisão, não por nascimento ou por riqueza ou profissão; além disso, praticavam refeições comuns, para as quais os próprios participantes podiam contribuir; até mesmo o apelativo "irmãos" é testemunhado entre os membros dos cultos mistéricos ou associações voluntárias, mesmo que seja muito raro (principalmente pós-cristão) e literalmente apenas para homens que são os únicos membros de associações cultuais (sobre o lugar das mulheres em associações, além de MEEKS, 1992: 78-85, cf. OSIEK & MacDONALD, 2007: 143-163), no entanto, nunca é usado como um título direto, mas apenas em relatos em terceira pessoa (cf. tb. ÖHLER, 2005). É claro que também existem diferenças significativas, a mais óbvia é a ressocialização com base em uma fé comum de um tipo substancialmente exclusivo, sendo característica uma certa ideia típica de salvação; além disso, nas *ekklēsíai* cristãs, para a participação no culto, não se impõe qualquer limitação nem de gênero nem de censo; além disso, nenhuma lista das pessoas mais notáveis é documentada e não vigora qualquer título honorífico (mesmo se isso já aconteceu no final do século I no contexto siríaco, de acordo com a *Asc. Is.* 3,21-31 sobre a polêmica relação entre bispos e profetas). De acordo com o que dissemos acima (cf. p. 28), são vários os fatores que distinguem as assembleias cristãs dos *collegia* contemporâneos. Precisamente esse estado de coisas confirma claramente a liminaridade das comunidades cristãs.

As Igrejas paulinas são as mais bem documentadas pelas cartas do Apóstolo no que diz respeito à sua prática cultual no contexto geocultural greco-romano. Contudo, devemos primeiro especificar que Paulo nunca usa os termos gregos que designam o culto religioso em um sentido técnico ritual ou devocional, uma vez que ele nunca usa a palavra *therapeía* e derivados (que em grego não tem apenas um uso religioso [cf., no entanto, PLATÃO. *Resp.* 427b-c: "'A Apolo de Delfos pertencem as leis mais importantes e mais belas, as fundamentais. 'Quais?' 'A construção dos templos, os sacrifícios e os outros cultos dos deuses, demônios e heróis, e também os túmulos dos mortos e os rituais que devem ser realizados em sua honra para propiciá-los [...].' Este deus é de fato o ávido exegeta de tais questões para todos os homens"] e nem mesmo a palavra *eusébeia*/*theosébeia* (que Fílon de Alexandria (*Opif.* 154) define "a maior das virtudes"). No que diz respeito ao conceito de *latreía*, este é empregado por Paulo não só como em referência ao culto de Israel (Rm 9,4) e aos cultos pagãos idólatras (Rm 1,25), mas também com referência a si mesmo e aos cristãos e somente em contextos profanos (Rm 1,9; 12,1; Fl 3,3), da mesma maneira que acontece com *leitourghéō* e derivados (Rm 13,6; 15,16.27; Fl 2,17-30; tb. *spéndomai* em Fl 2,17).

Abaixo, levamos em consideração os dois momentos "rituais" mais evidentes (e documentados) que tornam possível tornar-se claramente consciente da identidade das associações. Na verdade, a realização de alguns momentos rituais típicos da *ekklēsía* ou é desconhecida para nós, como é o caso dos funerais dos cristãos, ou não é levada em conta, como é o caso dos casamentos que estão completamente de acordo com os costumes da sociedade da época (*A Diogneto* 5,4,6). Já os momentos do Batismo e da Ceia são de particular importância.

11.4 O ritual de iniciação

O momento determinante da iniciação ou admissão na *ekklēsía* mediante o batismo nos é conhecido porque temos pelo menos vários indícios (cf. MEEKS, 1992: 376-393). De fato, Paulo nos oferece uma profunda reflexão teológica (Rm 6,1-11; 1Cor 6,11; Gl 3,27). Mas nem ele nem outras páginas do Novo Testamento sugerem algo sobre sua efetiva implementação ritual. Certamente deve ter sido uma imersão na água, já que o verbo grego *bápto*/*baptízō* significa "imergir, submergir, mergulhar" (p. ex., HOMERO. *Odisseia* 9.392; PLUTARCO. *Sobre a superstição* 166a; também figurativamente: p. ex., a multidão que submerge a cidade em FLÁVIO JOSEFO. *Guerra* 4,137).

Algo mais pode ser dito sobre seus possíveis paralelos ou mesmo sobre suas matrizes. No helenismo, o banho purificador em águas límpidas é um componente de afiliações religiosas, mas não tem o valor de uma iniciação propriamente dita, sendo acompanhado por outros rituais de igual ou maior importância. Tertuliano escreverá polemicamente que as águas dos iniciados nos mistérios não têm a mesma eficácia que o Batismo cristão (*Sobre o batismo* 5,1) e cita os mistérios de Ísis e Mitra. Em todo caso, no culto de Mitra, não há banho de água entre os sete graus de iniciação, sendo em vez disso uma ablução com o sangue de um touro (cf. VERMASEREN, 1981: 96-120; OSSANNA, 1988: 49-54); já a iniciação ao culto de Ísis, de acordo com o testemunho de Apuleio, envolve uma lavagem prévia com água (*Metamorfose* 11.23: "Fui levado pelo sacerdote para os banhos mais próximos; lá fui primeiro submetido à lavagem usual e depois de ter invocado a misericórdia divina aspergiu ao meu redor água pura"), que, no entanto, faz parte de toda uma série de rituais (cf. LE CORSU, 1977).

No judaísmo, os banhos de purificação são bem conhecidos e praticados em várias circunstâncias, atestados tanto na Bíblia (Lv 14–15) quanto em Qumran (1QS 3,4-5; CD 10,10-13; 11,22) e geralmente entre os essênios (FLÁVIO JOSEFO. *Guerra* 2,129.138.149-150). Mas trata-se de repetidas lavagens em várias ocasiões; uma passagem dos *Oráculos Sibilinos* 4,164-165 ("Lavai completamente vossos corpos em rios perenes"), do final do século I, pode ser interpretada duplamente ou como uma referência a um batismo pontual ou como uma purificação periódica de várias impiedades (cf. CAPELLI, apud SACCHI, 1999: 483), além de seu possível valor metafórico. Por outro lado, uma série de autores e textos não fazem referência a um Batismo (como Fílon de Alexandria; FLÁVIO JOSEFO. *Antiguidades judaicas* 20,38-48, sobre a conversão de Izates, rei de Adiabene; e o romance *José e Aseneth*). Mais interessante será a práxis rabínica do batismo de prosélitos, cujo testemunho mais explícito está no final do tratado do Talmude Babilônico (*Yebamot* 47ab); as referências anteriores à Mishná (*Pesahim* 8,8; *Eduyyot* 5,2) remontam às "escolas" de Hilel e Shamai e não diretamente aos dois mestres, por isso é impossível provar que o batismo dos prosélitos já fosse praticado quando surgia o batismo cristão (LÉGASSE, 1994: 91-111). Uma importância "genética" maior pode ser atribuída ao batismo de João, filho de Zacarias (Mc 1,2-11), que, ao contrário dos outros banhos, tem três características fundamentais: é administrado por um batista (por isso não é autogerido), é feito para a remissão de pecados (e não apenas de impurezas rituais) e é único (ou seja, não repetível).

No nível do significado teológico, a prática cristã provavelmente passou de um simples significado de atribuição de pertença a Cristo (com a fórmula "batizados em nome de Jesus": At 2,38) a uma semântica "mais mística" de imersão/participação na morte-sepultura do próprio Cristo (Rm 6,1-11; Cl 2,12-13). Com isso, transgrediam-se certos tabus rituais (a impureza ligada ao enterro), sociais (as barreiras entre judeus e pagãos, entre escravos e livres, entre homens e mulheres) e éticos (autoassassínio) se impunha uma ruptura radical na vida, comparável a um renascimento e uma nova criação (cf. THEISSEN, 2010: 391-398).

No nível prático, surge a questão de saber se havia água suficiente na casa onde a comunidade se reunia para permitir uma imersão. Ou talvez o ritual ocorresse fora de casa em algum riacho? A notícia lucana dos três mil batizados no dia de Pentecostes (At 2,41; seria mais do que um décimo dos habitantes de Jerusalém!) se refere a um número que não é nem real nem simbólico, mas ideal para destacar a fecundidade do Espírito Santo (cf. ROSSÉ, 1998: 163). O certo é que, enquanto a *Tradição apostólica* de Hipólito nos informa que em Roma, no início do século III, os batizados praticavam uma tripla imersão (assim como uma unção de óleo), pelo menos um século antes a *Didaqué* atesta que, se não houvesse água suficiente, a água era derramada três vezes na cabeça do batizando após o jejum (7,1-4). As metáforas paulinas de despir-se e revestir-se, e ainda mais de morrer e ressurgir, provavelmente ainda não aludiam à imersão e emersão, já que não há qualquer menção nesse sentido (PENNA, 2010c: 426-427); a mesma metáfora pascal do fermento e dos ázimos (1Cor 5,6-8) é simplesmente acrescentada às duas anteriores para confirmar que a linguagem usada é puramente metafórica, não simbólica.

O certo é que esse ritual de água de alguma forma remove o cristão de sua vida moral e social anterior, dando-lhe uma nova identidade. Por conseguinte, destaca e estabelece uma condição de liminaridade em que ele agora está irrevogavelmente colocado.

11.5 O culto doméstico da assembleia cristã

O estado atual da pesquisa sobre o tema do antigo banquete, associado ao desenvolvimento de assembleias cristãs (esp. as paulinas), é bastante documentado, além da discussão de Meeks (1992), por um bom número de estudos mais recentes, dos quais maiores são as de Klinghardt (1996); Smith (2003); Wick (2003); Stein (2009); Taussig (2009). Abaixo, distinguimos os principais aspectos da questão.

• *Linguagem cultural e liminaridade* – Para caracterizar os encontros cristãos de um ponto de vista estritamente religioso, há um dado negativo: trata-se de uma total ausência de categorias sacrais, tanto no que diz respeito aos presidentes do culto quanto ao desenvolvimento do próprio culto. Nenhum dos líderes cristãos é qualificado com o título sacerdotal de *hiereús* ou similar (*hierourgós, hieródoulos, therápōn*; a presença do verbo *hierourghéō* em Rm 15,16 tem um mero significado metafórico, referindo-se de maneira original não a um ato cúltico, mas ao simples ministério apostólico de Paulo no serviço do Evangelho). Aliás, não parece que Paulo tenha instalado alguma pessoa específica a cargo das comunidades individuais, cuja função deveria ter sido do dono ou dona da casa (cf. as *kybernēseis* em 1Cor 12,28; sobre o papel de um "simposiarca", cf. abaixo). Quanto ao relato de At 14,23, de que Paulo e Barnabé "constituíram em cada uma das Igrejas anciãos/*presbýteroi*", não deve ser supervalorizado. De fato: 1) Lucas fala apenas das Igrejas estabelecidas na região centro-sul da Anatólia durante a primeira viagem missionária, que estavam sob a administração de Barnabé e ainda não de Paulo; 2) a qualificação de "anciãos/presbíteros" não tem nada de sacral, aludindo a uma tarefa de presidência realizada por "leigos" (cf. BORNKAMM, 1977); 3) sua instalação segue a estrutura da Igreja de Jerusalém, que por sua vez se conformava com a da sinagoga; 4) as notícias de Lucas "refletem a organização de seu tempo, quando esse tipo de responsabilidade colegiada se estendeu a grande parte da Igreja" (ROSSÉ, 1998: 553); 5) a figura dos *presbýteroi* nunca aparece nas cartas autênticas de Paulo; 6) o mesmo verbo usado por Lucas (*cheirotonéō*, "impor as mãos" e, por extensão, "designar") a indicar a instalação oficial de anciãos por Barnabé e Paulo é usado nas cartas de Paulo apenas uma vez para indicar uma designação a partir de baixo, isto é, por parte das Igrejas (em 2Cor 8,19 sobre Timóteo: "Ele foi designado pelas Igrejas como nosso companheiro"!).

Da mesma forma, atos realizados nas assembleias nunca são referidos como *tà hierá*, "coisas sagradas", ou algo que o valha (*hierateía*, *hiereîa*, *mystêria*, mas nem mesmo como *leitourghíai* e ainda menos *thysíai*), também não são empregados verbos sacrificiais como *thýō*, *hierateúō*, *hieráomai/hieróō*; de fato, o *etýthē* de 1Cor 5,7 ("Cristo nossa Páscoa *foi imolado*"), longe de ser uma repetição cultual de um sacrifício, deve ser entendido como uma explicação metafórica da morte histórica de Jesus em comparação com o cordeiro pascal (os termos cultuais presente em 1Cor 10,18.20 [*thysíai*, "sacrifícios" – *thýō*, "imolar, sacrificar" – *thysiastērion*, "altar"] são usados apenas com relação aos sacrifícios tanto judaicos quanto pagãos). De fato, de acordo com Paulo, não há nem mesmo momentos ou datas que devam ser considerados sagrados, como deduzido de Rm 14,5 e Gl 4,10! É muito difícil, portanto, que as reuniões cristãs sejam entendidas como eventos de uma religião propriamente dita: ou, se isso poderia ter acontecido do lado pagão, não parece de modo algum que tal fosse a consciência própria dos membros das *ekklēsíai*, que não tinham relação institucional com os quadros de culto da sociedade. De fato, para o crente em Cristo, o desprendimento da Lei, exigido do judeu, e o da idolatria, exigido dos gentios, não implicava a adesão a um conjunto de instituições já delineadas! É a esse respeito que o já mencionado conceito de liminaridade é completamente apropriado (cf. tb. DESTRO & PESCE, 1995: 21-38).

Tudo isso não significa que as Igrejas paulinas não tivessem a percepção de uma dimensão própria do "sagrado", cuja noção, sumariamente dita, pode ser expressa em termos de consciência de uma exclusividade entendida como nova pertença e, portanto, como diversidade não trocável (cf. MALINA, 2001: 161-164). Pode-se admitir que a Ceia do Senhor foi concebida com referência à morte de Cristo entendida como um sacrifício/*thýsía* (embora essa qualificação explícita seja encontrada apenas em Ef 5,2; Hb 9,26; 10,12), mas ela transforma paradoxalmente a categoria judaica de um sacrifício expiatório em um sacrifício de comunhão (cf. THEISSEN, 2010: 399-402). No entanto, continua problemática, embora interessante, a hipótese do mesmo autor (cf. THEISSEN, 2010: 410-420, que, aliás, toma uma ideia de Hans Lietzmann) de distinguir duas refeições sagradas feitas por cristãos, ou seja, uma anual de tipo pascal-sacrifical, correspondente ao sacramento da Eucaristia (com memória da morte de Jesus), e uma semanal de tipo normal qualificada apenas como "fração do pão" e "ágape" (sem a memória da morte); no entanto, uma disjunção similar, operada sobretudo com base em

Didaqué 9-10, não é devidamente justificada pelo texto judeu-cristão posto em questão (cf. VISONÀ, 2000: 166-175).

Em todo caso, pelo menos dentro do cristianismo paulino, a categoria de "exclusivo/separado" como sinônimo de "sagrado/sacral" não pertence nem a lugares nem a pessoas, mas a algumas ações distintivas que são consideradas patrimônio próprio da comunidade cristã. Nesse sentido, seria interessante analisar os verbos *haghiázō*, "santificar" e *aforízō* "separar", que na *Septuaginta* indicam uma verdadeira separação da função cultual; em Paulo, por outro lado, não apenas se verifica um escasso uso desses verbos (o primeiro, em Rm 15,16; 1Cor 1,2; 6,11; 7,14; 1Ts 5,23; e o segundo em Rm 1,1; Gl 1,15; 2,12, 2Cor 6,17), mas eles também denotam uma semântica de outro tipo, certamente sem referência a atos cúlticos, tanto que em Gl 2,12 a separação é objeto de reprovação para Pedro. Certamente o conceito paulino de santidade deve ser levado em maior consideração, mas de forma geral convém dizer que ele não está ligado a coisas específicas ou pessoas ou ações, sendo entrelaçado com outros conceitos típicos da reflexão conduzida por Paulo (como redenção/resgate, justificação, reconciliação). Nesse sentido, é uma propriedade comum a todos os membros das *ekklēsíai* sem qualquer distinção e concretamente materializada pela existência cotidiana normal, como se vê na qualificação de *hághioi*, "santos", presente 20 vezes nas cartas autênticas do Apóstolo (cf. IOVINO, 1975); e a tal qualificação associe-se o construto *loghikè latreia*, "culto espiritual/racional" de Rm 12,1 (cf. PENNA, 2010c: 814-817). Em todo caso, não somente as pessoas ou as coisas ou o tempo, mas até mesmo ações consideradas distintivas são qualificadas em sentido "religioso".

• *Culto e/ou filosofia* – Foi justamente essa aparente ausência de qualquer elemento cultual, entre outras coisas, que levou alguns estudiosos (cf. JUDGE, 1960; STOWERS, 2001) a argumentar que não há analogia entre as associações cultuais da época e os grupos paulinos, que se explicariam com base em uma semelhança com as escolas contemporâneas de filosofia (ou retórica). Apesar das diferenças já mencionadas acima, também é verdade que, como escreve Stowers, "mesmo que o cristianismo não derivasse diretamente da filosofia, mas do judaísmo, ele compartilhava características estruturais semelhantes a uma filosofia", assim "não é surpreendente que em muitos aspectos o cristianismo paulino tenha muito mais em comum com as filosofias helenísticas do que com a religião tradicional" (STOWERS, 2001: 100 e 102). De fato, por um lado, o judaísmo helenístico conecta voluntariamente o judaísmo com a filosofia, e não é por acaso que Fílon de Alexandria diz que Moisés "alcançou as alturas da filosofia" (*Opifício* 8) ou que os terapeutas proclamam "as doutrinas". da filosofia sagrada" (*De vita contemplativa* 26), enquanto Flávio Josefo, para apresentar os vários agrupamentos internos ao judaísmo, não encontra nada melhor do que qualificá-los como *filosofíai* (*Antiguidades judaicas* 18,11). Por outro lado, precisamos pensar nas posições amplamente difundidas, até anticultualistas, do helenismo contemporâneo em suas variantes do epicurismo (cf. a famosa sentença de Lucrécio (*De rerum natura* 1.101): *Tantum potuit religio suadere malorum*), do neopitagorismo (cf. FILOSTRATO. *Vida de Apolônio de Tiana* 6,11: "Com tuas pequenas oferendas farás com que os deuses te amem mais do que aqueles que derramaram o sangue de touros em sua honra"), e principalmente do estoicismo (cf. SÊNECA. *Epístolas* 95,47: "Venera a Deus aquele que tem conhecimento disso"; EPITETO. *Manual* 31,1: "Quanto à veneração dos deuses, sabei que o principal é ter concepções corretas sobre eles enquanto existem e governam cada bem e com justiça, e dispor-se a obedecê-los e ceder a todos os eventos e segui-los espontaneamente como realizado pela melhor mente"), sem querer referir-se à sofística posterior (cf. LUCIANO. *Júpiter refutado* 5: "Se as Parcas são senhoras de todos, e se ninguém pode mudar nada em seus próprios destinos, por que nós homens fazemos sacrifícios a vós (ou deuses), oferecemo-vos hecatombes e vos pedimos os bens que queremos?"). Não é por acaso que, mesmo na segunda metade do século II, Luciano atesta uma equalização entre "ateus/cristãos/epicuristas"! (*Alexandre* 38).

Como aquelas escolas, as verdades importantes eram debatidas nas reuniões da Igreja paulina com base em textos escritos específicos e, ao mesmo tempo, era tomado cuidado para delinear um estilo de vida específico. Além disso, celebravam-se banquetes que tinham semelhanças aparentes com algumas dessas escolas, dado que no epicurismo, segundo uma disposição explícita do próprio fundador, se realizava um encontro mensal (*sýnodos*) que envolvia um banquete "em memória nossa e de Metrodoro" (*eis tēn hēmôn te kaì Mētrodórou mnémēn*: Diógenes Laércio 10.18; sobre, cf. tb. CÍCERO. *De finibus* 2,101: *ut et sui et Metrodori memoria colatur*; e Ateneu 7,298d). Além disso, devemos levar em conta o fato de que durante os banquetes entre filósofos havia conversas, discussões e discursos, cuja coleção, segundo os mesmos filósofos citados por Plutarco (incluindo Platão, Aristóteles, Epicuro), "é um empreendimento digno de algum esforço" (*Questões conviviais* 1.612B). Por outro lado, se aceitarmos a tripla distinção iluminadora já feita no século I a.C. por Marco Túlio Varrão entre religião/teologia *mythica/ fabulosa* (a dos contos mitológicos dos poetas), *civilis/politica* (a oficial e a pública, e até popular, própria do Estado), *physica/naturalis* (a dos filósofos, "inadequada para a praça, isto é, para as massas, e restrita às paredes de uma escola") (apud AGOSTINHO. *De civitate Dei* 6,5,1; 6,9,5; 6,13, a citação é de 6,5,2), deve-se dar razão a Agostinho, que afirma que sem sombra de dúvida é a religião filosófica e, portanto, são os filósofos os mais próximos dos cristãos (*eos omnes ceteris ante-ponimus eosque nobis propinquiores fatemur*, "colocamo-los todos eles diante uns dos outros e confessamos que eles são os mais próximos de nós" (AGOSTINHO. *De civitate Dei* 8.9).

• *A condução das reuniões* – Em todo caso, as Igrejas paulinas praticavam atos comuns muito peculiares. A possibilidade de delinear como ocorriam concreta-mente essas reuniões não depende de uma descrição específica, que é inexistente, mas da interpretação de pistas e alusões. Se se quer falar de ações exclusivas, é ine-vitável questionar o conceito de "culto" e, portanto, de "ritual". Além disso, quan-do escritores latinos definiam o novo fenômeno cristão como *superstitio* (PLÍ-NIO O MOÇO. *Cartas* 10,96,8: *superstitio prava et immodica*; SUETÔNIO. *Nero* 16,3: *superstitio nova ac malefica*; TÁCITO. *Anais* 15,44,3: *exitiabilis superstitio*), referem-se especificamente não apenas às crenças tradicionais, mas também às práticas cultuais de origem estranha à sociedade romana e, portanto, julgadas de maneira totalmente negativa; de fato, a *superstitio* também pode ser um excesso de religião, a ponto de ser considerada o exato oposto do ateísmo, mas igualmente detestável (cf. MARTIN, 2004: 125-139).

Bem, há dois momentos que qualificam a reunião cristã: a refeição e a palavra. Note-se sua sucessão, já que devemos ter cuidado para não trocá-los: a sucessão de uma chamada liturgia da palavra e de uma chamada liturgia eucarística não só não é atestada, mas é bastante improvável; por outro lado, uma pura liturgia da palavra antes do século III nunca existiu (cf. KLINGHARDT, 1996: 364). Opõe-se tanto à tradição simposíaca dos gregos como à própria praxe jesuânica que, so-bretudo no Quarto Evangelho, consiste em antepor uma série de discursos à ceia propriamente dita (Jo 13-17; tb. Lc 22, 21-30). De fato, a sucessão refeição-palavra corresponde mais precisamente à sucessão *deîpnon-sympósion*, já que o banquete grego incluía primeiro o momento da refeição/*deîpnon* feito de alimento sólido de vários tipos (pão, legumes, azeitonas, queijos, peixe, raramente carne) também chamado de *syssítion*, literalente: "pão comido conjuntamente", logo "refeição comum", e depois o momento da bebida/*sympósion* consistindo em beber vinho (misturado com água normalmente em uma proporção de 1/3; ainda no apócrifo *Evangelho de Filipe* § 100, lemos: "O cálice de bênção contém água e vinho") (em geral sobre o tema do simpósio grego, cf. VETTA, 1983; LISSARRAGUE, 1989; MURRAY, 1990; MUSTI, 2001).

Essa estrutura é claramente vista no *Banquete* de Platão (172a-223d), onde antes do jantar (175c : "[Agatão] disse que eles poderiam jantar/*deipneîn*") e então se passou a beber (176a: "Depois [Sócrates] deitou-se e comeu [*kataklinéntos kaì deipnésantos*], ele e os outros fizeram as suas libações e cantaram em honra do deus e realizaram os ritos habituais, voltaram-se para beber, *trépesthai prós tòn póton*") iniciando imediatamente o longo discurso sobre o amor/eros. A mesma coisa acontece no *Simpósio* de Xenofonte, onde a clara ruptura entre os dois momentos é marcada com a anotação explícita de quando "as mesas foram retiradas (*afērésthēsan hai trápezai*), fizeram uma libação e cantaram um hino, [...] entraram duas bailarinas e um jovem citaredo" (2,1), e, a conselho de Sócrates, os versadores serviram os comensais com cálices pequenos mas frequentes (2,26-27). Essa dualidade também está implícita na distinção que se lê em Eurípides: "Há duas coisas essenciais para os homens: a deusa Deméter ou a terra, que alimenta os mortais com cereais e comida seca; depois veio o filho de Sêmele [= Dionísio/ Baco] que descobriu o suco úmido das uvas e introduziu-o entre os humanos para extinguir os problemas dos mortais infelizes" (*Bacantes* 274-281). Também Plutarco distingue ironicamente dois diferentes presidentes metafóricos do banquete: primeiro a fome e depois a sede (*Questões conviviais* v. 6 [= *Mor.* 679a-b]). Em vez disso, deve-se notar que no *Satiricon* de Petrônio as ceia na casa de Trimalcião procede, combinando indiscriminadamente vários cursos de comida com abundantes doses de vinho (§ 31-78); mas o caso não é certamente "canônico", tendo em conta o fato de que o próprio Trimalcião ficou completamente bêbado (§ 78: *ebrietate turpissima gravis*), algo abominado pelos antigos.

Deve-se, contudo, mencionar separadamente o banquete da associação judaica dos terapeutas, descrita por Fílon de Alexandria. Esta exclui explicitamente o vinho. De fato, no *De vita contemplativa*, após uma controvérsia contra os banquetes pagãos (40-63), descreve-se a atuação do banquete dos terapeutas, realizada a cada sete semanas, mesmo com a presença de mulheres virgens, com a seguinte estrutura (64-82): oração inicial, serviço realizado não por escravos, mas por jovens livres, refeição composta apenas de pão temperado com sal (no máximo com hissopo como tempero) e água pura (porque "vinho é um artifício da loucura"; só é aceito metaforicamente "o vinho puro da amizade divina"), seguido por um comentário de algumas das Escrituras pelo presidente, e o canto de alguns hinos por parte de cada participante (exceto os refrões cantados em comum).

No entanto, "em termos gerais, o simpósio é um ritual social, consistindo em uma série de ações codificadas e previamente programadas. Estritamente falando, envolve um aspecto ritual autenticamente religioso, que consiste na consagração aos deuses de uma parte do vinho consumido, que os gregos chamavam de libação, e que é uma oferta líquida feita a um ou mais deuses" (LISSARRAGUE, 1989: 34). Uma célebre elegia do pré-socrático Xenófanes (B, 1,19-23) descreve os elementos essenciais de um simpósio ideal: a pureza do espaço, a localização central de um buraco ao qual atingir, o perfume do incenso, os ingredientes do vinho, da água, pão, queijo e mel, um altar coberto de flores, canto e orações, libação e os textos de referência da conversação.

Bem, o banquete das *ekklēsíai* paulinas (que será posteriormente chamado *agápē* a partir da Carta de Judas 12; INÁCIO. *Aos Esmirniotas* 8,2) devia acontecer em analogia ao menos parcial com os banquetes gregos. Sua ordem específica, pelo menos no que diz respeito ao caso mais documentado de Corinto, pode ser substancialmente explicada nos quatro momentos seguintes (cf. LAMPE, 1991a; DE JONGE, 2001; WICK, 2003: 202-223; STEIN, 2009: 115-123).

1) Deixada de lado a lavagem prévia dos pés (PLATÃO. *Banquete* 175a; PETRÔNIO. *Satiricon* 31; PLUTARCO. *Fócio* 18,3; além de: José e Asenet 7,1,2; *Novela de Esopo* 62; já em XENOFONTE. *Simpósio* 1,7, e em PLUTARCO. *Septem sapientium convivium* 3 [= *Mor.* 148C], os convidados chegam já tendo feito alguns exercícios ginásticos com unção de óleo, e outros já banhados), é verossímil que se iniciasse com a leitura do escrito paulino. Seu final com a menção do "ósculo sagrado" e a invocação aramaica *Maranathá* (1Cor 16,20.22), cujo significado litúrgico também é discutido, poderia constituir o início da reunião, que assim passou a incluir dois momentos dedicados à palavra (cf. STEIN, 2009: 121-123). É certo que de acordo com Justino o ósculo era dado no início (*1Apol.* 65,2).

2) De acordo com um uso não grego, mas judaico, iniciava-se com a bênção sobre o pão (1Cor 11,23; cf. em *Tosefta Berakôt* 4,1: "Que ninguém coma nada sem abençoar, pois é dito: 'Do Senhor é a terra e quanto ela contém' [...] Aquele que come as dádivas deste mundo sem louvar, comete uma transgressão"): assim acontecia pelo menos nas Igrejas paulinas, uma vez que é possível que em outros lugares se antepusesse a bênção sobre o cálice (Lc 22,17-19; tb. *Didaqué* 9,2-3; o fato que, mesmo em 1Cor 10,16-17, ocorra essa inversão pode ser explicado pelo fato de que à menção do pão/corpo Paulo imediatamente relaciona uma reflexão sobre a Igreja/corpo).

Continuava-se com a refeição propriamente dita, provavelmente aberta pela consumação do pão abençoado/consagrado. Nas Igrejas paulinas, mas não só nelas, a refeição deveria expressar a *koinonía* fraterna ao mais alto grau. Via de regra, ademais, "na sala do banquete cada um está disposto de modo a poder ver todos os outros e estar sempre em posição de igualdade com todos os seus companheiros, ao alcance da voz e do olhar" (LISSARRAGUE, 1989: 25). "Só no simpósio se concretizava a *universitas membrorum*; e não é de surpreender que o líder ditasse as leis como um simposiarca para a digna celebração da festa" (VETTA, 1983: 27, a propósito do simpósio entre filósofos). De fato, a censura do Apóstolo aos coríntios (1Cor 11,20-21) é em vista de distinguir o *kyriakòn deîpnon*, "Ceia do Senhor", entendido como um momento de união mútua baseada na comunhão com Cristo, de um *ídion deîpnon*, "uma refeição comum", isto é, uma refeição em que os abastados consumiam independentemente sem se importar uns com os outros. A inaceitabilidade de tal prática é bem formulada por uma sentença lapidar que pode ser lida em Plutarco, segundo a qual "onde prevalece o que é próprio, perde-se o que é comum!" (*Questões conviviais* 11,10,2: *hópou tò ídion estin apóllytai tò koinón*) (cf. THEISSEN, 1987: 258-278, esp. 261-262).

3) No final da refeição, depois de lavar as mãos (cf. KLINGHARDT, 1996: 48-49), continuava-se com a bênção sobre o cálice de vinho (em refeições gregas, antes de beber havia também uma libação para os deuses ou a algum deus, cf. KLAUCK, 1982: 53-54), à qual a ação de beber é consequentemente associada (1Cor 11,25: "Por semelhante modo, depois de haver ceado, tomou também o cálice"). Nos textos antigos, nem sempre é claro se todos bebiam do mesmo cálice ou se cada um tinha o seu próprio (In: PLATÃO. *Fedro* 223c, afirma-se que "eles continuaram a beber de um grande cálice fazendo a volta da direita"; a iconografia muitas vezes

atesta o fato de que cada hóspede tinha seu próprio cálice/*kýlix* (como visto na tumba do mergulhador em Pesto). Nos banquetes da época, esse momento envolvia dois componentes: um erótico, composto por música e *performances* de dançarinos (documentado extensivamente pela iconografia vascular), e um composto de conversação sobre vários tópicos a ser concordados sob a responsabilidade de um simposiarca. O simpósio propriamente dito, de fato, era conduzido normalmente por um *symposiárch-os/-ēs* (XENOFONTE. *Anábase* 6,1,30; PLUTARCO. *Apophtegmata Laconica* 208b [cf. tb. o substantivo abstrato *symposiarchía* e o verbo *symposiarchéō*, respectivamente em PLUTARCO. *Moralia* 620a.c]; FÍLON DE ALEXANDRIA. *Sobre os sonhos* 2,249; *In Flaccus* 137; cf. tb. "o árbitro da bebida"/ *árchōn tês póseōs* em PLATÃO. *Banquete* 213e; e "o mestre-sala"/*architríclinos* em Jo 2,9). O momento da conversação devia ser, por sua vez, distinto do lúdico.

As reuniões cristãs (semelhantes às dos terapeutas, cf. acima) possivelmente, contudo, excluíam o momento erótico e se concentravam na palavra. Em todo caso, ao contrário do costume helenístico, as Igrejas paulinas admitiram a presença das mulheres também nesta seção do banquete, bem como sua participação ativa. A separação destas nos banquetes gregos é, ao contrário, atestada por Platão, segundo a qual, no início do banquete propriamente dito, a flautista é dispensada "para que vá brincar sozinha ou, se quiser, com as mulheres dentro da casa, de maneira que nós hoje possamos estar juntos entre nós para fazer nossos discursos" (*Banquete* 176e; cf. PLUTARCO. *Septem sapientium convivium* 5 = *Mor.* 150D; 13 = *Mor.* 155E).

Uma peculiaridade tipicamente paulina em relação à celebração da Ceia é que a participação no pão e no cálice também envolve "uma comunhão no sangue de Cristo e [...] uma comunhão no corpo de Cristo" (1Cor 10,16-17). Nesse sentido, é necessário dizer que a ideia de uma comunhão com a divindade do culto pode ter uma ascendência não bíblico-israelita, mas apenas greco-pagã (cf. PENNA, 2001b: 145-179, esp. 171-177), como o próprio Paulo sugere quando ele adverte os coríntios: "eu não quero que vos torneis associados [*koinōnoús*] aos demônios. Não podeis beber o cálice do Senhor e o cálice dos demônios; não podeis ser participantes [*metéchein*] da mesa do Senhor e da mesa dos demônios" (1Cor 10,20-21). "A Ceia do Senhor é a refeição cultual cristã, na qual o Senhor Jesus assume um papel comparado explicitamente ao das divindades dos cultos pagãos [...]. Não é simplesmente uma festa memorial para um herói falecido: Jesus é percebido como o *kýrios* vivo e poderoso, que é o mestre da refeição e que a preside, e com quem os crentes compartilham uma fraternidade como com um deus [...]. No entanto, [...] a exaltação explícita de Jesus expressa na refeição não era concebida como um desvio da tradição monoteísta do culto judaico" (HURTADO, 2006: 153).

4) A conversação – No contexto do simpósio, o momento da conversação comum era peculiar. Esse componente discursivo, típico do simpósio grego, já havia sido celebrado até mesmo pela já mencionada elegia de Xenófanes: "Deve ser louvado entre os homens aquele que, bebendo, pronuncia belas palavras, segundo o que lhe dita a memória e sua aspiração à virtude, que não fala de lutas de titãs ou de gigantes e mesmo de centauros, fábulas inventadas pelos antigos, ou violentas lutas civis, nas quais nada há de bom" (B,1,19-23). Além disso, como sustenta um texto de Plutarco, "a conversação [*ho logos*], como o vinho, não deve ser proporcional à riqueza ou à categoria; mas, como numa democracia [*hōsper en dēmokratíaı*], deve ser dividida igualmente entre todos [*ex'ísou pâsin némesthai*] e ser colegiada [*kaì koinòn eînai*]" (PLUTARCO. *Septem sapientium convivium* 11 = *Mor.* 154D-C); um pouco antes, em 147F, ele afirma: "A um simpósio não se vai como um vaso a ser preenchido, mas para discorrer seriamente e fazer piada, escutar e expressar considerações conforme requer a circunstância [*ho kairòs*] aos convidados, se quiserem experimentar prazer entre si".

Na esfera cristã e paulina, numa inspeção mais minuciosa, o simposiarca, que alhures também pode idealmente ser um deus (o Logos em FÍLON DE ALEXANDRIA. *Sonhos* 2,249; Serápis em ARISTIDES. *Oração* 45,27), não é nada além do *pneûma hághion*, o Espírito Santo (cf. WICK, 2003: 219): é ele quem conduz a comunidade reunida e faz com que seus membros falem (1Cor 12,3), distribuindo os dons a cada um conforme lhe apraz (1Cor 12,7-11). Paulo, por outro lado, está bastante preocupado com *eukosmía* ou *euschēmosýnē*, isto é, que tudo ocorra de maneira ordeira (1Cor 14,40), de modo a não ser possível dizer que os participantes estão fora de si (1Cor 14,23). Uma preocupação semelhante também é encontrada nos estatutos de alguns *collegia* contemporâneos, como o de Diana e Antínoo em Lanúvio (coluna 2, linhas 22-23) e o de *Ióbakchoi* em Atenas (linhas 64-65). Neste último sentido, há a diretriz dada pelo Apóstolo sobre a relação entre glossolalia e profecia com a preferência pela profecia (1Cor 14,15: "Que farei, pois? Orarei com o espírito, mas também orarei com a mente; cantarei com o espírito, mas também cantarei com a mente"). Por outro lado, o Espírito é até mesmo considerado a bebida em si: "Todos bebemos em um só Espírito" (1Cor 12,13b;

esse é também o Logos de acordo com FÍLON DE ALEXANDRIA. *Sonhos* 2,249). De fato, é da intervenção do Espírito que derivam os vários carismas, qualificados precisamente como *tà pneumatiká* não apenas a profecia (1Cor 14,1,3), mas também uma série de outras expressões, dado que "um tem salmo, outro, doutrina, este traz revelação, aquele, outra língua, e ainda outro, interpretação; seja tudo feito para edificação" (1Cor 14,26). Alguns textos de cartas deuteropaulinas também se referem a essa prática, como Cl 3,16 ("Habite, ricamente, em vós a palavra de Cristo; instruí-vos e aconselhai-vos mutuamente em toda a sabedoria, louvando a Deus, com salmos, e hinos, e cânticos espirituais, com gratidão, em vosso coração") e ainda mais Ef 5,18-19 ("E não vos embriagueis com vinho, no qual há dissolução, mas enchei-vos do Espírito, falando entre vós com salmos, entoando e louvando de coração ao Senhor com hinos e cânticos espirituais").

Provavelmente, no entanto, primeiramente liam-se textos de interesse comum: seja o da carta enviada por Paulo à respectiva comunidade reunida (1Ts 5,27; Cl 4,16), seja, depois, algumas passagens das Escrituras bíblicas, às quais se deve seguir um ou mais comentários dos participantes. Por outro lado, as numerosas referências ao Antigo Testamento presentes em pelo menos algumas das cartas (1Coríntios, 2Coríntios, Gálatas, Romanos) supõem que os destinatários eram instruídos nas Sagradas Escrituras, e o único lugar concebível para tal instrução (a menos que fossem judeu-cristãos que tinham frequentado as sinagogas) devia ser o momento simposíaco da *ekklēsía* reunida, mesmo se sobre tal prática "não temos absolutamente nada de explícito" (MEEKS, 1992: 368).

É igualmente provável que nesse mesmo contexto simposíaco, além das aclamações, as doxologias e os elogios, tenham se formado os vários hinos encontrados aqui e ali nas páginas do Novo Testamento, em particular nas cartas paulinas (Fl 2,6-11; Cl 1,12-20, 1Tm 3,16) (cf. PENNA, 1997; BUSCEMI, 2000). A esse respeito, comparações poderiam ser feitas com a comunidade de Qumran (cf. os Hinos/*Hodayot* em 1QH) e com a dos Terapeutas (entre os quais, segundo Fílon de Alexandria, *De vita contemplativa* 80-89, primeiro o presidente canta, então cada um dos presentes, depois dois coros distintos de homens e mulheres são formados, e finalmente todos em uníssono); convém verificar também as orações cantadas pelos judeus de Alexandria após o depoimento do governador Flaco (FÍLON DE ALEXANDRIA. *In Flaccus* 121-124). Talvez convenha incluir aqui também o brado *Maranathà* (1Cor 16,22) (cf. HURTADO, 2006: 177-179).

12

A transição entre os séculos I e II

O desaparecimento das duas primeiras gerações posteriores à história terrena de Jesus de Nazaré significou o eclipse das primeiras testemunhas da figura histórica do Nazareno ou, de qualquer forma, dos primeiros missionários e fundadores das primeiras Igrejas. Já por volta dos anos 115-120 o epíscopo Papias de Hierápolis na Ásia Menor distinguiu três tipos de testemunhas, caracterizando três momentos sucessivos: os discípulos diretos do Senhor, os presbíteros que transmitiram suas palavras, e todos quantos foram discípulos dos próprios presbíteros (In: EUSÉBIO. *História eclesiástica* 3,39,3-4). Certo é que no decorrer do tempo algumas coisas mudaram, mesmo que a falta de uma ruptura clara e a concomitante complexidade dos dados em jogo permitam falar de uma passagem do século I ao II apenas em termos indicativos (no todo, cf. NORELLI, 2004). Em todo caso, alguns fatores são claramente identificáveis e devem ser destacados para se dar conta de uma certa mudança de cena, certamente não súbita, mas real, mesmo que progressiva.

No nível externo às Igrejas, pelo menos dois elementos significativos devem ser calculados. Uma é a conquista romana de Jerusalém no ano 70 com a concomitante destruição do Templo, que marcou um ponto de virada no quadro histórico do judaísmo (daí derivaram a composição de vários apocalipses apócrifos, o desaparecimento gradual do judaísmo helenístico e o nascimento do rabinismo), com consequências inevitáveis também no âmbito (judeu)-cristão. As coisas ficarão ainda piores com a destruição de Jerusalém em 135 sob Adriano. O outro elemento é a autoproclamação do Imperador Domiciano (81-96) como *dominus et deus* (SUETÔNIO. *Domiciano* 13,2: em vez dos títulos anteriores *princeps et divi filius*), que se tornará uma ocasião para a resistência cristã ao culto do imperador com as consequentes perseguições. Um terceiro elemento poderia consistir na vinda/parusia do Senhor Jesus perdida para marcar a conclusão definitiva do tempo histórico, como sustenta uma tese difusa mas discutível (cf. DUNN, 2009: 1.170). A natureza problemática desse motivo consiste no fato de que, se é verdade que Paulo se contava entre os sobreviventes para a vinda do Senhor (1Ts 4,15; 1Cor 15,51), também é verdade que ele havia começado a calcular a possibilidade de sua própria morte antes da tal vinda (2Cor 1,9; Fl 1.20.23) e que em todo caso considerou toda a existência histórica do cristão como já marcada pelo fim dos tempos (1Cor 10,11). Por outro lado, a expectativa do Senhor não diminui, como pode ser visto em escritos de vários tipos, como em Tt 2,13; Tg 5,9; 1Pd 4,7; *Didaqué* 16,3; *Pastor de Hermas, Visão* 3,8,9.

No nível interno das Igrejas, muitos outros aspectos importantes da novidade devem ser avaliados, os quais podemos listar brevemente a seguir.

1) No nível literário, as produções pseudepigráficas aumentam, tentando preencher o vazio das duas primeiras gerações com escritos que compensam essa ausência atribuindo-os a figuras do passado para enfrentar novas situações vivenciadas pelas diversas comunidades. Isso se refere ao caso de alguns textos já examinados acima, a saber, as cartas da tradição paulina (cap. 7), os evangelhos sinóticos (cap. 8) e os textos joaninos (cap. 9). Além disso, é necessário recordar o caso das chamadas "cartas católicas" (cf. NIEBUHR & WALL, 2009). Elas são chamadas assim por se destinarem não mais às restritas a comunidades individuais, mas a Igrejas de raio muito mais amplo, geograficamente localizadas ou não: "Para as doze tribos que estão na diáspora" (Tiago: uma tentativa de bloquear os desvios do paulinismo sobre a *sola fide*); "A os eleitos que são forasteiros da Dispersão no Ponto, Galácia, Capadócia, Ásia e Bitínia" (1Pedro: um convite aos cristãos em dificuldades em dar um bom testemunho); "Aos chamados, amados em Deus Pai e guardados em Jesus Cristo" (Judas: estigmatização de falsos mestres com base em textos apócrifos judaicos); "Aos que conosco obtiveram fé igualmente preciosa na justiça do nosso Deus e Salvador Jesus Cristo" (2Pedro: já conhece um *corpus* paulino e confirma a expectativa do retorno de Cristo apesar de sua demora).

2) No nível da propagação missionária, por exemplo, na Primeira Epístola de Pedro constata-se uma atribuição de responsabilidade não apenas a certos indivíduos proeminentes, mas a comunidades inteiras enquanto coletividades, de modo que podemos ver na obra um modelo não somente de evangelização, mas também de testemunho e, portanto, de atração (cf. 2,12; 3,15). Além disso, podemos verificar uma expansão geográfica digna de nota (explicitada nos destinatários

das cartas acima mencionadas), incluindo também diferentes áreas sociais. De fato, o uso de metáforas relacionadas à agricultura, ao rebanho, à vida cotidiana e às diminutas relações humanas podem fazer pensar que os crentes agora podem ser encontrados não apenas nas cidades, mas também nas áreas rurais, como depois de alguns anos atestará Plínio o Moço nas suas *Cartas* (10,96) (cf. PUIG I TÀRRECH, 2008).

3) No nível de conteúdo, um fator sem dúvida importante é a ênfase colocada em um *éschaton* já estabelecido. Isso pode ser visto principalmente no Quarto Evangelho, onde a vida eterna é uma aquisição que já caracteriza aquele que adere com fé a Jesus Cristo (Jo 3,36a; 5,24; 10,28; 14,6) de modo que se pode falar também de uma escatologia realizada. Também o livro lucano dos Atos compreende o derramamento pentecostal do Espírito como uma realidade dos "últimos dias" já ocorridos (At 2,17). Certamente, não perdemos de vista a futura parusia, que ainda permanece um elemento constante de todos os escritos (Tg 5,9: "O Senhor está às portas"; Tt 2,13), mas há uma tendência a convidar à paciência pela demora lembrando que "diante do Senhor um dia é como mil anos e mil anos são como um só dia" (2Pd 3,8). Os próprios apocalipses cristãos (um gênero posterior às Cartas, aos Evangelhos e aos Atos, e contemporâneos a outros apocalipses judaicos [o de Esdras, o de Baruc, o de Abraão]) tentam explicar a persistência do mal na história, seja lembrando que em Jesus já se realizou a vitória definitiva (*Apocalipse de João*: final do século I), seja mais de maneira mais judaica propondo Jesus como aquele que somente mostrou o caminho da justiça e elaborando uma lista detalhada de torturas para vários tipos de pecadores (*Apocalipse de Pedro*: anos 130-135), bem como comparando a Igreja a uma torre ainda em construção (*Pastor de Hermas*, c. 150; cf. DURANTE MANGONI, 2003).

4) A interpretação da identidade cristã aproxima-se, *grosso modo*, de uma tipologia hermenêutica dupla. Um tipo é definido em uma perspectiva judeu-cristã na medida em que, apesar do paulinismo e do joanismo, toda uma série de componentes judaicos também se tornam constitutivos de certa veia do cristianismo. Por exemplo, a assim chamada Carta de Clemente não considera a fé orientada em um sentido cristológico, mas apenas teológico (cf. RÄISÄNEN, 1983); sua cristologia, embora ampla, não serve para resolver os conflitos coríntios e o próprio Cristo é proposto como um mestre de mansidão (cf. LONA, 1998: 398-407); em todo caso, a carta, mesmo que não demonstre interesse pela singularidade de Israel e por sua

salvação, também não demonstra consciência de qualquer distanciamento entre o cristianismo e o judaísmo ou de uma nova aliança estabelecida por Cristo (cf. ROBINSON & KOESTER, 1971: 275). Até mesmo o *Pastor de Hermas* joga com motivos judaizantes, como a insistência na *metanoia* mais do que na fé em Cristo, além do fato de que o próprio Cristo é chamado de "filho" de Deus, mas nunca de "Senhor" (cf. DURANTE MANGONI, 2003: 22-33). Além disso, lembramos apenas outros fenômenos atribuídos de maneira variada ao judeu-cristianismo devido à sua ênfase no cumprimento da Lei, como os grupos ebionitas e nazarenos, bem como as figuras controversas de Cerinto e Elkasai (cf. SKARSAUNE & HVALVIK, 2007: 419-502). O outro hermenêutico evoluiu para o gnosticismo. Elementos de pré-gnosticismo podem ser encontrados aqui e ali em alguns escritos canônicos do Novo Testamento (cf. TRÖGER, 1973), mas aqui estamos interessados em observar seus desenvolvimentos pós-apostólicos (cf. tb. WEISS, 2008). Lembramos brevemente que o termo "gnosticismo" designa os sistemas especulativos que surgiram no século II (o primeiro foi o de Valentim, de acordo com IRINEU. *Contra as heresias* 1,11,1, que, no entanto, em 1,23,1-2 vê em Simão o Mago "o nascimento de todas as heresias", baseado na ideia de que a salvação é obtida, não por meio da história, mas pela obtenção da "gnose" ou pelo conhecimento da identidade supersensível do homem interior, que deve sair da escuridão deste mundo para se reunir com a divindade transcendente (cf. THEISSEN, 2004: 298-309). Nessa linha, além dos sistemas de Valentim e Basílides (expostos em IRINEU. *Contra as heresias* 1,11,1; 1,24,1-7), há alguns escritos interessantes entre o início e a metade do século II, como o *Evangelho de Judas*, os dois *Apocalipses de Tiago*, o *Apocalipse de Paulo* e o *Apokrifon* de João, além das *Odes de Salomão*. Resumindo, podemos dizer que, de acordo com a perspectiva desses escritos, o problema fundamental não é o pecado, mas a ignorância e que a encarnação do Logos é apenas aparente, enquanto a paixão e a morte de Jesus não têm efeito salvífico como, ao contrário, têm as suas revelações sobre o verdadeiro eu do ser humano. Esse tipo de religião mística, que tende para o interior do homem, difere de um tipo original de religião profética, que, ao contrário, tende para o exterior do ser humano e da sociedade (cf. THEISSEN, 2010: 542-584).

5) Ainda no nível interno da vida comunitária, acentua-se a estrutura ministerial da Igreja. Além das já consideradas Cartas Pastorais (cf. acima, item 7.6), os ministérios ordenados ganham cada vez mais terreno, de modo que progres-

sivamente, com tempos diferentes em lugares diferentes, a instituição profética, sobre a qual a comunidade não exerce nenhum controle, acaba por desaparecer em benefício de ministérios não ligados a um carisma pessoal (cf. NORELLI, 2004: 220). Enquanto a *Didaqué* 11-15 dita regras de disciplina eclesiástica para testar os profetas, a *Ascensão de Isaías*, na virada do século I para o II, atesta em âmbito siríaco a afirmação: "muitos que amarão os cargos [...] presbíteros ímpios e pastores injustos e opressores de suas ovelhas [...] que mudarão a glória de suas vestes nas vestes de amantes de ouro e tornarão vã a profecia dos profetas" (3,23-31). A assim chamada *Carta de Clemente* aos Coríntios, datável nos últimos anos do século I, na realidade é simplesmente escrita da "Igreja de Roma" para a "Igreja de Corinto", sem que apareça qualquer figura episcopal; ela busca remediar um conflito que eclodiu na Igreja de Corinto, onde provavelmente teria havido uma tentativa de abolir a estrutura presbiteral; com um horizonte escatológico bastante fraco, a Igreja de Roma (que pela primeira vez demonstra a capacidade de intervir nos assuntos internos de outra Igreja) requer uma vida ordenada e atesta pela primeira vez em um escrito cristão o adjetivo *laikós* (também incluído no quadro da estrutura judaica distinta entre o sumo sacerdote, os outros sacerdotes, os levitas, e, justamente, "o leigo que é obrigado ao que lhe é prescrito": 40.5; cf. LONA, 1998: 432-435). Mas, depois, também as cartas de Inácio de Antioquia polemizam com grupos de cristãos que negam a carne de Cristo (*Aos Tralianos* 9), tendem a observar o sábado, rejeitam a autoridade do epíscopo, desafiam os presbíteros e não respeitam os diáconos, de modo que os destinatários são chamados à consonância para com essas autoridades (*Aos Efésios* 4,1; 5,1-3; 6.1; *Aos Filadelfenses* 7,2; *Aos Esmirniotas* 6,1). O exercício normativo de um episcopado com abrangência "católica", ainda que pelo menos sete cartas endereçadas a várias Igrejas sejam atribuídas a Dionísio de Corinto em torno de 170 (EUSÉBIO. *História eclesiástica* 4,23), somente será exercido posteriormente pelo bispo de Roma Vítor 1 (c. 186-197) sobre o quartodecimanismo depois que, já sob Pio I, a primeira Igreja de Roma tinha expulsado Marcião em 144. Anos atrás, havia uma tendência a rotular toda essa mobilidade eclesial com a categoria de "protocatolicismo/*Frühkatholizismus*", atribuindo-lhe o valor negativo de uma mudança em direção a formas de contaminação do Evangelho original; na realidade, embora não negando uma certa legitimidade dessa categoria hermenêutica, cresceu sempre mais a consciência de que os dados em questão são muito complexos e não podem ser resumidos sob um único rótulo (cf. FUSCO, 1982, 1995a; DUNN, 1990: 341-366).

6) Uma característica cada vez mais emergente, não obstante certa hermenêutica judaizante (cf. acima), é a de um antijudaísmo generalizado. Embora alguns traços dessa tendência já pudessem ser notados no joanismo (cf. acima, item 9.1; cf. tb. Hb 8,7.13), é então na pseudepigráfica *Carta de Barnabé* (datada da primeira metade do século II) que se adotam tons explícita e violentamente antijudaicos: "A aliança é só nossa, porque eles a perderam definitivamente" (4,5); ali se argumenta que os judeus, "enganados por um anjo maligno" (9,4), não entenderam as Escrituras, que devem ser entendidas em um sentido alegórico (com relação aos ritos) ou em um sentido tipológico (em referência a Jesus). Também o escrito apócrifo *Pregação de Pedro*, do começo do século II, entende que os livros proféticos falavam amplamente de Jesus, de sua morte, ressurreição e ascensão (In: CLEMENTE DE ALEXANDRIA. *Stromatae* 6,15,128,1-2).

Ademais, Inácio exortou no início do século: "se ainda agora queremos viver no judaísmo, é como se nós reconhecemos que não recebemos graça" (*Aos Magnésios* 8,1), de fato "é absurdo ter Jesus Cristo em nossos lábios e viver como judeus, porque não foi o cristianismo que acreditou no judaísmo, mas o judaísmo no cristianismo" (*Aos Magnésios* 10,2). E, após a destruição definitiva de Jerusalém em 135, ganhará força a teoria substitutiva que, por volta do ano 160, levará a dizer: "Nós somos o verdadeiro Israel, o [Israel] espiritual" (JUSTINO. *Diálogo com Trifão* 11.5).

7) Heresia e ortodoxia – A combinação desses dois termos foi introduzida na pesquisa sobre origens cristãs a partir do estudo clássico de Bauer (2009), segundo o qual a heresia precedia a ortodoxia e não o contrário. Essa tese, que não ficou incontestе (mesmo que por causa de sua linguagem parcialmente anacrônica), incluiu duas afirmações: uma é que as Igrejas entre os séculos I e II se caracterizou por uma grande variedade de opiniões, muitas das quais destinadas a ser posteriormente declaradas errôneas; a outra é que, nesse processo de rejeição, a Igreja de Roma impôs sua interpretação da mensagem cristã às demais Igrejas. Enquanto a primeira dessas duas afirmações é inquestionável (cf. PERROTTA, 2008: 105-144), a segunda não corresponde aos dados históricos, uma vez que a configuração unitária de um legado doutrinal comum seria o resultado lento das posições tomadas por várias comunidades deslocadas geograficamente: Justino na Ásia,

Teófilo em Antioquia, Clemente em Alexandria, Tertuliano na África, Pseudo-Hipólito em Roma, Irineu na Gália (e é Irineu quem primeiro fala de uma "regra/ *kanon* da fé": *Contra as heresias* 1,9,4) (cf. SIMONETTI, 1994: 11-44). Isso aconteceu, no entanto, na segunda metade do século II. Em relação à primeira metade, é em Inácio que o termo *hairéseis* aparece pela primeira vez no sentido técnico de erro inaceitável (*Aos Efésios* 6,2 [a propósito da consonância com o epíscopo]; *Aos Tralianos* 6,1 [a sobre um genérico "alimento cristão"], e *Aos Magnésios* 8,1 fala de *heterodoxiai*, em relação com as "velhas fábulas", sobre aqueles que querem preservar o judaísmo. Nos escritos do Novo Testamento, por outro lado, o termo ainda mantém o seu significado original de "escolha, diferença, diversificação" (At 5,17; 24,5.14; 28,22), tanto que Paulo chega a escrever: "É necessário que entre vós haja *hairéseis*"! É verdade que alhures ele as coloca teoricamente entre as obras negativas da carne (Gl 5,20); no entanto, quando lida concretamente com as divisões existentes na Igreja de Corinto, Paulo está mais preocupado com o fundamento comum que está além de toda a diversidade e que é simplesmente Jesus Cristo (1Cor 3,11). Já as Cartas Pastorais deuteropaulinas (cf. acima, item 7.6) têm uma atitude muito menos tolerante (1Tm 1,19; 4,1; 6,21; 2Tm 2,18; Tt 3,10), embora as diferenças estejam mais no nível da ética, como pode ser visto também nas cartas às sete Igrejas do Apocalipse (cf. acima, item 9.3). Em vez disso, no nível mais específico da cristologia, surgiram problemas dentro das comunidades joaninas, onde alguns docetisticamente negavam a realidade da humanidade de Cristo (1Jo 2,18; 4.2-3; 2Jo 7,10).

Entre os personagens entendidos como grandes representantes do cristianismo do século I, a sorte mais controversa recaiu sobre Paulo, que teve uma vida realmente difícil. De fato, enquanto por um lado ele foi indevidamente exaltado por Marcião (que reconheceu apenas suas cartas como escritos canônicos), por outro foi ignorado (na *Didaqué*, no *Pastor de Hermas*, na *Carta de Barnabé*, mas também por Hegésipo e Papias de Hierápolis) e até mesmo rejeitado (como pelos ebionitas que o chamam de "apóstata" [In: IRINEU. *Contra as heresias* 1,26,2] e pelas *Pseudoclementinas* que o qualificam como "inimigo" [*Recognitiones* 70 e 711]. Apenas com Irineu, finalmente esclarecido pelas suspeitas armadilhas marcionitas e gnósticas, bem como pelas acusações judeu-cristãs, o apóstolo chegou plenamente à Grande Igreja com a qualificação explícita de "arauto da verdade" (cf. BARBAGLIO, 1985: 411-423; PADOVESE, 2009; PERVO, 2010).

Finalmente, uma contribuição decisiva para a formação da ortodoxia foi dada pela formação e aceitação de um cânon das Escrituras, que, excluindo todo um conjunto de outros escritos, constituiu a plataforma comum sobre a qual se confrontar na determinação dos conteúdos da fé (cf. EHRMAN, 2005: 211-232).

Conclusão

Como conclusão, permanece o fato de que o cristianismo primitivo é uma realidade multifacetada, devendo a sua existência a uma pluralidade de diferentes personagens e a uma série de várias comunidades lideradas por esses personagens. Embora se concentre em torno do único evento de Cristo, o que ocorre é um fenômeno pluralista, de modo que não é de todo inadequado falar de "cristianismos" (no plural) (cf. RINALDI, 2008). De fato, as comunidades estudadas não são apenas geograficamente deslocadas, mas também são diversificadas entre si tanto pela compreensão do Evangelho como pela sua estrutura interna. E isso vale já no início por uma diferença concomitante (p. ex., entre a Igreja de Jerusalém e a de Corinto), mas também mais tarde na linha de uma sucessão temporal (p. ex., na mesma Igreja de Roma entre meados do século I e o final do século II).

1) Tipologia comunitária – As diferentes tipologias das primeiras comunidades cristãs podem ser vistas, sobretudo, no âmbito das Igrejas paulinas, mesmo que sua variedade seja substancialmente encontrada ainda em relação às outras Igrejas. Um critério seguro de individuação a propósito é encontrado no fato de que elas são marcadas profundamente pelo contexto religioso específico de origem, ao qual se adaptam os autores dos textos endereçados a elas ou provenientes delas, mantendo viva a marca também no transcorrer do tempo. Bem, nesse sentido podemos distinguir *grosso modo* três tipos de Igrejas.

Em primeiro lugar, há o *tipo judeu-cristão*, que pode ser dividido em dois subtipos. Um é o das Igrejas compostas exclusivamente de cristãos de etnia judaica, como é o caso das Igrejas palestinas e, principalmente, da Igreja de Jerusalém, da qual, no entanto, não temos documentação direta. Lá ganhou forma a primeira confissão da fé cristã em termos precisamente judaizantes (como Rm 1,3b-4a), caracterizada por uma chamada cristologia baixa. O outro subtipo é o caso sobretudo da Igreja de Roma. Onde os cristãos são provavelmente de origem judaica, mas também estão associados a um forte componente de origem gentia, que, contudo, do ponto de vista confessional é substancialmente baseado em uma interpretação do Evangelho de tipo judaizante (cf. acima, p. 83-91). Assim, a inegável diferenciação étnica é, de fato, superada e harmonizada, no plano hermenêutico, por uma posição fundamentalmente unitária (embora com pontos mais conservadores), marcada por uma proximidade com a matriz judaica. Isso explica o evidente conflito, aliás tematizado, da relação entre o "judaísmo" e cristianismo", que gradualmente se desdobra nas páginas da carta endereçada àquele ambiente. Na Carta aos Romanos mais do que nunca o Evangelho é confrontado com a Lei de modo notável, e se isso não constitui uma inovação absoluta, dado que o mesmo já ocorrera na Carta aos Gálatas, a verdadeira novidade consiste duplamente no fato de que a Igreja romana, ao contrário daquela da Galácia, se originou na esfera do judaísmo local e no fato de que Paulo trata o assunto com tons menos emotivos e, portanto, mais calibrados e persuasivos.

Em segundo lugar, há um *tipo étnica e religiosamente misto*, preponderantemente gentio, mas também judeu: é o caso da Igreja de Corinto, mas também, possivelmente, das Igrejas de Antioquia, da Ásia Menor, bem como de Alexandria. Os cristãos que as compõem são de ambos os meios. Limitando-nos a Corinto (cf. acima, item 6.3), o componente pagão é atestado principalmente em 1Cor 12,2; para o componente judaico, veja os eventos narrados em At 18,1-8, mas a questão de um conflito não é particularmente sentida. No máximo, pode-se perceber vagamente algum eco da peculiaridade das raízes judaicas do cristianismo, tanto na proibição de recorrer aos tribunais pagãos (1Cor 6,1-8) quanto na controvérsia contra a idolatria (1Cor 8-10); conduzida, ademais, em termos de um possibilismo que foi definido como característico de um "*halaquista* helenístico" (cf. TOMSON, 1990: 220; cf. tb. BOCKMUEHL, 2000), seja na reafirmação da ressurreição dos mortos (1Cor 15) ou no tema das coletas em favor da Igreja de Jerusalém (1Cor 16,1-4; 2Cor 8-9); seja na formulação dos dois conceitos contrastantes de "nova aliança" (1Cor 11,25) e de "antiga aliança" (2Cor 3,14). Em todo caso, Paulo cita, sim, o Antigo Testamento, mas muito parcamente. Mesmo nas Igrejas da Ásia, o confronto, às vezes conflituoso, entre as duas almas é evidente em mais de um texto (como em Efésios e Apocalipse).

Finalmente, há um *tipo etnicamente gentio*: é o caso, embora diversificado, das Igrejas de Tessalônica, de Filipos e da Galácia, cujas origens gentias são explícitas em 1Ts 1,9 e em Gl 4, 8, e implícitas em Fl 4,8. Nas cartas aos tessalonicenses e aos filipenses, Paulo, de fato, nunca se refere explicitamente a nenhuma passagem das Escrituras de Israel; estas, de fato, não sendo adequadamente conhecidas, não poderiam ter valor argumentativo. Quanto à questão da relação entre judaísmo e cristianismo, ela pode aflorar apenas esporadicamente com algum tom muito severo (1Ts 2,14-16 no que se refere à imitação das Igrejas da Judeia) ou, em todo caso, muito velada (Fl 3,3 sobre tomar cuidado com os "cães") referindo-se aos judeus enquanto se opõem à pregação paulina da cruz de Cristo. A Galácia, por outro lado, é um caso à parte: mesmo sabendo que as Igrejas daquela região são de origem gentia, pode surpreender a ampla e discutida referência às antigas Escrituras judaicas presentes na carta destinada a essa comunidade; mas isso se explica melhor pelo requisito necessário de polemizar em igualdade de condições com aqueles que tentaram judaizar os gálatas e possivelmente com os gálatas que já haviam cedido à insídia.

De nenhuma dessas Igrejas, conhecemos tão bem a história posterior a Paulo como acontece em relação à Igreja de Roma (mesmo que esta não tenha sido fundada pelo Apóstolo das Gentes). Bem, já deveria ser ponto pacífico o dado segundo o qual essa Igreja, apesar da Carta aos Romanos, foi durante séculos marcada pelo judeu-cristianismo (cf. acima, item 4.4), a começar pelo fato de que até mesmo a morte de Paulo parece ter sido motivada por acusações feitas contra ele por judeu-cristãos ultraconservadores pertencentes à mesma comunidade romana (cf. BROWN & MEIER, 1987: 150-155).

2) Pluralismo identitário – Em todo caso, as primeiras comunidades cristãs testemunham um fenômeno não monolítico nem impermeável, ao contrário do que acontecerá em alguns lugares e momentos da história posterior. Na verdade, apenas a variedade interna e a disponibilidade para o exterior são critérios seguros de não sectarismo e de eclesialidade (cf. THEISSEN, 2008, 2010: 431-433.). Além disso, são os próprios escritos canônicos do século I que documentam um estado de coisas pluralístico, que na verdade também deve ser considerado como distintivo e irrenunciável.

O que está em discussão envolve o tema mais amplo do cânon neotestamentário ou seja, dos 27 escritos que compõem a *magna charta* do cristianismo, que se chama Novo Testamento (em sentido literário). Embora o processo de formação do cânon (levado a cabo definitivamente somente no século IV) ter levado os escritos a níveis de absolutez, universalidade e globalidade, não devemos esquecer que eles foram originalmente conotados por características opostas, isto é, pela ocasionalidade, pela localização e pela fragmentação (cf. PENNA, 1994). Na interpretação do Novo Testamento, não podemos ignorar essa dimensão original, que, se parece evocar a ideia de uma certa relativização, certamente destaca sua concretude histórica nem mais nem menos do que a ideia fundamental de encarnação/inculturação. Nesse nível, é inevitável notar diferenças de ênfase, das quais os vários escritos são testemunhas de tempos em tempos. Pensemos no fato macroscópico da pluralidade de narrativas canônicas sobre a vida terrena de Jesus (quatro) e as muitas inconsistências que essa pluralidade comporta na transmissão tanto dos fatos que lhe dizem respeito quanto dos ditos que lhe são atribuídos. E é altamente significativo que a Igreja posterior, a chamada Grande Igreja, não tenha aceitado a tentativa simplificadora, feita no final do século II pelo sírio Taciano, de reduzir tais histórias a apenas uma, trabalhando com tesoura e cola: à fácil comodidade de um único relato, preferiu-se a dificuldade inconveniente de relatos múltiplos e às vezes discordantes! (cf. HENGEL, 2000).

Paradoxalmente, então, deve-se admitir que a canonização dos escritos do Novo Testamento também implicou a aprovação das diversidades documentadas neles. Abaixo, lembro apenas algumas dessas diferenças, com a intenção de certamente não reduzir o cristianismo a um monte de contradições (como quereriam alguns despreparados polemistas anticristãos desde Celso), mas de destacar que ele é tão rico e denso (como o é a história como tal!) a ponto de implicar a coexistência de diferentes pontos de vista. No cristianismo, ademais, não estamos lidando com um teorema matemático ou com um enigma que pode ser resolvido em um único sentido, mas com um mistério insondável no qual seria surpreendente se não encontrássemos possibilidades hermenêuticas diferenciadas.

Para começar, abordagens diversificadas da identidade de Jesus são oferecidas não apenas pelos quatro evangelhos, mas também pelos vários escritores das origens cristãs. Cada um elabora e transmite seu próprio retrato, pelo menos com nuanças diferentes, refletindo o fato de que, se qualquer personagem já pode ser considerado de acordo com diferentes ângulos visuais, isso é ainda mais verdadeiro para a figura complexa de Jesus Cristo (e a esse respeito, seria interessante compará-lo com a sorte hermenêutica que recaiu sobre Alexandre Magno).

Mesmo algumas confissões arcaicas de fé pós-pascais divergem, como se pode ver, por exemplo, em algumas das que foram documentadas no epistolário paulino e anteriores a este. Assim, enquanto o texto relatado em Rm 1,3b-4a contrasta o nascimento terreno de Jesus e sua ressurreição entendida como entronização do filho de Deus, o de 1Cor 15,3-5 contrasta, por sua vez, sua morte salvadora e sua ressurreição, entendida como uma justificação do justo sofredor; e ainda, a celebração hínica de Cristo em Fl 2,6-8, de composição provavelmente pré-paulina, não fala nem de Filho nem de ressurreição.

Além disso, uma diversificação clássica é aquela relativa a Paulo e Tiago acerca do valor das obras morais no evento da justificação diante de Deus. Na verdade, enquanto o último as insere como constitutivas da própria justificação, o primeiro as exclui radicalmente, dando espaço unicamente à graça de Deus e, portanto, a uma concepção de cristianismo que não pode ser identificada com um moralismo. E o tema, como vemos, não é de forma alguma de segunda ordem.

Acrescente-se a própria ideia de Igreja e até mesmo de sua estrutura variável dependendo se o que está em jogo é a práxis de Jesus ou a pós-pascal, diferentes entre si. Nessa segunda etapa, devemos, pelo menos, distinguir entre a perspectiva judeu-cristã e paulina, sem falar na perspectiva joanina. Enquanto as Igrejas judeu-cristãs são organizadas principalmente com base em um único presidente, no máximo cercado por um conselho de presbíteros ou anciãos (como Jerusalém e Roma), as paulinas se apoiam em uma direção colegiada de presidentes ou melhor, de bispos, mas não de presbíteros (segundo uma concepção mais "democrática"), mesmo que se tenha de considerar aqui uma passagem do Paulo histórico para a geração seguinte.

Além disso, merece destaque o campo da ética que, na fase jesuana e judeu-cristã, experimenta uma radicalidade que não é mais compartilhada no cristianismo de uma marca gentia. De fato, Jesus clamava por um abandono de tudo para segui-lo (Mc 10,21), enquanto Paulo pedia aos cristãos que permanecessem na condição em que se encontram quando são chamados (1Cor 7,17.24). Além disso, a comunidade mateana exige uma forte adesão à Lei que Paulo e suas comunidades contestam. Contudo, deve-se dizer que, embora a primeira geração do judeu-cristianismo não tenha conseguido se impor no nível ritual (com a circuncisão), conseguiu fazê-lo na segunda geração em termos de rigor ético (cf. THEISSEN, 2008: 89-97).

Finalmente, é também a expectativa escatológica que varia de acordo com os diferentes escritos, no que tange não apenas à intensidade subjetiva da expectativa em si, mas também à dimensão objetiva referente ao escopo individual ou coletivo do fim. Por exemplo, enquanto Lucas no Evangelho e nos Atos está interessado principalmente no destino final dos indivíduos (o velho Simeão, o rico, o pobre Lázaro, o bom ladrão, Estêvão), o João do Apocalipse privilegia o fim global do tempo presente com a adição de toda uma simbologia exuberante, algo ausente nos outros autores cristãos. Sem mencionar o fato de que a convicção de viver nos últimos tempos amortece a projeção real em direção a uma parusia iminente.

O que em algumas dessas expressões da vida comunitária pode parecer a alguns uma falta de lógica, na realidade é o testemunho da existência de um espaço aberto e amplo, no qual as pessoas se movimentam com suficiente liberdade; e se é verdade que se trata de uma pluralidade limitada, sendo encerrada dentro de um cânon, também é verdade que essa diversidade é garantida pelo próprio cânon, sendo fundada em nada menos do que a objetividade da história (cf. REDALIÉ, 2004). Portanto, mesmo sem repetir a hipérbole de Ernst Bloch segundo a qual as heresias são o melhor que uma religião pode produzir (cf. BLOCH, 1971: 24), ainda temos a prova de que não se pode esperar encerrar nem em uma simples fórmula didática nem em uma única modalidade experiencial a vastidão e multiplicidade de dados que em última análise se relacionam com o excedente hermenêutico do próprio Deus e de seu enviado Jesus Cristo.

3) Convergências unitárias – A pluralidade e a diversificação das primeiras comunidades cristãs se compõem em sua própria unidade e somente em nome desse Jesus Cristo, com um patrimônio de fé que é o resultado de um longo labor hermenêutico para o qual tendem e no qual convergem. O certo é que elas ainda não têm uma autoridade central que as supervisione a todas (à p. 163 dissemos que se no século I há um "papa", esse deveria ser Paulo com a sua "preocupação por todas as Igrejas" [2Cor 11,28], obviamente pelas Igrejas que ele fundou), e nem sequer conhecem uma federação propriamente dita, mas cada vez mais sentem que são membros da única Igreja de Cristo (cf. tb. AUGIAS & CACITTI, 2008: 114). A esse propósito, pode servir como paradigma identitário das várias comunidades cristãs a situação da multifacetada situação confessional da Igreja de Éfeso (cf. acima, p. 153-155). Apesar de tudo, na verdade, não há um padrão comum e observável tanto em termos de fé cristológica quanto no nível do comportamento ético, que em síntese podemos enuclear como segue (cf. TELLBE, 2009: 302-304). Primeiramente, a fé cristológica apresenta uma estrutura básica comum e compartilhada, que pode ser resumida nos seguintes pontos fundamentais: (1) em continuidade com as Escrituras, (2) Deus, o Pai, (3) se revelou em Jesus Cristo, um homem histórico e Senhor glorificado, (4) que é um mediador enquanto oferece o pleno acesso a Deus (5) aberto a todos os homens, (6) tudo isso sendo confirmado pelo Espírito e (7) orientado para um futuro cumprimento com o retorno do próprio Cristo Jesus. Também a ética, consequente à intervenção de Deus em Jesus Cristo, implica uma estrutura básica comum, resumida nos seguintes pontos essenciais: (1) o homem é chamado a dar uma resposta pessoal, (2) qualificável como aceitação-arrependimento-fé e (3) vivida dentro de uma comunidade articulada (4) em atitude de devoção e conformação a Cristo no amor e na humildade, (5) com a renúncia a diversos valores deste mundo, como poder-riqueza-egoísmo, em particular a participação em cultos idólatras, (6) mas também com a assunção de muitos valores positivos, próprios das várias culturas, e (7) com a disponibilidade de sofrer pela causa de Cristo.

Dessa forma, as Igrejas (ou a Igreja) tornam-se o lugar onde a sabedoria multiforme (*polypoíkilos sophia*) de Deus, implementada em Cristo Jesus, brilha e se manifesta para o mundo inteiro (Ef 3,10).

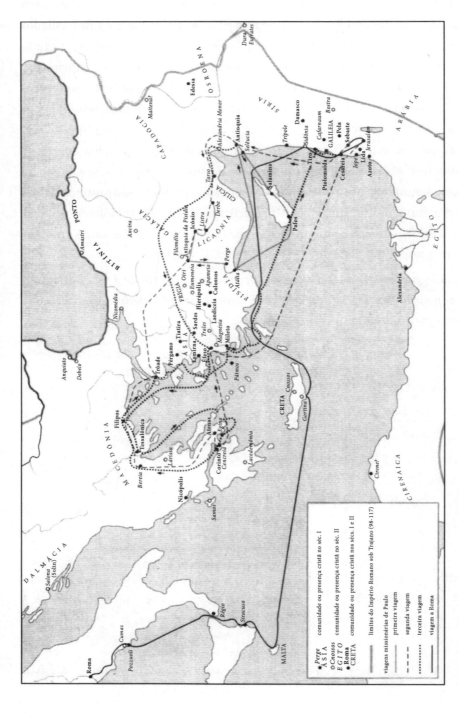

Viagens de São Paulo e presença cristã nos séculos I e II

Referências

AASGAARD, R. (2004). *"My Beloved Brothers and Sisters!"* – Christian Sibling-ship in Paul. Londres/Nova York: T&T Clark [Early Christianity in Context].

ADAMS, E. & HORRELL, D.G. (orgs.) (2004). *Christianity at Corinth* –The Quest for the Pauline Church. Louisville: Westminster.

AGUIRRE, R. (2004). *Saggio sulle origini del cristianesimo.* Roma: Borla.

_____ (1998). *Del movimiento de Jesús a la Iglesia cristiana* – Ensayo de exégesis sociológica del cristianismo primitivo. Estella: Verbo Divino [trad. italiana: *Dal movimento di Gesù alla chiesa cristiana.* Roma: Borla, 2005].

AGUIRRE, R. (org.) (1991). *Pedro en la Iglesia primitiva.* Estella: Verbo Divino.

ALETTI, J.-N. (2009). *Essai sur l'ecclésiologie des lettres de Saint-Paul.* Paris: Gabalda.

_____ (2002). Le statut de l'Église dans les lettres pauliniennes – Réflexions sur quelques paradoxes. In: *Biblica,* 83, p. 153-174.

_____ (1999). Colossiens: un tournant dans la christologie néotestamentaire – Problèmes et propositions. In: *Liber Annuus,* 49, p. 211-236.

ALEXANDER, L. (2001). "Ipse Dixit: Citation of Authority in Paul and in the Jewish and Hellenistic Schools". In: ENGBERG-PEDERSEN, T. (org.). *Paul Beyond the Judaism/Hellenism Divide.* Londres/Leiden: Westminster John Knox, p. 103-127.

ALEXEEV, A.A.; KARAKOLIS, C. & LUZ, U. (orgs.) (2008). *Einheit der Kirche im Neuen Testament.* Tübingen: Mohr [Wissenschaftliche Untersuchungen zum Neuen Testament, 218].

ALVAREZ CINEIRA, D. (1999). *Die Religionspolitik des Kaisers Claudius und die paulinische Mission.* Friburgo/Basileia/Viena: Herder [Herders Biblische Studien, 19].

ARCARI, L. (2006). "L'identità degli avversari del veggente di Patmos in Apocalisse 2-3 – Dinamiche e dialettiche in alcuni gruppi dell'Asia Minore". In: DU-

RANTE MANGONI, M.B. & JOSSA, G. (orgs.). *Giudei e cristiani nel I secolo* – Continuità, separazione, polemica. Trapani: Il pozzo di Giacobbe, p. 163-198 [Oi christianoi, 3].

ARNAL, W.E. (2001). *Jesus and the Village Scribes* – Galilean Conflicts and the Setting of Q. Mineápolis: Fortress.

ARNOLD, C.E. (1995). *The Colossian Syncretism* – The Interface Between Christianity and Folk Belief at Colossae. Tübingen: Mohr [Wissenschaftliche Untersuchungen zum Neuen Testament, 2,77].

ARZT-GRABNER, P. (2003). *Philemon*. Göttingen: Vandenhoeck [Papyrologische Kommentare zum Neuen Testament, 1].

_____ (2002). Brothers and Sisters in Documentary Papyri and in Early Christianity. In: *Rivista Biblica*, 52, p. 185-203.

AUFFAHRT, C. (2003). "Herrscherkult und Christuskult". In: CANCIK, H. & HITZL, K. (orgs.). *Die Praxis der Herrscherverehrung in Rom und seinen Provinzen*. Tübingen: Mohr, p. 283-311.

AUGIAS, C. & CACITTI, R. (2008). *Inchiesta sul cristianesimo* – Come si costruisce una religione. Milão: Mondadori.

AUNE, D.E. (1997-1998). *Revelation*. Dalas: Word Books [World Biblical Commentary, 52/A-B-C].

_____ (1996). *La profezia nel primo cristianesimo e il mondo mediterraneo antico*. Bréscia: Paideia [Biblioteca di storia e storiografia dei tempi biblici, 10].

BACHMANN, M. (org.) (2005). *Lutherische und Neue Paulusperspektive* – Beiträge zu einem Schlüsselproblem der gegenwärtigen exegetischen Diskussion. Tübingen: Mohr [Wissenschaftliche Untersuchungen zum Neuen Testament, 182].

BACKHAUS, K. (1991). *Die "Jüngerkreise" des Täufers Johannes* – Eine Studie zu den religionsgeschichtlichen Ursprüngen des Christentums. Paderborn: Schöhning [Paderborner Theologische Studien, 19].

BAGATTI, B. (1981). *Alle origini della Chiesa* – Vol. 1: Le comunità giudeo-cristiane. Cidade do Vaticano: Libreria Editrice Vaticana.

BALCH, D.L. (2003). "Paul, Families, and Households". In: SAMPLEY, J.P. (org.). *Paul in the Greco-Roman World* – A Handbook. Harrisburg: Trinity Press, p. 258-292.

BALCH, D.L. & OSIEK, C. (orgs.) (2003). *Early Christian Families in Context* – An Interdisciplinary Dialogue. Grand Rapids: Eerdmans.

BALZ, H.R. (1969). Anonymität und Pseudepigraphie im Urchristentum – Überlegungen zum literarischen und theologischen Problem der urchristlichen und gemeinantiken Pseudepigraphie. In: *Zeitschrift für Theologie und Kirche*, 66, p. 403-436.

BARBAGLIO, G. (1995). *La prima lettera ai Corinzi*. Bolonha: EDB [Scritti delle Origini Cristiane, 7].

_____ (1985). *Paolo di Tarso e le origini cristiane*. Assis: Cittadella.

BARCLAY, J.M.G. (2004). *Diaspora* – I giudei nella diaspora mediterranea da Alessandro a Traiano (323 a.C.-117 d.C.). Bréscia: Paideia.

BARRETT, C.K. (1974). Pauline Controversies in the Post-Pauline Period. In: *New Testament Studies*, 20, p. 229-245.

BARTOLOMEI, M.C. (1984). *Ellenizzazione del cristianesimo* – Linee di critica filosofica e teologica per una interpretazione del problema storico. L'Aquila: Japadre.

BATEY, R.A. (2000). *Jesus & the Forgotten City* – New Light on Sepphoris and the Urban World of Jesus. Pasadena: Baker.

BAUCKHAM, R. (2007). "James and the Jerusalem Community". In: SKARSAUNE & HVALVIK (2007), p. 55-95.

_____ (1998). "For Whom Were Gospels Written?" In: BAUCKHAM, R. (org.). *The Gospels for All Christians*. Edimburgo: T&T Clark, p. 9-48.

_____ (1995). "James and the Jerusalem Church". In: BAUCKHAM, R. (org.). *The Book of Acts in Its Palestinian Setting*. Vol. 4. Grand Rapids/Carlisle: Eerdmans/Paternoster, p. 415-480.

BAUER, W. (2009). "Orthodoxie et hérésie aux débuts du christianisme". In: *Supplément de G. Strecker*. Paris: Cerf [orig.: Tübingen: Mohr, 1934].

BAUM, A.D. (2001). *Pseudepigraphie und literarische Fälschung im frühen Christentum*. Tübingen: Mohr [Wissenschaftliche Untersuchungen zum Neuen Testament, 2.138].

BAUMGARTEN, A.I. (1997). *The Flourishing of Jewish Sects in the Maccabean Era*. Leiden: Brill.

BAUR, F.C. (1836). Ueber Zweck und Veranlassung des Römerbriefes und die damit zusammenhängenden Verhältnisse der römischen Gemeinde. In: *Tübinger Zeitschrift für Theologie*, 3, p. 59-178.

BECKER, A.H. & REED, A.Y. (orgs.) (2003). *The Ways that Never Parted* – Jews and Christians in Late Antiquity and the Early Middle Ages. Mohr, Tübingen [Texts and Studies in Ancient Judaism, 95].

BELEZOS, C.J. (org.) (2009). *Saint Paul and Corinth* – International Scholarly Conference Proceedings (Corinth, 23-25/09/2007). Atenas: Psychogios.

BENKO, S. (1969). The Edict of Claudius of A.D. 49 and the Instigator Chrestus. In: *Theologische Zeitschrift*, 25, p. 406-418.

BERGER, K. (2009). *I primi cristiani* – Gli anni fondatori di una religione mondiale. Brescia: Queriniana.

_____(1994). *Theologiegeschichte des Urchristentums* – Theologie des Neuen Testaments. Tübingen/Basileia: Francke.

BETZ, H.D. (1995). *The Sermon on the Mount*. Mineápolis: Fortress.

BIGUZZI G. (2005). *Apocalisse*. Milão: Paoline [I libri biblici – Nuovo Testamento].

_____ (2001). *Paolo e le donne in 1Cor 11,2 e 14,33b-36*. Bolonha: EDB.

_____ (1996). *I settenari nella struttura dell'Apocalisse* – Analisi, storia della ricerca, interpretazione. Bolonha: EDB.

BIRD, M.F. (2010). *Crossing Over Sea and Land* – Jewish Missionary Activity in the Second Temple Period. Peabody: Hendrickson.

_____ (1988). *Jesus and the Origins of the Gentile Mission*. Londres: T&T Clark [Library of New Testament Studies, 331].

BLANCHETIBRE, F. (2001). *Enquête sur les racines juives du mouvement chrétien (30-135)*. Paris: Cerf.

BLOCH, E. (1971). *Ateismo nel cristianesimo*. Milão: Feltrinelli.

BOCKMUEHL, M. (2000). *Jewish Law in Gentile Churches* – Halakhah and the Beginning of Christian Public Ethics. Edimburgo: T&T Clark.

BODINGER, M. (1997). Les "Hébreux" et les "Hellénistes" dans le livre des "Actes des apôtres". In: *Henoch*, 19, p. 39-58.

BORGEN, P. (1996). *Early Christianity and Hellenistic Judaism*. Edimburgo: T&T Clark.

BORNKAMM, G. (1977). "Πρέσβυς, πρεσβύτεροι κτλ". In: *Grande Lessico del Nuovo Testamento*. Vol. XI. Bréscia: Paideia, p. 83-110.

BOSETTI, E. (1987). Codici familiari: storia della ricerca e prospettive. In: *Rivista Biblica*, 25, p. 129-179.

BOTERMANN, H. (1996). *Das Judenedikt des Kaisers Claudius* – Römischer Staat und Christiani im 1. Jahrhundert. Stuttgart: Steiner.

BÖTTRICH, C. & HERZER, J. (orgs.) (2007). *Josephus und das Neue Testament* – Wechselseitige Wahmehmungen. Vol. II. Tübingen: Greifswald/Mohr [Simpósio Internacional sobre o Corpus Judaeo Hellenisticum 25-28/05/2006].

BOYARIN, D. (2004). *Border Lines* – The Partition of Judaeo-Christianity. Filadélfia: University of Pennsylvania.

BRÄNDLE, R. & STEGEMANN, E.W. (1998). "The Foundation of the First 'Christian Congregations' in Rome in the Context of the Jewish Congregations". In: DONFRIED & RICHARDSON (1998), p. 117-127.

BRANICK, V. (1989). *The House Church in the Writings of Paul*. Wilmington: Glazier.

BRENT, A. (2009). *A Political History of Early Christianity*. Londres: T&T Clark.

BROCCARDO, C. (2009). *I Vangeli* – Una guida alla lettura. Roma: Carocci [trad. brasileira no prelo pela Vozes].

BROWN, R.E. (2001). *Introduzione al Nuovo Testamento*. Bréscia: Queriniana.

_____ (1982). *La comunità del discepolo prediletto*. Assis: Cittadella.

BROWN, R.E. & MEIER, J.P. (1987). *Antiochia e Roma, chiese-madri della cattolicità antica*. Assis: Cittadella.

BROX, N. (1975). *Falsche Verfasserangaben* – Zur Erklärung der frühchristlichen Pseudepigraphie. Stuttgart: Katholisches Bibelwerk [Stuttgarter Bibelstudien, 79].

_____ (1970). *Le lettere pastorali*. Bréscia: Morcelliana.

BRUIT ZAIDMAN, L. & SCHMITT PANTEL, P. (1992). *La religione greca*. Roma/ Bari: Laterza.

BURKERT, W. (1989). *Antichi culti misterici*. Roma/Bari: Laterza.

BURRIDGE, R.A. (2008). *Che cosa sono i vangeli?* – Studio comparativo con la biografa greco-romana. Bréscia: Paideia.

BUSCEMI, A.M. (2000). *Gli inni di Paolo, una sinfonia a Cristo Signore*. Jerusalém: Franciscan Printing Press.

CACCIARI, M. (2008). *La città*. 3. ed. Villa Verucchio: Pazzini.

CALABI, F. (2010). *Storia del pensiero giudaico ellenistico*. Bréscia: Morcelliana.

CAMPLANI, A. (org.) (1997). *L'Egitto cristiano* – Aspetti e problemi in età tardoantica. Roma: Augustinianum.

CANALI DE ROSSI, F. (org.) (2002). *Iscrizioni storiche ellenistiche* – Vol. 3: Decreti per ambasciatori greci al Senato. Roma: Herder.

CAPPELLETTI, S. (2006). The Jewish Community of Rome – From the Second Century B.C. to the Third Century C.E. In: *Journal for the Study of Judaism*, suppl. 113. Leiden/Boston: Brill.

CARAGOUNIS, C.C. (2009). "A House Church in Corinth? – An Inquire into the Structure of Early Corinthian Christianity". In: BELEZOS (2009), p. 365-418.

CHAE, D.J.-S. (1997). *Paul as Apostle to the Gentiles*: His Apostolic Self-Awareness and its Influence on the Soteriological Argument in Romans. Carlisle: Paternoster.

CHALCRAFT, D.J. (org.) (2007). *Sectarianism in Early Judaism* – Sociological Advances. Londres: Equinox.

CHANCEY M.A. (2005). *Greco-Roman Culture and the Galilee of Jesus*. Cambridge: Cambridge University Press.

CHARLESWORTH, J.H. (1997). *Gesù e la comunità di Qumran* – Il fondatore del cristianesimo e il maestro di giustizia, gli esseni e i primi cristiani, i pasti rituali e l'eucarestia. Casale Monferrato: Piemme.

_____ (1995). *The Beloved Disciple* – Whose Witness Validates the Gospel of John? Valley Forge: Trinity Press.

CHILTON, B. & EVANS, C.A. (orgs.) (2005). *The Missions of James, Peter, and Paul* – Tensions in Early Christianity. Leiden/Boston: Brill [Supplements to Novum Testamentum, 115].

_____ (1999). *James the Just and Christian Origins*. Leiden/Boston: Brill.

CHUN PARK, E. (2003). *Either Jew or Gentile* – Paul's Unfolding Theology of Inclusivity. Louisville/Londres: Westminster J.K.

CLAUSSEN, C. (2002). *Versammlung, Gemeinde, Synagoge* – Das hellenistisch-jüdische Umfeld der frühchristlichen Gemeinden. Göttingen: Vandenhoeck [Studien zur Umwelt des Neuen Testaments, 27].

COLLINS, R.F. (org.) (1990). *The Thessalonian Correspondence*. Lovaina: Leuven University Press [Bibliotheca Ephemeridum Theologicarum Lovaniensium, 87].

CONZELMANN, H. (1964). *Die Mitte der Zeit* – Studien zur Theologie des Lukas. 5. ed. Tübingen: Mohr, [Beiträge zur historischen Theologie, 17].

COOK, W.R. (1988). Eschatology in John 's Gospel. In: *Criswell Theological Review*, 3/1, p. 79-99.

COTTER, W. (1996). "The Collegia and Roman Law – State restrictions on voluntary associations, 64 BCE-200 CE". In: KLOPPENBORG, J.S. & WILSON, S.G. (orgs.). *Voluntary Associations in the Graeco-Roman World*. Londres: Routledge, p. 74-89.

CRAFFERT, F. (1998). The Pauline Household Communities: Their Nature as Social Entities. In: *Neotestamentica*, 32, p. 309-341.

CULPEPPER, R.A. (2002). "Inclusivism and Exclusivism in the Fourth Gospel". In: PAINTER, J.; CULPEPPER, R.A. & SEGOVIA, F.F. (orgs.). *Word, Theology and Community in John*. Saint Louis: Chalice, p. 85-108.

_____ *The Johannine School*. Missoula: Scholars [Society of Biblical Literature Dissertation Series, 26].

DANIÉLOU, J. (2006). *L'Eglise des premiers temps*: des origines latin du Ille siècle. Paris: Seuil [1. ed., 1985].

_____ (1974). *La teologia del giudeo-cristianesimo*. Bolonha: il Mulino [orig.: Tournai, 1958].

DAS, A.A. (2001). *Paul, the Law, and the Covenant*. Peabody: Hendrickson.

DAVIES, G.J. (1996). *La Chiesa delle origini*. Milão: Il Saggiatore.

DAVIS, S.K. (2002). *The Antithesis of the Ages* – Paul's Reconfiguration of Torah. Washington: The Catholic Biblical Association of America [Catholic Biblical Quarterly, Monograph Series, 33].

DE JONGE, H.J. (2001). "The Early History of the Lord's Supper". In: VAN HENTEN, J.W. & HOUTEPEN, A. (orgs.). *Religious Identity and the Invention of Tradition*. Assen: Van Gorcum, p. 209-237.

DELOBEL, J. (1990). "The Fate of the Dead according to 1Thes 4 and 1Cor 1f". In: COLLINS (1990), p. 340-347.

DESTRO, A. & PESCE, M. (2005). *Forme culturali del cristianesimo nascente*. Bréscia: Morcelliana.

_____ (2004). "Plurality of Christian Groups at Antioch in the First Century: The Constellation of Texts". In: PADOVESE, L. (org.). *Atti dell'VIII Simposio Paolino*: Paolo tra Tarso e Antiochia. Archeologia/storia/religione. Roma: Antonianum, p. 138-156 [Turchia: la chiesa e la sua storia, 18].

_____ (2000). *Come nasce una religione* – Antropologia ed esegesi del Vangelo di Giovanni. Roma/Bari: Laterza.

_____ (1995). *Antropologia delle origini cristiane*. Roma/Bari: Laterza.

DICKSON, J.P. (2003). *Mission-Commitment in Ancient Judaism and in the Pauline Communities*. Tübingen: Mohr [Wissenschaftliche Untersuchungen zum Neuen Testament, 2.159].

DIETZFELBINGER, C. (1985). *Die Berufung des Paulus als Ursprungseiner Theologie*. Neukirchen/Vluyn: Neukirchener [Wissenschaftliche Monographien zum Alten und Neuen Testament, 58].

DONAHUE, J.R. (1995). Windows and Mirrors: The Setting of Mark's Gospel. In: *Catholic Biblical Quarterly*, 57, p. 1-26.

DONALDSON, T.L. (2007). *Judaism and the Gentiles* – Jewish Patterns of Universalism (to 135 CE). Waco: Baylor University Press.

_____ (1997). *Paul and the Gentiles* – Remapping the Apostle's Convictional World. Mineápolis: Fortress.

DONFRIED, K.P. (1991). *The Romans Debate*. Peabody: Hendrickson.

DONFRIED, K.P. & RICHARDSON, P. (orgs.) (1998). *Judaism and Christianity in First Century Rome*. Grand Rapids: Eerdmans.

DUNN, J.D.G. (2009). *Beginning from Jerusalem*. Grand Rapids/Cambridge: Eerdmans [Christianity in the Making, 2].

_____ (2008). "One Church Many Churches". In: ALEXEEV; KARAKOLIS & LUZ (2008), p. 3-22.

_____ (2006). *The Parting of the Ways* – Between Christianity and Judaism and their Significance for the Character of Christianity. 2. ed. Londres: SCM.

_____ (1998). *The Theology of Paul the Apostle*. Edimburgo: T&T Clark.

_____ (1990). *Unity and Diversity in the New Testament* – An Inquiry into the Character of Earliest Christianity. 2. ed. Londres: SCM.

_____ (1983). The New Perspective on Paul. In: *Bulletin of the John Ryland's Library*, 65, p. 95-122.

DUNN, J.D.G. (org.) (1992). *Jews and Christians:* The Parting of the Ways A.D. 70 to 135. Tübingen: Mohr.

DURANTE MANGONI, M.B. (2003). *Erma, il Pastore* – Introduzione, versione, commento. Bolonha: EDB [Scritti delle Origini Cristiane, 27].

EBEL, E. (2004). *Die Attraktivität früher christlicher Gemeinden* – Die Gemeinde von Korinth im Spiegel griechisch-römischer Vereine. Tübingen: Mohr [Wissenschaftliche Untersuchungen zum Neuen Testament, 2.178].

EGELHAAF-GAISER, U. & SCHÄFER, A. (orgs.) (2002). *Religiöse Vereine in der römischen Antike* – Untersuchungen zu Organisation, Ritual und Raumordnung. Tübingen: Mohr [Studien und Texte zu Antike und Christentum, 12].

EHRMAN, B.D. (2005). *I Cristianesimi perduti* – Apocrifi, sette ed eretici nella battaglia per le sacre scritture. Roma: Carocci.

ELLIOTT, J.H. (2000). *I Peter*. Londres/Nova York: Doubleday [The Anchor Bible, 37B].

ELLIOTT-BINNS, L.E. (1956). *Galilean Christianity*. Londres: SCM.

ÉNGBERG, J. (2007). *Impulsore Chresto* – Opposition to Christianity in the Roman Empire c. 50-250 AD. Frankfurt a.M.: Lang [Early Christianity in the Context of Antiquity, 2].

EPP, E.J. (2005). *Junia, the First Woman Apostle*. Minneapolis: Fortress.

EVANS, C.A. (2008). "Paul and the Pagans". In: PORTER, S.E. (org.). *Paul*: Jew, Greek, and Roman. Leiden/Boston: Brill, p. 117-139 [Pauline Studies, 5].

FABRIS, R. (2004). "Il giovannismo". In: PENNA, R. (org.). *Le origini del cristianesimo* – Una guida. Roma: Carocci, p. 157-177.

_____ (1995). *La tradizione paolina*. Bolonha: EDB [La Bibbia nella storia].

_____ (1982). *Matteo* – Traduzione e commento. Roma: Borla [Commenti biblici].

FELDMAN, I.H. (1993). *Jew and Gentile in the Ancient World*: Attitudes and Interactions from Alexander to Justinian. Princeton: Princeton University Press.

FERNANDEZ SANGRADOR, J.J. (2000). *Il vangelo in Egitto* – Le origini della comunità cristiana di Alessandria. Cinisello Balsamo: San Paolo [Studi sulla Bibbia e il suo ambiente, 4].

FERREIRA, J. (1998). *Johannine Ecclesiology*. Sheffield: Academic Press [*Journal for the Study of the New Testament*, suppl. series, 160].

FIENSY, D.A. (1995). "The Composition of the Jerusalem Church". In: BAUCKHAM, R. (org.). *The Book of Acts in Its Palestinian Setting*. Grand Rapids/Carlisle: Eerdmans/Paternoster, p. 213-236.

FILORAMO, G. (1991). "Il Vangelo di Giovanni fra gnosi e gnosticismo". In: PENNA, R. (1991), p. 123-145.

FISCHER, K.M. (1976). Anmerkungen zur Pseudepigraphie im Neuen Testament. In: *New Testament Studies*, 23, p. 76-81.

_____ (1973). "Der johanneische Christus und der gnostische Erlöser". In: TRÖGER (1973), p. 245-266.

FITZMYER, J.A. (1999). *Lettera ai Romani* – Commentario critico-teologico. Casale Monferrato: Piemme.

_____ (1998). *The Acts of the Apostles*. Nova York/Londres: Doubleday [Anchor Bible, 31].

FOCANT, C. (2004). *L'évangile selon Marc*. Paris: Cerf [Commentaire biblique: NT, 2].

FRANKEMÖLLE, H. (2006). *Frühjudentum und Urchristentum* – Vorgeschichte--Verlauf-Auswirkungen (4. Jahrhundert v. Chr. bis 4. Jahrhundert n. Chr.). Stuttgart: Kohlhammer [Studienbücher Theologie, 5].

FREDRIKSEN, P. (2003). "What 'Parting of the Ways'? Jews, Gentiles, and the Ancient Mediterranean City". In: BECKER & REED (2003), p. 35-63.

FREY, J.; HERZER, J.; JANSSEN, M. & ROTHSCHILD, C.K. (2009). *Pseudepigraphie und Verfasserfiktion in frühchristlichen Briefen*. Tübingen: Mohr [Wissenschaftliche Untersuchungen zum Neuen Testament, 246].

FREYNE, S. (1980). *Galilee from Alexander the Great to Hadrian (323 B.C.E. to 135 C.E)*. – A Study of Second Temple Judaism. Wilmington: Glazier.

FRIESEN, S.J. (2004). Poverty Scale for Ancient Urban Contexts. In: *Journal for the Study of the New Testament*, 26/3, p. 323-371.

FUSCO, V. (1995a). "La discussione sul proto-cattolicesimo nel Nuovo Testamento – Un capitolo di storia dell'esegesi". In: HAASE, W. (org.). *Aufstieg und Niedergang der Römischen Welt (ANRW)*. Vol. II, 26.2. Berlim/Nova York: De Gruyter, p. 1.645-1.691.

_____ (1995b). *Le prime comunità cristiane* – Tradizioni e tendenze nel cristianesimo delle origini. Bolonha: EDB [La Bibbia nella storia, 8].

_____ (1982). Sul concetto di proto-cattolicesimo. In: *Rivista Biblica*, 30, p. 401-434.

GAETA, G. (2009). *Il Gesù moderno*. Turim: Einaudi.

GARCIA MARTINEZ, F. & TREBOLLE BARRERA, J. (2003). *Gli uomini di Qumran* – Letteratura, struttura sociale e concezioni religiose. Bréscia: Paideia [Studi Biblici, 118].

GARRIBBA, D. (2005). "Il ruolo dei timorati di Dio nel conflitto tra giudei e cristiani nelle sinagoghe della diaspora". In: GARRIBBA & TANZARELLA (2005), p. 83-91.

GARRIBBA, D. & GUIDA, A. (orgs.) (2010). *Giovanni e il giudaismo* – Luoghi, tempi, Protagonisti. Trapani: Il pozzo di Giacobbe [Oi christianoi, 11].

GARRIBBA, D. & TANZARELLA, S. (orgs.) (2005). *Giudei o cristiani?* – Quando nasce il cristianesimo? Trapani: Il pozzo di Giacobbe [Oi christianoi, 2].

GEHRING, R.W. (2000). *Hausgemeinde und Mission* – Die Bedeutung antiker Häuser und Hausgemeinschaften: von Jesus bis Paulus. Giessen: Brunnen.

GEORGI, D. (1986). *The Opponents of Paul in Second Corinthians*. Filadélfia: Westminster.

GHIBERTI, G. (1991). "Genesi e ambiente vitale delle Lettere giovannee". In: PENNA, R. (1991), p. 107-122.

GIANOTTO, C. (2004). "II movimento di Gesù tra la Pasqua e la missione di Paolo". In: PENNA, R. (org.). *Le origini del cristianesimo* – Una guida. Roma: Carocci, p. 95-127.

_____ (2003). "Gli sviluppi del giudeo-cristianesimo". In: PITTA (2003), p. 187-200.

_____ (2001). "Giacomo e il giudeo-cristianesimo antico". In: FILORAMO, G. & GIANOTTO, C. (orgs.). *Verus Israel: Nuove prospettive sul giudeo-cristianesimo* – Atti del Colloquio di Torino (04-05/11/1999). Bréscia: Paideia, p. 108-119.

GIESEN, H. (1995). *Herrschaft Gottes* – Heute oder morgen? Regensburg: Pustet [Biblische Untersuchungen, 26].

GNILKA, J. (2003). *Pietro e Roma* – La figura di Pietro nei primi due secoli. Bréscia: Paideia.

_____ (2000). *I primi cristiani* – Origini e inizio della chiesa. Bréscia: Paideia.

_____ (1991). *II vangelo di Matteo*. Vol. 2. Bréscia: Paideia.

GOLDENBERG, R. (1997). *The Nations that Know Thee Not* – Ancient Jewish Attitudes toward Other Religions. Sheffield: Academic Press.

GRASSO, S. (2008). *II Vangelo di Giovanni* – Commento esegetico e teologico. Roma: Città Nuova.

GUIJARRO OPORTO, S. (2010). *Los cuatro evangelios*. Salamanca: Sígueme.

_____ (2007). *Jesús y sus primeros discípulos*. Pamplona: Verbo divino.

_____ (1998). *Fidelidades en conflicto* – La ruptura con la familia por causa del discipulado y de la misión en la tradición sinóptica. Salamanca: Universidad Pontificia de Salamanca [trad. italiana: *Fedeltà in conflitto* – La rottura con la famiglia a motivo del discepolato e della missione nella tradizione sinottica. Cinisello Balsamo: San Paolo, 2010].

HARLAND, P.A. (2003). *Associations, Synagogues, and Congregations* – Claiming a Place in Ancient Mediterranean Society. Mineápolis: Fortress.

HARNACK, A. (1986). *Missione e propagazione del cristianesimo nei primi tre secoli*. Cosenza: Giordano [orig. alemão: Leipzig, 1902].

_____ (1964). *Das Wesen des Christentums*. Stuttgart: Klotz [1. ed.: 1900].

HARRILL, J.A. (2000). "Slavery". In: EVANS, C.A. & PORTER, S.E. (orgs.). *Dictionary of New Testament Background*. Downers Grove: InterVarsity, p. 1.124-1.127.

HARRINGTON, D.J. (2001). *The Church according to the New Testament*. Chicago: Sheed & Ward.

HEICHELHEIM, F.M. (1979). *Storia economica del mondo antico* – Vol. 2: L'antico Oriente. Roma/Bari: Laterza.

HENGEL, M. (2001). *Giudaismo ed ellenismo* – Studi sul loro incontro, con particolare riguardo la Palestina alla meta del II secolo a.C. Bréscia: Paideia.

_____ (2000). *The Four Gospels and the One Gospel of Jesus Christ* – An Investigation of the Collection and Origin of the Canonical Gospels. Harrisburg: Trinity Press International.

_____ (1998). *La questione giovannea*. Bréscia: Paideia [Studi Biblici, 120].

_____ (1988). *Crocifissione ed espiazione*. Bréscia: Paideia [Biblioteca di cultura religiosa, 52].

_____ (1985). "Jakobus der Herrenbruder– der erste 'Papst'?" In: GRASSER, E. & MERK, O. (orgs.). *Glaube und Eschatologie* – Festschrift für W.G. Kiimmel zum 80. Geburtstag. Tübingen: Mohr, p. 71-104.

HENGEL, M. & SCHWEMER, A.M. (2007). *Jesus und das Judentum*. Tübingen: Mohr.

_____ (1997). *Paul between Damascus and Antioch* – The Unknown Years. Londres: SCM.

HILL, C.C. (1992). *Hellenists and Hebrews* – Reappraising Division within the Earliest Church. Mineápolis: Fortress.

HOLMBERG, B. (1978). *Paul and Power* – The Structure of Authority in the Primitive Church as Reflected in the Pauline Epistles. Filadélfia: Fortress.

HORBURY, W. (1998). *Jews and Christians in Contact and Controversy*. Edimburgo: T&T Clark.

HORRELL, D.G. (2008). "Pauline Churches or Early Christian Churches? Unity, Disagreement, and the Eucharist". In: ALEXEEV; KARAKOLIS & LUZ (2008), p. 186-203.

_____ (2000). "Early Jewish Christianity". In: ESLER, P.F. (org.). *The Early Christian World*. Vol. 1. Londres/Nova York: Routledge, p. 136-167.

HORSLEY, R.A. (2006). *Galilea* – Storia, politica, popolazione. Bréscia: Paideia [Introduzione allo studio della Bibbia – Supplementi, 27].

_____ (1996). *Archaeology, History, and Society in Galilee*: The Social Context of Jesus and the Rabbis. Valley Forge: Trinity Press.

HORSLEY, R.A. & HANSON, J.S. (1995). *Banditi, profeti e messia* – Movimenti popolari al tempo di Gesù. Bréscia: Paideia [Studi Biblici, 110].

HOWARD, G. (1979). *Paul: Crisis in Galatia* – A Study in Early Christian Theology. Cambridge: Cambridge University Press [Society for the Study of the New Testament – Monograph Series, 35].

HULL, J.H.E. (1967). *The Holy Spirit in the Act of the Apostles*. Londres: Lutterworth.

HURTADO, L.W. (2006). *Signore Gesù Cristo* – La venerazione di Gesù nel cristianesimo più antico. Vol. 1. Bréscia: Paideia.

HVALVIK, R. (2005). "All Those Who in Every Place Call on the Name of Our Lord Jesus Christ – The Unity of the Pauline Churches". In: ADNA, J. (org.). *The Formation of the Early Church*. Tübingen: Mohr, p. 123-143 [Wissenschaftliche Untersuchungen zum Neuen Testament, 183].

IOVINO, P. (1975). *La chiesa comunità di santi negli Atti degli Apostoli e nelle Lettere di San Paolo*. Palermo: Ho theologos.

JACOBSON, A.D. (1992). *The First Gospel* – An Introduction to Q. Sonoma: Polebridge.

JAUBERT, A. (1963). *La notion d'alliance dans le Judaïsme aux abords de l'ère chrétienne*. Paris: Seuil [Patristica Sorbonensia, 6].

JEFFERS, J.S. (1998). "Jewish and Christian Families in First-Century-Rome". In: DONFRIED & RICHARDSON (1998), p. 128-150.

JEREMIAS, J. (1989). *Gerusalemme al tempo di Gesù* – Ricerche di storia economica e sociale per il periodo neotestamentario. Roma: Dehoniane.

JOSSA, G. (2001). *I gruppi giudaici ai tempi di Gesù*. Bréscia: Paideia [Biblioteca di Cultura Religiosa, 66].

_____ (1980). *Gesù e i movimenti di liberazione della Palestina*. Bréscia: Paideia [Biblioteca di Cultura Religiosa, 37].

JUDGE, E.A. (1960). The Early Christians as a Scholastic Community. In: *Journal of Religious History*", 1, p. 4-15 e 125-137.

KAESTLI, J.-D. (1996). "Où en est le débat sur le judéo-christianisme?" In: MARGUERAT (1996), p. 243-272, esp. p. 250-252.

KAESTLI, J.-D.; POFFET, J.-M. & ZUMSTEIN, J. (orgs.) (1990). *La communauté johannique et son histoire* – La trajectoire de l'évangile de Jean aux deux premiers siècles. Genebra: Labor et Fides.

KARRER, M. (1991). *Der Gesalbte* – Die Grundlagen des Christustitels. Göttingen: Vandenhoeck.

KEENER, C.S. (2009). *The Historical Jesus of the Gospels*. Cambridge/Grand Rapids: Eerdmans.

KIM, S. (2002). *Paul and the New Perspective* – Second Thoughts on the Origin of Paul's Gospel. Grand Rapids: Eerdmans.

KLAUCK, H.-J. (1985). Gemeinde ohne Amt? – Erfahrungen mit der Kirche in den johanneischen Schriften. In: *Biblische Zeitschrift*, 29, p. 193-220.

_____ (1982). *Herrenmahl und hellenistischer Kult* – Eine religionsgeschichtliche Untersuchung zum ersten Korintherbrief. Münster: Aschendorff [Neutestamentliche Abhandlungen – Neue Folge, 15].

KLIJN, A.F.J. (1982). "1 Thessalonians 4.13-18 and its Background in Apocalyptic Literature". In: HOOKER, M.D.S. & WILSON, G. (orgs.). *Paul and Paulinism* – Essays in Honor of C.K. Barrett. Londres: SPCK, p. 67-73.

KLINGHARDT, M. (1996). *Gemeinschaftsmahl und Mahlgemeinschaft* – Soziologie und Liturgiefrühchristlicher Mahlfeiern. Tübingen: Francke [Texte und Arbeiten zum Neutestamentlichen Zeitalter, 13].

KLOPPENBORG VERBIN, J.S. (2000). *Excavating Q* – The History and Setting of the Sayings Gospel. Edimburgo: T&T Clark.

KOESTER, H. (1990). *Ancient Christian Gospels* – Their History and Development. Londres: SCM.

KRAABEL, A.T. (1968). *Judaism in Western Asia Minor Under the Roman Empire, with a Preliminary Study of the Jewish Community at Sardis and Lydia*. Harvard [Dissertação de mestrado].

KRAUS REGGIANI, C. (2009). *Storia della letteratura giudaico-ellenistica*. Milão: Mimesis.

KÜMMEL, W.G. (1970). *Das Neue Testament* – Geschichte der Forschung seiner Probleme. 2. ed. Freiburg/München: Karl Alber [trad. italiana: *Il Nuovo Testamento* – Storia dell'indagine scientifica sul problema neotestamentario. Bolonha: Il Mulino, 1976].

KUSCHNERUS, B. (2002). *Die Gemeinde als Brief Christi* – Die kommunikative Funktion der Metapher bei Paulus am Beispiel 2 Kor 2-5. Göttingen: Vandenhoeck [Forschungen zur Religion und Literatur des Alten und Neuen Testaments, 197].

LAMBRECHT, J. (org.) (1993). *The Truth of the Gospel* (Galatians 1:1-4:11). Roma: St. Paul's Abbey [Monographic Series of "Benedictina", Biblical-Ecumenical Section, 12].

LAMPE, P. (1991a). Das korinthische Herrenmahl im Schnittpunkt hellenistisch--römischer Mahlpraxis und paulinischer Theologia Crucis (IKor 11,17-34). In: *Zeitschrift für die Neutestamentliche Wissenschaft*, 82, p. 183-213.

_____ (1991b). "The Roman Christians of Romans 16". In: DONFRIED (1991), p. 216-230.

_____ (1989). *Die Stadt römischen Christen in den ersten beiden Jahrhunderten*. 2. ed. Mohr, Tübingen [Wissenschaftliche Untersuchungen zum Neuen Testament, 2.18].

LANE, W.L. (1998). "Social Perspectives on Roman Christianity during the Formative Years from Nero to Nerva: Romans, Hebrews, I Clement". In: DONFRIED & RICHARDSON (1998), p. 196-244.

LE CORSU, F. (1977). *Isis* – Mythe et mystères. Paris: Les Belles Lettres.

LÉGASSE, S. (1994). *Alle origini del battesimo* – Fondamenti biblici del rito cristiano. Cinisello Balsamo: San Paolo.

LEON, H.J. (1995). *The Jews of Ancient Rome*. 2. ed. Peabody: Hendrickson.

LÉON-DUFOUR, X. (1986). *I Vangeli e la storia di Gesù*. Cinisello Balsamo: San Paolo.

LEVINE, L.I. (2000). *The Ancient Synagogue* – The First Thousand Years. New Haven/Londres: Yale University Press.

LIETAERT PEERBOLTE, L.J. (2006). *Paolo missionario* – Alle origini della missione cristiana. Cinisello Balsamo: San Paolo [Studi sulla Bibbia e il suo ambiente, 10].

LISSARRAGUE, F. (1989). *L'immaginario del simposio greco*. Roma/Bari: Laterza.

LOHFINK, G. (1987). *Gesù come voleva la sua comunità?* – La chiesa quale dovrebbe essere. Cinisello Balsamo: Paoline.

LOHSE, E. (2008). "Christus des Gesetzes Ende – Exegetische Erwägungen zu Rom 10,4". In: CIOLA, N. & PULCINELLI, G. (orgs.). *Nuovo Testamento*: teologie in dialogo culturale. Scritti in onore di Romano Penna nel suo 700 compleanno. Bolonha: EDB, p. 251-256 [Rivista Biblica – Supplementi, 50].

LOISY, A. (1954). *Le origini del cristianesimo*. Milão: Il Saggiatore [orig.: *La Naissance du Christianisme*. Paris, 1933].

LONA, H.E. (1995). *Der ente Clemensbrief*. Göttingen: Vandenhoeck [Kommentar zu den Apostolischen Vater, 2].

LÜDEMANN, G. (1983). *Paulus, der Heidenapostel*. Vol. 2: Antipaulinismus im frühen Christentum. Göttingen: Vandenhoeck [Forschungen zur Religion und Literatur des Alten und Neuen Testaments, 124].

_____ (1980). *Paulus, der Heidenapostel* – Vol. 1: Studien zur Chronologie. Göttingen: Vandenhoeck [Forschungen zur Religion und Literatur des Alten und Neuen Testaments, 123].

LUPIERI, E. (1999). *L'Apocalisse di Giovanni*. Milão: Fondazione Lorenzo Valla/Mondadori.

_____ (1993). *I Mandei* – Gli ultimi gnostici. Bréscia: Paideia [Biblioteca di cultura religiosa, 61].

_____ (1988). *Giovanni Battista fra storia e leggenda*. Bréscia: Paideia [Biblioteca di cultura religiosa, 53].

MACK, B. (1994). *The Gospel*: The Book of Q and Christian Origins. Nova York: HarperCollins.

MALINA, B. (2001). *The New Testament World*: Insights from Cultural Anthropology. Louisville: Westminster.

MANNS, F. (2009). "Les Juifs d'Antioche". In: MANNS, F. *Jérusalem, Antioche, Rome* – Jalons pour une théologie de l'Eglise de la circoncision. Jerusalém: Franciscan Printing Press, p. 19-25.

_____ (1990). L'Eaque, ange de l'Église. In: *Ephemerides Liturgicae*, 104, p. 26-51.

MARA, M.G. (2004). "Antiochia: città delle prime tolte". In: PADOVESE, L. (org.). *Atti Simposio Paolino: Paolo tra Tarso e Antiochia* – Archeologia/storia/religione. Roma: Antonianum, p. 165-171 [Turchia: la chiesa e la sua storia, 18].

MARCHESELLI, M. (2009). Antigiudaismo nel Quarto Vangelo? – Presentazione e bilanci degli orientamenti recenti nella ricerca esegetica. In: *Rivista Biblica*, 57, p. 399-340.

MARCHESELLI-CASALE, C. (2005). *Lettera agli ebrei*. Milão: Paoline [I libri biblici Nuovo Testamento, 16].

_____ (1995). *Le lettere pastorali*. Bolonha: EDB [Scritti delle origini cristiane, 15].

MARCUS, J. (1959). The Circumcision and the Uncircumcision in Rome. In: *New Testament Studies*, 35, p. 67-81.

MARGUERAT, D. (2007). *La Actes des Apôtres (1-12)*. Genebra: Labor et Genève [Commentaires au Nouveau Testament].

MARGUERAT, D. (org.) (1996). *Le déchirement* – Juifs et chrétiens au premier siècle. Genebra: Labor et Fides.

MARTIN, D.B. (2004). *Inventing Superstition* – From the Hippocratic's to the Christians. Cambridge/Londres: Harvard University Press.

MARTYN, J.L. (1997). *Galatians*. Nova York/Londres: Doubleday [Anchor Bible, 33A].

_____ (1968). *History and Theology in the Fourth Gospel*. Nova York/Evanston: Harper & Row.

MARUCCI, C. (1982). *Parole di Gesù sul divorzio*. Bréscia: Morcelliana [Aloisiana, 16].

McCREADY, W.O. (1996). "Ekklēsía and Voluntary Associations". In: KLOPPEN-BORG, J.S. & WILSON, S.G. (orgs.). *Voluntary Associations in the Graeco-Roman World*. Nova York/Londres: Routledge, p. 59-72.

MEEKS, W.A. (2009). "What Did Corinth Teach Paul?" In: BELEZOS (2009), p. 295-302.

_____ (1992). I *Cristiani dei primi secoli* – Il mondo sociale dell'apostolo Paolo. Bolonha: Il Mulino.

MEIER, J.P. (2002-2003). *Un ebreo marginale* – Ripensare il Gesù storico. Vols. 1-3. Bréscia: Queriniana.

MEIJERING, E.P. (1985). *Die Hellenisierung des Christentums im Urteil Adolf von Harnacks*. Amsterdã: North-Holland.

MERKLE, B.L. (2003). *The Elder and Overseer*: One Office in the Early Church. Nova York/Frankfurt a.M.: SBL 57.

MERKLEIN, H. (1973). *Das kirchliche Amt nach dem Epheserbrief*. Munique: Kösel [Studien zum Alten und Neuen Testament, 33].

MERLO, P. (2009). Il contesto ebraico romano al tempo di S. Paolo. In: *Lateranum*, 75, p. 523-542.

MERZ, A. (2004). *Die fiktive Selbstauslegung des Paulus* – Intertextuelle Studien zur Intention und Rezeption der Pastoralbriefe. Göttingen: Vandenhoeck [Novum Testamentum et Orbis Antiquus, 52].

MEYER, E. (1921-23). *Ursprung und Anfänge des Christentums*. Vol. 3. Stuttgart/ Berlim: Cotta'sche Buchhandlung.

MICHAUD, J.-P. (2001). "Quelle(s) communauté(s) derrière la Source Q?" In: LINDEMANN, A. (org.). *The Sayings Source Q and the Historical Jesus*. Lovaina: Leuven University Press, p. 577-606 [Bibliotheca Ephemeridum Theologicarum Lovaniensium, 158].

MIMOUNI, S.-C. (1998). *Le Judéo-christianisme ancien* – Essais historiques. Paris: Cerf.

MIMOUNI, S.-C. & JONES, F.S. (2001). *Le Judéo-christianisme dans tous ses états* – Actes du Colloque de Jérusalem, 06-10/07/1998. Paris: Cerf.

MONTEVECCHI, O. (1999). "Nomen christianum". In: MONTEVECCHI, O. *Bibbia e papiri*. Barcelona: Herder, p. 155-172 [1. ed.: 1979].

MURPHY-O'CONNOR, J. (2003). *Vita di Paolo*. Bréscia; Paideia [Introduzione allo studio della Bibbia – Suppl., 13].

_____ (1983). *St. Paul's Corinth*: Texts and Archaeology. Wilmington: Glazier [Good News Studies, 6].

MURPHY-O'CONNOR, J.; MILITELLO, C. & RIGATO, M.L, (2006). *Paolo e le donne*. Assis: Cittadella.

MURRAY, O. (org.) (1990). *Sympotica* – A Sympositon on the Symposion. Oxford: Clarendon.

MUSTI, D. (2001). *Il simposio nello sviluppo storico*. Roma/Bari: Laterza.

NANOS, M.D. (1996). *The Mystery of Romans* – The Jewels' Context of Paul's Letter. Mineápolis: Fortress.

NEYREY, J.H. (2009). *The Gospel of John in Cultural and Rhetorical Perspective*. Grand Rapids/Cambridge: Eerdmans.

NIEBUHR, K.-W. & WALL, R.W. (orgs.) (2009). *The Catholic Epistles and Apostolic Tradition*. Waco: Baylor University Press.

NISSEN, J. (2007). *New Testament and Mission* – Historical and Hermeneutical Perspectives. 4. ed. Frankfurt a.M.: Lang.

NORELLI, E. (2004). "Il passaggio dal al secolo". In: PENNA, R. (org.). *Le origini del cristianesimo* – Una guida. Roma: Carocci, p. 179-231.

_____ (1995). *Ascensio Isaiae* – Commentarius. Turnhout: Brepols [Corpus Christianorum Serics Apocryphorum, 8].

ÖHLER, M. (2005). Die Jerusalemer Urgemeinde im Spiegel des antiken Vereinswesens. In: *New Testament Studies*, 51, p. 393-415.

ONUKI, T. (1984). *Gemeinde und Welt im Johannesevangelium* – Ein Beitrag zur Frage nach theologischer und pragmatischer Funktion des johanneischen "Dualismus". Neukirchen: Neukirchener Verlag [Wissenschaftliche Monographien zum Alten und Neuen Testament, 56].

OSIEK, C.; MacDONALD, M.Y., & TULLOCH, J.H. (2007*). Il ruolo delle donne nel cristianesimo delle origini* –Indagine sulle chiese domestiche. Cinisello Balsamo: San Paolo.

OSSANNA, T. (1988). *La stretta di mano* – Il contenuto etico della religione di Mitra. Roma: Borla.

PADOVESE, L. (2009). "Paolo, apostolo esaltato, ignorato e rigettato, in alcuni scritti del II secolo". In: PADOVESE, L. (org.). *Paolo di Tarso* – Archeologia, storia, ricezione. Vol. 3. Cantaluppa: Effatà, p. 31-55.

PEARSON, B.A. & GOEHRINC, J.E. (orgs.) (1986). *The Roots of Egyptian Christianity*. Filadélfia: Fortress.

PENNA, R. (2010a). *I ritratti originali di Gesù il Cristo* – Inizi e sviluppi della cristologa neotestamentaria. Vol. I-II. 4. ed. Cinisello Balsamo: San Paolo [Studi sulla Bibbia e il suo ambiente, 1-2].

_____ (2010b). "Comparazione documentaristica tra Gesù di Nazaret e i maggiori personaggi israelitici del I secolo". In: PISTONE, R. (org.). *"Divenuti servitori della Parola"* – Studi in onore di P. Iovino.

_____ (2010c). *Lettera ai Romani*. Bolonha: EDB [Scritti delle origini cristiane, 6].

_____ (2009a). Il contesto storico della Chiesa di Roma al tempo di S. Paolo. In: *Lateranum*, 75, p. 543-566.

_____ (2009b). *Paolo e la chiesa di Roma*. Bréscia: Paideia [Biblioteca di Cultura Religiosa, 67].

_____ (2009c). Paolo di Tarso e le componenti ellenistiche del suo pensiero. In: *Rivista Biblica*, 57, p. 175-215.

_____ (2006a). *Paolo di Tarso*: un cristianesimo possibile. 4. ed. Cinisello Balsamo: San Paolo.

_____ (2006b). *Lineamenti di storia della Chiesa primitiva*. 2. ed. Leumann: Elledici, p. 155-175 [Logos. Corso di Studi Biblici, 1].

_____ (2006c). II bacio come forma di saluto nel cristianesimo delle origini. In: *Thauma* (Urbino), p. 37-44.

_____ (2006d). *L'ambiente storico-culturale delle origini cristiane* – Una documentazione ragionata. 5. ed. Bolonha: EDB.

_____ (2005a). "La Chiesa di Roma come test del rapporto tra giudaismo e cristianesimo alla metà del I secolo d.C.". In: GARRIBBA & TANZARELLA (2005), p. 105-121.

_____ (2005b). "Il caso degli "idolotiti un test sulla sorte del cristianesimo da Paolo dell'apocalisse". In: BOSETTI, E. & COLACRAI, A. (orgs.). *Apokalypsis* – Percorsi nell'Apocalisse in onore di Ugo Vanni. Assis: Cittadella, p. 225-244.

_____ (2005c). La funzione ecclesiale dell'èpìskopos nel Nuovo Testamento (Lettere Pastorali). In: *Lateranum*, 71, p. 299-309.

_____ (2003). "Inizi e primi percorsi della cristologia giudeo-cristiana". In: PITTA (2003), p. 201-232.

_____ (2001a). *Lettera agli Efesini*. Bolonha: EDB [Scritti delle origini cristiane, 10].

_____ (2001b). *Vangelo e inculturazione* – Studi sul rapporto tra rivelazione e cultura nel Nuovo Testamento. Cinisello Balsamo: San Paolo [SBA, 6].

_____ (1997). "Da Israele al cosmo: ampliamenti dell'orizzonte cristologico nello sviluppo dell'innografia neotestamentaria". In: CODA, P. (org.). *L'unico e i molti* – La salvezza in Gesù Cristo e la sfida del pluralismo. Roma: PUL/Mursia, p. 49-66.

_____ (1994). Il canone del Nuovo Testamento come garanzia di unità e di pluralismo nella chiesa. In: *Protestantesimo*, 49, p. 297-311.

_____ (1978). *Il "mysterion" paolino* – Traiettoria e costituzione. Brescia: Paideia [Rivista Biblica – Supplementi, 10].

PENNA, R. (org.) (1991). *Il giovannismo alle origini cristiane* – Atti del III convegno di studi neotestamentari. Bolonha: EDB [Ricerche Storico-Bibliche, 111/2].

PERRONI, M. (2002). "Le donne e Maria la madre di Gesù in Luca". In: LEONARDI, G. & TROLESE, F.G.B. (orgs.). *San Luca evangelista testimone della fede che unisce: Atti del congresso internazionale, Padova, 16-21/10/2000* – Vol. 1: L'unità letteraria e teologica dell'opera di Luca (Vangelo e Atti degli apostoli). Pádua: Messaggero, p. 115-129.

_____ (1995). *Il discepolato delle donne nel vangelo di Luca* – Un contributo all'ecclesiologia neotestamentaria. Roma: Pontificio Ateneo S. Anselmo.

PERROTTA, R. (2008). *Hairéseis* – Gruppi, movimenti e fazioni del giudaismo antico e del cristianesimo (da Filone Alessandrino a Egesippo). Bolonha: EDB.

PERVO, R.I. (2010). *The Making of Paul Constructions of the Apostle in Early Christianity*. Mineápolis: Fortress.

PESCH, R. (1980-1982). *Il vangelo di Marco* – 1-11. Bréscia: Paideia [Commentario teologico del Nuovo Testamento, 11/1-2].

PILHOFER, P. (2002). "Περί φιλαδελφείας (1Thess 4,9) – Ekklesiologische Überlegungen zu einem Proprium früher christlicher Gemeinden". In: PILHOFER, P. *Die frühen Christen und ihre Welt*. Tübingen: Mohr, p. 139-153 [Wissenschaftliche Untersuchungen zum Neuen Testament, 145].

_____ (1995). *Philippi*. Vol. 1: Die erste christliche Gemeinde Europas. Tübingen: Mohr [Wissenschaftliche Untersuchungen zum Neuen Testament, 87].

PITTA, A. (2010). *Lettera ai Filippesi*. Milão: Paoline [I libri biblici – Nuovo Testamento, 11].

_____ (2008). *Paolo, la Scrittura e la Legge* – Antiche e nuove prospettive. Bolonha: EDB.

_____ (2006). *La seconda lettera ai Corinzi*. Roma: Borla.

_____ (1998). *Il paradosso della croce* – Saggi di teologia paolina. Casale Monferrato: Piemme.

_____ (1996). *Lettera ai Galati*. Bolonha: EDB [Scritti delle origini cristiane, 9].

PITTA, A. (org.) (2003). *Il giudeo-cristianesimo nel I e II sec. d.C.* – Atti del IX Convegno di Studi Neotestamentari Napoli, 13-15/09/2001. Bolonha: EDB [Ricerche storico-bibliche, 15.2].

POLAND, F. (1909). *Geschichte desgriechischen Vereinswesens*. Leipzig: Teubner [reimpressão: 1967].

PRINZIVALLI, E. (org.) (2008). *L'enigma Gesù* – Fonti e metodi della ricerca storica. Roma: Carocci.

PRITZ, R.A. (1988). *Nazarene Jewish Christianity* – From the End of the New Testament Period until Its Disappearance in the Fourth Century. Jerusalém/Leiden: Brill.

PUIG I TÀRRECH, A. (2008). "The Mission According to the New Testament: Choice or Need?" In: ALEXEEV; KARAKOLIS & LUZ (2008), p. 131-247.

_____ (2007). *Gesù* – La risposta agli enigmi. Cinisello Balsamo: San Paolo.

RADICE, R. (org.) (1998). *Stoici antichi*: tutti i frammenti raccolti da Hans von Arnim. Milão: Rusconi.

RÄISÄNEN, H. (1986). *The Torah and Christ* – Essays in German and English on the Problem of the Law in Early Christianity. Helsinque: Finnish Exegetical Society.

_____ (1983). "Werkgerechtigkeit" eine "frühkatholische" Lehre? Überlegungen zum 1. Klemensbrief. In: *Studia Theologica*, 37, p. 79-99.

RAU, E. (1994). *Von Jesus zu Paulus* – Entwicklungen und Rezeption der antiochenischen Theologie im Urchristentum. Stuttgart/Berlim: Kohlhammer.

REALE, G. (1976). *Storia della filosofia antica*. Vol. 3. Milão: Vita e Pensiero.

REDALIÉ, Y. (2004). "Unità e diversità nel Nuovo Testamento: fecondità di una dialettica". In: PENNA, R. (org.). *Le origini del cristianesimo* – Una guida. Roma: Carocci, p. 233-259.

_____ (1994). *Paul après Paul* – Le temps, le salut, la morale selon les épîtres à Timothée et à Tite. Genebra: Labor et Fides [Le monde de la Bible, 31].

REICHARDT, M. (1999). *Psychologische Erklärung der paulinischen Damaskusvision?* Stuttgart: Katholisches Bibelwerk [Stuttgarter Biblische Beiträge, 42].

REINHARDT, W. (1995). "The Population Size of Jerusalem and the Numerical Growth of the Jerusalem Church". In: BAUCKHAM, R. (org.). *The Book of Acts in Its Palestinian Setting*. Vol. 4. Grand Rapids/Carlisle: Eerdmans/Paternoster, p. 237-265.

REISER, M. (1993). Bürgerliches Christentum in den Pastoralbriefen? In: *Biblica*, 74, p. 27-44.

RENGSTORF, K.H. (1970). "Μαθητής". In: *Grande Lessico del Nuovo Testamento*. Vol. 1. Bréscia: Paideia, p. 1.121-1.235.

REYNIER, C. (1992). *Évangile et mystère* – Les enjeux théologiques de l'épître aus Éphésiens. Paris: Cerf [Lectio divina, 149].

REYNOLDS, J. & TANNENBAUM, R. (1987). *Jews and Godfearers at Aphrodisias* – Greek Inscriptions with Commentary. Cambridge [Cambridge Philological Society – Suppl., 12].

RHODES EDDY, P. & BOYD, G.A. (2007). *The Jesus Legend* – A Case for the Historical Reliability of the Synoptic Jesus Tradition. Grand Rapids: Baker Academic.

RICHARDS, E.R. (2004). *Paul and First-Century Letter Writing* – Secretaries, Composition and Collection. Downers Grove: InterVarsity.

RICHARDSON, P. (1998). "Augustan-Era Synagogues in Rome". In: DONFRIED & RICHARDSON (1998), p. 17-29.

RINALDI, G. (2008). *Cristianesimi nell'antichità* – Sviluppi e contesti geografici (secoli I-VIII). Chieti: GBU.

_____ (1991). Procurator Felix. Note prosopografiche in margine ad una rilettura di Atti 24. In: *Rivista Biblica*, 39, p. 423-466.

ROBINSON, J.M. (2009). *Gesù secondo il testimone più antico*. Bréscia: Paideia [Introduzione allo studio della Bibbia – Suppl., 43].

_____ (2005). *I detti di Gesù* – Il "Proto-Vangelo" dei Detti Q in italiano. Bréscia: Queriniana [Giornale di teologia, 310].

ROBINSON, J.M. & KOESTER, H. (1971). *Trajectories through Early Christianity*. Filadélfia: Fortress.

ROHRBAUGH, R. (2006). "Etnocentrismo e questioni storiche". In: STEGEMANN, W.; MALINA, B.J. & THEISSEN G. (orgs.). *Il nuovo Gesù storico*. Bréscia: Paideia, p. 272-285.

_____ (1991). The City in the Second Testament. In: *Biblical Theology Bulletin, Readers' Guide*, 21, p. 67-75.

ROLOFF, J. (2004). "ἐκκλησία". In: *Dizionario Esegetico del Nuovo Testamento*. Vol. 1. Bréscia: Paideia, p. 1.092-1.106.

ROSSANO, P. (1991). "Ipotesi di un 'Corpus Ephesinum Novi Testamenti'". In: VV. AA. *Il I Simposio di Efeso su S. Giovanni Apostolo*. Roma: Antoniano, p. 17-31.

ROSSÉ, G. (1998). *Gli Atti degli Apostoli* – Commento esegetico e teologico. Roma: Città Nuova.

RÜPKE, J. (org.) (2007). *Gruppenreligionen im römischen Reich* – Sozialformen, Grenzziehungen und Leistungen. Tübingen: Mohr, [Studien und Texte zu Antike und Christentum, 43].

RUTGERS, L.V. (1998). "Roman Policy toward the Jews: Expulsions from the City of Rome during the First Century C.E.". In: DONFRIED & RICHARDSON (1998), p. 93-116, esp. p. 105-106.

SACCHI, P. (1994). *Storia del Secondo Tempio* – Israele tra VI secolo a.C. e I secolo d.c. Turim: SEI.

_____ (1990). *L'apocalittica giudaica e la sua storia*. Bréscia: Paideia [Biblioteca di Cultura Religiosa, 55].

SACCHI, P. (org.) (1999). *Apocrifi dell'Antico Testamento*. Vol III. Bréscia: Paideia.

SAMPLEY, J.P. (2003). *Paul in the Greco-Roman World* – A Handbook. Harrisburg/Londres/Nova York: Trinity.

SANDERS, E.P. (1995). *Gesù, la verità storica*. Milão: Mondadori.

_____ (1989). *Paolo, la lege e il popolo giudaico*. Bréscia: Paideia [Studi Biblici, 86].

_____ (1986). *Paolo e il giudaismo palestinese* – Studio comparativo su modelli di religione. Bréscia: Paideia [Biblioteca Teologica, 21].

SANDERS, J.T. (1993). *Schismatics, Sectarians, Dissidents, Deviants* – The First One Hundred Years of Jewish-Christian Relations. Londres: SCM.

SCARPAT, G. (1977). *II pensiero religioso di Seneca e l'ambiente ebraico e cristiano*. Bréscia: Paideia.

SCHAMS, C. (1998). *Jewish Scribes in the Second-Temple Period*. Sheffield: Academic Press [Journal for the Study of the Old Testament – Suppl., 291].

SCHENKE, H.M. (1975). Das Weiterwirken des Paulus und die Pflege seines Erbes durch die Paulus-Schule. In: *New Testament Studies*, 21, p. 505-518.

SCHENKE, L. (1990). *Die Urgemeinde Geschichtliche und theologische Entwicklung*. Stuttgart/Berlim: Kohlhammer.

SCHIAVO, L. (2010). *Il vangelo perduto e ritrovato* – La fonte Q e le origini cristiane. Bolonha: EDB.

SCHLIER, H. (1976). *L'apostolo e la sua comunità*. Bréscia: Paideia [Studi Biblici, 34.]

SCHLOSSER, J. (1980). *Le règne de Dieu dans les dits de Jésus*. Vols. 1-2. Paris: Gabalda.

SCHLOSSER, J. (org.) (2004). *The Catholic Epistles and the Tradition*. Lovania: Leuven University Press [Bibliotheca Ephemeridum Theologicarum Lovaniensium, 176].

SCHMELLER, T. (1995). *Hierarchie und Egalität* – Eine sozialgeschichtliche Untersuchung paulinischer Gemeinden und griechisch-römischer Vereine. Stuttgart: Katholisches Bibelwerk [Stuttgarter Bibelstudien, 162].

SCHNABEL, E.J. (2002). *Urchristliche Mission.* Wuppertal: Brockhaus.

SCHNACKENBURG, R. (1971). *Signoria e regno di Dio.* Bolonha: il Mulino.

SCHNELLE, U. (1992). *Antidocetic Christology in the Gospel of John* – An Investigation of the Place of the Fourth Gospel in the Johannine School. Mineápolis: Fortress.

SCHOWALTER, D.N. & FRIESEN, S.J. (orgs.) (2005). *Urban Religion in Roman Corinth* – Interdisciplinary Approaches. Cambridge: Harvard University Press.

SCHRAGE, W. (1991). *Der erste Brief an die Korinther (1Kor 1,1-6,11).* Zurique/Neukirchen/Vluyn: Benziger/Neukirchener [Evangelisch-Katholischer Kommentar zum Neuen Testament, VII/I].

_____ (1981). "Συναγωγή". In: *Grande Lessico del Nuovo Testamento.* Vol. XIII. Bréscia: Paideia, p. 86-88.

SCHÜRER E. (1987). *Storia del popolo giudaico al tempo di Gesù Cristo.* Vol. 2. Bréscia: Paideia.

SCHWARZER, H. (2002). "Vereinslokale im hellenistischen und römischen Pergamon". In: EGELHAAF-GAISER & SCHIFER (2002), p. 221-260.

SCHWEITZER, A. (1930). *Die Mystik des Apostels Paulus.* Tübingen: Mohr.

SEGAL, A.F. (1990). *Paul the Convert* – The Apostolate and Apostasy of Saul the Pharisee. New Haven/Londres: Yale University Press.

SEGALLA, G. (1992). *Evangelo e Vangeli* – Quattro evangelisti, quattro Vangeli, quattro destinatari. Bolonha: EDB [La Bibbia nella storia, 10].

SEIFRID, M.A. (1992). *Justification by Faith* – The Origin and Development of a Central Pauline Theme. Leiden: Brill [Suppléments to Novum Testamentum, 68].

SIMON, M. (1960). *Les sectes juives au temps de Jésus.* Paris: PUF.

SIMONETTI, M. (1994). *Ortodossia ed eresia tra I e II secolo.* Soveria Mannelli: Rubbettino.

_____ (1983). *Cristianesimo antico e cultura greca.* Roma: Borla.

SINISCALCO, P. (2005). *Le antiche chiese orientali* – Storia e letteratura. Roma: Città Nuova, p. 61-84.

_____ (1983). *Il cammino di Cristo nell'Impero Romano.* Roma/Bari: Laterza.

SKARSAUNE, O. & HVALVIK, R. (orgs.) (2007). *Jewish Believers in Jesus*: The Early Centuries. Peabody: Hendrickson.

SMALLWOOD, E.M. (1981). *The Jews under Roman Rule from Pompey to Diocletian*. Leiden: Brill.

SMITH, D.E. (2003). *From Symposium to Eucharist* – The Banquet in the Early Christian World. Minneapolis: Fortress.

SMITH, J.Z. (2004). "Here, There, and Anywhere". In: SMITH, J.Z. *Relating Religion* – Essays in the Study of Religion. Chicago: Chicago University Press, p. 323-339.

SÖDING, T. (2008). *Gesù e la Chiesa* – Che cosa dice il Nuovo Testamento? Bréscia: Queriniana.

SPENCE, S. (2004). *The Parting of the Ways* – The Roman Church as a Case Study. Lovaina: Peeters [Interdisciplinary Studies in Ancient Culture and Religion, 5].

STANLEY, C.D. (1992). *Paul and the Language of Scripture* – Citation Technique in Pauline Epistles and Contemporary Literature. Cambridge: Cambridge University Press [Society for the New Testament Studies" Monograph Series, 69].

STEGEMANN, E.W. & STEGEMANN, W. (1995). *Urchristliche Sozialgeschichte* – Die Anfinge im Judentum und die Christusgemeinden in der mediterranen Welt. Stuttgart: Kohlhammer.

STEGEMANN, H. (1995). *Gli esseni, Qumran, Giovanni Battista, Gesù*. Bolonha: EDB.

STEIN, H.J. (2009). *Frühchristliche Mahlfeiern* – Ihre Gestalt und Bedeutung nach der neutestamentlichen Brieliteratur und der Johannesoffenbarung. Tübingen: Mohr [Wissenschaftliche Untersuchungen zum Neuen Testament, 255].

STEMBERGER, G. (2010). "La Birkat ha-minim". In: STEFANI, P. (org.). *Quando i cristiani erano ebrei*. Bréscia: Morcelliana, p. 103-125 [I libri di Biblia, 5].

_____ (1991). *Il giudaismo classico* – Cultura e storia del tempo rabbinico (dal 70 al 1040). Roma: Città Nuova.

STENDAHL, K. (1995). *Paolo tra ebrei e pagani*. Turim: Claudiana.

STEPP, P.L. (2005). *Leadership Succession in the World of the Pauline Circle*. Sheffield: Phoenix.

STILL, T.D. & HORRELL, D.G. (orgs.) (2009). *After the First Urban Christians* – The Social-Scientific Study of Pauline Christianity Twenty-Five Years Later. Londres: T&T Clark.

Storia Augusta (1972). Milão: Rusconi [tradução para o italiano, introdução e notas de F. Roncoroni].

STOWERS, S.K. (2001). "Does Pauline Christianity Resettable al Hellenistic Philosophy?" In: ENGBERG-PEDERSEN, T. (org.). *Paul Beyond the Judaism and Hellenism Divide*. Louisville: Westminster, p. 81-102.

_____ (1986). *Letter Writing in Greco-Roman Antiquity*. Filadélfia: Westminster.

STRANGE, J.F. (1992). *Tiberias*. Nova York/Londres: Doubleday, p. 547-549 [The Anchor Bible Dictionary, 6].

STRATHMANN, H. (1975). "Πόλης κτλ". In: *Grande lessico del Nuovo Testamento*. Vol. X. Bréscia: Paideia, p. 1.273-1.328.

STUHLMACHER, P. (2001). *A Challenge to the New Perspective* – Revisiting Paul's Doctrine of Justification. Downers Grove: InterVarsity.

TAUSSIG, H. (2009). *In the Beginning Was the Meal* – Social Experimentation & Early Christian Identity. Minneapolis: Fortress.

TAYLOR, J.E. & DAVIES, P.R. (1998). The So-Called Therapeutae of De vita contemplativa: Identity and Character. In: *Harvard Theological Review*, 91, p. 3-24.

TELLBE, M. (2009). *Christ-Believers in Ephesus* – A Textual Analysis of Early Christian Identity Formation in a Local Perspective. Tübingen: Mohr [Wissenschaftliche Untersuchungen zum Neuen Testament, 242].

TESTA, E. (1995). *La fede della chiesa madre di Gerusalemme*. Bolonha: EDB.

THATCHER, T. (2010). "Giovanni e il giudaismo – Ricerca recente e questioni aperte". In: GARRIBBA & GUIDA (2010), p. 13-38.

THEISSEN, G. (2010). *Vissuti e comportamenti dei primi cristiani* – Una psicologia del cristianesimo delle origini. Bréscia: Queriniana [Biblioteca di teologia contemporanea, 149].

_____ (2008). "Kirche oder Sekte? Über Einheit und Konflikte im frühen Christentum". In: ALEXEEV; KARAKOLIS & LUZ (2008), p. 81-101.

_____ (2007). *Gesù e il suo movimento* – Storia sociale di una rivoluzione di valori. Turim: Claudiana.

_____ (2004). *La religione dei primi cristiani* – Una teoria sul cristianesimo delle origini. Turim: Claudiana.

_____ (1992). *Lokalkolorit und Zeitgeschichte in den Evangelien* – Ein Beitrag zur Geschichte der synoptischen Tradition. 2. ed. Freiburg/Göttingen: Universitätsverlag/Vandenhoeck.

_____ (1987). *Sociologia del cristianesimo primitivo*. Gênova: Marietti.

THEISSEN, G. & MERZ, A. (1999). *Il Gesù storico* – Un manuale. Bréscia: Queriniana [Biblioteca biblica, 25].

TOMSON, P.J. (1990). *Paul and the Law* – Halakha in the Letters of the Apostle to the Gentiles. Mineápolis: Fortress [Compendia Rerum ludaicarum ad Novum Testamentum, 3.1].

TRAINOR, M. (2008). *Epaphras, Paul's Educator at Colossae*. Collegeville: Liturgical Press [Paul's Social Network: Brothers and Sisters in Faith].

TREBILCO, P.R. (2004). *The Early Christians in Ephesus from Paul to Ignatius*. Tübingen: Mohr [Wissenschaftliche Untersuchungen zum Neuen Testament, 166].

_____ (2000). "Jewish Communities in Asia Minor". In: EVANS, C.A. & PORTER, S.E. (orgs.). *Dictionary of New Testament Background*. Downers Grove: InterVarsity, p. 562-529.

TROCMÉ, É. (1997). *L'enfance du christianisme*. Paris: Noesis.

_____ (1979). L'Eglise primitive à la recherche d'elle-même: secte chaleureuse ou grande entreprise missionnaire? In: *Études Théologiques et Religieuses*, 54, 2, p. 255-256.

TRÖGER, K.-W. (1973). *Gnosis und Neues Testament* – Studien aus Religionswissenschaft und Theologie. Berlim: Gerd Mohn.

TROIANI, L. (2010). "Paolo e le comunità ebraiche". In: STEFANI, P. *Quando i cristiani erano ebrei*. Bréscia: Morcelliana, p. 43-54 [I libri di Bibbia, 5].

TUCKETT, C.M. (1996). *Q and the History of Early Christianity* – Studies on Q. Edimburgo: T&T Clark.

TURCAN, R. (1992). *Les cultes orientaux dans le monde romain*. 2. ed. Paris: Les Belles Lettres.

TURNER, H.W. (1977). *From Temple to Meeting House*: The Phenomenology and Theology of Places of Worship. Haia/Paris/Nova York: Mouton.

TURNER, V. (2007). *Dal rito al teatro*. 2. ed. Bolonha: il Mulino [orig.: Nova York, 1982].

_____ (2001). *Il processo rituale*: struttura e antistruttura. 2. ed. Bréscia: Morcelliana [orig.: Londres, 1969].

UGGERI, G. (2009). "Antiochia sull'Oronte. Profilo storico e urbanistico". In: PADOVESE, L. (org.). *Paolo di Tarso*: Archeologia – Storia ricezione. Vol. 1. Cantalupa: Effatà, p. 127-166.

VAN GENNEP, A. (1981). *I riti di passaggio*. Turim: Boringhieri [orig.: Paris, 1909].

VANHOYE, A. (2007). *Gesù Cristo il mediatore, nella lettera agli Ebrei*. Assis: Cittadella [Commenti e studi biblici].

VANNI, U. (1988). *L'Apocalisse* – Ermeneutica, esegesi, teologia. Bolonha: EDB [Supplementi alla Rivista Biblica, 17].

VAN TILBORG, S. (1996). *Reading John in Ephesus*. Leiden: Brill [Supplements to Novum Testamentum, 83].

VAN VOORST, E. (2004). *Gesù nelle fonti extrabibliche* – Le antiche testimonianze sul Maestro di Galilea. Cinisello Balsamo: San Paolo.

VERMASEREN, M.J. (org.) (1981). *Die orientalischen Religionen im Römerreich*. Leiden: Brill [Études Préliminaires aux Religions Orientales dans l'Empire Romain, 93].

VERMES, G. (2008). *The Resurrection*. Nova York: Doubleday.

VERNER, D.C. (1983). *The Household of God* – The Social World of the Pastoral Epistles. Chico: Scholars Press.

VETTA, M. (org.) (1983). *Poesia e simposio nella Grecia antica* Guida storica e critica. Roma/Bari: Laterza.

VIGNOLO, R. (2011). *Tradizione giovannea e cristianesimo efesino*. Bolonha: EDB [Ricerche Storico Bibliche, 23.2].

VISONÀ, G. (2000). *Didaché* – Insegnamento degli Apostoli. Milão: Paoline [Letture cristiane del primo millennio, 30].

VOUGA, F. (2001). *Il cristianesimo delle origini*: Scritti, protagonisti, dibattiti. Turim: Claudiana.

_____ (1990). "La réception de la théologie johannique dans les épitres". In: KAESTLI; POFFET & ZUMSTEIN (1990), p. 283-301.

WALLACE-HADRILL, A. (2003). "'Domus' and 'Insulae' in Rome: Families and House fids". In: BALCH & OSIEK (2003), p. 3-18.

WALTERS, J.C. (2005). "Civic Identity in Roman Corinth and Its Impact on Early Christians". In: SCHOWALTER & FRIESEN (2005), p. 397-417.

_____ (1998). "Romans, Jews, and Christians: The Impact of the Romans on Jewish/Christian Relations in First-Century Rome". In: DONFRIED & RICHARDSON (1998), p. 175-195.

WANDER, B. (2002). *Timorati di Dio e simpatizzanti* – Studio sull'ambiente pagano delle Sinagoghe della diaspora. Cinisello Balsamo: San Paolo [SBA, 8].

_____ (1994). *Trennungsprozesse zwischen Frühem Christentum und Judentum im 1. Jh.n. Chr.* Tübingen/Basileia: Francke.

WATERS, G.P. (2004). *Justification and the New Perspectives on Paul* – A Review and Response. Phillipsburg: P&R.

WEHNERT, J. (1997). D*ie Reinheit des "christlichen Gottesvolkes" aus Juden und Heiden* – Studien zum historischen und theologischen Hintergrund des sogenannten Aposteldekrets. Göttingen: Vandenhoeck.

_____ (1989). *Die Wir-Passagen der Apostelgeschichte* – Ein lukanisches Stilmittel aus jüdischer Tradition. Göttingen: Vandenhoeck [Göttinger theologische Arbeiten, 40].

WEISS, H.-F. (2008). *Frühes Christentum und Gnosis* – Eine rezeptionsgeschichtliche Studie. Tübingen: Mohr [Wissenschaftliche Untersuchungen zum Neuen Testament, 225].

_____ (1991). *Der Brief an die Hebräer.* Göttingen: Vandenhoeck [Meyers Kommentar, 13].

WESTERHOLM, S. (2004). *Perspectives Old and New on Paul* –The "Lutheran" Paul and His Critics. Grand Rapids: Eerdmans.

WHEALEY, A. (2003). *Josephus on Jesus* – The Testimonium Flavianum Controversy from Late Antiquity to Modern Times. Nova York: Lang [Studies in Biblical Literature, 36].

WHITE, L.M. (1996-1997). *The Social Origins of Christian Architecture* – Vol. 1: Building God's House in the Roman World' Architectural Adaptation among Pagans, Jews and Christians; Vol. 2: Texts and Monuments for the Christian Domus Ecclesiae in its Environment. Valley Forge: Trinity Press [Harvard Theological Studies, 42].

WIBBING, S. (1959). *Die Tugend- und Lasterkataloge im Neuen Testament und ihre Traditionsgeschichte unter besonderer Berücksichtigung der Qumran-Texte.* Berlim: Töpelmann [Beihefte zur Zeitschrift für die Neutestamentliche Wissenschaft, 25].

WICK, P. (2003). *Die urchristlichen Gottesdienste* – Entstehung und Entwicklung im Rahmen der frühjüdischen Tempel-, Synagogen- und Hausfrömmigkeit. Stuttgart: Kohlhammer [Beiträge zur Wissenschaft vom Alten und Neuen Testament, 150].

WIEFEL, W. (1970). Die jüdische Gemeinschaft im antiken Rom und die Anfänge des römischen Christentums – Bemerkungen zu Anlass und Zweck des Römerbriefes. In: *Judaica*, 26, p. 65-88 [igualmente publicado como: "The Jewish Community in Ancient Rome and the Origins of Roman Christianity". In: DONFRIED, 1991: 85-101].

WILSON, S.G. (2004). *Leaving the Fold. Apostates and Defectors in Antiquity.* Mineápolis: Fortress.

WINTER, B.W. (1997). *Philo and Paul Among the Sophists.* Cambridge: Cambridge University Press [Society for the New Testament Studies" Monograph Series, 96].

WITHERINGTON III, B. (1987). *Women in the Ministry of Jesus*: A Study of Jesus' Attitudes to Women and their Roles as Reflected in His Earthly Life. Cambridge: Cambridge University Press [Society for the New Testament Studies" Monograph Series, 51].

WRIGHT, N.T. (2006). *Risurrezione.* Turim: Claudiana.

ZETTERHOLM, M. (2003). *The Formation of Christianity in Antioch*: A Social-Scientific Approach to the Separation between Judaism and Christianity. Abingdon: Routledge [Routledge Early Church Monograph Series].

ZMIJEWSKI, J. (2006). *Atti degli Apostoli.* Bréscia: Morcelliana [Il Nuovo Testamento Commentato].

ZUMSTEIN, J. (1990). "Visages de la communauté johannique". In: MARCHADOUR, A. (org.). *Origine et postérité de l'évangile de Jean.* Paris: Cerf, p. 87-106.

Índice onomástico

Aasgaard, R. 27
Abel 11
Abraão 89, 103, 112, 115, 125, 205, 253
Acab 215
Adams, E. 137
Adão 89, 115
Adriano 75, 222, 229, 251
Agatão 245
Agostinho de Hipona 11, 54, 244
Agripa I 70
Agripa II 104, 201
Agripa, M.V. 92
Agripino 220
Aguirre, R. 25, 34, 134, 163
Aletti, J.-N. 21, 180
Alexander, L. 144
Alexandre 100, 185, 192
Alexandre Magno 120, 262
Alexeev, A.A. 179
Alvarez Cineira, D. 15, 83
Ambrosiaster 86, 99
Amônio Sacas 223
Ana 200
Anacleto 100
Ananias 62, 78
André 51
Andrônico 81, 85
Aniano 220

Aniceto 100
Anônimo egípcio 36
Antíoco IV Epífanes 102
Antípa(tro) 214
Antípatro de Tarso 232
Apfía 157
Apolo 82, 98, 102, 143, 145, 154, 161, 221
Apuleio 238
Áquila 24, 81-83, 85, 93, 138, 154, 156-158, 201
Arcari, L. 212
Aristarco 153, 156
Aristides 10, 249
Aristóbulo 24, 93
Aristófanes 20s.
Aristógenes de Alabanda 161
Aristóteles 20s., 159, 178, 243
Arnal, W.E. 46
Arnold, C.E. 179
Arquipo 156-158, 180
Arzt-Grabner, P. 27
Asera 215
Asíncrito 24, 93
Átalo I 122
Ateneu 20, 243
Auffahrt, C. 230
Augias, C. 120, 264

Augusto 45, 82, 92, 122, 171, 214, 232

Aune, D.E. 136, 213-216

Avílio 220

Baal 215

Bachmann, M. 120

Backhaus, K. 30

Bagatti, B. 53, 55

Balaão 213, 215

Balch, D.L. 25, 234

Balz, H.R. 171

Bano 63

Bar Kokeba 75, 229

Barbaglio, G. 111, 257

Barclay, J.M.G. 113, 226, 230

Barnabé 14, 62, 71-73, 105, 108, 110s., 122, 219, 240

Barrett, C.K. 177

Bartolomei, M.C. 233

Baruc 171, 253

Basílides 220

Batey, R.A. 45

Baucis 156

Bauckham, R. 61, 70, 75, 191

Bauer, W. 155, 220, 223, 256

Baum, A.D. 172

Baumgarten, A.J. 31

Baur, F.C. 85

Becker, A.H. 10, 229

Benko, S. 82

Berenice 201

Berger, K. 41, 106

Betz, H. 197

Biguzzi, G. 148, 211, 217

Bird, M.F. 34, 113

Blanchetière, F. 9, 58

Bloch, E. 264

Bockmuehl, M. 260

Bodinger, M. 64

Bornkamm, G. 240

Bosetti, E. 180

Botermann, H. 15, 83

Böttrich, C. 15

Boyarin, D. 229

Boyd, G.A. 190

Brändle, R. 81

Branick, V. 236

Brent, A. 218

Broccardo, C. 12

Brown, R.E. 87, 98, 108, 165, 190, 207, 261

Brox, N. 171, 176

Bruit Zaidman, L. 234

Burkert, W. 113

Burridge, R.A. 12

Buscemi, A.M. 250

Cacciari, M. 47

Cacitti, R. 120, 264

Calabi, F. 233

Camplani, A. 221

Canali de Rossi, F. 21

Capelli, P. 238

Cappelletti, S. 81

Caragounis, C.C. 137

Carpócrates 220

Cefas; cf. Pedro

Celadião 220

Celso 15, 20, 262

Cerdão 220

Cerinto 233, 254

Chalcraft, D.J. 31

Chancey, M.A. 52
Charlesworth, J.H. 43, 202
Chilton, B. 69
Chun Park, E. 117
Cícero 13, 82, 232, 234, 243
Ciro 48
Cláudio 15s., 79-84, 88, 92, 97, 105, 221
Claussen, C. 228
Clemente 98, 100, 128, 156
Clemente de Alexandria 9s., 173, 191, 219s., 223, 256
Collins, R.F. 177
Cômodo 220
Constantino 225
Conzelmann, H. 199
Cook, W.R. 205
Cornélio 77, 101
Cotter, W. 235
Craffert, F. 25
Creso 216
Cresto 81
Crísipo 178
Crispo 138
Culpepper, R.A. 205, 207

Damaris 201
Dâmaso 80
Daniélou, J. 60
Davi 115, 197
Davies, P.R. 32
Davis, S.K. 119, 125
De Jonge, H.J. 246
Demas 156
Demétrio 223
Demócrito 20
Destro, A. 103, 203, 241

Dião Cássio 19, 81s., 84, 88
Dião Crisóstomo 27
Dickson, J.P. 118
Dietzfelbinger, C. 111
Diógenes Laércio 13, 171, 243
Dionísio 95, 235
Dionísio de Alexandria 202
Dionísio de Corinto 100, 255
Dionísio de Halicarnasso 171
Diótrefes 210
Domiciano 70, 76, 88, 98, 205, 251
Donahue, J.R. 192
Donaldson 113, 116
Drusila 201
Dunn, J.D.G. 9s., 23, 53, 61, 63s., 68, 106, 108, 113, 120, 179, 229, 252, 256
Durante Mangoni, M.B. 99s., 253s.

Ebel, E. 28, 236
Egelhaaf-Gaiser, U. 21, 236
Ehrman 258
Eleutério 100
Elias 89, 171
Eliézer (rabino) 76
Elkasai 254
Elliott, J.H. 27
Elliott-Binns, L.E. 76
Engberg, J. 16
Enoc 171
Epafras 153, 155
Epafrodito 127s., 156s., 159
Epicuro 13, 243
Epifânio 104, 220
Epiteto 9, 15, 17s., 76, 147, 243
Epp, E.J. 81
Erasto 138

Esdras 171, 253
Espártaco 160
Espíntaro 171
Ésquilo 19
Estéfanas 25, 95, 137-139
Estêvão 58, 61, 65-68, 71, 77, 106, 200, 213, 222, 228, 264
Estrabão 78, 91, 127
Eumenes 220
Eurípedes 19s., 245
Eusébio de Cesareia 61, 69-71, 75s., 79s., 88, 100, 102, 109, 152, 154, 173s., 191, 196, 202, 219s., 251, 255
Evans, C.A. 69, 120
Evaristo 100
Evódia 127s.
Ezequiel 39

Fabris, R. 165s., 197
Febe 137s.
Feldman, J.H. 86, 113
Fernandez Sangrador, J.J. 221-223
Ferreira, J. 208
Fiensy, D.A. 61
Fígelo 185
Filêmon 24, 156-159, 162
Fileto 185
Filipe 51, 56, 65, 77, 101, 105s., 200s., 221
Filólogo 24, 93
Fílon de Alexandria 20, 32, 34, 66s., 82, 91s., 118, 127, 219, 221, 237s., 243, 245, 248-250
Filoramo, G. 206
Filostrato 243
Fischer, K.M. 175, 184, 206
Fitzmyer, J.A. 80, 105
Flaco 250

Flávia Domitila 88
Flávio Clemente 88
Flávio Josefo 15, 20s., 30s., 35s., 46s., 63, 78, 82, 84, 91, 94, 102, 190, 222, 235, 238, 243
Flegonte 24, 93
Focant, C. 193
Fócio 82
Frankemölle, H. 41
Fredriksen, P. 229
Frey, J. 167
Freyne, S. 75
Friesen, S.J. 49, 137
Frontão 15
Fusco, V. 9, 12, 67, 256

Gaeta, G. 33
Gaio 24s., 79, 137s., 158
Galião 83
Gamaliel 23
Gamaliel II, R. 203
Garcia Martinez, F. 30
Garribba, D. 77
Gehring, R.W. 24, 93
Georgi, D. 150
Ghiberti, G. 210
Gianotto, C. 59, 61, 70
Giesen, H. 34
Gnilka, J. 9, 42, 80, 163, 198
Goehring, J.E. 221
Goldenberg, R. 118
Grasso, S. 204
Guijarro Oporto, S. 38, 44, 189-191

Habacuc 89
Habinas 25

Hanson, J.S. 31
Harland, P.A. 236
Harnack, A. 176, 219, 233
Harrill, J.A. 161
Harrington, D.J. 190
Hegésipo 70s., 76, 257
Heichelheim, F.M. 47
Hengel, M. 70, 78, 106, 202
Heraclião 207
Heráclides do Ponto 171
Heráclito de Éfeso 173
Hermão 161
Hermas 24, 93
Hermes 24, 93
Hermógenes 185
Herodes Agripa 61, 92
Herodes Antipas 31, 38, 45, 105
Herodes Filipe 51
Herodes o Grande 31, 78, 92, 102
Herodião 85
Heródoto 19-21, 48
Herzer, J. 15
Higino 100
Hilel Rabi 32, 238
Hill, C.C. 64
Himeneu 185
Hipólito 223
Holmberg, B. 155
Homero 48, 130, 238
Horácio 13
Horbury, W. 229
Horrell, D.G. 122, 137, 236
Horsley, R.A. 31, 47, 75
Howard, G. 125
Hull, J.H.E. 200

Hurtado, L.W. 249s.
Hvalvik, R. 163, 223, 225, 254

Inácio de Antioquia 9, 103, 105, 109, 153-155, 158, 166, 175, 188, 196, 209, 212, 217, 229, 235, 246, 255-257
Iovino 242
Irineu de Lyon 55, 59s., 79, 99s., 173, 186, 196, 198, 202, 213, 254, 257
Isaac 89
Isabel 200
Isaías 39, 89, 115
Isidoro 220
Izates 113, 238

Jacó 39
Jacobson, A.D. 195
Jâmblico 171, 223
Jambres 185
Janes 185
Jasão de Cirene 170
Jaubert, A. 151
Jeremias 39, 89, 112, 151
Jeremias, J. 32
Jerônimo 59, 69, 76, 80, 104, 219
Jesus chamado o Justo 156
Jezabel 212, 215
Joana 38
João 62, 70, 72, 105, 153s., 163, 167, 174, 195, 200, 202-206, 211, 214, 216, 231, 254, 264
João Batista 29-31, 33, 50, 63, 199, 207, 239
João Crisóstomo 103, 229
João o Vidente 213-215, 217, 232
João Presbítero 202
Joel 89

303

Jonas 195
Jones, F.S. 58
José 38
José de Arimateia 36, 50
Jossa, G. 31s.
Judas 70, 168
Judas Galileu 31
Judas Iscariotes 43
Judge, E.A. 242
Júlia 24, 93
Juliano 220
Juliano o Apóstata 9, 76
Júlio Cassiano 220
Júlio César 20, 82
Júnia 81, 85
Justino 10, 56, 75, 229, 246, 256
Justo 220
Juvenal 91

Kaestli, J.-D. 59, 206
Karakolis, C. 179
Karrer, M. 82
Keener, C.S. 33, 43
Kim, S. 120, 126
Klauck, H.-J. 210, 247
Klijn, H.F.J. 136
Klinghardt, M. 235, 240, 244, 247
Kloppenborg Verbin, J.S. 76, 194
Koester, H. 194, 220, 254
Kraabel, A.T. 212
Kümmel, W.G. 189
Kuschnerus, B. 150

Lambrecht, J. 125
Lampe, P. 24, 83, 85, 246
Lane, W.L. 87

Lázaro 38, 52s., 77, 200, 264
Le Corsu, F. 238
Légasse, S. 33, 239
Leon, H.J. 81
Léon-Dufour, X. 12
Levine, L.J. 64s.
Lídia 127, 201, 215
Lietaert Peerbolte, L.J. 114
Lietzmann, H. 241
Lino 100
Lissarrague, F. 245-247
Lohfink, G. 44
Lohse, E. 114
Loisy, A. 41, 121
Lona, H.E. 98, 253, 255
Lucas 40, 53-55, 58, 60s., 65s., 68s.,
74s., 77-79, 103-105, 110s., 122, 156,
198s., 201, 219, 226s., 240, 264
Luciano de Samósata 15, 20, 243
Lúcio de Cirene 105, 222
Lucrécio 243
Lüdemann, G. 59, 83
Lupieri, E. 31, 211
Luz, U. 179

MacDonald, M.Y. 236
Mack, B.L. 195
Malina, B.J. 241
Manaém 105
Manns, F. 102, 212
Mara, M.G. 101
Mara bar Sarapion 15
Marcheselli, M. 204
Marcheselli-Casale, C. 98, 184s., 221
Marcial 82
Marcião 100, 229, 255, 257

Marco Antônio Félix 170

Marcos 156, 191s., 219s.

Marcus, J. 90

Marguerat, D. 62, 77, 104

Maria de Magdala 38, 46

Maria irmã de Marta 38s., 52, 77, 200s.

Maria mãe de Jesus 62

Maria mãe de João Marcos 62

Maria mãe de Tiago Menor 38

Marta 38s., 52, 77, 200

Martin, D.B. 10, 244

Martyn, J.L. 123, 203

Marucci, C. 190

Mateus 40, 42, 76, 196s.

Matias 56, 174

McCready, W.O. 28

Meeks, W.A. 27, 120, 149, 236s., 240, 250

Meier, J.P. 33, 35, 37, 40, 71, 87, 108, 261

Meijering, E.P. 120

Melitão de Sardes 152

Merkle, B.L. 188

Merklein, H. 182

Merlo, P. 81

Merz, A. 68, 185

Metrodoro 243

Michaud, J.-P. 194

Militello, C. 148

Mimouni, S.-C. 58

Miqueias 39

Mnasom de Chipre 62

Moisés 60, 66, 115, 125, 149-151, 171, 184s., 197, 243

Montano 207

Montevecchi, O. 16, 82

Murphy-O'Connor, J. 25, 104s., 138, 148, 165, 234

Murray, O. 245

Musônio Rufo 232

Musti, D. 245

Naamã o Sírio 199

Nanos, M.D. 84, 87

Narciso 24, 93

Nereu 24, 93

Nero 16, 79s., 84s., 88, 98, 160, 193

Neyrey, J.H. 208

Nicanor 65

Nicodemos 36

Nicolau 65, 102, 213

Niebuhr, K.-W. 252

Nietzsche, F.W. 120

Ninfa 24, 158, 178

Nissen, J. 56

Norelli, E. 108, 251, 255

Numa 172

Öhler, M. 236

Olimpas 24, 93

Olimpiodoro 171

Onésimo 156, 158s., 162

Onuki, T. 210

Orígenes 9, 20, 173, 219s.

Oseias 89

Osiek, C. 27, 236

Ossanna, T. 238

Ovídio 156

Padovese, L. 115, 257

Panteno 220s.

Papias de Hierápolis 196, 251, 257

Pármenas 65

Pátrobas 24, 93

Paulo de Tarso 12-14, 19, 21-26, 40-42, 54-59, 61s., 65-75, 77-80, 82s., 85-90, 92-95, 97-100, 104-168, 170-174, 177-179, 181, 183, 185-188, 198, 200s., 203-205, 207, 209, 213, 215, 221, 227-229, 231s., 237, 240-242, 247-250, 252, 254, 257, 260s., 263s.

Paulo Orósio 83

Pearson, B.A. 221

Pedro 14, 42, 51, 56, 60, 62, 69-74, 77, 79s., 99-102, 105, 108, 143, 145, 163, 168, 171, 173s., 191, 193, 198-200, 209, 228, 231, 242

Penna, R. 10, 13, 15-17, 29, 31, 34, 37, 54s., 61, 64, 67, 76, 83s., 95, 98, 113, 120s., 124s., 133, 142, 147, 158, 166s., 179-181, 188, 193, 203, 206, 213, 221, 230, 232, 235, 239, 242, 248, 250, 262

Peregrino 20

Perroni, M. 39, 201

Perrotta, R. 256

Pervo, R.I. 257

Pesce, M. 103, 203, 241

Pesch, R. 192s.

Petrônio 25, 245

Pilatos 16, 205

Pilhofer, P. 27, 127

Píndaro 19

Pio 100

Pio I 255

Pio XII 168

Pitágoras 171

Pitta, A. 122, 137, 142

Platão 13, 19s., 25, 47, 147, 168s., 172, 237, 243, 245-248

Plínio o Moço 13, 15, 17-19, 104, 161, 211, 244, 253

Plotino 223

Plutarco 82, 131, 147, 183, 234, 238, 243, 245-249

Poffet, J.-M. 206

Poland, F. 21

Políbio 20

Policarpo de Esmirna 202, 213

Pompeu 50

Pompônia Grecina 88

Popeia 84

Pórcio Festo 79, 170

Porfírio 223

Primo 220

Prinzivalli, E. 12

Prisca 24, 81, 85, 93, 138, 156-158

Priscila 82s., 154, 158, 201

Prócoro 65

Pseudo-Aristóteles 168

Pseudo-Focílides 171

Pseudo-Hipólito 257

Puig i Tàrrech, A. 35, 43, 253

Quintiliano 172

Radice, R. 178, 232s.

Räisänen, H. 66, 253

Reale, G. 225

Redalié, Y. 184, 188, 264

Reed, A.Y. 10, 229

Reichardt, M. 111

Reinhardt, W. 61

Reiser, M. 186

Renan, E. 45

Rengstorf, K.H. 37

Reynier, C. 181

Reynolds, J. 86

Rhodes Eddy, P. 190

Richards, E.R. 13

Richardson, P. 92

Rigato, M.L. 148

Rinaldi, G. 170, 254

Robinson, J.M. 194, 196, 254

Rode 62

Rohrbaugh, R. 46, 48

Roloff, J. 18

Rossano, P. 154

Rossé, G. 105, 201, 239s.

Rufo 192

Rüpke, J. 21

Sabiniano 161

Sacchi, P. 30, 238

Sacchi, S. 67

Sadoc 30

Safira 62, 201

Salomão 66, 170, 196

Salomé 38

Salviano de Marselha 174

Sampley, J.P. 120

Sanders, E.P. 45, 117, 120, 228

Sarepta de Sidônia 199

Saulo; cf. Paulo de Tarso

Scarpat, G. 88

Schäfer, A. 21, 236

Smallwood, E.M. 83

Smith, J.Z. 225, 240

Sócrates 245

Söding, T. 44

Sófocles 19, 171

Sotero 100

Spence, S. 98

Stanley, C.D. 89

Stegemann, E.W. 28, 81, 236

Stegemann, H. 28, 236

Stein, H.J. 235, 240, 246

Stemberger, G. 203, 229

Stendahl, K. 117, 120

Stepp, P.L. 186

Still, T.D. 236

Stowers, S.K. 149, 242

Strathmann, H. 47

Stuhlmacher, P. 120

Suetônio 10, 15s., 81s., 171, 244, 251

Susana 38

Tabita 38, 62, 201

Taciano 262

Tácito 15-17, 78s., 82, 88, 98, 104, 160, 214, 244

Tannenbaum, R. 86

Taussig, H. 240

Taylor, J.E. 32

Telésforo 100

Tellbe, M. 153-155, 264

Teodósio 225

Teodoto 64

Teófilo 109, 257

Tépis 171

Tertuliano 9s., 16, 96s., 171-174, 238, 257

Teuda 34, 36

Thallos 15

Thatcher, T. 203

Theissen, G. 9, 22, 33-35, 63, 68, 137, 191, 208, 239, 241, 247, 254, 261, 263

Tiago 56, 68-76, 107s., 135, 168, 263

Tiago Maior 102, 228

Tibério 16

Tício Justo 138
Timão 65
Timeu 192
Timóteo 14, 111, 122, 127, 156, 165, 183, 185, 240
Tíquico 152, 155
Tito 112, 156, 165, 183
Tito Lívio 172
Tomás de Aquino 174
Tomé 110, 174, 209
Tomson, P.J. 260
Trajano 17, 211
Trebilco, P.R. 153-155
Trebolle Barrera, J. 30
Trimalcião 25, 245
Trófimo 152
Tröger, K.-W. 254
Troiani, L. 228
Tucídides 19-21, 171
Tuckett, C.M. 196
Turcan, R. 113
Turner, H.W. 24, 225
Turner, V. 224

Uggeri, G. 102
Urbano 156

Valentim 100, 220, 254
Valério Máximo 82
Van Gennep, A. 224s.
Vanhoye, A. 99
Vanni, U. 211
Van Tilborg, S. 202
Van Voorst, E. 15, 17
Varrão 244

Vermaseren, M.J. 238
Vermes, G. 31
Verner, D.C. 186
Vetenos 64
Vetta, M. 245, 247
Vignolo, R. 203
Visonà, G. 105, 242
Vitor 100
Volúmnio 92

Wall, R.W. 252
Wallace-Hadrill, A. 93
Walters, J.C. 98
Wander, B. 77, 229
Waters, G.P. 120
Wehnert, J. 199
Weiss, H.-F. 99, 254
Westerholm, S. 120
Whealey, A. 15
White, L.M. 24
Wibbing, S. 146
Wick, P. 240, 246
Wiefel, W. 84
Winter, B.W. 144
Witherington, B. 39
Wright, N.T. 53

Yochanan Rabbi 55

Zacarias 29s., 200
Zaqueu 38, 52
Zebedeu 70, 193
Zetterholm, M. 109
Zmijewski, J. 227
Zumstein, J. 206

Conecte-se conosco:

f facebook.com/editoravozes

◉ @editoravozes

𝕏 @editora_vozes

▶ youtube.com/editoravozes

◯ +55 24 2233-9033

www.vozes.com.br

Conheça nossas lojas:
www.livrariavozes.com.br

Belo Horizonte – Brasília – Campinas – Cuiabá – Curitiba
Fortaleza – Juiz de Fora – Petrópolis – Recife – São Paulo

 Vozes de Bolso

EDITORA VOZES LTDA.
Rua Frei Luís, 100 – Centro – Cep 25689-900 – Petrópolis, RJ
Tel.: (24) 2233-9000 – E-mail: vendas@vozes.com.br